U0106431

中國近三百年學術史

梁啟超 著

俞國林 校

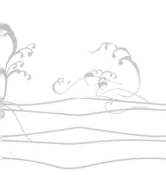

中華書局

中國近三百年學術史

梁啓超　著
俞國林　校

出版　　中華書局（香港）有限公司
　　　　香港北角英皇道 499 號北角工業大廈一樓 B
　　　　電話：（852）2137 2338　傳真：（852）2713 8202
　　　　電子郵件：info@chunghwabook.com.hk
　　　　網址：http://www.chunghwabook.com.hk

發行　　香港聯合書刊物流有限公司
　　　　香港新界大埔汀麗路 36 號
　　　　中華商務印刷大廈 3 字樓
　　　　電話：（852）2150 2100　傳真：（852）2407 3062
　　　　電子郵件：info@suplogistics.com.hk

版次　　2020 年 1 月初版
　　　　© 2020 中華書局（香港）有限公司

規格　　16 開（220mm×150mm）

ISBN　　978-988-8674-27-5

梁任公先生（一九二八年）

中國近三百年學術概略

新會梁啟超講

第一講　反動與先驅

這卻講義是要說明清朝一代學術之變遷之大勢及其

在文化史上所貢獻的分量和價值。為什麼題目不叫做清代

學術呢？因為晚明的二十多年，已經開清學的先河；民國的十

來年，也不以算清學的結束和蛻化。把最近三百年做學術史

上一個時代的單位，似還適當。所以定名為近三百年學術概

中國近三百年學術概略稿本第一講

（暨中國近三百年學術史稿本第一講）

清代學者整理舊學之總成績　梁啟超

此稿為最近著「中國近三百年學術史」之一部分，在清華學校授課隨

授隨編者，全書約四十餘萬言，此居其四之一。凡分十八章。

一、經學。

二、小學及音韻學。　三、校注先秦諸子及其古籍。（他）四、

辨偽書。　五、輯佚書。　六、史學。　七、方志學。　八、譜牒學。九、

唐算學及曆錄學。　十、地理學。　十一、政書。　十二、音樂學。

十三、金石學。　十四、佛學。　十五、編纂書。十六、刻書及目錄學。十

清代學者整理舊學之總成績稿本

第三講　清初五大師（續）

（一）顧亭林　附張楊圉陸桴亭王白田

「清初五大師」這稱名是我創的。若依一般清儒，所謂樸學家他們心理上共同信仰的大師只有一位顧亭林。

亭林初名絳改名炎武字寧人江蘇崑山人生明萬曆四十一年（一六一三）卒清康熙二十一年（一六八二）年七十他是一位世家子弟——江南有名的富戶他承祖父命出繼堂叔為子他的母親王氏十六歲未婚守節撫育他成人他少年是一位極有才華的佳公子詩古文詞早已做得甚好好讀書能強記在復社中有名崇禎殉國那年他三十二歲次年清兵渡江他奉母移居鄉間自己糾集義勇守城城破他母親絕粒二十七日而死遺命不許他事滿州。他本來就是箇大丈夫受了母親這塲最後熱烈刺激的教訓越發把全生涯的方嚮確定了他初時只肯把母親淺殯立意要等北京恢復崇禎奉安後纔舉行葬禮過了兩年覺得這種希望狠查茫勉強把母先葬了隆武帝（唐王）在福建遙授他職方司主事他像沒有到任他看定了東南的悍將惰卒不足以成事且又地利不宜於進取於是決計棄家北游想通觀形勢陰結豪

天津藜業大

中國近三百年學術史

新會梁啟超講

第一講　反動與先驅

這部講義是要說明清朝一代學術變遷之大勢及其在文化上所貢獻的分量和價值爲什麼題目不叫做清代學術呢因爲明的二十多年已經開清學的先河民國的十來年也可以算清學的結束和蛻化把最近三百年認做學術史上一個時代的單位似還適當所以定名爲近三百年學術概略。

今年是公歷一九二三年上溯三百年前之一六二三年爲明天啟三年這部講義就從那時候講起若稍爲概括一點也可以說是十七八九三個世紀的中國學術概略。

我三年前曾做過一部清代學術概論那部書的範圍和這部講義差不多但材料和組織，很有些不同希望諸君豫備一部當參考。

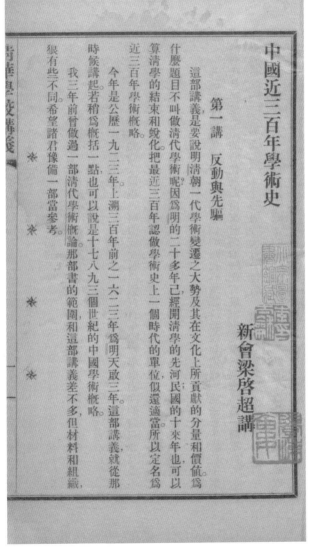

中國近三百年學術史　清華學校講義本

中國近三百年學術史

梁啓超

第一講　反動與先驅

這部講義是要說明清朝一代學術變遷之大勢及其在文化上所貢獻的分量和價值爲什麼題目不叫做清代學術呢因爲明的二十多年已經開淸學的先河民國的十來年也可以算淸學的結束和蛻化把最近三百年認做學術史上一個時代的單位似還適當所以定名爲近三百年學術槪略。

今年是公曆一九二三年上溯三百年前之一六二三年爲明天啓三年這部講義就從那時候講起若稍爲槪括一點也可以說是十七八九三個世紀的中國學術概略。

我三年前曾做過一部清代學術概論那部書的範圍，和這部講義差不多。但材料和組織很有些不同希望諸君預備一部當參考。

※　　※　　※

這個時代的學術主潮是：

目　次

校訂說明 ………………………………………………… 1

第 一 講　反動與先驅 …………………………………… 1

第 二 講　清代學術變遷與政治的影響(上)…………… 17

第 三 講　清代學術變遷與政治的影響(中)…………… 31

第 四 講　清代學術變遷與政治的影響(下)…………… 43

第 五 講　陽明學派之餘波及其修正

　　　　——黃梨洲　附孫夏峰　李二曲　餘姚王學家

　　　李穆堂 ……………………………………………… 85

第 六 講　清代經學之建設

　　　　——顧亭林　閻百詩　附胡朏明　萬充宗 …… 109

第 七 講　兩畸儒

　　　　——王船山　朱舜水 …………………………… 145

第 八 講　清初史學之建設

　　　　——萬季野　全謝山　附初期史學家及地理學家 …… 163

第 九 講　程朱學派及其依附者
　　　——張楊園　陸桴亭　陸稼書　王白田 附其他 …… 181
第 十 講　實踐實用主義
　　　——顏習齋　李恕谷 附王崑繩　程綿莊　惲皋聞
　　　　　戴子高 …………………………………………… 195
第十一講　科學之曙光
　　　——王寅旭　梅定九　陳資齋 附其他 ………… 245
第十二講　清初學海波瀾餘録 ………………………… 259
第十三講　清代學者整理舊學之總成績（一）
　　　——經學　小學及音韻學 ………………………… 299
第十四講　清代學者整理舊學之總成績（二）
　　　——校注古籍　辨僞書　輯佚書 ………………… 373
第十五講　清代學者整理舊學之總成績（三）
　　　——史學　方志學　地理學　譜牒學 …………… 447
第十六講　清代學者整理舊學之總成績（四）
　　　——曆算學及其他科學　樂曲學　金石學 ……… 547
附　緒言 …………………………………………………… 597

校訂說明

　　一九一七年十一月，梁任公辭去段祺瑞内閣財政總長之職，退出政界。之後，他大多數時間都致力於中國古代文化、歷史的著述與講學。任公回憶道："我生平是靠興味做生活源泉，我的學問興味、政治興味都甚濃，兩樣比較，學問興味更爲濃些"，並希望能够"做箇學者生涯的政論家"，"應該役使我的舌頭和筆頭，來當箇馬前小卒"（一九二一年十二月二十日外交歟？内政歟？）。

　　此期間，任公在北京的清華學校、天津的南開大學交錯授課。其一九二一年九月二十七日致蔣百里張東蓀舒新城信中説道："要之清華、南開兩處，必須收作吾輩之關中、河内。吾一年來費力於此，似尚不虛，深可喜也。"關中、河内，用的是荀彧勸諫曹操的典故："昔高祖保關中，光武據河内，皆深根固本，以制天下。進足以勝敵，退足以堅守，故雖有困敗，而終濟大業。"足見任公對這兩所學校之厚望。

　　任公曾於一九二〇年冬在清華講"國學小史"；次年秋

在南開講"中國文化史",撰成中國歷史研究法;一九二二年春又在清華講國史,夏天復應南開第一屆暑期學校之邀,開設"中等以上作文教授法"課程,並作"教育家之自家田地"講演(新教育第六卷第四期);之後半年多時間,應全國各地之請,巡迴演講,終至累出"心臟病"。一九二三年一月七日,任公與長女的信裏説:"在上海請法國醫生診驗身體,説的確有心臟病,但初起甚微,只須靜養幾箇月便好。我這時真有點害怕了。……酒是要絕對的戒絕了,煙卻不能。醫生不許我多説話,不許連續講演到一點鐘以外,不許多跑路。最要緊是多睡覺,説這一著比吃什麽藥都好。"同月二十日即在晨報刊登啓事,謂"遵醫命,閉門養疴,三箇月內不能見客。無論何界人事枉顧者,恕不會面"云。四五月間,至北京翠微山養病。六月十三日與長女信,謂"日内返津",實爲南開大學第二屆暑期學校講學事也。

一、撰著與講授

從任公一九二三年七月四日致曹錕"講課煎迫"、十三日致蹇季常"日日編南開暑校講義也(正甚得意)"、三十一日致張元濟高夢旦"一月來在南開演講,帶編講義,日不暇給"這三封信裏,可見他當時忙碌的狀況。所謂"煎迫",知講授尚未開始。據喻鑑南開暑期學校概況,一九二二年首屆是"七月八日行開學式","八月六日甲乙丙三組散學,八月十九日丁組散學”，“爲時甲乙丙三組歷四星期，丁組六星期”
（新教育第六卷第四期）。七月八日爲周六，則正式開課當在七
月十日；一九二三年七月四日爲周三，其課業亦當自周一開
始，則是九號也。所謂“正甚得意”，知寫作狀態極佳，成就
亦甚爲滿意。直到三十一日還在編寫講義，則此份講義内
容應該很豐富；但是很少有人提起，這份南開大學暑期學校
講義，講的到底是什麽呢？

由於任公九月份即以國學講師的身份在清華學校講授
一門一學年的課程——他自己曾説：“我這學年擔任講‘近
三百年中國學術史’。”（一九二四年六月十三日清華周刊第三一八
期怎樣的涵養品格和磨練智慧）且日後又有中國近三百年學術史
（後文一般情況下簡稱學術史）清華學校講義本流傳，所以大家基
本認爲學術史是專爲清華講授而撰著的講義。

之前説到，任公七月三十一日還在編講義，次日致蹇季
常信裏更是説道：“我滿腦裏都是顧亭林、戴東原，更無餘裕
管閒事也。”顧亭林、戴東原，不正是學術史裏最爲重要的人
物麽！

通過尋找，我們發現了學術史不同時期的衆多版本，最
能説明問題的是南開大學暑期學校講義稿本與鉛排本、清
華學校講義稿本與鉛排本。這四箇本子的發現，爲我們梳
理並還原學術史撰著的整箇過程，提供了第一手的文獻
依據。

南開大學暑期學校講義稿本　一册，書衣題“中國近三

百年學術概略”，旁注“十二年六七月間作，南開大學暑校講義”。中國國家圖書館藏。稿紙：紅格，半頁八行。

正文第一講未見，存第二至第七講。第二講無題名，“第二講”三字從第一頁背面第五行開始；此頁正面及背面前三行稿紙與背面第四行後之顏色相比，稍顯白淨，顯係裁開粘黏拼接而成者。第三講爲“清初五大師（續）”，小標題爲“（二）顧亭林附張楊園陸桴亭王白田”；第四講爲“清初五大師（再續）”，小標題爲“（三）王船山”；第五講爲“清初五大師（三續）”，小標題爲“（四）顏習齋附李恕谷王崑繩”；第六講爲“其他清初學者”；第七講爲“考證學之創建者”。循第三講例，第二講應爲“清初五大師”，小標題爲“（一）黃梨洲附孫夏峰李二曲”。

南開講義鉛排本　一册，書衣題“中國近三百年學術概略”，署“天津榮業大街協成印刷局印”。北京大學圖書館藏。

正文七講全。正文第一頁第一行“中國近三百年學術概略”，第二行“新會梁啓超講”，第三行“第一講”，第一段末尾曰“所以定名爲近三百年學術概略”，第二段末尾曰“也可以說是十七八九三箇世紀的中國學術概略”。第一、二講無題名，餘五講題名同講義稿本。

清華學校講義稿本　八册，附“説方志”一册（原名“方志之編纂”）、零頁五紙。中國國家圖書館藏。稿紙：與南開大學暑期學校講義稿本一致。

全稿十七講。第一册四講，書衣無字。正文第一頁第一行"中國近三百年學術概略",第二行"新會梁啓超講",第三行"第一講 反動與先驅";第一講最後一紙,文字寫到該頁背面第三行,第四行後之稿紙顏色稍顯白淨,顯係裁開粘黏拼接而成。次頁署"近三百年學術史 草稿第二册",旁注"十二年九月在天津作",背白。後爲第二、三、四講,即"清代學術變遷與政治的影響"上中下之三講。按,所謂"草稿第二册"實是續第一講爲第一册而來,後同。

第二册五講,書衣題"中國近三百年學術史 草稿第三册",旁注"十二年十月十一月在清華學校作"。正文即第五講"陽明學派之餘波及其修正"、第六講"清代經學之建設"、第七講"兩畸儒"、第八講"清初史學之建設"、第九講"程朱學派及其依附者"。

第三册一講,書衣題"中國近三百年學術史 草稿第四册",旁注"十二年十一月十二月在清華學校作"。正文即第十講"實踐實用主義"。

第四册二講,書衣無字。正文即第十一講"科學之曙光"、第十二講"清初學海波瀾餘録"。

第五册一講,書衣題"中國近三百年學術史第十四講",旁注"十三年四月一日屬稿,九日成"。正文即第十四講"清代學者整理舊學之總成績(一)"之經學、小學及音韻學。用時九日。

第六册一講,書衣題"中國近三百年學術史第十五講",旁注"十三年四月十日始屬稿,十六日成"。正文即第十五講"清代學者整理舊學之總成績（二）"之校注古籍、辨偽書、輯佚書。用時七日。

第七冊一講，書衣無字。正文即第十六講"清代學者整理舊學之總成績（三）"之史學、方志學、譜牒學。於傅維鱗條末有"十八日成，十二時睡"，則可知此講或即四月十七日開始者也；及寫到"（庚）史學家法之研究及結論"條，文末批注曰："廿三日，太戈爾北來，往車站接他。回來寫這幾行，忽然又做了亡友夏穗卿一篇。做成已兩點鐘，便睡覺去。明日入京，此稿暫閣。"亡友夏穗卿先生開篇即說："我正在這裏埋頭埋腦做我的中國近三百年學術史裏頭清代學者整理舊學之總成績一篇，忽然接到夏浮筠的信，說他父親穗卿先生死了！"同日，任公致張東蓀陳築山信曰："日來因趕編講義，每日埋頭埋腦於其間，百事俱廢。得來書，日日欲復，日日閣置，明日須入京（因太戈爾來）。"五月三日回津續作，篇末有"六日成，三時寢。本講完"。用時十一日。

第八冊一講，書衣無字。正文即第十七講"清代學者整理舊學之總成績（四）"之曆算學及其他科學、樂曲學、地理學、金石學。於"十數術記遺"條文末批注有"五月七日成"；八日入京，十一日晚車返津，當夜未屬稿；樂曲學篇文末批注曰："十五日成。此題如此繁重，夙所未習，一日之力能成此，頗自喜也。二時就寢。明日入京，須一來復乃歸。暫閣筆。"所謂"一來復"，即一星期也，實際至二十五日方回，當天亦未屬稿，次日始續之。至二十八日寫金石學數段後，又因"明日入京"而"暫停"。用時八日。之前都只説"暫閣"或"暫閣筆",此番與前不同,用了"暫停"二字,足見忙碌,以致後來再没能續成全篇了。

清華講義鉛排本 一册,書衣題"中國近三百年學術史"。中國國家圖書館藏。存第一至十二講(於毛西河條"後來惠定宇之易"下殘缺),正文第一頁第一行"中國近三百年學術史",第二行"新會梁啓超講",第三行"第一講 反動與先驅",第一段末尾曰"所以定名爲近三百年學術概略",第二段末尾曰"也可以説是十七八九三箇世紀的中國學術概略",餘内容同講義稿本。

通過上述四種版本的比較,我們可以確定:

(一)任公一九二三年六七月間爲南開大學暑期學校編的講義,名"中國近三百年學術概略",編成七講。任公七月三十一日致張元濟高夢旦函有"頃南開講義將完"一句,則可知此部分講義可能至八月初完成。有稿本,有鉛排本。

(二)同年九月任公講學清華學校,講授"中國近三百年學術史",編成十二講。其第一講文字即直接調用南開大學暑期學校講義第一講之稿本,第二、三、四講爲全新補作,第五至十二講實亦據南開大學暑期學校講義之第二至七講内容調整、增補、擴充而成。其中第二至十講,九月至十二月作於清華;第十一與十二講,未見寫作時間與地點,但可以肯定的是:完成於一九二四年四月一日前。有稿本,有鉛排本。

（三）任公自四月一日至五月二十八日，除入京公幹之外，前後用時三十五日完成“清代學者整理舊學之總成績”四講，入睡常在淩晨兩三點。此四講規模宏偉，材料充牣，任公信手撚出，取精用弘，綱舉目張，儼然“禹疏九河，瀹濟漯而注諸海”之勢，誠如伍莊梁任公先生行狀所謂“條理之分明，爬梳之得法，抉擇之精確，疏釋之發皇，能使學者讀其書，省精力而獲益多”。其中前三講，同年六月至九月連載於東方雜誌第二十一卷第十二、十三、十五至十八號。有稿本，有雜誌排印本。

至於清華學校講義稿本中爲什麼沒有第十三講，我們推測有兩種可能：一種可能是爲作“章實齋之史學”而預留的（任公稱章實齋爲“清代唯一之史學大師”，又云“實齋學説，別爲專篇”）；另一種可能是回津撰寫“清代學者整理舊學之總成績”時，偶忘了前一講之序號。

一九二三年暑期，任公在南開講學，九月即赴清華授課，因爲這一年的暑期，原在南開擔任教授的張彭春（字仲述，張伯苓胞弟）受聘爲清華學校教務長，同時兼任校課程委員會主任。張彭春到任伊始即延聘任公爲國學部顧問，並於當年秋季開設兩門課：一“近三百年學術史”，授課時間爲每周三晚七點半至九點半；二“群學概要”，授課時間爲隔周四晚七點半至九點半。

今有研究者謂任公一九二四年春講學南開，著有清代學者整理舊學之總成績。據一九二四年四月二十三日任公致張元濟函"頃著有清代學者整理舊學之總成績一篇，本清華講義中一部分"，以及六月十三日清華周刊引任公自言"我這學年擔任講'近三百年中國學術史'"這兩句文字，可知"清代學者整理舊學之總成績"實爲清華學校講義之一部分，與南開大學固無涉也。

二、出版與流傳

南開大學暑期學校講義與清華學校講義之鉛排本，另外還有輔仁大學鉛排本（據署名後注"在清華學校講"，係據清華本重排，存第一至第四講，且有缺頁），都只是發與上課的學生使用，算不得正式的出版。學術史這十幾講文字，起初大都是陸續刊發在不同的報紙、雜誌上的。

一九二三年十一月八日，上海時事新報副刊學燈，刊載反動與先驅，即學術史第一講，爲學術史最早公開發表之一篇。此後十一月十四、十五、十六日刊載第二、三、四講，十二月二十五日至二十八日連載第六講。題後附編者按："第五講因寄時遺失，故先登第六講，容將來再補罷！"一九二四年一月四、八、九日連載第十講。其餘諸講，未見刊出。

一九二三年十二月一日，晨報五周年紀念增刊刊載清代政治之影響於學術者一篇，即學術史第二、三、四講"清代學術變遷與政治的影響"之上中下三篇。是年十一月，任公在北京師範大學國文學會講演四次，其記錄筆記名清代政治與學術之交互的影響，刊載於一九二四年一月北京師範大學國文學會編輯出版國文學會叢刊第一卷第二號，亦即學術史第二、三、四講，文字稍有增補，内容亦偶有引申發揮。

一九二四年三月二日至六日，晨報副鐫刊載清學開山祖師之顧亭林一篇，即學術史第六講"清代經學之建設"中有關顧炎武之一部分。

一九二四年三月至十二月，學術史前十二講於山東教育月刊第三卷第三號、第五六號、第七八號、第九號、第十號、第十一十二號上連載，且在第一講前注明："梁任公先生在清華學校講演。"

一九二四年四月二十三日，任公致張元濟函曰："頃著有清代學者整理舊學之總成績一篇，本清華講義中一部分，現在欲在東方雜誌先行登出（因全書總須一年後方能出版）。但原文太長，大約全篇在十萬字以外，不審與東方編輯體例相符否？此文所分門類：一經學、二小學及音韻學、三校注古籍、四辨僞書、五輯佚書、六史學、七方志、八譜牒、九目録學、十地理、十一天算、十二音樂、十三金石、十四佛學、十五編類書、十六刻叢書、十七筆記、十八文集、十九官書、二十譯書。……我箇人對於各門學術的意見，大概都發表在裏頭，或可以引起青年治學興味，頗思在雜誌上先發表，徵求海内識者之批駁及補正，再泐爲成書。若雜誌可登，欲要求每期登二萬言以上，不審吾兄及東方編輯諸君意見如何？今先寄上經學、小學、音韻學之一部分。若謂可登，請即復

書，當別爲‘小序’一篇冠於首也。”得東方雜誌同意，任公即
以五月七日寫出“小序”（未列題名），後即以清代學者整理舊
學之總成績爲題，一九二四年六月至九月連載於東方雜誌
之第二十一卷第十二、十三、十五至十八號，内容包括成書
時的第十三講（經學、小學及音韻學）、第十四講（校注古籍、辨僞書、
輯佚書）、第十五講（史學、方志學、傳記譜牒學）。此部分内容，同
題收入一九三三年十二月東方文庫續編本單行，“小序”前
冠以“緒言”二字。可惜任公擬的二十箇門類，其中目録學、
佛學、編類書、刻叢書、筆記、文集、官書、譯書等八箇門類並
未撰寫；金石學也只是起了箇頭而已；佛學只寫了一行，又
用墨筆畫去。這二十箇門類，任公事先肯定是計畫完善、考
慮周密者也，論述中更是有略此詳彼互見之例，如講到“更
有大舉搜集鄉邦人著述彙而刻之者”，舉畿輔叢書、嶺南遺
書、豫章叢書三種後，注曰“別於論叢書章臚舉其目”；講到
製圖之學，舉“乾隆平定準回部及大小金川後，更用新法測
量，成西域圖志，益精善矣”後，注曰“詳官書章”。

　　一九二四年八月二十二日，任公回復史地學會同學函
曰：“現在因預備別項講義，甚忙，未能詳校。清華曾有印
本，雖不備，亦可少供參考，今寄上一份，請斟酌校定便得。”
據此可知，任公此前曾將學術史前十二講付史地學報刊發，
待他們請任公審定校樣時，由於任公忙於其他講義之編寫，
無暇顧及，即將清華學校講義鉛排本一册與之參考，且謂
“斟酌校定便得”。此部分後於一九二四年四月至一九二五

年十月連載於史地學報第三卷第一、二合期、第三至八期，但第三卷第一、二合期實際刊出的時間，應該是在本年八月之後矣。

在此前後，任公據學術史改易之文刊諸報紙、雜誌或作爲他書序言者，有：清初五大師黃梨洲顧亭林王船山朱舜水顏習齋學術梗概（張泰階、張述祖、富德俊、王福筆記，載一九二三年十一月二十七、二十八日學燈；又載一九二四年三月山東教育月刊第三卷第三號；簡稱清初五大師學術梗概，載一九二三年十二月二至四日晨報副鐫；又載許嘯天整理、胡翼雲校閱王陽明集卷首，上海群學社，一九二六年），顏李學派與現代教育思潮（載一九二四年一月二十五日東方雜誌第二十一卷第二號），明清之交中國思想界及其代表人物（載一九二四年二月十日東方雜誌第二十一卷第三號），清初五大師（載那志良編平中學術演講集第一集，一九二五年），清代政治與學術之交互的影響（載王桐齡中國史第四編卷首，北平文化學社，一九二九年）等等。

一九二六年七月，上海民志書店正式出版中國近三百年學術史全本，一册。版權頁署“民國拾五年七月出版，民國拾八年十月四版”，然查檢各大圖書館，皆只有一九二九年之第四版，未見前三版；且不惟如此，該出版社名下出版之圖書，也僅見此一種而已。惜此本排校錯訛稍多。

一九二七年一月，上海群學社出版許嘯天編國故學討論集四集，其中第二集收入中國近三百年學術史第一至四講，署名後注“在清華學校講”，系據清華（或輔仁）講義本收入。

　　一九三六年一月，中華書局飲冰室合集之"文集"十六册出版；三月，"專集"二十四册出版。此即任公著作後來最爲通行之版本也。此版學術史據民志書店本排校收入，雖改正了一小部分錯訛，同時却又新增了一小部分錯訛。且一改之前全式標點爲簡單句讀，雖引號保留，但删去書名、人名、地名等專名號，反而增加了閱讀理解之難度；又删去著重號，且改嘆號、問號爲句讀符，盡失任公行文之情感。至爲可惜！此本一九三七年六月再版，一九四一年一月三版。臺北中華書局一九五八年六月據合集本影印，末附録明清之交中國思想界及其代表人物一文，稱臺二版，一九七八年九月九版，至今聞已有十數版矣。北京中華書局一九八九年三月將飲冰室合集原書平裝四十册合爲精裝十二册，影印再版，後多次加印。

　　一九四二年六月，日本東京人文閣出版了岩田貞雄的日譯本，書名作"支那近世學術史"。譯者序曰："本書是梁啓超著中國近三百年學術史的全譯本。……作爲當時唯一最高的清代學術研究家，他傾其所學爲此著述，明快把握時代思潮的動向及主流的同時，還列舉學界各方面狀況及成果等等，且毫無缺憾，這也是極當然的事。我越發確信，像這樣的題目、又有這樣合適的人來論述，在世界動亂之下，本書作爲真摯的、爲了中國研究者而輯録的文化叢書中的一册，絶非無益。"評價洵可謂貼切矣。

一九四三年八月，重慶中華書局重排任公專著六種單行，學術史列第一。金兆梓梁著六種重版序曰：“數月前余偶遇舊友之供職侍從室者，述及蔣先生極賞任公先生遺著中國近三百年學術史一書，以爲大足藥國人不悅學之病。友固知余主持中華書局編務者，因慫急重版。夫近三百年來之學者，誠已本科學方法將我國數千年來之文化遺產爲澈底之整理矣。國人不欲享受此無盡藏之遺產則已，苟欲之，則任公先生是書實其唯一之彙鑰；即任公先生本人固亦此期中從事此項整理功夫之後勁，出其所蘊，自能道人之所不能道。雖微吾友言，固猶當重校以問世。……今日者借史學，振民氣，已定爲國是。余之此舉，其或亦不無涓埃之效乎！”此本據飲冰室合集本重排重校，於原書明顯之錯訛略有校改，然終因未能據原稿校正，所改固亦不免有任臆之失。此本一九四四年四月再版。

此後四十年間，大陸再無印本。直到一九八五年九月，復旦大學出版社出版了朱維錚先生校注的梁啓超論清學史二種，内收清代學術概論與中國近三百年學術史。朱先生以飲冰室合集作底本，校正原書不少訛誤，對全書提及之人物而原書内未有小傳者作了注釋，並就原書内史實、概念等有疑問處，詳加考案，用力甚深。只可惜條件所限，朱先生當年未能見到清華學校講義本，更無法看到稿本，所以對其中的一些錯訛進行了較爲嚴厲的批評，所言雖是，但實非任公之失；再者，有些校改未曾出校說明，且亦偶有隨意改變任公所處時代用語習慣之現象。二○一六年五月，復旦大學出版社將學術史重排重校單行。由於朱先生已經過世，頁下以"編輯注"形式增加了若干校注文字。

二○一一年十二月，商務印書館出版了夏曉虹、陸胤的新校本。其校訂説明曰："本次校訂，遵循早出講義本、報刊本爲先的原則：(一)第一講至第十二講，見於'清華學校講義'的部分，以講義本爲底本，參校報刊本及民志、合集二本；國圖藏講義本有缺頁，補以史地學報轉載本。(二)第十三講至第十五講，見於東方雜誌的部分，以報刊本爲底本，參校民志、合集二本。(三)其餘部分，則以較爲完整的合集本爲底本，參校民志本。"後列"校訂凡例"五條，其第四條曰："爲存梁氏定本面貌，凡後出單行本對講義本、報刊本有大段增删處，以及章節劃分、章節名有更改處，仍依合集本爲底本，參校民志本，並在校記中説明。但該部分箇別字句的增删，則以講義本、報刊本爲主。"學術史的各章節，分別采用不同的文獻作底本，感覺有點"百衲本"的味道了。

三、校勘與原則

學術史版本情況具如前述。任公寄與報紙、雜誌的稿件，或是書傭的鈔件，或是排印的講義。鈔錄與排校造成的脱訛衍倒，確實不少。但由於稿本中有些内容並不完善，如有引文用省略號代替，眉批鈔某書某幾頁；又如某書之卷數或某人之生卒、字號空闕，眉批查之；等等。所以，此番整理，仍然選擇最爲通行的一九三六年中華書局飲冰室合集本爲底本；以國家圖書館藏中國近三百年學術史稿本（簡稱"稿本"）、國家圖書館藏清華學校講義本（簡稱"清華本"）、史地學報刊載本（簡稱"學報本"）、東方雜誌刊載本（簡稱"雜誌本"）、民志書店第四版單行本（簡稱"民志本"）、東方文庫續編本（簡稱"文庫本"）爲通校本，以國家圖書館藏中國近三百年學術概略稿本（簡稱"概略本"）、北京大學圖書館藏南開大學暑期講義本（簡稱"南開本"）、北京師範大學圖書館藏輔仁大學鉛排本（簡稱"輔仁本"）、重慶中華書局重排重校單行本（簡稱"渝本"）以及學燈（簡稱"學燈本"）、晨報五周年紀念增刊（簡稱"晨報本"）、晨報副鐫（簡稱"副鐫本"）等報刊所刊載者爲參校本。朱維錚校注本與夏曉虹、陸胤新校本，引述時分別簡稱"朱校"、"夏校"。具體原則如下：

（一）底本無訛，且其文字與稿本同，即其他校本與之異，一般不出校。

（二）底本雖無訛，但其文字與稿本異，一般都出校說明。

（三）任公稿本，原即施以全式標點，南開、清華、雜誌、學報、民志、文庫諸本因之，合集本僅作句讀，不便閱讀；今茲標點符號，大體依從稿本，亦偶作調整。

（四）稿本中之眉批，多爲待查之內容，或某書之卷數，或某人之字號，體現撰寫之過程；後四講暨清代學者整理舊學之總成績，撰寫於天津飲冰室，稿內多有批注,大多爲何時寫完某部分,亦有記當時來訪或出行事宜者,具有日記之性質;此二部分頗有史料價值,兹以校記形式收入,俾研究者參考。

(五)稿本、南開、清華、雜誌、學報諸本字旁之雙圈"◎"、單圈"○",稿本、清華、雜誌、學報諸本字旁之著重符"・"(或作","""、"),稿本、南開、清華、輔仁、雜誌、學報、文庫諸本段意間之隔行符"＊",民志本、合集本删去,兹據稿本補全。稿本第十四至十七講内(即後來的第十三至十六講),凡人名、書名旁之著重符"・"不補。

(六)凡屬於任公時代習用之字,如"狠(很)大""那(哪)裏""智(知)識"等,不作校改;避諱字回改,並出校説明。

(七)任公徵引前人文字,或憑記憶,或述大意,覆核原書,頗多差異。凡脱訛衍倒致文義錯亂不明者,則爲校改,並出校説明;或備録原文,以資參考。餘則一仍其舊。

(八)學術史第四講末所附"明清之際耶穌會教士在中國者及其著述表",錯訛較多。因此表之手稿缺失,且其内容亦爲任公鈔掇而成,故别用他校之法。參見該表下之説明。

　　一九二九年一月十九日,任公逝世。當年聽講的學生張蔭麟,即作近代中國學術史上之梁任公先生(刊大公報一九二九年二月十一日，署名素癡），謂任公關於"近三百年中國學術史之探討，不獨開闢新領土，抑且饒於新收穫，此實爲其不朽之盛業"！當時親屬故舊亦商議兩事：一編輯飲冰室合集，由林宰平主持；二編纂任公年譜，由丁在君負責。皆交由中華書局出版。由於楊樹達曾於一九二五年受任公委託，代爲勘誤學術史（楊氏一九二五年一月七日日記："寄任公師。……晨録讀梁任公師三百年史所籤記諸條寄之，以前師曾囑余糾其誤也。"），故對於收入合集之該著作，林宰平亦委託楊氏承檢校之任。楊氏一九三〇年十月十七日日記："林宰平志鈞來，以任公師近世三百年學術史，囑爲檢校。"同年十一月十二日記："晨訪林宰平，繳還任公師三百年史。"直到一九三三年初，中華書局與梁家始訂立契約，約定兩年内出版。後即著手排校工作，由於合集規模宏大，且梁家對於開本、字號、分册、用紙、裝幀等皆有要求，限於日程，所以中華書局對版式、標點等技術性問題，采用了簡單統一爲句讀之形式。至一九三六年全部出版，僅用三年時間，不可謂不迅速也。但這種版式以及標點符號，較之十年前乙丑重編本之聚珍仿宋版飲冰室文集，去之遠矣！且合集本學術史，依據的主要是民志書店本，而民志書店本之疏漏，實嫌夥頤，洵非精善。

二十餘年來，學術史又出現了幾十種不同的排印本，足見任公此書學術價值與永恒魅力之所在。——然魯魚帝虎，以訛傳訛，其幸歟？其不幸歟？今兹整理，對合集本之脱訛衍倒，一一校訂：脱者補之，訛者正之，衍者删之，倒者乙之。區區之志，冀爲任公此一巨帙，多掃去一些"落葉"耳。

校訂工作，瑣碎而細緻，然由於未得連續之時間，雖云"盡心焉耳"，亦不免顧此而失彼。其間復得劉景雲、譚苦盦、李成晴、董岑仕、鄭凌峰、郭惠靈、辜艷紅諸學友之助，審核匡正，惠我良多。校書異於校史，蓋任公論述三百年間人事學理，直陳其大醇，未究其細節，容有與史乖互之處。凡百小疵，多仍舊貫，殆非校訂之主旨也。數年心力，萃此一編；盡善盡美，俟諸來者。

己亥仲秋，俞國林於仰顧山房。

第一講①　反動與先驅

　　這部講義,是要説明清朝一代學術變遷之大勢及其在文化史上所貢獻的分量和價值②。爲什麽題目不叫做清代學術呢? 因爲晚明的二十多年,已經開清學的先河,民國的十來年,也可以算清學的結束和蜕化。把最近三百年認做學術史上一箇時代的單位,似還適當,所以定名爲近三百年學術史③。

　　今年是公曆一九二三年④。上溯三百年前之一六二三年爲明天啓三年,這部講義,就從那時候講起。若稍爲概括

---

① 第一講　原脱"第"、"講"二字,後諸講同,民志本同,併據稿本、南開本、清華本、輔仁本、學燈本、學報本補。

② 史　原脱,南開本、清華本、輔仁本、學燈本、學報本、民志本同,據稿本補。

③ 學術史　民志本同,稿本、南開本、清華本、輔仁本、學燈本、學報本作"學術概略"。

④ 曆　原作"歷",係避清高宗乾隆帝弘曆諱,今予回改。按,稿本第十六講卷首眉批:"凡稿中'歷'字,皆當作'曆'。"後文此字,不再一一出校。

一點，也可以說是十七八九三箇世紀的<u>中國學術史</u>①。

我三年前曾做過一部<u>清代學術概論</u>。那部書的範圍，和這部講義差不多，但材料和組織，狠有<u>些</u>不同，希望諸君預備一部當參考②。

＊　　　＊　　　＊　　　＊　　　＊

這箇時代的學術主潮是：

厭倦主觀的冥想而傾向於客觀的考察。

無論何方面之學術，都有這樣趨勢。可惜客觀考察，多半仍限於紙片上事物，所以他的效用尚未能盡量發揮。此外還有一箇支流是：

排斥理論，提倡實踐。

這箇支流屢起屢伏，始終未能狠占勢力。總而言之，這三百年學術界所指向的路，我認爲是不錯的——是對於從前狠有特色而且有進步的，只可惜全部精神，未能貫澈。以後憑藉這點成績，擴充蛻變，再開出一箇更切實更偉大的時代，這是我們的責任，也是我這回演講的微意。

＊　　　＊　　　＊　　　＊　　　＊

凡研究一箇時代思潮，必須把前頭的時代略爲認清，纔

---

①學術史　民志本同，稿本、<u>南開</u>本、<u>清華</u>本、<u>輔仁</u>本、<u>學燈</u>本、<u>學報</u>本作"學術概略"。

②預　原作"豫"，<u>南開</u>本、<u>清華</u>本、<u>輔仁</u>本、<u>學報</u>本、<u>民志</u>本同，據稿本、<u>學燈</u>本改。

能知道那來龍去脈。本講義所講的時代，是從他前頭的時代反動出來。前頭的時代，可以把宋元明三朝總括爲一箇單位——公曆一〇〇〇至一六〇〇——那箇時代，有一種新學術系統出現，名曰"道學"。那六百年間①，便是"道學"自發生成長以至衰落的全時期。那時代的道學思潮，又爲什麼能產生能成立呢？（一）因爲再前一箇時代便是六朝隋唐，物質上文化發達得狠燦爛，建築②、文學、美術、音樂等等都呈現歷史以來最活潑的狀況。後來這種文明爛熟的結果，養成社會種種惰氣。自唐天寶間兩京陷落，過去的物質文明已交末運，跟着晚唐藩鎮和五代一百多年的紛亂，人心越發厭倦。所以入到宋朝，便喜歡回到內生活的追求，向嚴肅素樸一路走去。（二）隋唐以來，印度佛教各派教理，盡量輸入，思想界已經攪入許多新成分，但始終儒自儒佛自佛，采一種不相聞問的態度。到了中晚唐，兩派接觸的程度日漸加增，一方面有韓愈一流人據儒排佛，一方面有梁肅、李翱一流人援佛入儒。^{（注一）}到了兩宋，當然會產出儒佛結婚的新學派。加以那時候的佛家，各派都衰，禪宗獨盛。禪宗是打破佛家許多形式和理論，專用內觀工夫，越發與當時新建設之道學相接近。所以道學和禪宗，可以說是宋元明思想全部的代表。

　　（注一）梁肅與白居易交好，是天台宗一員護法健將。李翱是韓

①六　清華本、輔仁本、學燈本、學報本、民志本同，稿本、南開本作"五"。
②建築　民志本同，稿本、南開本、清華本、輔仁本、學燈本、學報本無此二字。

愈朋友，著有復性書，拿佛理解釋儒書。

　　道學派別，雖然不少。但有一共同之點，是想把儒家言建設在形而上學——即玄學的基礎之上。原來儒家開宗的孔子，不大喜歡談什麼"性與天道"①，只是想從日用行爲極平實處陶養成理想的人格。但到了佛法輸入以後，一半由儒家的自衛，一半由時代人心的要求，總覺得把孔門學説找補些玄學的作料纔能滿足。於是從"七十子後學者所記"的禮記裏頭，擡出大學、中庸兩篇出來，再加上含有神祕性的易經，作爲根據，來和印度思想對抗。"道學"最主要的精神，實在於此。所以在"道學"總旗幟底下，雖然有呂伯恭、朱晦菴、陳龍川各派，不專以談玄爲主，然而大勢所趨，總是傾向到明心見性一路，結果自然要像陸子靜、王陽明的講法，纔能徹底的成一片段②。所以到明的中葉，姚江（王陽明）學派，奄襲全國，和佛門的禪宗，混爲一家。這是距今三百五六十年前學術界的形勢。

　　在本講義所講的時代開始之時，王陽明去世已將近百年了。（陽明卒於嘉靖八年，當公曆一五二九年。）明朝以八股取士，一般士子，除了永樂皇帝欽定的性理大全外，幾乎一書不讀。學術界本身，本來就像貧血症的人衰弱得可憐。陽明是一位豪傑之士，他的學術像打藥針一般，令人興奮，

①談　原作"説"，清華本、輔仁本、學燈本、學報本、民志本同，據稿本改。
②徹　原作"澈"，南開本、清華本、輔仁本、學燈本、學報本、民志本同，據稿本改。

所以能做五百年道學結束①,吐很大光芒。但晚年已經四方八面受人妒嫉排擠,不得志以死。陽明死後,他的門生,在朝者,如鄒東廓守益、歐陽南野德,在野者,如錢緒山德洪、王龍溪畿、羅近溪汝芳、王心齋艮,都有絕大氣魄,能把師門宗旨發揮光大,勢力籠蓋全國。然而反對的亦日益加增。反對派別,大略有三:其一,事功派:如張江陵居正輩,覺得他們都是書生迂闊,不切時務。其二,文學派:如王弇州世貞輩,覺得他們學問空疏,而且所講的太乾燥無味。其三,勢利派:毫無宗旨,惟利是趨。依附魏忠賢一班太監,專和正人君子作對,對於講學先生,自然疾之如讎。這三派中,除勢利派應該絕對排斥外,事功、文學兩派,本來都各有好處。但他們既已看不起道學派,道學派也看不起他們,由相輕變爲相攻,結果這兩派爲勢利派利用,隱然成爲三角同盟以對付道學派。中間經過“議禮”、“紅丸”、“梃擊”、“移宮”諸大案,(注二)都是因宮廷中一種不相干的事實,小題大做,雙方意見,鬧到不得開交。到最後二三十年間,道學派大本營,前有“東林”,後有“復社”,都是用學術團體名義,實行政黨式的活動。他們對於惡勢力拚命奮鬥的精神,固然十分可敬可佩,但黨勢漸成以後,依草附木的人日多,也不免流品混雜②。總而言之:明朝所謂“士大夫社會”,以“八股先生”爲

---

① 做五百年道學結束　稿本作“結束五百年道學”。
② 混　原作“狠”,清華本、輔仁本、學燈本、學報本、民志本同,據稿本改。

土臺。所有群衆運動，無論什麼“清流濁流”，都是八股先生最占勢力。東林、復社，雖比較的多幾位正人君子，然而打開窗戶説亮話，其實不過王陽明這面大旗底下一群八股先生和魏忠賢那面大旗底下一群八股先生打架。何況陽明這邊的末流，也放縱得不成話。如何心隱本名梁汝元、李卓吾贊等輩，簡直變成一箇“花和尚”！他們提倡的“酒色財氣不礙菩提路”，把箇人道德、社會道德一切藩籬都衝破了，如何能令敵派人心服？這些話且不必多説。總之晚明政治和社會所以潰爛到那種程度，最大罪惡，自然是在那一群下流無恥的八股先生，巴結太監，魚肉人民，我們一點不能爲他們饒恕。卻是和他們反對的，也不過一群上流無用的八股先生，添上幾句“致知格物”的口頭禪做幌子，和別人鬧意見鬧過不休①。最高等的如顏習齋所謂“無事袖手談心性，臨危一死報君王”，至矣極矣。當他們筆頭上口角上吵得烏煙瘴氣的時候，張獻忠、李自成已經把殺人刀磨得飛快，準備著把千千萬萬人砍頭破肚；滿洲人已經把許多降將收了過去，準備著看風頭撿便宜貨入主中原。結果幾十年門戶黨派之爭，鬧到明朝亡了一齊拉倒。這便是前一期學術界最後的一幕悲劇。

　　（注二）欲知四大案簡單情節，看趙翼的廿二史劄記最好。

　　明亡以後，學者痛定思痛，對於那群閹黨、强盜、降將，

---

①過　渝本作“個”。

以及下流無恥的八股先生，罪惡滔天，不值得和他算帳了。卻是對於這一群上流無用的道學先生，也不能把他們的責任輕輕放過①。李剛主説：

> ……高者談性天，撰語録；卑者疲精死神於舉業。不惟聖道之禮樂兵農不務，即當世之刑名錢穀，亦懵然罔識，而搦管呻吟，自矜有學。……中國嚼筆吮毫之一日，即外夷秣馬厲兵之一日。卒之盜賊蠭起，大命遂傾，而天乃以二帝三王相傳之天下授之塞外。……恕谷集書明劉户部墓表後

又説：

> 宋後二氏學興，儒者浸淫其説，靜坐內視，論性談天，與夫子之言，一一乖反，而至於扶危定傾大經大法，則拱手張目，授其柄於武人俗士。當明季世，朝廟無一可倚之臣。坐大司馬堂批點左傳，敵兵臨城，賦詩進講，覺建功立名，俱屬瑣屑，日夜喘息著書，曰此傳世業也。卒至天下魚爛河決，生民塗炭。嗚呼！誰生厲階哉？恕谷集與方靈皋書

朱舜水説：

---

① 也　原作"到"，據稿本、清華本、輔仁本、學燈本、學報本、民志本改。

　　明朝以時文取士。此物既爲塵羹土飯，而講道學者又迂腐不近人情①。……講正心誠意，大資非笑，於是分門標榜，遂成水火，而國家被其禍。舜水遺集答林春信問②

顧亭林説：

　　劉石亂華，本於清談之流禍，人人知之。孰知今日之清談，有甚於前代者。昔之清談談老莊，今之清談談孔孟。未得其精，而已遺其粗；未究其本，而先辭其末。不習六藝之文，不考百王之典，不綜當代之務，舉夫子論學論政之大端一切不問，而曰"一貫"，曰"無言"。以明心見性之空言，代修己治人之實學。股肱惰而萬事荒，爪牙亡而四國亂，神州蕩覆，宗社丘墟。昔王衍妙善玄言，自比子貢，及爲石勒所殺，將死，顧而言曰："吾曹雖不如古人，向若不祖尚浮虛，戮力以匡天下，猶可不至今日。"今之君子，得不有媿乎其言。日知錄卷七"夫子之言性與天道"條

　　亭林既憤慨當時學風，以爲明亡實由於此，推原禍始，自然責備到陽明。他説：

①南開本"人情"後省略號作"如鄒元標高攀龍劉念臺等"。
②南開本"舜水遺集"後有"卷十五"三字。

　　以一人而易天下，其流風至於百有餘年之久者，古
有之矣：王夷甫（衍）之清談、王介甫（安石）之新説；其
在於今，則王伯安（守仁）之良知是也。孟子曰："天下
之生久矣，一治一亂。"撥亂世反諸正，豈不在後賢乎？
日知録卷十八

王船山亦以爲王學末流之弊，從陽明本身出來。他説：

　　姚江王氏陽儒陰釋誣聖之邪説，其究也，刑戮之
民、閹賊之黨皆爭附焉，而以充其"無善無惡圓融事理"
之狂妄。正蒙注序論

費燕峰説：

　　清談害實，始於魏晉，而固陋變中，盛於宋南北。
案：費氏提倡"實"與"中"兩義，故斥當時學派爲害實變中。自漢
至唐，異説亦時有，然士安學同，中實尚存。至宋而後，
齊逞意見，專事口舌，……又不降心將人情物理平居處
事點勘離合，説者自説，事者自事，終爲兩斷。一段好
議論，美聽而已。……後儒所論，惟深山獨處，乃可行
之；城居郭聚，有室有家，必不能也。蓋自性命之説出，
而先王之三物六行亡矣。……學者所當痛心，而喜高
好僻之儒，反持之而不下。無論其未嘗得而空言也，果
靜極矣，活潑潑地會矣，坐忘矣，心常在腔子裏矣，即物

之理無不窮，本心之大無不立，而良心無不致矣，亦止
與達摩面壁、天台止觀同一門庭。⋯⋯何補於國？何
益於家？何關於政事？何救於民生？⋯⋯學術蠱壞，
世道偏頗，而夷狄寇盜之禍亦相挺而起。⋯⋯費氏遺書
弘道書卷中

　　平心而論，陽明學派，在二千年學術史上，確有相當之
價值，不能一筆抹殺。上文所引諸家批評，不免都有些過火
之處。但末流積弊，既已如此，舉國人心對於他既已由厭倦
而變成憎惡，那麼，這種學術，如何能久存？反動之起，當然
是新時代一種迫切的要求了。
　　大反動的成功，自然在明亡清興以後。但晚明最末之
二三十年，機兆已經大露。試把各方面趨勢一一指陳。
　　第一，王學自身的反動。最顯著的是劉蕺山宗周一派，蕺
山以崇禎十七年——一六四四年殉難。特標“證人”主義，以“慎
獨”爲入手，對於龍溪王畿、近溪羅汝芳、心齋王艮諸人所述的
王學，痛加針砭。總算是舍空談而趨實踐，把王學中談玄的
成分減了好些。但這種反動，當然只能認爲舊時代的結局，
不能認爲新時代的開山。
　　第二，自然界探索的反動。晚明有兩位怪人，留下兩部
怪書。其一爲徐霞客，名弘祖①，生萬曆十三年（一五八五），卒崇禎

---

①弘　原作“宏”，係避清高宗乾隆帝弘曆諱，今予回改。

十三年(一六四〇)，年五十六。① 是一位探險家，單身步行，把中國全國都游歷遍了。他所著的書，名曰霞客游記。內中一半雖屬描寫風景，一半卻是專研究山川脈絡，於西南——雲貴蜀桂地理，考證極為詳確。中國實地調查的地理書②，當以此為第一部。(注三)其二為宋長庚，名應星，奉新人。卒年無考，丁文江推定為卒於順治、康熙間。是一位工業科學家。他所著有兩部書，一部是畫音歸正。據書名當是研究方音，可惜已佚；一部是天工開物，商務印書館正在重印。用科學方法研究食物、被服、用器，以及冶金、製械、丹青、珠玉之原料工作，繪圖貼說，詳確明備(注四)。這兩部書不獨一洗明人不讀書的空談，而且比清人"專讀書的實談"，還勝幾籌，真算得反動初期最有價值的作品。本條所舉，雖然不過一兩箇人一兩部書，不能認為代表時代，然而學者厭蹈空、喜踏實的精神，確已漸漸表現了。

(注三)潘稼堂(耒)徐霞客游記序云："霞客之游，在中州者無大過人。其奇絕者，閩粵楚蜀滇黔百蠻荒徼之區，皆往返再四。其行

---

① 按，此處所記徐氏生卒年有誤。陳函輝徐霞客墓誌銘："霞客生於萬曆丙戌，卒於崇禎辛巳，年五十有六。"丙戌為萬曆十四年(一五八六)，辛巳為崇禎十四年(一六四一)。又徐霞客游記崇禎十年十一月二十七日"為余生辰"，則徐氏生年換作西曆已為一五八七年一月五日矣。錢謙益徐霞客傳："霞客死時年五十有六。西游歸以庚辰六月，卒以辛巳正月。"年五十六，係據中曆計齒之法。

② 實地　原作"實際"，南開本、清華本、輔仁本、學燈本、學報本、民志本同，據稿本改。

不從官道。……先審視山脈如何去來，水道如何分合，既得大勢，然後支搜節討。"又云："沿溯灠滄、金沙，窮南北盤江之源，實中土人創闢之事。……向來山經地志之誤，釐正無遺。……然未嘗有怪迂侈大之語，欺人以所不知。"

　　（注四）天工開物自序云："世有聰明博物者，稠人推焉。乃棗梨之花未賞，而臆度楚萍；釜䰞之範鮮經①，而侈談莒鼎②。畫工好圖鬼魅而惡犬馬，即鄭僑、晉華，豈足爲烈哉！"

　　丁在君（文江）重印天工開物始末記云："三百年前言工業天産之書如此其詳且明者，世界之中，無與比倫。"

　　第三，明末有一場大公案，爲中國學術史上應該大筆特書者，曰歐洲曆算學之輸入。先是，馬丁路得既創新教，羅馬舊教在歐洲大受打擊。於是有所謂"耶穌會"者起，想從舊教内部改革振作。他的計劃是要傳教海外，中國及美洲實爲其最主要之目的地。於是利瑪竇、龐迪我、熊三拔、龍華民、鄧玉函、陽瑪諾、羅雅谷、艾儒略、湯若望等，自萬曆末年至天啓、崇禎間，先後入中國。中國學者如徐文定、名光啓、號玄扈③，上海人，崇禎六年——一六三三年卒。今上海徐家匯，即其故宅。李涼庵名之藻，仁和人。等，都和他們來往，對於各種學問有精深的研究。先是，所行"大統曆"，循元郭守敬"授時曆"之舊，錯謬狠多。萬曆末年，朱載堉④、邢雲路先後上疏指出

_____

①䰞　原作"鬻"，南開本、清華本同，據稿本、學報本、民志本改。
②莒　原作"苣"，民志本同，據稿本、南開本、清華本、學報本改。
③玄　原作"元"，係避清聖祖康熙帝玄燁諱，今予回改。
④載　原作"世"，係避清穆宗同治帝載淳諱，今予回改。

他的錯處，請重爲釐正。天啓、崇禎兩朝十幾年間，狠拿這件事當一件大事辦。經屢次辨爭的結果，卒以徐文定、李涼庵領其事，而請利龐熊諸客卿共同參預①，卒完成曆法改革之業。此外中外學者合譯或分撰的書籍，不下百數十種。最著名者，如利徐合譯之幾何原本，字字精金美玉，爲千古不朽之作，無庸我再爲贊歎了。其餘天學初函、崇禎曆書中幾十部書，都是我國曆算學界狠豐厚的遺產。又辨學一編，爲西洋論理學輸入之鼻祖。又徐文定之農政全書六十卷、熊三拔之泰西水法六卷，實農學界空前之著作。我們只要肯把當時那班人的著譯書目一翻，便可以想見他們對於新智識之傳播如何的努力；只要肯把那時候代表作品——如幾何原本之類擇一兩部細讀一過，便可以知道他們對於學問如何的忠實。要而言之，中國智識線和外國智識線相接觸，晉唐間的佛學爲第一次，明末的曆算學便是第二次。中間元代時和阿拉伯文化有接觸，但影響不大。在這種新環境之下，學界空氣，當然變換。後此清朝一代學者，對於曆算學都有興味，而且最喜歡談經世致用之學，大概受利徐諸人影響不小。(注五)

　　(注五)當時治利徐一派之學者，尚有周子愚、瞿式穀、虞淳熙、

---

①預　原作"豫"，南開本、清華本、輔仁本、學報本、民志本同，據稿本、學燈本改。

樊良樞、王應熊①、李天經②、楊廷筠③、鄭洪猷、馮應京、汪汝淳④、周炳謨、王家植、瞿汝夔、曹于汴、鄭以偉、熊明遇、陳亮采、許胥臣⑤、熊士旃等人，皆嘗爲著譯各書作序跋者。又蓮池法師，亦與利瑪竇往來，有書札見辨學遺牘中⑥。可想見當時此派聲氣之廣。

第四，藏書及刻書的風氣漸盛。明朝人不喜讀書，已成習慣。據費燕峰密所説："十三經注疏，除福建版外没有第二部。"⑦見弘道書卷上。固陋到這種程度，實令人喫驚。但是，到萬曆末年以後，風氣漸變了。焦弱侯名竑，江寧人，萬曆四十八——一六二〇年卒。的國史經籍志，在"目録學"上就狠有相當的價值。范堯卿名欽，鄞縣人。創立天一閣，實爲現在全國——或者還是全世界——最古最大的私人圖書館。可惜這圖書館到民國以來，已成了空殼子了。毛子晉名晉，常熟人。和他的

---

① 王　原作"汪"，南開本、清華本、輔仁本、學燈本、學報本、民志本同，據稿本改。

② 李　原作"朱"，據稿本、南開本、清華本、輔仁本、學燈本、學報本、民志本改。

③ 筠　原作"鈞"，南開本、清華本、輔仁本、學燈本、學報本、民志本同，據稿本改。

④ 汪　原作"王"，據稿本、南開本、清華本、輔仁本、學燈本、學報本改。按，民志本誤作"方"。

⑤ 胥　原作"香"，據稿本、南開本、清華本、輔仁本、學燈本、學報本、民志本改。

⑥ 辨　原作"辦"，民志本同，據稿本、南開本、清華本、輔仁本、學燈本、學報本改。

⑦ 費密弘道書卷上："今猶見之十三經注疏，惟閩中有板。閩本亡，漢儒之學或幾乎息矣。"

兒子斧季_宸，他們家的汲古閣專收藏宋元刻善本。所刻津逮秘書和許多單行本古籍，直到今日，還在中國讀書界有狠大價值。這幾位都是明朝最後二三十年間人。毛斧季是清朝人。他們這些事業，都可以說是當時講學的反動。焦弱侯也是王學家健將，但他卻好讀書。這點反動，實在是給後來學者狠有益的工具。例如黃梨洲、萬九沙、全謝山都讀天一閣藏書。汲古閣刻本書，流布古籍最有功，且大有益於校勘家。

第五，還有一件狠可注意的現象：這種反動，不獨儒學方面爲然，即佛教徒方面也甚明顯。宋元明三朝，簡直可以說除了禪宗別無佛教。到晚明忽然出了三位大師：一蓮池，名袾宏，萬曆四三——一六一五年卒。二憨山，名德清，天啓三——一六二三年卒。三蕅益。名智旭，順治九——一六五五年卒。我們試把雲棲法彙蓮池著、夢游集憨山著、靈峰宗論蕅益著一讀，他們反禪宗的精神，到處都可以看得出來。他們提倡的是淨土宗，清朝一代的佛教——直到楊仁山爲止，走的都是這條路。禪淨優劣，本來狠難說——我也不願意說。但禪宗末流，參話頭，背公案，陳陳相因，自欺欺人，其實可厭。蓮池所倡淨宗，從極平實的地方立定做極嚴肅的踐履工夫，比之耶教各宗，狠有點"清教徒"的性質。這是修持方面的反動。不惟如此，他們既感覺掉弄機鋒之靠不住，自然回過頭來研求學理①。於

----

①求　原作"究"，據稿本、南開本、清華本、輔仁本、學燈本、學報本、民志本改。

是憨山注楞伽、楞嚴；蕅益注楞嚴、起信、唯識，乃至把全藏通讀，著成閱藏知津一書。他們的著述價值如何，且不必論，總之一返禪宗束書不觀之習，回到隋唐人做佛學的途徑，是顯而易見了。同時錢牧齋（謙益）著了一大部楞嚴蒙鈔，也是受這箇潮流的影響。

　　以上所舉五點，都是明朝煞尾二三十年間學術界所發生的新現象。雖然讀黃梨洲明儒學案，一點看不出這些消息，然而我們認爲關係極重大，後來清朝各方面的學術，都從此中孕育出來。我這部講義，所以必把這二三十年做箇"楔子"，其理由在此。

　　"楔子"説完了①，下回便入正文。

---

①説　原脱，南開本、清華本、學燈本、學報本、民志本同，據稿本補。

第二講　清代學術變遷與政治的影響(上)①

　　本講義目的,要將清學各部分稍爲詳細解剖一番。但部分解剖以前,像應該先提挈大勢②,令學者得著全部大概的印象。我現在爲省事起見,將舊作清代學術概論頭一段鈔下來做箇引線:原書葉一至六

　　　　今之恒言曰時代思潮,此其語最妙於形容。凡文
　　　　化發展之國,其國民於一時期中,因環境之變遷與夫心

---

① 晨報本文前任公按曰:"本文爲今秋在清華學校所講中國近三百年學術史之第二章。晨報紀念號徵文,因校課罕暇,輒録副塞責。但近頃在師範大學國文學會續講此題,頗有所增訂,未及校改。或將來該會有筆記,可資參考也。著者記。"按,任公在國文學會講演共四次,題爲清代政治與學術之交互影響,經汪震、姜師肱、李宏毅、董淮筆記,載國文學會叢刊第一卷第二號,北京師範大學一九二四年一月印行。主旨即本書第二、三、四講,文字多有增删。

② 挈　原作"絜"。按,韓愈南山:"團辭試提絜,挂一念萬漏。"後文亦有作"絜"者,不另出校。

理之感召,不期而思想之進路,同趨於一方向,於是相與呼應洶湧如潮然。始焉其勢甚微,幾莫之覺;寖假而漲——漲——漲,而達於滿度;過時焉則落,以漸至於衰熄。凡"思"非皆能成"潮";能成潮者,則其思必有相當之價值,而又適合於其時代之要求者也。凡"時代"非皆有"思潮",有思潮之時代,必文化昂進之時代也。其在我國自秦以後,確能成爲時代思潮者,則漢之經學,隋唐之佛學,宋及明之理學,清之考證學,四者而已。

凡時代思潮,無不由"繼續的群衆運動"而成。所謂運動者,非必有意識、有計畫、有組織,不能分爲誰主動誰被動。其參加運動之人員,每各不相謀,各不相知。其從事運動時所任之職役,各各不同,所采之手段亦互異。於同一運動之下,往往分無數小支派,甚且相嫉視相排擊。雖然,其中必有一種或數種之共通觀念焉,同根據之爲思想之出發點。此種觀念之勢力,初時本甚微弱,愈運動則愈擴大,久之則成爲一種權威。此觀念者,在其時代中,儼然現宗教之色彩。一部分人,以宣傳捍衛爲己任,常以極純潔之犧牲的精神赴之;及其權威漸立,則在社會上成爲一種公共之好尚,忘其所以然,而共以此爲嗜。若此者,今之譯語,謂之"流行",古之成語,則曰"風氣"。風氣者,一時的信仰也。人鮮敢嬰之,亦不樂嬰之。其性質幾比宗教矣。一思潮播爲風氣,則其成熟之時也。

　　佛説一切流轉相,例分四期,曰生、住、異、滅。思潮之流轉也正然,例分四期:一、啓蒙期(生),二、全盛期(住),三、蜕分期(異),四、衰落期(滅)。無論何國何時代之思潮,其發展變遷,多循斯軌。啓蒙期者,對於舊思潮初起反動之期也。舊思潮經全盛之後,如果之極熟而致爛,如血之凝固而成瘀,則反動不得不起。反動者,凡以求建設新思潮也。然建設必先之以破壞,故此期之重要人物,其精力皆用於破壞,而建設蓋有所未遑。所謂未遑者,非閣置之謂。其建設之主要精神,在此期間必已孕育,如史家所謂"開國規模"者然。雖然,其條理未確立,其研究方法正在間錯試驗中,棄取未定。故此期之著作,恒駁而不純,但在殽亂粗糙之中,自有一種元氣淋漓之象。此啓蒙期之特色也,當佛説所謂"生"相。於是進爲全盛期。破壞事業已告終,舊思潮屏息慴伏,不復能抗顏行,更無須攻擊防衛以縻精力。而經前期醖釀培灌之結果,思想內容日以充實,研究方法亦日以精密,門户堂奧次第建樹,繼長增高,"宗廟之美,百官之富",粲然矣。一世才智之士,以此爲好尚,相與淬厲精進,闒冗者猶希聲附和,以不獲廁於其林爲恥。此全盛期之特色也,當佛説所謂"住"相。更進則入於蜕分期。境界國土,爲前期人士開闢殆盡,然學者之聰明才力,終不能無所用也,只得取局部問題,爲"窄而深"的研究;或取其研究方法,應用之於別方面，於是派中小派出焉。而其時之環境，必有以異乎前。晚出之派，進取氣較盛，易與環境順應，故往往以附庸蔚爲大國。則新衍之別派與舊傳之正統派成對峙之形勢，或且駸駸乎奪其席。此蛻化期之特色也，當佛說所謂"異"相。過此以往，則衰落期至焉。凡一學派當全盛之後，社會中希附末光者日衆，陳陳相因，固已可厭。其時此派中精要之義，則先輩已濬發無餘。承其流者，不過捃摭末節以弄詭辯。且支派分裂，排軋隨之，益自暴露其缺點。環境既已變易，社會需要，別轉一方向，而猶欲以全盛期之權威臨之，則稍有志者必不樂受，而豪傑之士欲創新必先推舊，遂以彼爲破壞之目標，於是入於第二思潮之啓蒙期，而此思潮遂告終焉。此衰落期無可逃避之運命，當佛說所謂"滅"相。

　　吾觀中外古今之所謂"思潮"者，皆循此歷程以遞相流轉。而有清二百餘年，則其最切著之例證也。

我説的"環境之變遷與心理之感召"，這兩項要常爲"一括搭"的研究。内中環境一項，包含範圍狠廣，而政治現象，關係最大。所以我先要把這一朝政治上幾箇重要關目稍爲提挈，而説明其影響於學術界者何如。①

---

① 自開篇至此，晨報本文字作："凡一種學派之成立，不外時代心理的反影。而時代心理，最少也有一部分爲環境所支配。環境所包含甚廣，而政治現象，實爲其最有力者。我們想研究清代學術，應該先（轉下頁注）

　　一六四四年三月十九日以前，是明崇禎十七年①；五月初十日之後便變成清順治元年了。本來一姓興亡，在歷史上算不得什麼一回大事。但這回卻和從前有點不同：新朝是"非我族類"的滿洲，而且來得太過突兀，太過僥倖。北京、南京，一年之中，唾手而得，抵抗力幾等於零。這種激刺，喚起國民極痛切的自覺，而自覺的率先表現實在學者社會②。魯王、唐王在浙閩，永曆帝在兩廣、雲南，實際上不過幾十位白面書生——如黃石齋道周、錢忠介肅樂③、張蒼水煌言、王完勛翊、瞿文忠式耜④、陳文忠子壯、張文烈家玉……諸賢

（接上頁注）把這一朝政治上幾簡重要關目，提挈清楚，而觀其影響於學術思想界者如何。清代學術，一言以蔽之曰：陽明學派的反動。陽明學派本身之長短得失，不在本論範圍，姑且不講。但明季二三十年間，陽明學派發生許多流弊，結果所謂清流名士，相率於束書不觀，游談無根，只見他們唱高調起鬨，而於實際上事理一切不講求。卒至寇禍與夷禍更迭相乘，把明朝天下送掉，全國塗炭到不成樣子。說一句公道話：當時君子和小人實不能不中分其咎。顧亭林說的：'昔之清談談老莊，今之清談談孔孟。'李剛主說：'中國嚼筆吮毫之一日，即外夷秣馬厲兵之一日。卒至盜賊蠭起，大命遂傾，而天乃以二帝三王相傳之天下，授之塞外。'這些話雖未免有點過火，然而可以想見當時人心對於陽明學派之厭倦，反動殆不得不起了。"

①按，任公此處陰陽曆混用致誤。夏校："此處實指崇禎十七年三月十九日，應爲西曆一六四四年四月二十五日。"

②"實在"與"學者社會"間原有"是"字，清華本、輔仁本、學燈本、晨報本、學報本、民志本同，據稿本刪。

③肅樂　原脫，清華本、學燈本、學報本、民志本同，據稿本、晨報本補。

④耜　原作"耟"，民志本同，據稿本、清華本、輔仁本、學燈本、晨報本、學報本改。

在那裏發動主持。還有黃梨洲、顧亭林、王船山、朱舜水、方
藥地_{以智}、閻古古_{爾梅}、錢飲光_{秉鐙}……諸賢，後先奔走①。他
們多半是"無官守無言責"之人，儘可以不管閒事，不過想替
本族保持一分人格，内則隱忍遷就於悍將暴卒之間，外則與
"泰山壓卵"的新朝爲敵。雖終歸失敗，究竟已把殘局支撐
十幾年，成績也算可觀了。就這一點論，那時候的學者，雖
厭惡陽明學派，我們卻應該從這裏頭認取陽明學派的價值。
因爲這些學者留下許多可歌可泣的事業，令我們永遠景仰，
他們自身，卻都是——也許他自己不認——從"陽明學派"
這位母親的懷裏哺養出來。

這些學者，雖生長在陽明學派空氣之下，因爲時勢突
變，他們的思想也像蠶蛾一般，經蛻化而得一新生命。他們
對於明朝之亡，認爲是學者社會的大恥辱大罪責。於是拋
棄明心見性的空談，專講經世致用的實務。他們不是爲學
問而做學問，是爲政治而做學問。他們許多人都是把半生
涯送在悲慘困苦的政治活動中，所做學問，原想用來做新政
治建設的準備。到政治完全絶望，不得已纔做純粹學者的
生活②。他們裏頭，因政治活動而死去的人狠多；賸下生存
的也斷斷不肯和滿洲人合作。寧可把夢想的"經世致用之

————————

① 自"還有黃梨洲"至"後先奔走"，原脱，清華本、輔仁本、學燈本、晨報本、
　學報本、民志本同，據稿本補。
② "純粹""的"三字，原脱，清華本、輔仁本、學燈本、晨報本、學報本、民志
　本同，據稿本補。

學"依舊託諸空言，但求改變學風以收將來的效果。黃梨洲、顧亭林、王船山、朱舜水，便是這時候代表人物。他們的學風，都在這種環境中間發生出來。

　　滿洲人的征服事業，初時像狠容易，越下去越感困難。順治朝十八箇年頭，除閩粵桂滇之大部分始終奉明正朔外，其餘各地反抗擾亂①，未嘗停息。就中文化中心之江浙等省，從清師渡江後，不斷的反抗。鄭延平成功、張蒼水煌言會師北伐時，順治十六年。大江南北，一箇月間，幾乎全部恢復。到永曆帝從緬甸人手上賣給吳三桂的時候，順治十八年七月②。順治帝已死去七箇月了。其年正月。康熙帝即位那年，即順治十八年。雲南蕩平，鄭氏也遁入臺灣，征服事業，總算告一箇結束。但不久又有三藩之亂，擾攘十年，方纔戡定。康熙十二年至二十一年。所以滿洲人雖僅用四十日工夫便奠定北京，卻須用四十年工夫纔得撫有全中國③。他們在這四十年裏頭，對於統治中國人方針，積了好些經驗。他們覺得用武力制服那降將悍卒，沒有多大困難。最難纏的是一班"念書人"④——尤其是少數有學問的學者，因爲他們是民衆的指

---

①反抗　原脱，清華本、輔仁本、學燈本、晨報本、學報本、民志本同，據稿本補。

②順治十八年七月　原脱，清華本、輔仁本、學燈本、晨報本、學報本、民志本同，據稿本補。

③撫　原脱，清華本、輔仁本、晨報本、學報本、民志本同，據稿本補。按，學燈本脱"撫有"二字。

④纏　稿本作"攬"。

導人，統治前途暗礁，都在他們身上。滿洲政府用全副精
神對付這問題，政策也因時因人而變。略舉大概，可分
三期：

　　第一期：順治元年至十年，約十年間。利用政策。

　　第二期：順治十一二年至康熙十年，約十七八年
間。高壓政策。

　　第三期：康熙十一二年以後。懷柔政策。

　　第一期爲睿王多爾袞攝政時代。滿兵倉猝入關，一切
要靠漢人爲虎作倀。所以一面極力招納降臣，一面運用明
代傳來的愚民工具——八股科舉，年年鬧什麼"開科取士"，
把那些熱中富貴的人先行絆住。第二期，自多爾袞死去順
治帝親政，順治七年。政策漸變。那時除了福建、兩廣、雲南
尚有問題外，其餘全國大部分，都已在實力統治之下。那群
被"誘姦"過的下等"念書人"，不大用得着了。於是板起面
孔①，抓着機會便給他們點苦頭吃吃。其對於箇人的操縱，
如陳名夏、陳之遴、錢謙益、龔鼎孳那班"貳臣"②，遭蹂得淋
漓盡致。其對於全體的打擊，如順治十四年以後連年所起
的科場案，把成千成萬的八股先生嚇得人人打噤③。那時滿

────────────

① 板　原作"扳"，清華本、晨報本、學報本、民志本同，據稿本、輔仁本、學
　燈本改。

② "　原脱，清華本、學報本、民志本同，據稿本、晨報本補。按，輔仁本、
　學燈本此處無引號。

③ 稿本、晨報本於"嚇"後復有一"嚇"字。

廷最痛恨的是江浙人。因爲這地方是人文淵藪，輿論的發
縱指示所在①，"反滿洲"的精神到處橫溢。所以自"窺江之
役"即順治十六年鄭、張北伐之役。以後，借"江南奏銷案"名目，
大大示威，被牽累者一萬三千餘人，縉紳之家無一獲免②。
這是順治十八年的事。其時康熙帝已即位，鰲拜一派執政，襲
用順治末年政策，變本加屬。他們除遭蹋那班下等念書人
外③，對於真正智識階級，還興許多次文字獄④，加以特別摧
殘。最著名的，如康熙二年湖州莊氏史案，一時名士如潘力田
檉章、吳赤溟炎等七十多人同時遭難⑤。此外，如孫夏峰於康
熙三年被告對簿，顧亭林於康熙七年在濟南下獄，黃梨洲被懸
購名捕⑥，前後四回⑦。這類史料，若子細搜集起來，還不知多
少。這種政策，徒助長漢人反抗的氣焰，毫無效果。到第三
期，值康熙帝親政後數年，三藩之亂繼起。康熙本人的性格，

---

①縱　稿本作"蹤"。
②縉　晨報本同，稿本、清華本、學燈本、學報本、民志本作"搢"。
③班　原作"等"，清華本、輔仁本、學燈本、晨報本、學報本、民志本同，據
　　稿本改。
④次　原脱，清華本、輔仁本、學燈本、晨報本、學報本、民志本同，據稿本
　　補。
⑤溟　原作"瀉"，清華本、輔仁本、學燈本、晨報本、學報本、民志本同，據
　　稿本改。
⑥名　原作"緝"，清華本、輔仁本、學燈本、晨報本、學報本、民志本作
　　"各"，據稿本改。
⑦回　原作"面"，清華本、輔仁本、學燈本、學報本、民志本同，據稿本、晨
　　報本改。

本來是闊達大度一路，當著這變亂時代，更不能不有戒心，於是一變高壓手段爲懷柔手段。他的懷柔政策，分三著實施：

第一著，爲康熙十二年之薦舉山林隱逸。

第二著，爲康熙十七年之薦舉博學鴻儒。但這兩著總算失敗了。被買收的都是二三等人物，稍微好點的也不過新進後輩①。那些負重望的大師，一位也網羅不著，倒惹起許多惡感。

第三著，爲康熙十八年之開明史館。這一著卻有相當的成功。因爲許多學者，對於故國文獻，十分愛戀，他們別的事不肯和滿洲人合作②，這件事到底不是私家之力所能辦到③，只得勉强將就了。

以上所講，是滿洲入關後三四十年間對漢政策變遷之大概④。除第一期沒有多大關係外，第二期的高壓和第三期的懷柔，都對於當時學風狠有影響。

還有應該附帶論及者一事，即康熙帝自身對於學問之態度。他是一位極聰明而且精力彌滿的人⑤。熱心向慕文

---

①微　稿本作"爲"。

②人　稿本無。

③家　原作"衆"，清華本、輔仁本、學燈本、晨報本、學報本、民志本同，據稿本改。

④間　原脫，清華本、輔仁本、學燈本、晨報本、學報本、民志本同，據稿本補。

⑤且　原脫，清華本、輔仁本、學燈本、晨報本、學報本、民志本同，據稿本補。　彌　原作"强"，清華本、輔仁本、學燈本、晨報本、學報本、民志本同，據稿本改。

化,有多方面的興味。他極尊信科學①,對於天文曆算有狠深的研究,能批評梅定九的算書。他把許多耶穌會的西洋人②——南懷仁、安多、白進、徐日昇、張誠等放在南書房,叫他們輪日進講,——講測量、數學、全體學、物理學等等。他得他們的幫助製定康熙永年曆,並著有數理精蘊、曆象考成等書,又造成極有名的觀象臺。他費三十年實測工夫——專用西洋人繪成一部皇輿全覽圖。這些都是在我們文化史上值得特筆大書的事實。他極喜歡美術,西洋畫家焦秉貞是他狠得意的內廷供奉;三王的畫,也是他的嗜好品。他好講理學,崇拜程朱。他對於中國歷史也有相當的常識,資治通鑑終身不離手。他對於中國文學也有相當的賞鑑能力③。在專制政體之下,君主的好尚④,影響全國甚大⑤,所以他當然成爲學術史上有關係的人。

　　把以上各種事實綜合起來,我們可以了解清代初期學術變遷的形勢及其來由了。從順治元年到康熙二十年約三四十年間,完全是前明遺老支配學界。他們所努力者,對於

---

① 尊信　原作"信學",清華本、民志本作"學信",晨報本、學報本作"相信",輔仁本、學燈本、渝本作"信",據稿本改。
② 穌　原作"蘇",稿本同,據輔仁本、學燈本、晨報本、學報本、民志本改。
③ 於　原脫,清華本、學報本、民志本同,據稿本、輔仁本、學燈本、晨報本補。
④ 尚　原作"劣",清華本、輔仁本、學燈本、晨報本、學報本、民志本同,據稿本改。按,晨報本於"劣"後衍一"的"字,並與下句連讀。
⑤ 稿本於"響"後有"於"字。

王學實行革命（內中也有對於王學加以修正者）。他們所要建設的新學派方面頗多，而目的總在"經世致用"①。他們元氣極旺盛，像用大刀闊斧打開局面，但條理不免疏闊。這時期的代表人物，最偉大者，是：一黃梨洲：他是王學的繼承者、修正者。他又是史學的建設者——浙東學派由他開創。二顧亭林：他提倡"以經學代理學"。清代考證學，公認他爲開山之祖。他對於各部分的文獻學，都開出端緒。引起後人研究。三王船山：他最能爲深沉之思，要建設自己一家的哲學。他又是一位歷史批評家。四朱舜水：他是一位嚴格的道德實踐家。但他有狠豐富的學識和技能。他是日本學術界最大的恩人，在本國卻没有什麼影響②。康熙二十年以後，形勢漸漸變了。遺老大師，彫謝略盡，後起之秀，多半在新朝生長，對於新朝的仇恨，自然減輕。先輩所講經世致用之學，本來預備推倒滿洲後實見施行。到這時候，眼看滿洲不是一時推得倒的③；在當時政府之下實現他們理想的政治，也是無望。那麼，這些經世學都成爲空談了。況且談到經世，不能不論列時政④，開口便觸忌諱。經過屢次文字獄

---

① " "　原作"（ ）"，民志本同，清華本、學燈本後引號作" ）"，據稿本、輔仁本、晨報本、學報本改。

② 自"這時期的代表人物"至"没有什麼影响"，原脱，清華本、輔仁本、學燈本、學報本、民志本同，據稿本、晨報本補。

③ 的　稿本作"了"。

④ 列　原作"到"，清華本、輔仁本、學燈本、晨報本、學報本、民志本同，據稿本改。

之後，人人都有戒心。一面社會日趨安寧，人人都有安心求學的餘裕。又有康熙帝這種“右文之主”極力提倡。所以這箇時候的學術界，雖沒有前次之波瀾壯闊①，然而日趨於健實有條理。其時學術重要潮流，約有四支：

一、閻百詩、胡東樵一派之經學，承顧黃之緒，直接開後來乾嘉學派。

二、梅定九、王寅旭一派之曆算學②，承晚明利徐之緒，作科學先鋒。

三、陸桴亭、陸稼書一派之程朱學，在王學與漢學之間，折衷過渡。

四、顏習齋③、李剛主一派之實踐學，完成前期對王學革命事業而更進一步④。

此則康熙一朝六十年間全學界之大概情形也。

---

① 次　稿本作“此”。
② 學　原作“書”，清華本、輔仁本、學燈本、晨報本、學報本、民志本同，據稿本改。
③ 顏　原作“顧”，輔仁本同，據稿本、清華本、學燈本、晨報本、學報本、民志本改。
④ 更　原脫，清華本、輔仁本、學燈本、晨報本、學報本、民志本同，據稿本補。

第三講　清代學術變遷與政治的影響(中)

　　講到這裏，當然會發生兩箇疑問：第一，那時候，科學像有新興的機運，爲什麼戛然中止？第二，那時候，學派潮流狠多，爲什麼後來只偏向考證學一路發展？我現在請先解答第一箇問題①。

　　學術界最大的障礙物，自然是八股。八股和一切學問都不相容，而科學爲尤甚。清初襲用明朝的八股取士，不管他是否有意借此愚民，抑或誤認爲一種良制度，總之當時功名富貴皆出於此途，有誰肯拋棄這種捷徑而去學些艱辛迂遠的科學呢②？我們最可惜的是：以當時康熙帝之熱心西方文物，爲什麼不開箇學校造就些人③？就算他不是有心窒塞

---

① 在　原脱，清華本、輔仁本、學燈本、晨報本、學報本、民志本同，據稿本補。
② 而去　稿本、清華本、輔仁本、學燈本、晨報本、學報本、民志本無。
　　些　原脱，據稿本、清華本、輔仁本、學燈本、晨報本、學報本、民志本補。
③ 爲什麼不開箇學校造就些人　原作“爲何不開箇學校造就些人材”，據稿本、清華本、輔仁本、學燈本、晨報本、學報本、民志本改。

民智，也不能不算他失策。因爲這種專門學問，非專門教授不可。他既已好這些學問，爲什麼不找些傳人呢？所以科舉制度，我認爲是科學不興的第一原因①。

　　此外還有狠重大的原因，是耶穌會内部的分裂。明末清初那一點點科學萌芽，都是從耶穌會教士手中稗販進來，前文已經説過。該會初期的教士，傳教方法狠巧妙：他們對於中國人心理研究得極深透。他們知道中國人不喜歡極端迷信的宗教，所以專把中國人所最感缺乏的科學智識來做引線，表面上像把傳教變成附屬事業。所有信教的人，仍許他們拜“中國的天”和祖宗。這種方法，行之數十年，卓著成效。無奈在歐洲的羅馬教皇，不懂情形，突然發出有名的“一七〇四年康熙四十三年教令”。該教令的内容②，現在不必詳述，總而言之，是説前此傳教方法之背謬③，勒令他們改變方針，最要的條件是禁拜祖宗。自該教令宣布後，從康熙帝起以至朝野人士都鼓譟憤怒，結果於康熙四十六年一七〇七把教皇派來的公使送到澳門監禁。傳教事業固然因此頓

━━━━━━━━━━

① 是　稿本、清華本、輔仁本、學燈本、晨報本、學報本、民志本無。　第一　原作“一箇”，清華本、輔仁本、學燈本、晨報本、學報本、民志本同，據稿本改。

② 令　原作“會”，清華本、學燈本、學報本、民志本同，據稿本、輔仁本、晨報本改。

③ 説　原作“談”，清華本、輔仁本、學燈本、學報本、民志本同，據稿本、晨報本改。　背謬　原作“悖謬”，清華本、輔仁本、學燈本、學報本、民志本作“背課”，據稿本、晨報本改。

挫，並他們傳來那些學問，也被帶累了。

　　還有一件附帶原因，也是教會行動影響到學界。我們都知道康熙末年因各皇子爭立鬧得烏煙瘴氣①。這種宮闈私鬪，論理該不至影響到學問。殊不知專制政體之宮廷，一舉一動，都有牽一髮動全身的力量。相傳當時耶穌會教徒黨於皇太子胤礽②，喇嘛寺僧黨於雍正帝胤禛③，雙方暗鬪，黑幕重重。後來雍正帝獲勝，耶穌會勢力遂一敗塗地。這種史料，現時雖未得有充分證據，然而口碑相傳，大致可信。雍正元年浙閩總督滿寶奏請：除在欽天監供職之西洋人外，其餘皆驅往澳門看管，不許闌入內地。得旨施行。這件事是否和宮廷陰謀有關④，姑且不論。總之康熙五六十年間所延攬的許多歐洲學者，到雍正帝即位之第一年，忽然驅除淨盡。中國學界接近歐化的機會從此錯過，一擱便擱了二百年了⑤。

　　其次，要解答“爲什麼古典考證學獨盛”之問題。

　　明季道學反動，學風自然要由蹈空而變爲覈實——由主觀的推想而變爲客觀的考察。客觀的考察有兩條路：一，

---

①立　原作“位”，據稿本、清華本、輔仁本、學燈本、晨報本、學報本、民志本改。

②胤　原作“允”，係避清世宗雍正帝胤禛諱，今予回改。

③胤禛　原作“允禎”，輔仁本、學燈本、晨報本同，稿本、清華本、學報本、民志本作“允禛”，據清史稿世宗本紀改。

④和　原作“於”，清華本、輔仁本、學燈本、晨報本、學報本、民志本同，據稿本改。

⑤稿本無“擱”後之“了”字，晨報本無“年”後之“了”字。

自然界現象方面①；二，社會文獻方面。以康熙間學界形勢論，本來有趨重自然科學的可能性，且當時實在也有點這種機兆。然而到底不成功者：其一，如前文所講，因爲種種事故把科學媒介人失掉了。其二，則因中國學者根本習氣，看輕了"藝成而下"的學問。所以結果逼着專走文獻這條路。但還有一箇問題②：文獻所包範圍狠廣，爲什麽專向古典部分發展，其他多付闕如呢？問到這裏，又須拿政治現象來說明。

　　康熙帝是比較有自由思想的人。他早年雖間興文字之獄，大抵都是他未親政以前的事，而且大半由奸民告訐官吏徼功③，未必出自朝廷授意。他本身卻是闊達大度的人，不獨政治上常采寬仁主義④，對於學問，亦有宏納衆流氣象。試讀他所著庭訓格言，便可以窺見一斑了。所以康熙朝學者，没有什麽顧忌，對於各種問題，可以自由研究。到雍正、乾隆兩朝卻不同了。雍正帝是箇極猜忌刻薄的人，而又十分雄鷙。他的地位本從陰謀攘奪而來，不得不立威以自固，

---

① 象　原作"像"，清華本、學燈本、晨報本、學報本、民志本同，據稿本、輔仁本改。

② 一　原脱，清華本、輔仁本、學燈本、晨報本、學報本、民志本同，據稿本補。

③ 訐　原作"訴"，清華本、輔仁本、學燈本、晨報本、學報本、民志本同，據稿本改。

④ 主　原作"之"，清華本、輔仁本、學燈本、晨報本、學報本、民志本同，據稿本改。

屠殺兄弟，誅戮大臣。四處密派偵探，鬧得人人戰慄。不但
待官吏如此，其對於士大夫社會，也極威嚇操縱之能事。汪
景祺雍正二年、查嗣庭、呂留良俱雍正四年①之獄，都是雍正帝
匠心獨運羅織出來。尤當注意者，雍正帝學問雖遠不及乃
翁，他卻最愛出鋒頭和別人爭辯。他生平有兩部最得意的
著作：一部是揀魔辨異錄，專和佛教禪宗底下的一位和尚名
弘忍者辯論②。^(注一)一部是大義覺迷錄，專與呂晚村留良的門
生曾靜辯論。^(注二)以一位帝王而親著幾十萬字書和一位僧
侶、一位儒生打筆墨官司，在中外歷史上真算得絕無僅有。
從表面看，爲研求真理而相辯論，雖帝王也該有這種自由。
若僅讀他這兩部書，我們並不能説他的態度不對③，而且可
以表相當的敬服。但子細搜求他的行逕，他著成揀魔辨異
錄以後，跟着把弘忍的著述盡行焚毀，把弘忍的門徒勒令還
俗或改宗。他著成大義覺迷錄以後，跟着把呂留良發棺戮
屍，全家殺盡，著作也都毀板。像這樣子，那裏算得討論學
問，簡直是歐洲中世教皇的牌子！在這種主權者之下，學者
的思想自由，是剝奪淨盡了。他在位僅十三年，影響原可以
不至甚大。無奈他的兒子乾隆帝，也不是好惹的人。他學

①原於"正"後衍一"十"字，清華本、晨報本、學報本、民志本同，據稿本刪。
②專和　清華本、輔仁本、學燈本、晨報本、學報本、民志本同，稿本作"專
　與"。　的　稿本、晨報本無。
③的　原脱，清華本、輔仁本、學燈本、晨報本、學報本、民志本同，據稿本
　補。

問又在乃祖乃父之下，卻偏要"附庸風雅"，恃強爭勝。他發布禁書令，自乾隆三十九年至四十七年繼續燒書二十四回，燒去的書一萬三千八百六十二部。直至乾隆五十三年，還有嚴諭。他一面說提倡文化，一面又鈔襲秦始皇的藍本！"所謂黃金時代"的乾隆六十年，思想界如何的不自由，也可想而知了。

　　（注一）揀魔辨異錄　　這部書是雍正十一年御製。當時臨濟宗門下有一名僧曰法藏，著五宗原。其徒曰弘忍，著五宗救。皆對於當時禪學有所批評。雍正帝著此書專闢之。書首冠以上諭，有云："……朕今不加屏斥，魔法何時熄滅。著將藏內所有藏忍語錄並五宗原、五宗救等書，盡行毀板，僧徒不許私自收藏。有違旨隱匿者，發覺以不敬律論。……法藏一支所有徒衆，著直省督撫詳細查明①，盡削去支派。……果能於他方參學，得正知見，別嗣他宗，方許秉拂。……"這書有殿板存大內，外間向少見。民國四年，始由揚州藏經院刊行。平心而論，這書所駁藏忍之說，也許駁得不錯。但這種"以人王而兼教主"的態度，太咄咄逼人了。

　　（注二）大義覺迷錄②　　這部書體裁甚奇，全部是親自審問曾靜的口供，冠以一篇極長的上諭當作序文。曾靜號蒲潭，湖南人，呂晚村私淑弟子。嘗上書岳鍾琪，力言夷夏之防，數雍正帝九大罪，勸其革命。被拿到京，帝親自審問他，和他反覆辨駁。內中最重要者是辨夷夏問題③，其次辨封建制度，還有關於雍正帝本身逼母、弒兄、

---

① 查　　原作"察"，清華本、輔仁本、晨報本、學報本、民志本同，據稿本改。
② 迷　　原作"述"，據稿本、清華本、晨報本、學報本、民志本改。
③ 重　　原脫，清華本、晨報本、學報本、民志本同，據稿本補。

屠弟等種種罪惡之辨護。據這部書說，曾靜完全折服了，還著有歸仁說一篇，附刻在後頭。雍正帝於是把曾靜赦免，放歸田里。雖然如此，卻說曾靜學說出於呂留良，把留良戮屍滅族。後來乾隆帝到底把曾靜也殺了。這部書當時印刷許多，頒發各省府州縣學宮，令秀才們當作聖經讀。到乾隆朝將頒出的書都收回，板也毀了，列在禁書書目中。

凡當主權者喜歡干涉人民思想的時代，學者的聰明才力，只有全部用去注釋古典。歐洲羅馬教皇權力最盛時，就是這種現象。我國雍乾間，也是一箇例證。記得某家筆記說："內廷唱戲，無論何種劇本都會觸犯忌諱，只得專搬演些'封神'、'西游'之類，和現在社會情狀絲毫無關，不至鬧亂子。"雍乾學者專務注釋古典，也許是被這種環境所搆成。至於他們忠實研究的結果，在文獻上有意外的收穫和貢獻，這是別問題，後文再講。

自康雍以來，皇帝都提倡宋學——程朱學派。但民間——以江浙為中心，"反宋學"的氣勢日盛，標出漢學名目與之對抗①。到乾隆朝，漢學派殆占全勝。政府方面文化事業有應該特筆大書的一件事②，曰編纂四庫全書。四庫開館，始自乾隆三十八年，至四十七年而告成。著錄書三千四

①對抗　原作"抵抗"，清華本、輔仁本、學燈本、晨報本、學報本、民志本同，據稿本改。

②業　原脫，清華本、輔仁本、學燈本、晨報本、學報本、民志本同，據稿本補。

百五十七部，七萬九千七十卷；存目書六千七百六十六部，九万三千五百五十六卷。編成，繕寫七本，頒貯各地：一、北京禁城之文淵閣本；今存。二、西郊圓明園之文源閣本；咸豐間毀於英法聯軍。三、奉天之文溯閣本；今移存北京。四、熱河之文津閣本；今移存北京。五、揚州之文匯閣本；六、鎮江之文宗閣本；並毀於洪楊之亂。七、杭州之文瀾閣本。洪楊亂後半毀①，現已補鈔，存浙江圖書館。原來搜集圖書編製目録②，本屬歷朝承平時代之常事。但這回和前代卻有點不同，的確有他的特別意義和價值。著録的書，每種都替他作一篇提要。這種事業，從前只有私人撰述——如晁公武郡齋讀書志、陳振孫直齋書録解題……等，所有批評，都不過私人意見。四庫提要這部書，卻是以公的形式表現時代思潮，爲向來著述所未曾有③。當時四庫館中所網羅的學者三百多人，都是各門學問的專家。露骨的説：四庫館就是漢學家大本營，四庫提要就是漢學思想的結晶體。就這一點論，也可以説是：康熙中葉以來漢宋之爭，到開四庫館而漢學派全占勝利④。也可

①亂後　原作"之亂"，清華本、輔仁本、學燈本、晨報本、學報本、民志本同，據稿本改。
②編　原脱，民志本同，據稿本、清華本、輔仁本、學燈本、晨報本、學報本補。
③所　原脱，清華本、輔仁本、學燈本、晨報本、學報本、民志本同，據稿本補。
④庫　原脱，清華本、輔仁本、學燈本、晨報本同，據稿本、學報本、民志本補。

以説是：朝廷所提倡的學風，被民間自然發展的學風壓倒。當朱筠(漢學家)初奏請開四庫館時，劉統勳(宋學家)極力反對，結果還是朱説實行。此中消息，研究學術史者不可輕輕放過也。

漢學家所樂道的是"乾嘉諸老"。因爲乾隆、嘉慶兩朝，漢學思想正達於最高潮，學術界全部幾乎都被他占領。但漢學派中也可以分出兩箇支派：一曰吳派，二曰皖派。吳派以惠定宇棟爲中心，以信古爲標幟，我們叫他做"純漢學"。皖派以戴東原震爲中心，以求是爲標幟，我們叫他做"考證學"。此外尚有揚州一派，領袖人物是焦里堂循、汪容甫中，他們研究的範圍，比較的廣博。有浙東一派，領袖人物是全謝山祖望、章實齋學誠，他們最大的貢獻在史學。

以上所舉派別，不過從箇人學風上，以地域略事區分。其實各派共同之點甚多，許多著名學者，也不能説他們專屬那一派。總之乾嘉間學者，實自成一種學風，和近世科學的研究法極相近。我們可以給他一箇特別名稱，叫做"科學的古典學派"。他們所做的工作，方面狠多，舉其重要者如下：

　　　一、經書的箋釋　幾部經和傳、記①，逐句逐字爬梳，引申或改正舊解者不少。大部分是用筆記或專篇

①經書的箋釋幾部經和傳記　原空格在"部"與"經"之間，清華本、輔仁本、學燈本、學報本、民志本同，據稿本、晨報本改。渝本改作"經書的全部箋釋　經和傳記"。

體裁，爲部分的細密研究①。研究進步的結果，有人綜合起來作全書的釋例或新注新疏，差不多每部經傳都有了。

二、史料之蒐補鑑別　關於史籍之編著源流，各書中所記之異同真僞②，遺文佚事之闕失或散見者，都分部蒐集辨證。内中補訂各史表志，爲功尤多。

三、辨僞書　許多僞書或年代錯誤之書，都用嚴正態度辨證，大半成爲信讞。

四、輯佚書　許多亡佚掉的書，都從幾部大類書或較古的著述裏頭搜輯出來。

五、校勘　難讀的古書，都根據善本，或釐審字句，或推比章節，還他本來面目。

六、文字訓詁　此學本經學附庸——因注釋經文而起。但後來特別發展，對於各箇字意義的變遷及文法的應用，在“小學”的名稱之下別成爲一種專門。

七、音韻　此學本“小學”附庸，後來亦變成獨立，對於古音、方音、聲母、韻母等，發明甚多。

八、算學　在科學中此學最爲發達，經學大師，差不多人人都帶著研究。

九、地理　有價值的著述不少。但多屬於歷史沿

①密　稿本作“究”。
②記　稿本作“紀”。

革方面。

十、金石　此學極發達,裏頭所屬門類不少。近來有移到古物學的方向①。

十一、方志之編纂　各省府州縣,皆有創編或續訂之志書,多成於學者之手。

十二、類書之編纂　官私各方面,多努力於大類書之編纂,體裁多與前代不同,有價值的頗多。

十三、叢書之校刻　刻書之風大盛。單行善本固多,其最有功文獻者②,尤在許多大部頭的叢書。

以上所列十三項,不過舉其大概。分類並不精確,且亦不能包舉無遺。但乾嘉諸老的工作,可以略窺一斑了。至於他們的工作法及各項所已表見的成績如何,下文再分別説明。

乾嘉諸老中有三兩位——如戴東原、焦里堂、章實齋等,都有他們自己的哲學,超乎考證學以上。但在當時,不甚爲學界所重視。這些内容,也待下文再講。

乾嘉間之考證學,幾乎獨占學界勢力。雖以素崇宋學之清室帝王,尚且從風而靡,其他更不必説了。所以稍爲時髦一點的闊官乃至富商大賈,都要"附庸風雅",跟著這些大學者學幾句考證的内行話;這些學者得著這種有力的外

①來　原脱,清華本、輔仁本、學燈本、晨報本、學報本、民志本同,據稿本補。
②功　原脱,清華本、輔仁本、學燈本、學報本、民志本同,據稿本、晨報本補。

護①，對於他們的工作進行，所得利便也不少。總而言之，乾嘉間考證學，可以説是：清代三百年文化的結晶體，合全國人的力量所搆成。凡在社會秩序安寧、物力豐盛的時候，學問都從分析整理一路發展，乾嘉間考證學所以特別流行，也不外這種原則罷了。

---

①著　原脱，民志本同，據稿本、清華本、輔仁本、學燈本、晨報本、學報本補。

第四講　清代學術變遷與政治的影響(下)

　　考證學直至今日還未曾破産，而且轉到別箇方向和各種社會科學會發生影響①。雖然，古典考證學，總以乾嘉兩朝爲全盛時期，以後便漸漸蛻變，而且大部分趨於衰落了。

　　蛻變衰落的原因②，有一部分也可以從政治方面解答：前文講過，考證古典之學，半由"文網太密"所逼成。就這一點論，雍正十三年間最厲害，乾隆的前三四十年也還吃緊，以後便漸漸鬆勁了③。乾隆朝爲清運轉移的最大樞紐。這位十全老人，席祖父之業，做了六十年太平天子，自謂"德邁三皇，功過五帝"。其實到他晚年，弄得民窮財盡，已種下後

---

①向　原作"面"，清華本、輔仁本、學燈本、晨報本、學報本、民志本同，據稿本改。

②原於"變"後衍一"趨"字，據稿本、清華本、輔仁本、學燈本、晨報本、學報本刪。按，民志本"趨"作"遷"。

③勁　原作"動"，清華本、學燈本、晨報本、學報本、民志本同，據稿本改。

來大亂之根。即就他的本身論，因年老倦勤的結果，委政和珅，權威也漸失墜了。不過憑藉太厚，所以及身還沒有露出破綻來。到嘉慶、道光兩朝，乾隆帝種下的惡因，次第要食其報。川湖陝的教匪，甘新的回亂，浙閩的海寇，一波未平，一波又起。跟着便是鴉片戰爭，受國際上莫大的屈辱。在這種陰鬱不寧的狀態中，度過嘉道兩朝四十五年。

　　那時候學術界情形怎麼樣呢？大部分學者，依然繼續他們考證的工作，但"絕對不問政治"的態度，已經稍變。如大經學家王懷祖念孫抗疏劾和珅，大史學家洪稚存亮吉應詔直言，以至譴戍。這種舉動，在明朝學者，只算家常茶飯；在清朝學者，真是麟角鳳毛了。但是這種一兩箇人的特別行動，還算與大體無關。欲知思潮之暗地推移，最要注意的是新興之常州學派。常州學派有兩箇源頭①，一是經學，二是文學，後來漸合爲一。他們的經學是公羊家經説——用特別眼光去研究孔子的春秋，由莊方耕存與、劉申受逢祿開派。他們的文學是陽湖派古文——從桐城派轉手而加以解放，由張皋聞惠言、李申耆兆洛開派。兩派合起來產出一種新精神②，就是：想在乾嘉間考證學的基礎之上建設順康間"經世致用"之學。代表這種精神的人，是龔定庵自珍和魏默深源。

---

①學　原脱，民志本同，據稿本、清華本、輔仁本、學燈本、晨報本、學報本補。

②起　原作"一"，民志本同，清華本作空格，輔仁本、學燈本、學報本作"攏"，據稿本、晨報本改。

這兩箇人的著述，給後來光緒初期思想界狠大的影響。這種新精神爲什麼會發生呢？頭一件，考證古典的工作，大部分被前輩做完了，後起的人想開闢新田地，只好走別的路。第二件，當時政治現象，令人感覺不安，一面政府箝制的威權也陵替了，所以思想漸漸解放，對於政治及社會的批評也漸漸起來了。但我們要知道，這派學風，在嘉道間不過一枝"別動隊"，學界的大勢力仍在"考證學正統派"手中。這枝別動隊的成績，也幼稚得狠。

咸豐、同治二十多年間，算是清代最大的厄運。洪楊之亂，痛毒全國。跟着捻匪回匪苗匪，還有北方英法聯軍之難，到處風聲鶴唳，慘目傷心。政治上生計上所生的變動不用説了，學術上也受非常壞的影響。因爲文化中心在江皖浙，而江皖浙糜爛最甚。公私藏書，蕩然無存。未刻的著述稿本，散亡的更不少。許多耆宿學者①，遭難彫落；後輩在教育年齡，也多半失學。所謂"乾嘉諸老的風流文采"，到這會祇成爲"望古遥集"的資料！考證學本已在落潮的時代，到這會更不絶如縷了。

當洪楊亂事前後，思想界引出三條新路。其一，宋學復興：乾嘉以來，漢學家門户之見極深，"宋學"二字，幾爲大雅所不道。而漢學家支離破碎，實漸已惹起人心厭倦。羅羅

---

①許　原作"計"，民志本同，據稿本、清華本、輔仁本、學燈本、晨報本、學報本改。

山澤南、曾滌生國藩在道咸之交，獨以宋學相砥礪，其後卒以書生犯大難成功名。他們共事的人，多屬平時講學的門生或朋友。自此以後，學人輕蔑宋學的觀念一變。換箇方面説，對於漢學的評價逐漸低落，"反漢學"的思想，常在醖醸中。

其二，西學之講求：自雍正元年放逐耶穌會教士以後，中國學界和外國學界斷絕來往已經一百多年了。道光間鴉片戰役失敗，逼着割讓香港，五口通商。咸豐間英法聯軍陷京師，燒圓明園，皇帝出走，客死於外。經這兩次痛苦①，雖以麻木自大的中國人，也不能不受點激刺。所以亂定之後，經曾文正、李文忠這班人提倡，忽有"洋務"、"西學"等名詞出現。原來中國幾千年來所接觸者——除印度外——都是文化低下的民族，因此覺得學問爲中國所獨有。"西學"名目，實自耶穌教會入來所創始。其時所謂西學者，除測算天文、測繪地圖外，最重要者便是製造大礮。陽瑪諾、畢方濟等之見重於明末，南懷仁、徐日昇等之見重於清初，大半爲此。(注一)西學中絶，雖有種種原因，但太平時代用不着大礮，最少亦應爲原因之一。過去事實既已如此，那麽咸同間所謂講求西學之動機及其進行路線，自然也該爲這種心理所支配。質而言之，自從失香港、燒圓明園之後，感覺有發憤自強之必要；而推求西人之所以強②，最佩服的是他的"船堅

①兩　原脱，民志本同，據稿本、清華本、輔仁本、學燈本、晨報本、學報本補。
②人　原脱，清華本、學燈本、學報本、民志本同，輔仁本作"學"，晨報本作"洋"，據稿本補。

砲利"。上海的江南機器製造局，福建的馬尾船政局，就是
因這種目的設立①，又最足以代表當時所謂西學家之心理。
同時又因國際交涉種種麻煩，覺得須有些懂外國話的人纔
能應付，於是在北京總理衙門附設同文館，在上海製造局
附設廣方言館，又挑選十歲以下的小孩子送去美國專學說
話。第一期所謂西學，大略如此。這種提倡西學法，不能
在學界發生影響，自無待言。但江南製造局成立之後，狠
有幾位忠實的學者——如李壬叔善蘭、華若汀蘅芳等輩在裏
頭②，譯出幾十種科學書，此外國際法及其他政治書也有幾
種。自此，中國人纔知道西人還有藏在"船堅砲利"背後的
學問！對於"西學"的觀念③，漸漸變了。雖然，這是少數中之
極少數。一般士大夫對於這種"洋貨"，依然極端的輕蔑排斥。
當時最能了解西學的郭筠仙嵩燾，竟被所謂"清流輿論"者萬般
排擠，侘傺以死。這類事實，最足爲時代心理寫照了。

　　（注一）明天啓二年，派人往澳門召羅如望、陽瑪諾入京，專製炮
以禦滿洲。崇禎二年，畢方濟上疏言改良鎗砲，大蒙嘉賞。清康熙
十三年，爲討吳三桂，命南懷仁等製神威砲三百二十門。懷仁著有
神威圖説一書進呈。康熙帝大悦，加懷仁工部侍郎銜。康熙三十五

①是　原脱，清華本、輔仁本、學燈本、晨報本、學報本、民志本同，據稿本
　補。
②若汀　原作空格，清華本、學報本、民志本同，學燈本、晨報本脱，稿本作
　"□□"，據渝本補。
③下引號原在"念"字後，據稿本、晨報本改。按，清華本、學燈本、民志本
　脱下引號，輔仁本此處無引號，學報本下引號在下一句"了"字後。

年親征噶爾丹，命懷仁、白進、安多等扈駕，專管砲術。這都是明末清初因鑄造兵器而引用西士的故事。

其三，排滿思想之引動：洪秀全之亂，雖終歸平定，但他們所打的是"驅逐胡人"這箇旗號，與一部分人民心理相應，所以有許多跅弛不羈的人景從他①。這種力量，在當時還没有什麼，到後來光緒末年盛倡革命時，太平天國之"小説的"故事，實爲宣傳資料之一種，鼓舞人心的地方狠多。所以論史者也不能把這回亂事與一般流寇同視，應該認識他在歷史上一種特殊價值了。還有幾句話要附帶一説：洪秀全之失敗，原因雖多，最重大的就是他拿那種"四不像的天主教"做招牌②，因爲這是和國民心理最相反的。他們那種殘忍的破壞手段，本已給國民留下莫大惡感。加以宗教招牌，賈怨益甚。中國人對於外來宗教，向來采寬容態度③，到同治、光緒間，教案層見疊出，雖由許多原因湊成，然而洪秀全的"天父天兄"，當亦爲助因之一④。因厭惡西教而遷怒西學，也是思想界一種厄運了。

同治朝十三年間，爲恢復秩序耗盡精力，所以文化方面

---

① 景　原作"服"，清華本、民志本作空格，輔仁本、學燈本、學報本作"附"，晨報本脱，據稿本改。

② 稿本於"就是"後有"因爲"二字。

③ 向來　稿本、輔仁本、學燈本、民志本作"必來"，晨報本作"必不"，學報本作"未必來"。按，清華本作"必來"，旁改"必"爲"向"。

④ 助　原作"原"，輔仁本、晨報本、學報本、民志本同，據稿本改。按，清華本作空格，手寫補"原"字；學燈本脱。

無什麼特色可説。光緒初年，一口氣喘過來了。各種學問，都漸有向榮氣象。清朝正統學派——即考證學，當然也繼續工作，但普通經學史學的考證，多已被前人做盡，因此他們要走偏鋒爲局部的研究。其時最流行的有幾種學問：一、金石學；二、元史及西北地理學；三、諸子學。這都是從漢學家門庭孳衍出來。同時因曾文正提倡桐城古文，也有些宋學先生出來點綴點綴。當時所謂"舊學"的形勢①，大略如此。

光緒初年，内部雖暫告安寧，外力的壓迫卻日緊一日。自六年中俄交涉改訂伊犁條約起，跟着十年中法開戰，失掉安南，十四年中英交涉，强爭西藏。這些事件，已經給關心國事的人不少的刺激。其最甚者，二十年中日戰役，割去臺灣及遼東半島；俄法德干涉還遼之後，轉而爲膠州、旅順、威海之分别租借。這幾場接二連三的大颶風，把空氣振盪得異常劇烈。於是思想界根本動搖起來！

中國爲什麼積弱到這樣田地呢？不如人的地方在那裏呢？政治上的恥辱應該什麼人負責任呢？怎麼樣纔能打開出一箇新局面呢？這些問題，以半自覺的狀態日日向"那時候的新青年"腦子上旋轉②。於是因政治的劇變，釀成思想

①"　"　原缺，清華本、輔仁本、學燈本、晨報本、學報本、民志本同，據稿本補。
②"　"　原作"（　）"，清華本、學報本、民志本同，學燈本、晨報本脱，據稿本改。

的劇變，又因思想的劇變，再釀成政治的劇變①。前波後波，
展轉推盪，至今日而未已。

　　凡大思想家所留下話，雖或在當時不發生效力，然而
那話灌輸到國民的"下意識"裏頭，碰着機緣，便會復活，而
且其力極猛。清初幾位大師——實即殘明遺老——黃梨
洲、顧亭林、朱舜水、王船山……之流，他們許多話，在過去
二百多年間，大家熟視無睹，到這時忽然像電氣一般，把許
多青年的心絃震得直跳！他們所提倡的"經世致用之學"，
其具體的理論，雖然許多不適用，然而那種精神是"超漢
學"、"超宋學"的，能令學者對於二百多年的漢宋門戶得一
種解放，大膽的獨求其是。他們曾痛論八股科舉之汨沒人
才，到這時讀起來覺得句句親切有味，引起一班人要和這
件束縛思想、錮蝕人心的惡制度拚命。他們反抗滿洲的
壯烈行動和言論，到這時因爲在滿洲朝廷手上丟盡中國
人的臉，國人正在要推勘他的責任，讀了先輩的書，驀地
把二百年麻木過去的民族意識覺醒轉來！他們有些人曾
對於君主專制暴威作大膽的批評，到這時拿外國政體來
比較一番，覺得句句都厴心切理，因此從事於推翻幾千年
舊政體的猛烈運動。總而言之，最近三十年思想界之變
遷，雖波瀾一日比一日壯闊，內容一日比一日複雜，而最

————————

①再　　原作"致"，據稿本、清華本、輔仁本、學燈本、晨報本、學報本、民志
　　本改。

初的原動力，我敢用一句話來包舉他，曰①：殘明遺獻思想
之復活。

　　那時候新思想的急先鋒，是我親受業的先生康南海有
爲。他是從"常州派經學"出身，而以"經世致用"爲標幟。他
雖然有狠奇特狠激烈的理想，卻不大喜歡亂講。他門下的
人，便狂熱不可壓制了，我自己便是這裏頭小小一員走卒。
當時我在我主辦的上海時務報和長沙時務學堂裏頭猛烈宣
傳，驚動了一位老名士而做闊官的張香濤之洞糾率許多漢學
宋學先生們著許多書和我們爭辯。學術上新舊之鬩②，不久
便牽連到政局。康南海正在用"變法維新"的旗號，得光緒
帝的信用，舊派的人把西太后擁出來，演成"戊戌政變"一齣
悲劇，表面上所謂"新學家"完全失敗了。

　　反動日演日劇，仇恨新學之不已，遷怒到外國人，跟着
鬧出義和團事件，丟盡中國的醜，而滿洲朝廷的權威，也同
時掃地無餘。極恥辱的條約簽字了，出走的西太后也回到
北京了。哈哈哈③！滑稽得可笑！"變法維新"這面大旗，從
義和團頭目手中重新竪起來了。一切掩耳盜鈴的舉動且不
必説他，惟内中有一件事不能不記載：八股科舉到底在這時

---

①曰　原作"是"，據稿本改。按，清華本、輔仁本、學燈本、晨報本、學報
　本、民志本脱。
②鬩　原作"鬭"，清華本、輔仁本、學燈本、晨報本、學報本、民志本同，據
　稿本改。
③稿本作"哈哈"。

候廢了！一千年來思想界之最大障礙物，總算打破。

清廷政治一日一日的混亂，威權一日一日的失墜。因亡命客及留學生陡增的結果，新思想運動的中心，移到日本東京，而上海爲之轉輸。其時主要潮流，約有數支：

第一，我自己和我的朋友。繼續我們從前的奮鬪，鼓吹政治革命。同時"無揀擇的"輸入外國學說，且力謀中國過去善良思想之復活。

第二，章太炎炳麟。他本是考證學出身，又是浙人，受浙東派黃梨洲、全謝山等影響甚深①，專提倡種族革命，同時也想把考證學引到新方向。

第三，嚴又陵復。他是歐洲留學生出身，本國文學亦優長。專翻譯英國功利主義派書籍，成一家之言。

第四，孫逸仙文。他雖不是箇學者，但眼光極銳敏，提倡社會主義，以他爲最先。

以上幾箇人，各人的性質不同，早年所受的教育根柢不同②，各自發展他自己箇性，始終沒有什麼合作。要之清末思想界，不能不推他們爲重鎮。好的壞的影響，他們都要平分功罪。

---

① 又是浙人受浙東派黃梨洲全謝山等影響甚深　稿本、清華本、輔仁本、學燈本、晨報本、學報本、民志本作"又是浙東人受黃梨洲全謝山等影響甚深"。按，章氏餘杭人，屬浙西。

② 的　原脱，清華本、輔仁本、學燈本、晨報本、學報本、民志本同，據稿本補。

　　同時還有應注意的一件事，是范靜生源廉所倡的"速成師範"、"速成法政"。他是爲新思想普及起見，要想不必學外國語言文字而得有相當的學識。於是在日本特開師範、法政兩種速成班，最長者二年、最短者六箇月畢業。當時趨者若鶩①，前後人數以萬計。這些人多半年已長大，而且舊學略有根柢，所以畢業後最形活動。辛亥革命成功之速，這些人與有力焉。而近十來年教育界、政治界的權力，實大半在這班人手裏。成績如何，不用我説了。

　　總而論之，清末三四十年間，清代特産之考證學，雖依然有相當的部分進步，而學界活力之中樞，已經移到"外來思想之吸受"。一時元氣雖極旺盛，然而有兩種大毛病：一是混雜，二是膚淺。直到現在，還是一樣。這種狀態，或者爲初解放時代所不能免。以後能否脱離這狀態而有所新建設，要看現代新青年的努力如何了②。

　　以上所論，專從政治和學術相爲影響的方面説③，雖然有許多漏略地方，然而重要的關目也略見了。以後便要將各時期重要人物和他的學術成績分別説明。

---

①鶩　原作"鷔"，清華本、輔仁本、學燈本、晨報本、學報本、民志本同，據稿本改。
②如何　稿本作"何如"。
③的　原作"於"，清華本、輔仁本、學燈本、學報本、民志本同，據稿本改。

近三百年學術史附表

明清之際耶穌會教士在中國者及其著述（以卒年先後為次）①

原名	譯名	國籍	東來年	卒年	卒地	所著書
Xavier（Saint François de Xavier）	方濟各②	西班牙	未詳③	明嘉靖三十一年（一五五二・一二・一二）④	上川島	

①任公此表，據張蔭麟明清之際耶穌會教士在中國者及其著述一表。此表實為研究明末西方學術、宗教東輸之重要資料。吾前嘗發現其中可疑者三點，以質任公先生。先生復書謂："該表采自日本人著作，而其人又采自歐籍，並未注明出處。……其中誤年、簡不免也。"頃繼續研究，又得其中遺漏錯誤者二十餘事。（載清華週刊第三百期一九三一年十二月二十八日。簡稱"校補"。按，所謂"日本人著作"即日人稻葉君山清朝全史第三十七章西洋文明東漸所附明末清初在中國之耶穌會士及著書一覽表（簡稱"全史"）。由於原表錯漏較多，是清華本、學報本、民志本同全史也），又因任公手稿內該表闕如，致無從覆覈。其間原名、譯名，補編目，據傳目，補編作"方濟各沙勿略"，補編張賡韓霖耶穌會"方濟各・沙勿略"，（轉下頁注）

②方濟各　原作"方濟各"，全史同，據傳目，補編改。按，傳目作"方"，據傳目補編和修士名錄作"方"，費賴之作"范"。

③傳目："一五○六年四月七日生。……一五五二年至華。"

④一二　原作"三"，全史同，傳目作"一五五二年十二月二日至二日之夜殁於上川"，據改。

Sande (Edouard de)	孟三德	葡萄牙	明萬曆十三年(一五八五)	明萬曆二十八年(一六〇〇·六·二二)	澳門	崇禎曆書、民曆補注解惑、主制群徵、主教緣起、遠鏡說、渾天儀說①
Soerio (João)②	蘇如漢③	葡萄牙	明萬曆二十三年(一五九五)	明萬曆三十五年(一六〇七·八)	澳門④	聖教約言

(接上頁注①)西來諸位先生姓氏(清承熙遺修本聖教信證附錄。簡稱"姓氏"),法榮振華在華耶穌會士列傳及書目(馮承鈞譯,中華書局一九九五年。簡稱"傳目"),徐宗澤明清間耶穌會士著譯提要(上海書店出版社二〇〇六年,簡稱"提要")校改;東來年、卒年之紀年內"年"字或有或缺,玆將缺者補之,以作統一。上述兩項勘訂,恕不一一出校;其他改動,皆出校說明。唯各條目後原空缺者不補。

①全史同。按,據傳目,所列書目湯若望撰。崇禎曆書爲崇禎二年設局修造,經湯與李之經合譯,於七年七月編成百卷;孟三德卒於萬曆二十八年,實無緣參役其事。又"民曆"原作"長曆",全史同,據傳目改。

②João 原作"Joao"。按,"João"爲葡萄牙文,法文作"Jean"。

③傳目蘇如漢條下馮注:"薛孔昭名錄作'如望',伯希和曾見有天主聖教約言一部,上題撰人名亦作'如望',惟賴之原文與北平圖書館藏鈔本并作'如漢'。"補編作"如翰",拓注"如望"。

④姓氏:"傳教廣東卒,墓在香山嶴。"補編:"逝世:一六〇七年八月於澳門。"注:"據阿儒達圖書館所藏有關前往亞洲的耶穌會士檔案記載,他逝世於桂林府;據費賴之澳門教區傳教通報認爲是南昌;澳門教區傳教通報認爲是一六〇五年八月十六日逝世於澳門。"

姓名	國別	年代	地點	著述
Ricci(Matthieu) 利瑪竇	意大利	明萬曆十一年（一五八三）① 明萬曆三十八年（一六一〇）②	北京	天主實義、幾何原本、交友論、同文算指、西國記法、勾股義③、二十五言、圜容較義、畸人十篇、辨學遺牘④⑤、乾坤體義、經天該、測量法義、西字奇蹟、渾蓋通憲圖說⑥、萬國輿圖

①姓氏："明萬曆九年辛巳至，先傳教粵東諸郡。"校補："考明史外國傳，言'利瑪竇萬曆九年抵廣州之香山嶴'。"

②一一　原作"二"，全史同，據傳目改。按，姓氏："三十八年庚戌四月初一日巳。"是年西曆四月初一日巳爲西曆五月四日。

③校補："勾股義　傳目未著錄。"按，此爲徐光啓所著，原書〈海山仙館叢書本〉自序可按覆也。

④徐光啓行略　校補："徐光啓行略？"提要："徐光啓行略　傳目未著錄，利瑪竇安能及徐光啓作行略？"提要："會士太西柏應理撰，錢江張星曜紫臣氏編次，康熙戊午記。"按，徐光啓至崇禎間猶存，利瑪竇⋯⋯書藏法京國立圖書館，徐匯書樓本。

⑤牘　原作"讀"，全史同，據傳目改。

⑥校補："渾蓋通憲圖說圖　按，此爲李之藻所著，其法出自熊三拔之簡平儀，與利瑪竇無涉，原書〈守山閣叢書本〉可按覆也。"

姓名	國籍	來華年	卒年・地	著作
龐迪我 Pantoja（Diego de）	西班牙	明萬曆二十七年（一五九九）	明萬曆四十六年（一六一八）①・澳門	耶穌苦難禱文、未來辯論、天主實義續篇、龐子遺詮、七克大全、天神魔鬼說②、人類原始、受難揭末、辯揭、奏疏
熊三拔 Ursis（Sabbathinus de）	意大利	明萬曆三十四年（一六〇六）	明泰昌元年（一六二〇・五・三）・澳門	泰西水法、表度說、簡平儀說
羅如望 Rocha（João de）	葡萄牙	明萬曆二十六年（一五九八）③	明天啓三年（一六二三）・杭州	天主聖教啓蒙、天主聖像略說

①全史同。按，傳目："甫抵澳門得疾死，時在一六一八年之一月也。"補編："逝世：一六一八年於澳門，更可能爲七月九日。"

②鬼　原作"魂"，全史同，據姓氏、傳目、提要改。

③二　原脱，全史同，據後西曆紀年，姓氏、傳目補。

Latin name	譯名	國籍	生卒/來華年		地點	著作
Trigault (Nicolas)	金尼閣	法蘭西	明萬曆三十八年(一六一〇)①	明崇禎元年(一·六二八·一一四)②	杭州	宗徒禱文，西儒耳目資，況義(Eablescholiseis d. Esope)，意拾論言(同上)，推曆年瞻禮法
Terrenz(Jean)	鄧玉函	日耳曼	明天啓元年(一六二一)	明崇禎三年(一·六三〇)	北京	遠西奇器圖說錄，人身說概，測天約說，黃赤距度表，正球升度表，大測，諸器圖說③
Rudomina (André)	盧安德	利奎尼④	明天啓六年(一六二六)	明崇禎五年(一六三二·九·五)⑤	福州	

① 三十八年　全史作"四十四年"。
② 一一　原作"二"，全史同，據傳目改。
③ 校補："按，諸器圖說所見及守山閣叢書本乃明王徵所自著。王徵嘗佐鄧玉函，譯遠西奇器圖說。之作，則遠在其薨晤鄧氏，從事翻譯之前，原書王徵自序可按覆也。"
④ 利奎尼　全史作"リチュアニ一"，傳目作"立陶宛人"，姓氏作"波羅尼亞國人"。
⑤ 二　原作"三"，民志本同，據全史，傳目，清華本，學報本改。

西名	中名	國籍	來華	卒	卒地	著作
Froes(João)	伏若望	葡萄牙	明天啓四年(一六二四)	明崇禎十一年(一六三八·七·一一)①	杭州	五傷經、禮規程、善終助功、苦難禱文
Vagnoni (Alfonso)②	高一志　王豐肅③	意大利	明萬曆三十三年(一六○五)④	明崇禎十三年(一六四○·四·一九)	漳州⑤	則聖十篇⑥、天主聖教聖人行實、達道紀言、四末論、修身西學、譬學、勵學古言、教要解略、聖母行實、蒙字始末、齊家西學、神鬼正紀⑦

① 一一　原作"二",全史同,據傳目改。姓氏:"崇禎十三年庚辰六月卒。"

② Alfonso　西班牙文,法文作"Alphonse"。

③ 傳目:"後至一六二四年,一志始能重入中國。……南京識一志者多,乃遣之至山西。"自注:"至是彼乃改王豐肅之名曰高一志。"

④ 三十三　原作一六一五,全史同,據後西曆紀年、姓氏、傳目改。

⑤ 全史同。按,傳目:"沒於絳州。"補編引馬爾焦蒂一七二八年之前山西的天主教:"逝世……於山西絳州。"

⑥ 齊　原作"齋",全史同,據原書書名改。按,書名又作"西學齊家"。

⑦ 正　原作"真",全史同,據傳目、提要改。

拉丁名	漢名	國籍	年代	地點	著作
					十慰、童幼教育、空際格致、西學治平、裴錄答彙①、推驗正道論②
Cattaneo (Lazare)	郭居靜③	瑞士③	明萬曆二十二年（一五九四）④　明崇禎十三年（一六四〇）	杭州	靈性詣主⑤
Figueredo (Roderick de)	費樂德⑥	西班牙⑥	明天啓二年（一六二二）　明崇禎十五年（一六四二）（一六〇二·九）⑦	開封	念經總牘、聖教源流、念經總勸

① 答彙　原作"彙答"，全史同，據原書書名乙。

② 推驗正道論　原作"驗正道論"，據全、清華本，學報本，民志本乙。

③ 姓氏："意大利亞國人。"傳曰："意大利人。生於熱那亞城附近之薩爾察納。"

④ 二十二年（一五九四）　原作"二十三年（一五九七）"，全史同，後又與利瑪竇共同達到韶州……一五九四年用羅馬字母拼寫漢文的五種聲調"，據改。

⑤ 靈性詣主　原作"性靈"，據姓氏，傳目乙。

⑥ 葡萄牙人。……生於葡萄牙埃武拉教區中之科魯切小城。

⑦ 姓氏：崇禎十六年壬午卒，墓在開封府。"

		日奴①	明萬曆二十六年(一五九八②)年	明崇禎十六年(一六四三)	福州	渡海苦蹟記、杜奧定先生東來渡海苦蹟③
Tudeschini (Augustin)	杜奧定	葡萄牙	明崇禎十年(一六三七④)	清順治五年(一六四八)	印度	天學略義、天學辨述錄、炤迷鏡⑤
Monteiro(João)	孟儒望	意大利	明萬曆四十一年(一六一三)	清順治六年(一六四九・八・三)	福州⑦	彌撒祭義⑧、天主降生言行紀略、出像經
Alemi(Giulio)⑥	艾儒略					

① 日奴　全史作"ピーヌ",傳目作"意大利"。

② 全史同。按,姓氏:"崇禎四年辛未至。"傳目:"一五九八年出生。……生於熱那亞之薩爾察納城"。

③ 全史同。按,傳目:"相傳奧定撰有渡海苦蹟記,然此記似出方應望神甫手。……柏應理神甫耶穌會神甫名錄第四十一傳末言奧定有譯本。"又傳目方應望條:"柏應理名錄第三十六號著錄第三十三號者有 Tractatus de viac maritimae ex Europa in Sinas Laboubus et Periculis,此書似即漢文本杜奧定先生渡海苦蹟記。考狄中國的中歐印刷術訛誤以此書爲二書,實一本也。"

④ 明崇禎十年　全史作"康熙六年"。

⑤ 鏡　原作"鐃",民志本同,據全史、傳目、清華本、學報本改。

⑥ Giulio　意大利文、法文作"Jules",英文作"Julius"。

⑦ 福州　遺體葬福州北門外之十字山。

⑧ 撒　原作"撤",清華本、民志本同,據全史、傳目、學報本改。按,本表後文"撒"俱誤作"撤",不另出校。

解，耶穌言行紀略①、性靈篇，景教碑頌②、聖體禱文，坤輿圖圖說③、玫瑰十五端圖像④，熙朝崇正集，楊淇園行略，張彌克遺讚⑤、萬物真原⑥，滌罪正規，三山論學紀，聖體要理，聖夢歌⑦，					

① 傳目："天主降生言行紀錄八卷，別有一節一節本題曰耶穌言行紀略。"

② 景教碑頌為唐時大秦寺僧景淨述。梵蒂岡圖書館藏明清中西文化交流史文獻叢刊(第一輯，大象出版社二○一四年)收入明崇禎時葡萄牙人陽瑪諾諸注本，名景教碑頌正詮。姓氏："景教碑頌(注解)"。
提要："泰西耶穌會士陽瑪諾諸注，同會艾儒略、費奇規、孟儒望訂，值會艾儒略等准，刻於崇禎甲申。"

③ 校補："坤輿圖說，表內列為南懷仁著述，又列為艾儒略著述。按，艾儒略卒於一六四九年，南懷仁於一六五九年始來華(據原表)，斷無合著此書之理。四部提要此書作'玫瑰經'。"

④ 玫瑰　原脫，全史同，據傳目本補。按，提要此書作"玫瑰經"。

⑤ 玫瑰　傳脫，全史同，一九二五年六月聖教雜誌刊道學家傳作"彌格"。彌克，張賡子，名識，字見伯。

⑥ 原　原作"源"，全史同，據姓氏、傳目，提要改。

⑦ 夢　原作"教"，清華本、民志本同，據全史、姓氏、傳目、提要改。聖夢歌即前之性靈篇。

聖教四字經文①，梅
畢要旨鈔，幾何要法，口
鐸日鈔，五十言餘，西
方答問，西學脩述，天主
外紀，性學引義，大西利西
降生言，大西利西
泰子傳②，大西利西泰
先生行蹟，艾先生行
述，思及先生行蹟，西
西思及先生行略③，泰西
海艾先生行略，泰西
思及先生先生語錄④

① 經　原作"教"，全史同，提要作"天主聖教四字經文"，姓氏，傳目作"四字經"，據改。又傳目："瓦惹爾神甫在一八六曾之加繪圖畫，題作聖教聖象全圖。"

② 大西利西泰子傳　據耶穌會羅馬檔案館明清天主教文獻著錄。該書撰者爲張維樞。

③ 自"艾先生行述"以下四書，皆李嗣玄撰。徐家匯藏書樓明清天主教文獻(方濟出版社一九九六年)收入西海艾先生行略；思及思及先生行蹟及艾先生行述與泰西思及先生行蹟，而艾先生行述疑即同一書。

④ 泰西思及先生語錄　據耶穌會羅馬檔案館明清天主教文獻著錄，該書由李嗣玄摘述，李九功校閱。

			明萬曆·清順治等	清朝紀年	地	著 述
Ferreira（Gaspar）①	費奇規	葡萄牙	明萬曆三十二年（一六〇四）	清順治六年（一六四九）		振心諸經②，周年主保聖人單，玫瑰經十五端③
Sambiasi（Francisco）④	畢方濟	意大利	明萬曆四十二年（一六一四）⑤	清順治六年（一六四九）	廣東⑥	睡畫二答⑦，靈言蠡勺，奏摺皇帝御製詩
Furtado（Francisco）	傅汎際⑧	葡萄牙	明天啓元年（一六二一）	清順治十年（一六五三：一六五二一）⑨	澳門	名理探，寰有詮

①Gaspar 葡萄牙文，英文同；法文作"Gaspard"，意文作"Gaspare"。

②姓氏："振心總牘。"傳目："振心諸牘一卷。……"書目——四著錄有振心諸經，殆爲同一書也。"

③端 原作"編"，全史同，據傳目改。

④Francisco 葡萄牙文，法文作"François"，意文作"Francesco"。

⑤姓氏："明萬曆四十一年癸丑至，欽召進京。"傳目："一六一三年被召至北京。"

⑥全史同。按，姓氏："明末時卒於廣州府。"傳目："方濟仍在廣州及其附近諸村傳教，迄於一六四九年之歿。"

⑦原於"睡"前衍"畫答"二字，全史同。按，傳目："……（二）睡答，（三）畫答。此二編合刻，題曰睡畫二答，前有李之藻序。"據刪。

⑧際 原作"齋"，全史同，據姓氏、傳目改。

⑨一一 原脫，全史同，據傳目補。

姓名	國籍	生年	卒年	卒地	著作
Longobardi (Nicolas) 龍華民	意大利	明萬曆二十五年（一五九七）	清順治十一年（一六五四）①	北京	死說、念珠、默想規程②、靈魂道體說③、聖教日課、聖若撒法始末④、地震解、急救事宜、聖人禱文
Semedo(Alvare) 曾德昭⑤ 葡萄牙	葡萄牙	明萬曆四十一年（一六一三）	清順治十五年（一六五八）⑥	澳門⑦	字考

①十一年　全史作"十年"。按，傳目："十年九月一日。"一六五四年十二月十一日歿於北京。馮注："布魯克爾作一六五四年九月一日。"

②默想　原脫，全史同，據姓氏、傳目補。

③說　原脫，全史同，據姓氏、傳目補。

④聖若撒法始末　姓氏："聖若撒法行實。"傳目："聖若撒法行實一卷，一六〇二年刻於韶州。"按，梵蒂岡圖書館藏南明隆武元年福建天主堂刻本作"聖若撒法始末述略"。

⑤曾德昭　原作"魯德照"，全史同，據曾德昭。按，傳目馮校："原誤'魯德照'，南懷仁道學家傳作'曾德照'，北平圖書館藏鈔本作'曾德昭'，今據以改正。"

⑥傳目："一六五八年七月十八日歿於廣州。"……巴特利格鈉尼神甫謂其卒於是年七月，吾勒梅神甫謂其卒於是年十月。

⑦姓氏："復回廣東卒，墓在香山嶴。"傳目：德昭遣還澳門養疾，其後數年皆居廣州，順受主將孔王之優遇。

陽瑪諾 Diaz (Emmanuel jeune)①	葡萄牙	明萬曆三十八年（一六一〇）	清順治十六年（一六五九）三·四②	杭州	聖若瑟行實，天主誠真論，聖經略，十誡真詮，聖經直解，天學舉要，唐景教碑頌正詮，補珍日課，代疑論③，輕世金書④，輕世金書直解，避罪指南，天神禱文

---

①傳目馮注："陽瑪諾（幼）與李馬諾原同名，故增老（senior）與幼（junior）二字以別之。"按 junior 為拉丁文，senior 為丁文，法語作"jeune"。

②十六年　全史脫"十"字。

③全史同。按，代疑續編，并曰："是編似全出楊廷篔手筆，吾人所見舊鈔本，未提陽瑪諾。廷篔并撰有代疑續編，曾經華籍耶穌會士康神甫轉為官話，題曰代疑俗解。"提要："代疑論一卷（一六二二年北京刊行），此書與楊廷篔之代疑編有別，另為一書。"

④輕世金書　原作"經世全書"，全史同，據姓氏改。傳目，提要"金"字誤作"全"字。

⑤輕世金書直解　原作"經世金書句解"，全史同，據原書書名改。傳目：注譯輕世金書者，有道光二十八年順德呂若翰之輕世金書便覽，仿日講書經解義體為之注解。又有王保祿之輕世金書直解。

Cunha（Simon de）	瞿西滿①	葡萄牙	明崇禎二年(一六二九)	清順治十七年(一六六〇·一六九)②	澳門	經要直指
Ferran(André)	郎安德	葡萄牙	清順治十六年(一六五九)③	清順治十八年(一六六一)④	福州	
Martini (Martino)⑤	衛匡國	匈牙利⑥	明崇禎十六年(一六四三)	清順治十八年(一六六一)	杭州	真主靈性理證、逆友篇⑦

①全史同。按，傳目瞿西滿條注："原作'瞿西滿'，今從北平圖書館藏鈔本改。"

②順治十七年　全史作"康熙元年"。

③順治十六年(一六五九)　原作"順治十五年(一六五八)"，全史作"一六五八(順治十六年)"，據傳目改。

④姓氏："十七年庚子卒，墓在福州。"

⑤Martino　意大利文、法文、英文、西班牙文並作"Martini"。

⑥Martino　按，姓氏："意大利亞國人。"傳目："意屬提羅耳府首府特蘭托人，在羅馬學校肄業。"

⑦逆友　全史同。原作"述反"，全史同，傳目，提要改。

姓名	國籍	生年	卒年	地點	著作
Gravina（Jérôme de）① 賈宜睦②	意大利	明崇禎十年（一六三七）	清康熙元年（一六六二・九・四）③	漳州④ ·	提正編、辨惑論⑤
Costa（Ignacio da）⑥ 郭納爵	葡萄牙	明崇禎七年（一六三四）	清康熙五年（一六六六）⑦	廣東⑧	原染、勸益、身後編、老人妙處、教要

①Gravina（Jérôme de） 原作"Greslon(Gerommo de)"，全史同，據目錄改。按，Greslon 爲法國傳教士轟仲遷名。

②睦 原作"陸"，全史同，據姓氏、傳目改。

③全史同。傳目："大清順治十六年卒於蘇州常熟縣。"

④全史同。按，傳目："歿於常熟。……葬常熟虞山鐵拐亭之北。"

⑤惑 原作"感"，清華本、墨報本、民志本同，據全史、傳目改。

⑥Ignacio 西班牙文，葡萄牙文作"Inácio"，法文作"Ignace"。

⑦姓氏："五年丙午四月卒。"

⑧傳目："納爵抵廣州無多時病歿，時在一六六六年五月十一日也。"

| Schall Von Bell (Johannes Adam)① | 湯若望 | 日耳曼 | 明天啓二年(一六二二) | 清康熙五年(一六六六)又康熙八年(一六八九·八·?)② 北京 | 真福訓詮、古今交食考③、西洋測日曆、交食曆星圖、交食曆指④、恆星曆指、恆星表、共譯各圖八線表、新曆、測天、測食約⑤、大測、奏疏、曉惑、新法表異、曆法西傳、新法曆引、表異、救詬、壽文 |

①Johannes　德文、法文作"Jean"、葡萄牙文作"João"。

②全史同。按、姓氏："康熙五年丙午疾卒。八年己酉十月、欽賜祭葬。"傳曰："若望雖受誣、實光榮、於一六六年聖母升天日棄世。"天主教之聖母升天日即八月十五日也。

③食　原作"日"、全史同、傳目改。

④指　原作"測"、清華本、民志本同、據全史、姓氏、傳目改。

⑤約　原作"略"、全史同、據姓氏、傳目改。

	中文名	國籍	生年	卒年	地點	著作
Ruggieri (Michaele)	羅明堅	意大利	明萬曆九年(一五八一)①	清康熙六年(一六六七)②		天主聖教實錄
Santa maria(Antonio de)	利安當	西班牙	明崇禎六年(一六三三)	清康熙八年(一六六九)	廣東	正學鏐石
Brancati (Francisco)③	潘國光	意大利	明崇禎十年(一六三七)	清康熙十年(一六七一)	上海④	十誡、勸諭、聖體規儀、聖教四規、聖安德助宗徒瞻禮⑤、天階、瞻禮口鐸、天神規課、天神會課

①全史同。按,傳目:"一五八〇年入華。"馮注:"薛孔昭名錄作一五八一年。"

②全史同。按,傳目:"一五四三年生。……一六〇七年五月十一日歿於薩來諾。"

③Francisco 葡萄牙文,法文作"François",意文作"Francesco"。

④姓氏:"十年辛亥,卒於廣州府。後回葬上海南門外。"傳目:"國光將返上海,然患痛風之疾已十八年,至是遂病不起,於一六七一年四月二十五日歿於廣州。劉迪我神甫運其柩至上海,葬於南門外之聖墓堂。"

⑤禮 原作"札",全史同,據傳目改。

Rougemont (Francoiss de)	盧日滿①	荷蘭②	清順治十六年（一六五九）	清康熙十五年（一六七六・一一・四）③	漳州④	教理六端⑤，天主聖教要理⑥，問世編
Gouvea (Antonie de)	何大化	葡萄牙	明崇禎九年（一六三六）	清康熙十六年（一六七二・一一・四）	福州⑦	蒙引要覽

① 盧日滿　全史同。按，姓氏，傳目作“魯日滿”。

② 全史同。按，姓氏，拂覽筹亞國人。生於邁斯特利奇。

③ 一一　原作“二”，全史同，據傳目改。

④ 全史同。按，姓氏，“清康熙十五年丙辰，卒於太倉州，墓在常熟縣北門外鐵拐李亭之北。”傳目：“一六七六年日滿擬赴崇明，會得疾，十一月四日歿於太倉。”

⑤ 教　原作“要”，全史同，據傳目改。按，要理六端爲潘國光著天神規課之一章，其天神會課則題作“聖教要理六端”。

⑥ 傳目：“聖教要理一卷，一八六六年土山灣重刻本。”馮注：“案，此書今未見，費類思神甫殆將陸安德神甫之聖教要理誤屬日滿。”又顏璫著有天主聖教要理，今藏法國國家圖書館。

⑦ 全史同。傳目：“歿於廣州。”又：“一六六五年與郭納爵神甫同救解至北京，已而解往廣州。……謫限既滿，重返福州，懷仁力請，始許之。大化逾五年歿，時在一六七七年二月十四日，葬於福州城外。”

姓名	國籍	生年	卒年	地點	著作
Magalhaens (Gabriel de) 安文思	葡萄牙	明崇禎十三年（一六四〇）	清康熙十六年（一六七七・六・六）	北京	復活論
Lobelli(Andre)① 陸安德		清順治十六年（一六五九）	清康熙二十二年（一六八三）	澳門	聖教略説、真福直指、善生福終正路、聖教問答、聖教要理、默想規矩、默想大全、聖教要言、萬民四末圖、撮要
Buglio(Luigi)② 利類思	意大利	明崇禎十年（一六三七）	清康熙二十三年（一六八二・一〇・七）③	北京	天主正教約徵、主教要旨、超性學要④、獅子説、司鐸典要、性

① André　法文、意大利文作"Andrea"，英文作"Andrew"，德文作"Andreas"。

② Luigi　意大利文、又作"Lodovico"，法文作"Louis"。按，清華本自"利類思"至"柏應理"四條殘缺。

③ 隻目："一六八二年十月七日歿於北京。"

④ 典要　原作"要要"，全史同，據姓氏、提要乙。

靈說①、不得已辨、御覽西方要紀、聖母已亡者日課、聖教簡要、終經小課善日課、撒經禮典、日課概要、聖事禮典、安先生行述、天主性體②、三位一體、萬物原始、天神、形物之造、人靈魂③、昭事論、聖經典④、進呈鷹典、七聖事禮典⑤

①傳目："人靈魂六卷，一六七七年刻於北京。……性靈說，殆爲別行之本。"

②性　原作"聖"，全史同，傳目改。

③人　原脫，全史同，據目補。

④事　原作"祀"，全史同，據姓氏、提要改。

⑤七　原脫，全史同，據姓氏、傳目補。

Verbiest (Ferdinand) 南懷仁	比利時	清順治十六年 （一六五九）	清康熙二十六年 （一六八八·一·二八①）北京	妄推吉凶辯、熙朝定案②、驗氣圖說、坤輿圖說、善惡報略說、告解原義、教要序論、不得已辯、儀象志、儀象圖、康熙永年曆法、測驗紀略、簡平規總星圖、坤輿全圖、赤道南北星圖、妄占辯、預推紀驗、形性理推、光向異驗③、目司圖總、理辯推

① 二十六年（一六八八·一·二八）　原作"二十七年（一六八八·一·二九）"，全史同。按，傳目："一六八八年一月二十八日歿於北京。"馮注："徐家匯墓誌作'卒於康熙二十七年戊辰十二月二十六日'，下注西年作一六八八年一月二十九日，則漢文年代錯誤。……鈞按，徐日昇神甫撰南先生行述作'卒於康熙丁卯十二月二十六日申時'。"康熙丁卯十二月二十六日，當西曆一六八八年一月二十八日，據改。

② 朝定　原作"定朝"，民志本同，據全史、姓氏、傳目，學報本乙。

③ 辯　原作"辨"，清華本、學報本、民志本同，據全史、民志本改。傳目改。

Motel(Jacques)	穆迪我	荷蘭①	清順治十四年（一六五七）	清康熙三十一年（一六九二·六·二）	武昌	各國說、御覽簡平新儀武用法、進呈窮理學　聖洗規儀　同②
Couplet(Philippe)	柏應理	比利時	清順治十六年（一六五九）	清康熙三十二年（一六九三·五·一六）③	即亞④	天主聖教永年瞻禮單⑤、天主聖教百問答、四末真論、聖坡而日臥行實⑥、聖若瑟禱文、周歲聖人行略
San Poscual(Augustin de)	利安定	西班牙	清康熙九年（一六七〇）	清康熙三十四年（一六九五）	未詳	永福天衢、天成人要集

① 全史同。按，姓氏："法郎濟亞國人。"傳曰穆尼閣條："穆氏昆季三人之長也，皆出生於貢比涅，皆在香檳區入耶穌會，而三人死後同葬一處。"

② 同　原書如此，全史同。

③ 傳目："舟距果阿三百公里，海中遇大風暴，舟運巨箱倒，傷應理首，一六九二年五月十五日傷重，歿於舟中。"

④ 全史同。傳目："歿於果阿附近海中。"

⑤ 年　原脫，全史同，據姓氏，傳目補。

⑥ 坡而　全史同。按，傳目作"坡爾"。

	殷鐸澤	意大利	清順治十六年（一六五九）	清康熙三十五年（一六九六・一〇・二三）①	杭州	耶穌會例，西文四書直解，秦西殷覺斯先生行述②
Intorcetta (Prospero)						
Creslon (Adriaen)	畢仲遷	法蘭西	清康熙十四年（一六七五）③	清康熙三十六年（一六九七・三）④	贛州	古聖行實
Basillio(Brollo)	葉宗賢		清康熙二十三年（一六八四）	清康熙四十三年（一七〇四・一・一六）	西安	宗元直指⑤

①三十五年。全史作"十七年"。

②全史同。按，法國國家圖書館明清天主教文獻（臺北利氏學社二〇〇九年）著錄為"無名氏"撰，且"述"作"略"。

③全史同。按，姓氏："順治十四年丁酉至。"傳目："一六五六至生。"馮注："薛孔昭引柏應理書作一六五七年。"

④全史同。按，傳目："一六九五年歿於贛州，月日未詳。"

⑤徐家匯藏書樓明清天主教文獻續編收入宗元直指，署葉宗賢(Giovanni B. Maoletti)著，非原名為Brollo Basillio之葉宗賢也。按，Brollo Basillio又名葉宗賢，所著漢拉詞典，又名字彙臟丁略解。葉宗賢宗元直指序："余自丁亥入觀紫宸，旋移關中。……是為序。"時康熙歲次癸巳日曬降婁之次，極西聖方濟各會士葉宗賢(Brollo Basilio)，則著宗元直指之葉宗賢宗元直指指題："余自丁亥為葉宗賢熙四十六年（一七〇七），癸巳康熙五十二年（一七一三），則著宗元直指之葉宗賢宗元直指指題。"丁亥康熙四十六年（一七〇七），與卒於康熙四十三年之葉宗賢(Giovanni B. Maoletti)，似非同一人。

中文名	原名	國籍	生年	卒年	卒地	著作
	Pedro(Piñuela)①	墨西哥②	清康熙十五年(一六七六)	清康熙四十三年(一七〇四・七・三〇)	漳州	初會問答、永暫定衡、大赦解略、默想神功、哀矜煉靈略說
徐日昇	Pereyra(Thom-as)	西班牙③	清康熙十二年(一六七三)④	清康熙四十七年(一七〇八・一一・二四)⑤	北京⑥	南先生行述、律呂正義續篇

①中文名原缺，全史同。按，梵蒂岡圖書館藏明清中西文化交流史文獻叢刊(第一輯)收入初會問答、默想神功、大赦解略、哀矜煉靈略說，署名俱作"石鐸琭"。

②墨西哥　全史作"メキシコ"，即日文墨西哥。

③全史同。按，姓氏："路西亞大尼亞國人。"傳目："葡萄牙布拉加教區馬爾蒂諾・瓦亞城貴族科斯塔・佩雷臘之裔也。"

④全史同。按，姓氏："康熙十二年癸丑，奉上諭特差部員任廣東香山墺欽取來京，佐理曆法。"傳目："一六七二年至華。"馮注："羅文藻主教云：一六九〇年日昇五十，在一六七四年入中國。又據別一說：一六七三年至中國。"

⑤一一・二四　原作"二・二四"，據全史、清華本、學報本、民志本改。

⑥姓氏："傳教杭州卒。"

Castner（Gaspar）①	龐嘉賓	日耳曼	清康熙三十六年（一六九七）② 清康熙四十八年（一七〇九・一一・九）③	北京	
San juan Bautista(Manuel de)	利安寧	西班牙	清康熙二十四年（一六八五） 清康熙四十九年（一七一〇・三・一〇）	北京	破迷集、聖文都竦聖母日課
Chavagnac（Emeric de）	沙守信④		清康熙三十九年（一七〇〇）⑤ 清康熙五十六年（一七一七・九・一四）	饒州	真道自證

①Gaspar　葡萄牙文，法文作"Gaspard"。

②三十六年（一六九七）　原作"十八年（一六七九）"，全史同，據目改。

③一一　原作"二"，全史同，據傳目改。

④信　原作"真"，全史同，據傳目改。

⑤全史作"一七〇〇（康熙四十一年）"。按，西曆一七〇〇年當康熙三十九年；傳目作"一七〇一年九月九日至華"，則當康熙四十年也。

Noël(François)	衛方濟	比利時	清康熙二十六年（一六八七）	清雍正七年（一七二九·九·一七）①	Lille	人罪至重
Bouvet (Joachin)②	白晉	法國	清康熙二十六年（一六八七）	清雍正八年（一七三〇）③	北京	天學本義、古今敬天鑑
Tellez（Emmanuel）	德瑪諾④	葡萄牙	清康熙四十三年（一七〇四）	清雍正十一年（一七三三）⑤	饒州⑥	顯相十五端玫瑰經⑦

①九·一七　原脫"一七"字，民志本同，據全史、清華本、學報本補。

②Joachin　英文、法文作"Joachim"，葡萄牙文作"Joaquim"，西班牙文作"Joaquín"。

③傳目："一七三〇年六月二十八日歿於北京。"

④全史同。按，傳目作"德其善"。

⑤全史作"一七三三（雍正元年）"；傳目作"一七一五年"，馮注："薛孔昭名錄作一七二三年"。

⑥全史作"饒州"。傳目："夏芝神甫信札，謂其一七〇五年歿於雷州，曾在雷州西門外發現其墓云。"

⑦提要："德瑪諾(P. Romanus Hinderer)，法國人。生於一六六六年，一六八八年入耶穌會，一七〇七年抵澳門，旋即奉召入京。……一七四四年八月二十六日公卒於江蘇常熟，葬於南京雨花臺。著有顯相十五端玫瑰經。"

Rho(Giacomo)① 羅雅谷② 意大利	明天啓四年（一六二四）		明崇禎十一年（一六三八・二三六）③ 澳門④	天主經解⑤、天主聖教啓蒙、齋克、聖記百言、求説、聖母經解、周歲警言、量全義、比例規解、五緯表、五緯曆指⑥、月離曆指、月離表、日躔曆指、日躔表、黃赤正球、籌算、曆引、日躔考畫夜刻分⑦

①Giacomo　意大利文，法文作"Jacques"。

②谷　原作"各"，全史同，據姓氏，傳目改。按，羅雅各(Jacques Lopez)爲葡萄牙人，一六四四年至華。

③明崇禎十一年（一六三八・四・二六）　原作"清乾隆三年（一七三九・九・一七）"，全史同，據傳目改。

④全史同。按，傳目："一六三八年四月二十六日歿於北京。"

⑤原於"天主經解"前衍"聖若瑟傳、楊淇園行蹟"兩書，全史同。蓋因馬若瑟蓋條誤植致譌者，傳目亦未列此二種，據删。

⑥指　原作"緯"，全史同，據姓氏，傳目改。

⑦原於"躔""考"之間空一格，據全史一格，據姓氏。傳目，清華本，學報本，民志本删。

Prémare (Joseph marie de) 馬若瑟①	葡萄牙	清康熙三十七年(一六九八)②	清乾隆三年(一七三八·七)③ 澳門	聖若瑟傳、楊淇園行蹟
Parrenin (Dominique) 巴多明	法蘭西	清康熙三十七年(一六九八)④	清乾隆六年(一七四一·九·二)⑤ 北京	濟美篇⑥、德行譜
Dentrecolles (François Xavier er) 殷弘緒	法蘭西	清康熙三十七年(一六九八)⑦	清乾隆六年(一七四一·七)⑧	主經體味、逆耳忠言、莫居凶惡居勤、訓慰神編

①全史同。按，傳目：「法蘭西人。……生於色堡城，在法蘭西教區入會。」

②三十七年 全史作「三十八」。

③全史同。按，傳目：「似在一七三五年歿於澳門。……一七三六年十月五日召回之之重申，然若瑟已歿。」

④三十七年(一六九八) 原作「二十八年(一六八九)」，清華本、學報本、民志本同，全史作「一六九八(康熙三十八年)」，據改。傳目「一六八九年四月四日至華」。

⑤傳目：「以一七一一年九月二十九日歿，享年七十六歲。」馮注：「漢文墓誌……年七十八歲……拉丁文墓誌……」

⑥美 原脫，清華本、學報本、民志本同，據全史、傳目、提要補。

⑦傳目：「一六九九年六月二十四日至華。」

⑧傳目：「一七四一年七月二日歿於北京。」

Mendes（Martino）①	孟由義	葡萄牙	清康熙二十三年（一六八四）	清乾隆八年（一七四二）②	澳門	
Hinderer（Romain）	德瑪諾	法蘭西	清康熙四十六年（一七〇七）	清乾隆九年（一七四四）③	南京④	與彌撒功程
Kögler（Ignace）	戴進賢	日耳曼	清康熙五十五年（一七一六）	清乾隆十一年（一七四六·三·二九）⑤	北京	儀象考成⑥

①Martino　傳目作"Emmanuel"。

②二　原脫,清華本、學報本、民志本同,據全史、傳目補。

③全史同。按,傳目:"一七四四年八月二十六日歿於常熟。"馮注:"薛孔昭名錄作二十四日。"

④傳目引威爾特·博特傳教區記實:"歿於江蘇之常熟,臨祝者林德瑙、黃安多二神甫與教友多人。其遺體似運至南京,葬雨花臺下。"

⑤全史同。按,傳目:"一七四六年三月三十日癸中風,遂卒。"

⑥校補:"按,儀象考成中有載戴氏之機衡撫辰儀記,而此書非戴氏所著也。此書乃奉敕撰,成於乾隆十七年,其年戴已死六年矣(據原表)。"

姓名	中文名	國籍	生年	卒年		著作
Mailla (Joseph François Marie Anne de Moyriac de)	馮秉正	法蘭西	清康熙四十二年(一七〇三)	清乾隆十三年(一七四八·六·二八)①	北京	朋來集說、聖心規條②、聖體仁愛經規條、聖經廣益、盛世芻蕘、聖年廣益、避靜彙鈔
Varo (Francisco)	萬濟國③		清順治十一年(一六五四)④	未詳	未詳	聖教明徵⑤
Benavente (Alvaro de)	白	西班牙	清康熙十九年(一六八〇)	未詳	未詳	要經略解⑥

①十三年　全史作"十二年"。

②條　原作"程",全史同,據傳目改。

③國　原作"谷",全史同,據聖教明徵(清康熙十六年刻本)署名改。

④一六五四　原作"二六五四",清華本、民志本同,據全史、傳目、學報本改。

⑤徵　原作"證",全史同,據原書書名改。

⑥梵蒂岡圖書館所藏漢籍目録(中華書局二〇〇六年):"高第認爲是阿爾瓦羅·德·貝内文特所著,但貝内文特即Alvaro de Benavente之音譯,中文名作"白萬樂"。"按,尾的簽名顯示此書名爲白多瑪所作。筆慶真原堂一七〇五年版,阿爾瓦羅·德·貝内文特版即Alvaro de Benavente之音譯,中文名作"白萬樂"。

Ortiz(Hortis)	白多瑪	西班牙	清康熙三十四年(一六九五)①	未詳	未詳	聖教切要②，四終略意
Silva（António de）	林安多	葡萄牙	清康熙三十四年(一六九五)	未詳	未詳	崇修精蘊
Duarte(Jean)	聶若望	葡萄牙	清康熙三十九年(一七〇〇)	未詳	未詳	八天避靜神書

①三十四年　全史作"三十五年"。
②切　原作"功"，全史同，據原書書名改。

第五講　陽明學派之餘波及其修正

—— 黃梨洲 附孫夏峰　李二曲　餘姚王學家　李穆堂

　　凡一箇有價值的學派，已經成立而且風行，斷無驟然消滅之理。但到了末流，流弊當然相緣而生；繼起的人，往往對於該學派內容有所修正，給他一種新生命，然後可以維持於不敝。王學在萬曆、天啓間，幾已與禪宗打成一片。東林領袖顧涇陽憲成、高景逸攀龍提倡格物，以救空談之弊，算是第一次修正。劉蕺山宗周晚出，提倡慎獨以救放縱之弊，算是第二次修正。明清嬗代之際，王門下惟蕺山一派獨盛，學風已漸趨健實。清初講學大師，中州有孫夏峰，關中有李二曲，東南則黃梨洲。三人皆聚集生徒，開堂講道，其形式與中晚明學者無別。所講之學，大端皆宗陽明，而各有所修正。三先生在當時學界各占一部分勢力，而梨洲影響於後來者尤大。梨洲爲清代浙東學派之開創者，其派復衍爲二：一爲史學，二即王學。而稍晚起者有江右之李穆堂，則王學最後一健將也。今本講以梨洲爲中堅，先以夏峰、二曲，而浙東諸儒及穆堂附焉。清代陽明學之流風餘韻，略具於是矣。

＊　　＊　　＊　　＊　　＊

　　孫夏峰，名奇逢，字啓泰，號鍾元，直隸容城人。生明萬曆十二年，卒清康熙十四年（一五八四——一六七五），年九十二。他在清初諸儒中最爲老輩，當順治元年已經六十三歲了。他在明季以節俠聞。天啓間魏閹竊柄，荼毒正人，左光斗、魏大中、周順昌被誣下獄時，一般人多懼禍引避[1]；夏峰與其友鹿伯順善繼傾身營救，義聲動天下。此外替箇人急難主持公道，替地方任事開發公益，所做的事狠不少。崇禎九年，清師入關大掠，畿輔列城俱陷。他以一諸生督率昆弟親戚，調和官紳，固守容城，清兵攻之不下而去。其後流寇遍地，人無安枕。他率領子弟門人入易州五公山避亂，遠近聞風來依者甚衆。他立狠簡單的規條，互相約束，一面修飭武備抵抗寇難，一面從容講學，養成狠健全的風俗。在中國歷史上，三國時代田子泰以後[2]，夏峰算是第二箇人了。鼎革以後，他依舊家居講學。未幾，清廷將畿輔各地圈占，賞給旗員作采地，他的田園廬墓都被占去，舉家避地南下。河南輝縣之百泉山——即夏峰，亦名蘇門山，爲宋時邵康節所曾居，他因仰慕昔賢，暫流寓在那裏。後來有一位馬光裕，把自己的田分送給他，他便在夏峰躬耕終老，所以學者稱爲夏

---

①一般人　概略本作“親故”。

②泰　原作“春”，概略本、稿本、清華本、學報本、民志本同。按，三國志魏書：“田疇，字子泰，右北平無終人也。”據改。

峰先生。他在明清兩代被薦舉十數次，屢蒙詔書特徵，他始終不出。他八十一歲的時候康熙三年曾有人以文字獄相誣陷。他聞信，從容説道："天下事只論有愧無愧，不論有禍無禍。"即日投呈當局請對簿，後亦無事。① 他的祖父從陽明高弟鄒東廓守益受學，他的摯友鹿伯順又專服膺陽明，所以他的學問自然是得力於陽明者最深。但他並無異同門户之見，對於程朱陸王，各道其長而不諱其短。門人有問晦翁、陽明得失者，他説：

> 門宗分裂，按，此四字疑有誤。使人知反而求諸事物之際，晦翁之功也，然晦翁没而天下之實病不可不洩。詞章繁興，使人知反而求諸心性之中，陽明之功也，然陽明没而天下之虛病不可不補。夏峰語録②

又説：

> 諸儒學問，皆有深造自得之處，故其生平各能了當

① 概略本此處原有"他早年與鹿伯順在江村講學，兩家弟子互相師資；晚居夏峰，學者益進，申鳧孟涵光、劉五公餘佑、湯孔伯斌、魏環極象樞、魏石生裔介、費此度密等皆及門稱弟子"若干文字。按，"劉五公"當作"王五公"，參見下一頁校記。
② 夏峰語録　概略本原作"孫夏峰年譜"，塗去"年譜"，旁著"語録"。按，此條文字不載今本語録，實見諸年譜，下一條同。又按，概略本兩"没"字皆作"殁"。

一件大事。雖其間異同紛紜，辨論未已，我輩只宜平心
探討，各取其長，不必代他人爭是非求勝負也。一有爭
是非求勝負之心，卻於前人不相干，便是己私，便是浮
氣，此病關係殊不小。同上

他對於朱王兩派之態度，大略如此。他並不是模稜調停，他
確見得爭辯之無謂，這是他獨到之處。但他到底是王學出
身，他狠相信陽明所謂"朱子晚年定論"，所以他不覺得有大
異同可爭。

他不像晚明人空談心性，他是狠切實辦事的人，觀前文
所述他生平行事，可見大概了。他狠注重文獻，著有理學宗
傳二十六卷，記述宋明學術流派；又有畿輔人物考、中州人
物考、兩大案錄、甲申大難錄、孫文正公年譜、蘇門紀事等
書，皆有價值之史料。

他因為年壽長，資格老，人格又高尚，性情又誠摯，學問
又平實，所以同時人沒有不景仰他，門生子弟遍天下。遺老
如申鳧盟涵光①、王五公餘佑②……達官如湯孔伯斌、魏環極
象樞、魏石生裔介……皆及門受業。乃至鄉農販豎，他都不吝
教誨，許多人見他一面，聽他幾句話，便奮志向上做人。要

①盟　原作"孟"，稿本、清華本、學報本、民志本同。按，申氏字浮孟，號鳧
　　盟，據魏裔介申鳧盟傳改。
②王　原作"劉"，稿本、清華本、學報本、民志本同。按，王氏字申之，一字
　　介祺，號五公山人，據魏坤五公山人傳改。

之夏峰是一位有肝膽有氣骨有才略的人，晚年加以學養，越發形成他的人格之尊嚴，所以感化力極大，屹然成爲北學重鎮。

*　*　*　*　*

李二曲，名顒，字中孚，陝西盩厔人。生明天啓七年①，卒清康熙四十四年（一六二七——一七〇五），年七十九。他是僻遠省分絶無師承的一位窮學者。他父親當兵，死於流寇之難。他幼年窮得没有飯吃，有人勸他母親把他送到縣裏當衙役，他母親不肯，一定要令他讀書。幾次送他上蒙館，因爲没有錢納脩金，各塾師都不收他。後來好容易認識字，便借書來讀，自動的把學問磨練出來。他學成之後，曾一度到東南，無錫、江陰、靖江、武進、宜興各處的學者，相爭請他講演。在陝境内，富平、華陰，都是他常常設講之地。康熙初年，陝撫薦他"山林隱逸"，特詔徵他，力辭纔免。其後又徵"博學鴻儒"，地方官强迫起行。他絶粒六日，最後拔刀自刎②，纔肯饒他。他覺得爲虚名所累，從此把門反鎖，除顧亭林來訪偶一開門外，連子弟也不見面。康熙帝西巡，傳旨地方官必要召見他。他歎道：這回真要逼死我了。以廢疾堅辭，幸而免。他並不是矯情鳴高，但不肯在清朝做官，是他生平的志氣。他四十歲以前，嘗著經世蠡測、時務急

①七　原作"六"，稿本、清華本、學報本、民志本同，據劉宗洙二曲先生傳及後括注一六二七年改。

②刎　概略本作"刾"。

策、十三經糾繆、廿一史糾繆等書，晚年以爲這是口耳之學，無當於身心，不復以示人，專以返躬實踐、悔過自新爲主。所著四書反身録，極切實，有益修養。他教學者入手方法，説要"先觀象山、慈湖、陽明、白沙之書，以洞斯道大原"。但對於晚明王學家之專好談玄，卻認爲不對。他説：

> 先覺倡道，皆隨時補救，如人患病不同，投藥亦異。晦庵之後，墮於支離葛藤，故陽明出而救之以致良知，令人當下有得。及其久也，易至於談本體而略工夫。……今日吾人通病，在於昧義命、鮮羞惡。苟有大君子志切拯救，惟宜力扶廉恥。……①二曲集卷十南行述

觀此，他的講學精神，大略可見了。他絕對不作性命理氣等等哲理談，一力從切身處逼拶，所以他的感化力入人甚深。

----

①李顒二曲集卷十此段文字，原作："先覺倡道，皆隨時補救，正如人之患病，受症不同，故投藥亦異。孟氏而後，學術墮於訓詁詞章，故宋儒出而救之以'主敬窮理'；晦庵之後，又墮於支離葛藤，故陽明出而救之以'致良知'，令人當下有得。及其久也，易至於談本體而略工夫，於是東林顧、高諸公，及關中馮少墟出而救之以'敬修止善'。若夫今日吾人通病，在於昧義命、鮮羞惡，而禮義廉恥之大閑，多蕩而不可問。苟有真正大君子深心世道、志切拯救者，所宜力扶義命，力振廉恥，使義命明而廉恥興，則大閑藉以不踰，綱常賴以不毀，乃所以救世而濟時也。當務之急，莫切於此。"任公引述，略有出入。

他自己拔自疏微①，所以他的學風，帶有平民的色彩。著有觀感録一篇，所述皆晚明真儒起自賤業者，内鹽丁、樵夫、吏胥、窰匠、商賈、農夫、賣油傭、戍卒、網巾匠，各一人。見二曲集卷二十二

總而論之②，夏峰、二曲，都是極結實的王學家。他們倔強堅苦的人格，正孔子所謂"北方之强"。他們的創造力雖不及梨洲、亭林，卻給當時學風以一種嚴肅的鞭辟。説他們是王學後勁，可以當之無愧。

　　　　＊　　　＊　　　＊　　　＊　　　＊

現在要講清代王學唯一之大師黄梨洲了。

梨洲，名宗羲，字太沖，浙江餘姚人。生明萬曆三十八年，卒清康熙三十四年（一六一〇—一六九五）③，年八十六④。他是王陽明的同里後學。他的父親忠端公尊素是東林名士，爲魏閹所害。他少年便倜儻有奇氣，常袖長錐，思復父仇。年十九，伏闕上書訟父冤。崇禎初元，魏閹伏誅。他聲譽漸高，隱然爲東林子弟領袖。然而他從此折節屬學，從劉蕺山游，所得日益深粹。崇禎十七年，北京陷賊，福王立

---

①疏　稿本、清華本、學報本、民志本同，概略本作"孤"。

②論　概略本作"言"。

③三十四　原作"十六"，概略本、稿本、清華本、學報本、民志本同，據後括注一六九五年改。

④六　原作"五"，稿本、清華本、學報本、民志本同，據概略本改。按，邵廷采遺獻黄文孝先生傳："其卒以康熙三十四年七月，年八十六。"

於南京，閹黨阮大鋮柄政，驟興黨獄，名捕蕺山及許多正人，他也在其列。他避難亡命日本，經長崎達江戶。全謝山謂梨洲嘗偕馮躋仲乞師日本①，誤也。他到日本，在躋仲前四年。明年，福王走，南京覆，他和錢忠介肅樂起義兵守浙江拒清師，號世忠營。失敗後，遁入四明山寨，把餘兵交給王完勛翊。自己跟著魯王在舟山，和張蒼水煌言、馮躋仲京第等力圖匡復②。仍常潛行往來內地，有所布置，清廷極畏忌他。他晚年自述說道：

> 自北兵南下，懸書購余者二，名捕者一，守圍城者一，以謀反告訐者三，絕氣沙墠者一晝夜，其他連染邏哨所及無歲無之，可謂瀕於十死者矣。南雷餘集怪說

讀此可以知道他奔走國難所經歷的艱苦何如了。明統既絕，他纔絕意國事，奉母鄉居③，從事著述。其後設“證人講會”於浙東，從游者日眾。“證人”者，以蕺山所著書名其會也。康熙十七年，詔徵博學鴻儒，許多人要薦他，他的門生陳錫嘏說：“是將使先生爲疊山九靈之殺身也！”乃止。未幾，開明史館，清廷必欲羅致他，下詔督撫以禮敦聘，他力辭不往，乃下督撫就他家中將他的著述關於史事者鈔送館

---

①嘗　原作“常”，清華本、學報本、民志本同，據稿本改。

②力　概略本作“共”。

③鄉居　概略本作“返鄉”。

中①。又聘他的兒子百家、他的門生萬斯同入館備顧問。他晚年在他父親墓旁自營生壙②，中置石牀，不用棺槨。子弟疑之。他作葬制或問一篇，援趙邠卿、陳希夷例，戒身後無得違遺命③。他所以如此者，據全謝山説是“身遭國變，期於速朽”，但或者是他關於人生問題一種特別見解，也未可知。總之我們佩服梨洲，不僅在他的學問，而實在他的人格。學者若要稍爲詳細的知道，請讀全謝山的梨洲先生神道碑銘。鮚埼亭集卷十一

　　梨洲的父親被逮入獄時，告訴他一句話：“學者最要緊是通知史事，可讀獻徵録。”所以梨洲自少時即致力史學。他家裏藏書本甚多，同鄉鈕氏世學樓、祁氏澹生堂、范氏天一閣的書，他都到處借鈔借讀④，所以他記誦極博，各門學問都有所探索。他少年便從劉蕺山受學，終身奉爲依歸，所以清初王學，不能不認他爲嫡派。全謝山總論梨洲學術曰：

　　　　公謂：“明人講學，襲語録之糟粕，不以六經爲根

---

①下　原作“由”，清華本同，據稿本、學報本、民志本改。按，清史稿黃宗羲傳：“朝論必不可致，請敕下浙撫鈔其所著書關史事者送入京。”

②旁　原作“傍”，稿本、清華本、學報本、民志本同，據概略本改。

③遺　原脱，稿本、清華本、學報本、民志本同。按，概略本此處有“臨死遺命，不許用棺槨”語，據補。

④他　原脱，清華本、學報本、民志本同，據稿本補。

柢,束書而從事於游談。"故受業者必先窮經,經術所以
經世,方不爲迂儒之學,故兼令讀書史。又謂:"讀書不
多,無以證斯理之變化;多而不求於心,則爲俗學。"故
凡受公之教者,不墜講學之流弊。公以濂洛之統,綜合
諸家,橫渠之禮教,康節之數學,東萊之文獻,艮齋、止
齋之經制①,水心之文章,莫不旁推交通,連珠合璧②,
自來儒林所未有也。

陳悔廬汝咸説:

　　梨洲黄子之教人,頗泛濫諸家,然其意在乎博學詳
説以集其成,而其歸究於蕺山慎獨之旨。乍聽之似駁,
而實未嘗不醇。全謝山大理陳公神道碑銘

這兩段話對於梨洲學風,説得最爲明白。謝山雖極其崇拜
梨洲,然亦不阿其所好。他説:

　　先生之不免餘議者則有二:其一,則黨人之習氣未
盡。蓋少年即入社會,門户之見,深入而不可猝去。其

---

① 制　原作"濟",清華本、學報本、民志本同,據概略本、南開本、稿本、全氏
原文改。
② 連珠合璧　原脱,概略本、稿本、清華本、學報本、民志本同,據全氏原文
補。

二,則文人之習氣未盡。不免以正誼明道之餘技①,猶留連於枝葉。<u>鮚埼亭集答南雷問學術帖子</u>②

這段話把梨洲的短處,也説得公平。總之梨洲純是一位過渡人物,他有清代學者的精神,卻不脱明代學者的面目。

梨洲之學,自然是以陽明爲根柢。但他對於陽明所謂"致良知"有一種新解釋。他説:

> 陽明説"致良知於事事物物"。致字即是行字,以救空空窮理在"知"上討箇分曉之非。乃後之學者,測度想像,求見本體,只在知識上立家儅以爲良知,則陽明何不仍窮理格物之訓,而必欲自爲一説耶? <u>明儒學案卷十姚江學案</u>

像他這樣解釋致良知——説致字即是行字,狠有點像近世實驗哲學的學風。你想認識路,只要往前行過,便自了然,關着門冥想路程,總是枉用功夫。所以他對於本體的測度想像,都認爲無益。梨洲的見解如此,所以他一生無日不做事,無日不讀書,獨於靜坐參悟一類工夫,絕不提倡。他這種解釋,是否適合陽明本意,另爲一問題,總之和王門所傳

---

① 不免　原脱,稿本、清華本、學報本、民志本同,據全氏原文補。
② 南雷　原脱,稿本、清華本、學報本、民志本同,據全氏原篇名補。

有點不同了。所以我説：梨洲不是王學的革命家，也不是王學的承繼人，他是王學的修正者。

梨洲有一部怪書，名曰明夷待訪録，^(注一)①這部書是他的政治理想。從今日青年眼光看去，雖像平平無奇，但三百年前——盧騷民約論出世前之數十年，有這等議論，不能不算人類文化之一高貴産品。其開卷第一篇原君，從社會起原説起，先論君主之職務。次説道：

> ……後之爲人君者不然，以爲天下利害之權皆出於我，我以天下之利盡歸於己，天下之害盡歸於人，亦無不可。使天下人，不敢自私，不敢自利；以我之大私爲天下之大公。始而慚焉，久而安焉，視天下爲莫大之産業，傳諸子孫，受享無窮。……此無他，古者以天下爲主，君爲客，凡君之所畢世而經營者，爲天下也。今也以君爲主，天下爲客，凡天下之無地而得安寧者，爲君也。是以其未得之也，屠毒天下之肝腦，離散天下之子女，以博我一人之産業，曾不慘然，曰：我固爲子孫創業也。其既得之也，敲剥天下之骨髓，離散天下之子女，以奉我一人之淫樂，視爲當然，曰：此我産業之花息也。然則爲天下之大害者，君而已矣。……而小儒規

---

①注一　　原作“注二”，稿本、清華本、學報本、民志本同。按，此“注二”係沿概略本所致。

規焉以君臣之義無所逃於天地之間，至<u>桀</u><u>紂</u>之暴，猶以爲<u>湯</u><u>武</u>不當誅之。……豈天下之大，於兆民萬姓之中，獨私其一人一姓乎？……

其<u>原法</u>篇云：

……後之人主，既得天下，唯恐其祚命之不長也，子孫之不能保有也，思患於未然以爲之法。然則其所謂法者，一家之法，而非天下之法也。……法愈密而天下之亂即生於法之中，所謂非法之法也。……夫非法之法，前王不勝其利欲之私以創之，後王或不勝其利欲之私以壞之。壞之者固足以害天下，其創之者亦未始非害天下者也。……論者謂有治人無治法，吾以謂有治法而後有治人。……

其<u>學校</u>篇説：

……必使治天下之具皆出於學校，而後設學校之意始備。……天子之所是未必是，天子之所非未必非。天子亦遂不敢自爲非是，而公其非是於學校。……

像這類話，的確含有民主主義的精神——雖然狠幼稚——對於三千年專制政治思想爲極大膽的反抗。在三十年前——我們當學生時代，實爲刺激青年最有力之興奮劑。我自己的政治運動，可以說是受這部書的影響最早而最深。此外書中各篇，如田制、兵制、財計等，雖多半對當時立論，但亦有許多警拔之説。如主張遷都南京，主張變通推廣"衛所屯田"之法使民能耕者皆有田可耕①，主張廢止金銀貨幣。此類議論，雖在今日或將來，依然有相當的價值。

　　（注一）梨洲極自負他的明夷待訪録，顧亭林亦極重之。亭林與梨洲書云："讀待訪録，知百王之敝可以復振。"其折服可謂至矣。今本篇目如下：

　　　原君　　原臣　　原法　　置相　　學校　　取士上　　取士下
　　　建都　　方鎮　　田制一　田制二　兵制一　兵制二
　　　兵制三　財計一　財計二　　　　凡二十篇

惟據全謝山跋云："原本不止於此，以多嫌諱不盡出。"然則此書尚非足本②，狠可惜。

　　此書乾隆間入禁書類。光緒間我們一班朋友曾私印許多送人，作爲宣傳民主主義的工具。

　　章太炎不喜歡梨洲，説這部書是向滿洲上條陳，這是看錯了。待訪録成於康熙元、二年，當時遺老以順治方殂，光復有日，梨洲正欲爲代清而興者説法耳。他送萬季野北行詩，戒其勿上河汾太平之策，豈有自己想向清廷討生活之理？

　　梨洲學問影響後來最大者，在他的史學。現行的明史，大半是萬季野稿本，而季野之史學，實傳自梨洲。梨洲替季

①者　　原作"而"，據概略本、稿本、清華本、學報本、民志本改。
②此　　原脱，據稿本、清華本、學報本、民志本補。

野作歷代史表序，其末段云：

> 嗟乎！元之亡也，危素趨報恩寺，將入井中。僧大
> 梓云：“國史非·公莫知，公死是死國之史也。”素是以不
> 死。後修元史，不聞素有一辭之贊。及明之亡，朝之任
> 史事者衆矣，顧獨藉一草野之萬季野以留之，不亦可慨
> 也夫！南雷文約卷四

前明遺獻，大率皆惓惓於國史。梨洲這段話，足見其感慨之
深。他雖不應明史館之聘，然而館員都是他的後學，每有疑
難問題，都咨詢他取決。曆志則求他審正後纔算定稿，地理
志則大半采用他所著今水經原文，其餘史料經他鑑別的甚
多。全作神道碑銘，縷舉多條。他關於史學的著述，有重修宋史，
未成書；有明史案二百四十卷，已佚；有行朝錄八種——一、
隆武紀年，二、贛州失事記，三、紹武爭立紀，四、魯紀年，五、
舟山興廢，六、日本乞師紀，七、四明山寨紀，八、永曆紀年。
其餘如賜姓本末（記鄭成功事）、海外慟哭記、思舊錄等，今
尚存，都是南明極重要史料。而其在學術上千古不磨的功
績，尤在兩部學案。

中國有完善的學術史，自梨洲之著學案始。明儒學案
六十二卷，梨洲一手著成。宋元學案，則梨洲發凡起例，僅
成十七卷而卒，經他的兒子耒史名百家及全謝山兩次補續而
成。所以欲知梨洲面目，當從明儒學案求之。

　　著學術史有四箇必要的條件：第一，叙一箇時代的學術，須把那時代重要各學派全數網羅，不可以愛憎爲去取；第二，叙某家學說，須將其特點提挈出來，令讀者得狠明晰的觀念①；第三，要忠實傳寫各家真相，不可以主觀上下其手②；第四，要把各人的時代和他一生經歷大概叙述，看出那人的全人格。梨洲的明儒學案，總算具備這四箇條件。那書卷首有"發凡"八條，説：

　　　　此編所列，有一偏之見，有相反之論。學者於其不同處，正宜着眼理會。⋯⋯以水濟水，豈是學問？

他這書以陽明學派爲中堅。因爲當時時代精神焦點所在，應該如此。但他對於陽明以外各學派，各還他相當位置，並不抹殺，正合第一條件。他又説：

　　　　大凡學有宗旨，是其人之得力處，亦是學者之入門處。⋯⋯講學而無宗旨，即有嘉言，是無頭緒之亂絲也。學者而不能得其人之宗旨，即讀其書，亦猶張騫初至大夏，不能得月氏要領。⋯⋯每見鈔先儒語録者，薈撮數條，不知去取之意謂何。其人一生精神未嘗透露，

---

① 得　原作"有"，民志本脱，據概略本、稿本、清華本、學報本改。
② 不可　原作"勿"，據概略本、稿本、清華本、學報本、民志本改。

如何見其學術？

我們讀明儒學案，每讀完一案，便覺這箇人的面目活現紙上。梨洲自己說"皆從各人全集纂要鈎玄"①，可見他用功甚苦。但我們所尤佩服者，在他有眼光能纂鈎得出，這是合第二箇條件。梨洲之前，有位周海門曾著聖學宗傳一書，他的範圍形式都和明儒學案差不多。梨洲批評他道："是海門一人之宗旨，非各家之宗旨。"梨洲這部書，雖有許多地方自下批評，但他僅在批評裏頭表示梨洲自己意見，至於正文的叙述卻極忠實，從不肯拿別人的話作自己注脚，這是合第三箇條件。他在每案之前，各做一篇極翔實的小傳，把這箇人的時代、經歷、師友淵源詳細說明，令讀者能把這箇人的人格捉摸到手，這是合第四箇條件。所以明儒學案這部書，我認爲是極有價值的創作。將來做哲學史、科學史、文學史的人，對於他的組織雖有許多應改良之處，對於他的方法和精神，是永遠應采用的。(注二)

　　(注二)唐鑑著國朝學案小識②，皆議梨洲，謂其以陳(白沙)、王(陽明)與薛(敬軒)、胡(敬齋)平列，爲不識道統，可謂偏陋已極。無論道統之說我們根本不能承認，試思明代學術，舍陳王外更有何物？梨洲尊陳王而不廢薛胡，還算公道，豈有專取薛胡而棄陳王之理。

---

① 玄　原作"元"，係避清聖祖康熙帝玄燁諱，今予回改。
② 識　原作"說"，據概略本、稿本、清華本、學報本、民志本改。

　　此外梨洲之重要著作,如易學象數論六卷,力辯河洛方位圖説之非,爲後來胡朏明渭易圖明辨的先導。如授書隨筆一卷,則閻百詩若璩問尚書而作此告之,實百詩尚書古文疏證的先導①。這兩部書都於清代經學極有關係。他又最喜曆算之學,著有授時曆故、大統曆推法、授時曆假如、西曆假如②、回回曆假如、勾股圖説、開方命算、割圜八線解、測圜要義等書,皆在梅定九文鼎以前多所發明。其遺文則有南雷文定,凡五集,晚年又自删定爲南雷文約四卷。又嘗輯明代三百年之文爲明文海四百八十二卷。又續輯宋文鑑、元文鈔,皆未成。

　　他的兄弟宗炎,字晦木。倜儻權奇過梨洲,嘗以奔走國事爲清吏所捕,梨洲集壯士以計篡取之③。著有憂患學易一書,考證太極圖出自道士陳摶。其書今佚。梨洲子耒史,能傳家學,續輯學案,又從梅定九學算,有著書。

　　梨洲弟子最著者萬充宗斯大、萬季野斯同兄弟,別見次講。

　　　　＊　　　＊　　　＊　　　＊　　　＊

　　陽明、蕺山、梨洲皆浙東人,所以王學入到清代,各處都漸漸衰息,惟浙東的流風餘韻,還傳衍得狠長。陽明同縣(餘姚)人著籍弟子最顯者,曰徐曰仁愛、錢緒山德洪。明清之交名其

---

①尚書古文疏證　原作“古文尚書疏證”,稿本、清華本、學報本、民志本同,據閻氏原書名乙。

②假如　二字原脱,稿本、清華本、學報本、民志本同,據黃氏原書名暨前後兩書名例補。

③篡　原作“纂”,清華本、民志本同,據稿本、學報本改。

學者，則梨洲與沈求如國模。求如親受業緒山，年輩在梨洲上，國變時已八十餘歲了。① 他的學風和梨洲不同，全然屬於周海門汝登一派，幾與禪宗無異。梨洲少年時，曾極力和他抗辯。餘姚之姚江書院，實求如所創。求如弟子最著者曰韓遺韓孔當、邵魯公曾可，相繼主講姚江書院，而梨洲則倡證人學會。故康熙初年浙東王學，略成沈黃兩派對峙的形勢。魯公之孫邵念魯廷采，受業韓孔當，又從梨洲學算。念魯繼主姚江講座最久，兩派始歸於一。時清聖祖提倡程朱學，孫承澤、熊錫履輩揣摩風氣，專以詆毀陽明爲事，念魯常侃侃與抗不稍懾。著有陽明王子傳、蕺山劉子傳、王門弟子傳、劉門弟子傳、宋遺民所知錄、明遺民所知錄、姚江書院志略、東南紀事記南明閩浙事、西南紀事記南明滇桂事、思復堂文集等書。蓋陽明同里後輩能昌其學者，以念魯爲殿。其兼擅史學，則梨洲之教也。念魯族孫二雲晉涵，爲乾嘉間小學名家，亦邃於史。而鄞縣全謝山祖望與二雲最交親，同爲浙學後勁②，下方更專篇論之。

＊　　＊　　＊　　＊　　＊

陽明雖浙人，而在贛服官講學最久，故當時門下以江右爲最盛。其後中絕殆將百年了，及康熙末而有臨川李穆堂紱出。乾隆十五年卒，年七十八。穆堂並未嘗以講學自居，然其氣象俊偉，純從王學得來。他歷仕康雍乾三朝，內而卿貳，外

<hr>

①朱校："此處叙事誤。錢德洪卒於一五七四年，時沈國模尚未生。又清軍占領江浙時，沈年七十。"
②勁　稿本作"勍"。

而督撫，皆經屢任。他辦事極風烈而又條理縝密，但賦性亢直，常觸忤權貴，所以一生風波極多。暮年卒以錮廢終，而其氣不稍挫。<u>全謝山</u>所作<u>臨川李公神道碑銘</u>説：

> 公以博聞强識之學，朝章國故，如肉貫串，抵掌而談，如決潰堤而東注。不學之徒，已望風不敢前席。而公揚休山立，左顧右盼，千人皆廢，未嘗肯少接以温言。故不特同事者惡之，即班行者亦多畏之。嘗有<u>中州</u>一巨公，自負能昌明<u>朱子</u>之學。一日謂公曰："<u>陸</u>氏之學，非不岸然，特返之吾心，兀兀多未安者，以是知其於聖人之道未合也。"公曰："君方總督倉場而進羨餘，不知於心安否？是在<u>陸門</u>，五尺童子且唾之矣！"其人失色而去，終身不復與公接。……世方以閉眉合眼喔咿嚅唲伺察廟堂意旨隨聲附和爲不傳之祕，則公之道宜其所往輒窮也。<u>鮚埼亭集卷十七</u>[①]

凡豪傑之士，往往反抗時代潮流，終身挫折而不悔。若一味揣摩風氣，隨人毀譽，還有什麼學問的獨立？<u>明</u>末<u>王學</u>全盛時，依附<u>王學</u>的人，我們很覺得可厭。<u>清康雍</u>間，<u>王學</u>爲衆矢之的，有毅然以<u>王學</u>自任者，我們卻不能不崇拜到極地。並非有意立異，實則箇人品格，要在這種地方纔看出

[①]埼　原作"琦"，<u>民志本</u>同，據<u>稿本</u>、<u>清華本</u>、<u>學報本</u>改。

來。清代"朱學者流"——所謂以名臣兼名儒者，從我們眼中看來，真是一文不值！據我箇人的批評，敢説：清代理學家，陸王學派還有人物，程朱學派絶無人物！參看第九講程朱學派 李穆堂卻算是陸王派之最後一人了。他所著書有穆堂類稿五十卷，續稿五十卷，別稿五十卷，春秋一是二十卷，陸子學譜二十卷，陽明學録若干卷。除類稿外，今不傳(?)①。

邵念魯、全謝山結浙中王學之局，李穆堂結江右王學之局。這箇偉大學派，自此以後，便僅成爲歷史上名詞了。

我因爲講黄梨洲，順帶著把王學講箇結束，已經將時代躐講幾十年了。以後仍請讀者回轉眼光，再看明末清初別箇學派。

清初王學家及準王學家表②

清初王學，得夏峰、二曲、梨洲振其緒，賡續且數十年。治其學者多丁世變，堅苦自樹於冰雪荆棘中，志節皦然，與明季之馳聲氣爲名高者異撰矣。三先生弟子遍天下，夏峰以調和朱王爲教，故言朱學者亦附焉；梨洲之學，浩無涯涘，門弟子各受其性之所近，專闡宗風者反不多；二曲狷樸，則門下皆篤守之士也。其餘不承三家而直接私淑姚江者，亦

---

①（?）　原脱，據稿本、清華本、民志本、學報本補。按，別稿五十卷、陸子
　　學譜二十卷，今並傳於世。
②此表原脱，清華本、民志本、學報本同，據稿本補。

大有人。今最録爲一表：

孫奇逢

李　顒

黃宗羲

沈國模　字求如，餘姚人。主講姚江書院。順治十三年卒，年八十二。

史孝咸　字子虛，餘姚人。順治十六年卒，年七十八。

王朝式　字金如，山陰人。沈求如弟子。

韓孔當　字仁父，餘姚人。沈求如弟子。

邵曾可　字子唯，餘姚人。史子虛弟子。

陳其蒽　字生南，東陽人。

趙忠濟　字濟卿，東陽人。

劉　汋　字伯繩，山陰人。蕺山子。蕺山講學時，諸弟子聞教未達，輒私於汋。汋應機開譬，具有條理。入清，杜門絕人事，讀父書以終。

魏一鼇　字□□①，新安人。夏峰弟子。從游最早最久。夏峰嘗命輯北學編。

高　鐈　字□□，清苑人。夏峰弟子。

王餘佑　字介祺，晚號五公山人，保定人。夏峰弟子。偘儻有奇氣，喜談經世之略。

耿　極　字保汝，范陽人。夏峰弟子。

耿　介　字□□，登封人。夏峰弟子。

①□□　原作空格，後兩處同。按，魏字蓮陸、高字薦馨、耿字介石。

湯　　斌	字孔伯,號荊峴,晚號潛庵,睢州人。官至工部尚書,謚文正。夏峰弟子。著有洛學編。
孫博雅	字君僑,容城人。夏峰子。
錢佳選	字升階,密縣人。夏峰弟子。手輯夏峰遺書①。
趙御衆	字寬夫,灤州人。夏峰弟子。其學頗近泰州派。
刁　　包	字蒙吉,祁州人。初私淑夏峰,後最服膺高忠憲之學。著有辨道録、潛室劄記等書。
陳　　確	字乾初,海寧人。蕺山弟子。不信大學,著有大學辨。
申涵光	字孚孟,號鳧盟,永年人。夏峰弟子。著有荊園小語、荊園進語等書。
惲日初	字仲升,號遜庵,武進人。南田之父。蕺山弟子。嘗在福建之建寧起義拒清師。康熙十七年卒,年七十八。
沈　　昀	原名蘭先,字旬華,仁和人。蕺山弟子。
湯之錡	字世調,宜興人。學宗顧高。
顧　　培	字昀滋,無錫人。湯之錡弟子。
張　　沐	字仲誠,號起庵,上蔡人。夏峰弟子。講學河南。顏習齋嘗訪之,與論學。
鄭南谿	
王崑繩	
全謝山②	

---

①按,清史列傳卷六十六:"趙御衆……手輯夏峰遺書爲傳信録二十五卷,以志淵源。"

②"鄭南谿"以下三人名,原書於天眉。

第六講　清代經學之建設

——顧亭林　閻百詩 附胡朏明　萬充宗

　　清儒的學問，若在學術史上還有相當價值，那麽，經學就是他們惟一的生命。清儒的經學，和漢儒宋儒都根本不同，是否算得一種好學問，另爲一問題。他們這一派學問，也離不了進化原則，經一百多年纔漸漸完成。但講到"篳路藍縷"之功，不能不推顧亭林爲第一。顧亭林説："古今安得別有所謂理學者？經學即理學也。自有舍經學以言理學者，而邪説以起。"又説："今日只當著書，不當講學。"他這兩段話，對於晚明學風，表出堂堂正正的革命態度，影響於此後二百年思想界者極大。所以論清學開山之祖，舍亭林没有第二箇人。

　　亭林，初名絳，國變後改名炎武，字曰寧人，學者稱爲亭林先生，江蘇崑山人。生明萬曆四十一年，卒清康熙二十一年，年七十（一六一三——一六八二）。他是一位世家子弟——江南有名的富户，他承祖父命出繼堂叔爲子。他的母親王氏，十六歲未婚守節，撫育他成人。他相貌醜怪，瞳子中白而邊黑。性情耿介，不諧於俗。唯與同里歸玄恭莊爲友①，時有"歸奇顧怪"之目②。^(注一)他少年便留心經世之學，最喜歡鈔書。遍覽二十一史，明代十三朝實録，天下圖經，前輩文編説部，以至公移邸鈔之類，有關於民生利害者，分類録出，旁推互證，著天下郡國利病書，未成而國難作。清師下江南，亭林糾合同志起義兵守吳江。失敗後他的朋友死了好幾位，他幸而逃脱。他母親自從崑山城破之日起絶粒二十七日而死，遺命不許他事滿洲。他本來是一位血性男子，受了母親這場最後熱烈刺激的教訓③，越發把全生涯的方嚮決定了。^(注二)他初時只把母親淺殯，立意要等北京恢復，崇禎帝奉安後纔舉行葬禮。過了兩年，覺得這種希望狠杳茫，勉强把母先葬。然而這一段隱痛，永久藏在他心坎中，終身不能忘卻。他後來棄家遠游，到老不肯過一天安逸日子，就是爲此。他葬母之後，隆武帝（唐王）在福建，遥授他職方司主事。他本要奔赴行在，但因爲道路阻隔，去不成。他看定了東南的悍將惰卒，不足集事，且民氣柔脆，地利亦不宜於進取。於是決計北游，想通觀形勢，陰結豪傑，以圖

①歸玄恭　原作"歸元恭"，注並全書後文同，"玄"字係避清聖祖康熙帝玄燁諱，今予回改。他處不另出校。
②" "　原脱，清華本、學燈本、副鐫本、學報本、民志本同，據稿本補。
③刺激　原作"激刺"，學燈本、副鐫本、學報本、民志本同，據概略本、稿本乙。

光復。曾五謁孝陵，_{明太祖陵，在南京。}六謁思陵。_{明懷宗陵，在}
_{直隸昌平。}其時他的家早已破了，但他善於理財，故一生羈
旅，曾無困乏。每到一地，他認爲有注意價值者①，便在那裏
墾田。墾好了，交給朋友或門生經理，他又往別處去。江北
之淮安，山東之章丘②，山西雁門之北、五臺之東，都有他墾
田遺跡。^{（注三）}可見他絕對的不是一位書獃子，他所提倡窮經
致用之學③，並非紙上空談。若論他生平志事，本來不是求
田問舍的人，原有的家產尚且棄而不顧，他到處經營這些事
業，弄些錢做甚麼用處，我們試想一想。他下半世的生涯，
大半消磨在旅行中。他旅行，照例用兩匹馬換着騎，兩匹騾
馱帶應用書籍。到一險要地方，便找些老兵退卒，問長問
短，倘或和平日所聞不合，便就近到茶坊裏打開書對勘④。
到晚年，乃定居陝西之華陰。他説："秦人慕經學，重處士，
持清議，實他邦所少。而華陰綰轂關河之口，雖足不出戶，
而能見天下之人，聞天下之事。一旦有警，入山守險，不過
十里之遙。若志在四方，則一出關門，亦有建瓴之勢。"可見
他即住居一地，亦非漫無意義。他雖南人，下半世卻全送在

----

①認　原脱，稿本、清華本、副鐫本、學燈本同，據概略本、學報本補。按，副鐫
　本作"以"。
②丘　原作"邱"，係避孔子名諱，今予回改。
③稿本於"經"後有一"世"字。
④坊　原作"房"，清華本、學燈本、副鐫本、學報本、民志本同，據概略本、
　稿本改。

北方，到死也不肯回家。他本是性情極厚、守禮極嚴的君子，他父母墳墓，忍著幾十年不祭掃；夫人死了，也只臨風一哭。爲何舉動反常到如此田地？這箇啞謎，只好讓天下萬世有心人胡猜罷了。他北游以前，曾有家中世僕，受里豪嗾使，告他“通海”。當時與魯王、唐王通者，謂之通海。他親自把那僕人抓住投下海去，因此鬧一場大官司，幾乎送命。康熙三年，他在京，山東忽然鬧什麽文字獄，牽連到他。他立刻親到濟南對簿，入獄半年。這是他一生經過的險難，比起黃梨洲，也算平穩多了。康熙十七年開博學鴻儒科，都中闊人，相爭要羅致他。他令他的門生宣言：“刀繩具在，無速我死。”次年開明史館，總裁葉方藹又要特薦他。他給葉信，説道：“七十老翁何所求，正欠一死，若必相逼，則以身殉之矣。”清廷諸人，因此再不敢惹他。他的外甥徐乾學、徐元文，少時由他撫養提拔；後來他們做了闊官，要迎養他南歸，他無論如何都不肯。他生平制行極嚴：有一次徐乾學兄弟請他吃飯，入坐不久①，便起還寓。乾學等請終席張燈送歸，他作色道：“世間惟淫奔②、納賄二者皆於夜行之，豈有正人君子而夜行者乎？”其方正類如此。

　　（注一）歸玄恭，明亡後屢次起義。晚年築土室於叢冢間，與妻偕隱。自署門聯云：“妻太聰明夫太怪，人何寥落鬼何多。”

---

①坐　稿本作“座”。

②原於“惟”後衍一“有”字，清華本、學燈本、副鐫本、學報本、民志本同，據稿本、紐琇觚賸續編嚴拒夜飲條刪。

　　（注二）亭林餘集裏頭有一篇王碩人行狀，讀之便可知亭林受他母親影響到怎麼程度。

　　（注三）相傳山西票號由亭林創辦①。一切組織規則，皆其手定。後人率循之，遂成爲二百餘年金融中心。此事不見前賢所作傳，未知確否。②

　　我生平最敬慕亭林先生爲人，想用一篇短傳傳寫他的面影。自愧才力薄弱，寫不出來。但我深信他不但是經師，而且是人師。我以爲現代青年，狠應該用點工夫，多參閱些資料以看出他的全人格。有志於是者請讀全謝山鮚埼亭集亭林先生神道碑銘，亭林文集卷三與葉訒庵書③、答原一公蕭兩甥書，卷四與人書十餘篇、又與潘次耕書，亭林餘集王碩人行狀、答潘次耕書等篇。若更要詳細一點，請讀張石洲的亭林先生年譜。

＊　　　＊　　　＊　　　＊　　　＊

　　亭林學術大綱，略見於他所作與友人論學書，文集卷三 其文曰：

　　　　……竊歎夫百餘年以來之學者，往往言心言性，而茫乎不得其解也。命與仁，孔子之所罕言也。性與天

---

①辦　原作“辨”，據稿本、清華本、副鐫本、學報本、民志本改。

②確　稿本作“信”。

③原於“集”後衍一“中”字，清華本、學燈本、副鐫本、學報本、民志本同，據稿本刪。

道，子貢之所未得聞也。性命之理，著之易傳，未嘗數以語人。其答問士也，則曰"行己有恥"；其爲學則曰"好古敏求"。其與門弟子言，舉堯舜相傳所謂危微精一之説一切不道，而但曰："允執其中，四海困窮，天禄永終。"嗚呼！聖人之所以爲學者，何其平易而可循也。……今之君子則不然，聚賓客門人之學者數十百人，譬諸草木，區以別矣，而一皆與之言心言性。舍多學而識以求一貫之方，置四海之困窮不言而終日講危微精一。是必其道之高於孔子，而其門弟子之賢於子貢也，我弗敢知也。孟子一書，言心言性，亦諄諄矣。乃至萬章、公孫丑、陳代、陳臻、周霄、彭更之所問，與孟子之所答者，常在乎出處去就辭受取與之間，以伊尹之元聖、堯舜其君其民之盛德大功①，而其本乃在乎千駟一介之不視不取。伯夷、伊尹之不同於孔子也，而其同者則以行一不義、殺一不辜而得天下不爲。是故性也命也天也②，孔子之所罕言，而今之君子之所恒言也。出處去就辭受取與之辨，孔子、孟子之所恒言，而今之君子所罕言也。……我弗敢知也。愚所謂聖人之道者如之何？曰"博學於文"，曰"行己有恥"。自一身以至

---

①盛　原作"聖"，清華本、學燈本、副鐫本、學報本、民志本同，據概略本、稿本改。

②天也　原脱，清華本、學燈本、副鐫本、學報本、民志本同，據概略本、稿本補。

於天下國家，皆學之事也。自子臣弟子以至於出入往
來辭受取與之間，皆有恥之事也。恥之於人大矣，不恥
惡衣惡食，而恥匹夫匹婦之不被其澤。……嗚呼！士
而不先言恥，則爲無本之人。非好古而多聞，則爲空虛
之學。以無本之人而講空虛之學，吾見其日從事於聖
而去之彌遠也。……

亭林學術之最大特色，在反對向內的——主觀的學問，
而提倡向外的——客觀的學問。他說：

自宋以後，一二賢智之徒，病漢人訓詁之學得其粗
跡，務矯之以歸於內，而"達道"、"達德"、"九經"、"三
重"之事置之不論，此真所謂"告子未嘗知義"者也。日
知錄卷七行吾敬故謂之內也條

又說：

孟子言："學問之道無他，求其放心而已矣。"然則但
求放心，遂可不必學問乎？與孔子言"以思無益，不如學
也"者，何其不同耶？……孟子之意，蓋曰能求放心然後
可以學問。"使弈秋誨二人弈，其一人專心致志，惟弈秋
之爲聽；一人雖聽之，一心以爲有鴻鵠將至。……"此放
心而不知求也。然但知求放心，而未嘗窮中罫之方，悉雁

行之勢，亦必不能從事於弈。_{同上求其放心條}

亭林著作中，像這類的話狠不少，以上所引，不過略舉爲例。
要之清初大師，如夏峰、梨洲、二曲輩，純屬明學餘波①；如船
山、舜水輩，雖有反明學的傾向，而未有所新建設，或所建設
未能影響社會。亭林一面指斥純主觀的王學不足爲學問，
一面指點出客觀方面許多學問塗徑來。於是學界空氣一
變，二三百年間跟着他所帶的路走去。亭林在清代學術史
所以有特殊地位者在此。

　　亭林所標"行己有恥，博學於文"兩語，一是做人的方
法，一是做學問的方法。做人爲什麽專標"行己有恥"呢？
因爲宋明以來學者，動輒教人以明心見性，超凡入聖。及其
末流，許多人濫唱高調，自欺欺人，而行檢之間，反蕩然無忌
憚。晚明政治混濁，滿人入關，從風而靡，皆由於此。亭林
深痛之，所以説：

　　　　古之疑衆者行僞而堅，今之疑衆者行僞而脆。_{文集}
_{卷十四與人書}

亭林以爲人格不立，便講一切學問都成廢話。怎樣纔能保
持人格？他以爲：最忌的是圓滑，最要的是方嚴。他説：

————————

①屬　原作"爲"，清華本、學燈本、副鐫本、學報本、民志本同，據稿本改。

讀屈子離騷之篇，原文云："彼堯舜之耿介兮，固中道而得路。何桀紂之昌披兮，夫惟捷徑以窘步。"乃知堯舜所以行出乎人者，以其耿介也。同乎流俗，合乎污世，則不可以入堯舜之道矣。日知錄卷十三耿介條

老氏之學所以異乎孔子者，"和其光、同其塵"，此所謂似是而非也。卜居、漁父二篇盡之矣，非不知其言之可從也，而義有所不當爲也。揚子雲而知此義也，反離騷其可不作矣。尋其大指，"生斯世也，爲斯世也，善斯可矣"，此其所以爲莽大夫與？同上鄉原條

亭林欲樹人格的藩籬，簡單直捷提出一箇"恥"字。他説：

"禮義廉恥，國之四維①。四維不張，國乃滅亡。"……然而四者之中，恥爲尤要。故夫子之論士曰："行己有恥。"孟子曰："人不可以無恥。無恥之恥，無恥矣。"又曰："恥之於人大矣。爲機變之巧者，無所用恥焉。"所以然者，人之不廉而至於悖禮犯義，其原皆生於無恥也。故士大夫之無恥，謂之國恥。同上廉恥條②

---

① 國之　原作"是謂"，稿本、清華本、學燈本、副鐫本、學報本、民志本同，據概略本、日知錄原文改。
② 廉　原作"簾"，據概略本、稿本、清華本、副鐫本、學報本、民志本改。按：民志本"廉"字上頭有三黑點。

亭林以爲無恥之習中於人心，非鬧到全箇社會滅亡不止。
他嘗借魏晉間風俗立論，極沉痛的說道：

> 有亡國，有亡天下。亡國與亡天下奚辨？曰：易姓
> 改號，謂之亡國。"仁義充塞而至於率獸食人，人將相
> 食"，謂之亡天下。……保國者，其君其臣肉食者謀之。
> 保天下者，匹夫之賤，與有責焉耳矣。同上正始條

他確信改良社會，是學者的天職，所以要人人打疊自
己。說道：

> 匹夫之心，天下人之心也。文集卷十四與人書七①

又說：

> 松柏後彫於歲寒，雞鳴不已於風雨。日知錄廉恥條②

他自己稱述生平說：

---

① 文集卷十四與人書七　原脫，稿本、清華本、學燈本、副鐫本、學報本、民
　志本同，據概略本補。
② 日知錄廉恥條　原脫，稿本、清華本、學燈本、副鐫本、學報本、民志本
　同，據概略本補。

　　　　某雖學問淺陋，而胸中磊磊，絕無闔然媚世之習。
與人書十一

他教訓他最親愛的門生，沒有多話，但説：

　　　　自今以往，當思"以中材而涉末流"之戒。文集卷四
與潘次耕書

　　總而言之，亭林是教人豎起極堅强的意志抵抗惡社會。
其下手方法，尤在用嚴正的規律來規律自己。最低限度，要
箇人不至與流俗同化。進一步，還要用箇人心力改造社會。
我們試細讀亭林著作①，這種精神，幾於無處不流露。他一
生行誼，又實在能把這種理想人格實現。所以他的説話，雖
沒有什麼精微玄妙，但那種獨往獨來的精神，能令幾百年後
後生小子如我輩者，尚且"頑夫廉，懦夫有立志"。

　　　　　　＊　　　＊　　　＊　　　＊　　　＊

　　亭林教人做學問，專標"博學於文"一語。所謂"文"者，
非辭章之謂。"文"之本訓，指木之紋理。故凡事物之條理
亦皆謂之文，古書"文"字皆作此解。亭林説：

　　　　自身而至於家國天下，制之爲度數，發之爲音容，

─────────────

①細　原脱，清華本、學燈本、副鐫本、學報本、民志本同，據稿本補。

莫非文也。品節斯，斯之謂禮。_{日知錄卷七博學於文條}

　　亭林專標"博學於文"，其目的在反對宋明學者以談心說性爲學。他解釋論語道："夫子之文章，無非夫子之言性與天道①，故曰：吾無隱乎爾，吾無行而不與二三子者。"_{日知錄卷七夫子之言性與天道條} 其意以爲：所謂人生哲學（性），所謂宇宙原理（天道），都散寄於事物條理（文章）之中。我們做學問，最要緊是用客觀工夫，講求事物條理，愈詳博愈好，這便是"博學於文"。若厭他瑣碎，嫌他粗淺，而專用主觀的冥想去求"性與天道"，那卻失之遠了。他説："昔之清談談老莊，今之清談談孔孟。……不考百王之典，不綜當代之務，……以明心見性之空言，代修己治人之實學。"_{同上} 正指此輩。

　　然則他自己博學於文的方法怎麼樣呢？他雖没有詳細指授我們，我們可以從他的傳記和著述中約略看出些來：

　　書籍自然是學問主要的資料。亭林之好讀書，蓋其天性。潘次耕日知錄序説："先生精力絶人，無他嗜好。自少至老，未嘗一日廢書。"據他自己説：十一歲便讀資治通鑑。_{文集卷二鈔書自序} 他纂輯天下郡國利病書，從崇禎己卯起，凡閲書一千餘部。_{文集卷六肇域志序} 崇禎己卯，他年纔二十六

---

① 性　原作"行"，後小字注文同，清華本、副鑴本、學報本、民志本同，據稿本、學燈本改。

耳。其少年之用力如此。潘次耕請刻日知録，他説："要以臨終絶筆爲定。"文集卷四與次耕書①其老年之用力如此。他説："生平所見之友，以窮以老而遂至於衰頽者什而七八。赤豹……復書曰：'老則息矣，能無倦哉？'此言非也。君子之學，死而後已。"文集卷四與人書六②大概亭林自少至老，真無一日不在讀書中。他旅行時候極多，所計畫事情尤不少，卻並不因此廢學。這種劇而不亂、老而不衰的精神，實在是他學問大成的主要條件。

　　亭林讀書，並非專讀古書，他最注意當時的記録。又不徒向書籍中討生活，而最重實地調查。潘次耕説："先生足跡半天下，所至交其賢豪長者，考其山川風俗疾苦利病，如指諸掌。"日知録序 全謝山説："先生所至，呼老兵逃卒，詢其曲折。或與平日所聞不合，則即坊肆中發書而對勘之。"亭林先生神道碑銘 可見亭林是最尊實驗的人。試細讀日知録中論制度論風俗各條，便可以看出他許多資料，非專從紙片上可得。就這一點論，後來的古典考證家，只算學得"半箇亭林"罷了。

　　亭林所以能在清代學術界占最要位置，第一，在他做學問的方法，給後人許多模範；第二，在他所做學問的種類，替後人開出路來。

---

① 四　原作"五"，稿本、清華本、副鑴本、學報本、民志本同，據原文卷次改。
② 四　原作"五"，清華本、副鑴本、學報本、民志本同，據稿本改。

　　其做學問方法，第一要看他搜集資料何等精勤：亭林是絕頂聰明人，諒來誰也要承認，但他做工夫卻再笨沒有了！他從小受祖父之教，說："著書不如鈔書。"文集卷二鈔書自序 他畢生學問，都從鈔書入手。換一方面看，也可説他"以鈔書爲著書"。如天下郡國利病書、肇域志，全屬鈔撮未經泐定者，無論矣。(注四) 若日知録，實他生平最得意之作，我們試留心細讀，則發表他自己見解者其實不過十之二三，鈔録別人的話最少居十之七八。故可以説他主要的工作，在鈔而不在著。

　　　　(注四)天下郡國利病書自序云："歷覽二十一史，以及天下郡縣志書，一代名公文集，及章卷文册之類，有得即録，共成四十餘帙。"

　　　　肇域志自序云："先取一統志，後取各省府州縣志，後取二十一史，參互書之①，凡閲志書一千餘部②。本行不盡，則注之旁③；旁又不盡④，則別爲一集，曰備録。"

　　有人問："這樣做學問法，不是狠容易嗎？ 誰又不會鈔？"哈哈！不然不然。有人問他日知録又成幾卷，他答道：

　　　　嘗謂今人纂輯之書，正如今人之鑄錢。古人采銅於山，今人則買舊錢名之曰廢銅以充鑄而已。所鑄之

---

①之　原作"中"，民志本同，據稿本、清華本、副鑴本、學報本改。
②志　原脱，稿本、清華本、副鑴本、學報本、民志本同，據顧氏原文補。
③原於"旁"後衍一"行"字，稿本、清華本、副鑴本、學報本、民志本同，據顧氏原文删。
④又　原作"行"，清華本、副鑴本、學報本、民志本同，據稿本改。

錢既已麤惡，而又將古人傳世之寶舂剉碎散，不存於後，豈不兩失之乎？承問日知錄又成幾卷，蓋期之以廢銅。而某自別來一載，早夜誦讀，反復尋究，僅得十餘條，然庶幾采山之銅也。文集卷四與人書十

你説日知錄這樣書容易做嗎[1]？他一年工夫纔做得十幾條！我們根據這種事實，可以知道：不獨著書難，即鈔書也不容易了[2]。須知凡用客觀方法研究學問的人，最要緊是先澈底了解一事件之真相，然後下判斷。能否得真相，全視所憑藉之資料如何[3]。資料，從量的方面看，要求豐備；從質的方面看，要求確實。所以資料之蒐羅和別擇，實占全工作十分之七八。明白這箇意思，便可以懂得亭林所謂采山之銅與廢銅之分別何如[4]。他這段話對於治學方法之如何重要，也可以領會了。

亭林的日知錄，後人多拿來比黃東發的黃氏日鈔和王厚齋的困學紀聞。從表面看來，體例像是差不多；細按他的內容，卻有大不同處。東發、厚齋之書，多半是單詞片義的隨手劄記。日知錄不然，每一條大率皆合數條或數十條之

———————————————

[1] 原於"樣"後衍一"的"字，據稿本、清華本、學燈本、副鐫本、學報本、民志本刪。

[2] 書　原脱，清華本、學燈本、副鐫本、學報本、民志本同，據稿本補。

[3] 藉　原作"籍"，據稿本、清華本、學燈本、副鐫本、學報本、民志本改。

[4] 廢　原脱，民志本同，據稿本、清華本、學燈本、副鐫本、學報本補。

隨手劄記而始能成。非經過一番"長編"工夫，決不能得有定稿。試觀卷九宗室、藩鎮、宦官各條，卷十蘇松二府田賦之重條，卷十一黃金、銀、銅各條，卷十二財用、俸祿、官樹各條，卷二十八押字、邸報、酒禁、賭博各條，卷二十九騎、驛、海師、少林僧兵、徙戎各條，卷三十古今神祠條，卷三十一長城條，則他每撰成一條，事前要多少準備工夫，可以想見。所以每年僅能成十數條即爲此。不然，日知錄每條短者數十字，最長亦不過一二千字，何至旬月纔得一條呢？不但此也，日知錄各條多相銜接，含有意義。例如卷十三周末風俗、秦紀會稽山刻石、兩漢風俗、正始、宋世風俗、清議、名教、廉恥、流品、重厚、耿介、鄉原之十二條，實前後照應，共明一義，剪裁組織，煞費苦心。其他各卷各條，類此者也不少。所以我覺得：拿閻百詩的潛丘劄記和黃氏日鈔、困學紀聞相比，還有點像。顧亭林的日知錄卻與他們都不像。他們的隨手劄記，性質屬於原料或粗製品，最多可以比綿紗或紡線。亭林精心結撰的日知錄，確是一種精製品，是簷燈底下纖纖女手親織出來的布。亭林作品的價值全在此。後來王伯申的經傳釋詞、經義述聞，陳蘭甫的東塾讀書記，都是模仿這種工作。這種工作，正是科學研究之第一步，無論做何種學問，都該用他。

　　亭林對於著述家的道德問題，極爲注意。他説："凡作書者莫病乎其以前人之書改竄爲自作也。"文集卷二鈔書自序又説："晉以下人，則有以他人之書而竊爲己作者，郭象莊子注，何法盛晉中興書之類是也。若有明一代之人，其所著書，無非竊盜而已。"日知錄卷十八竊書條 又説："今代之人，但有薄行而無儁才，不能通作者之義，其盜竊所成之書，必不如元本，名爲鈍賊何辭。"同上 他論著述的品格，謂"必古人所未及就後世之所必不可無者而後爲之"。日知錄卷十九著書之難條 他做日知錄，成書後常常勘改。"或古人先我而有者則削之"。日知錄自序 然則雖自己所發明而與前人暗合者尚且不屑存，何況剽竊？學者必須有此志氣，纔配説創造哩。自亭林極力提倡此義，遂成爲清代學者重要之信條，"偷書賊"不復能存立於學者社會中，於學風所關非細。

　　大學者有必要之態度二：一曰矜愼①，二曰虛心。亭林著作，最能表現這種精神。他説："著述之家，最不利乎以未定之書傳之於人。"文集卷四與潘次耕書 又説："古人書如司馬溫公資治通鑑，馬貴與文獻通考，皆以一生精力爲之。……後人之書，愈多而愈舛漏，愈速而愈不傳。所以然者，視成書太易而急於求名故也②。"日知錄卷十九著書之難條 潘次耕請刻日知錄，他説要再待十年。其初刻日知錄自序云："舊刻此八卷，歷今六七年。老而益進，始悔向日學之不博，見之不卓。……漸次增改。……而猶未敢自以爲定。……蓋天下之理無窮，而君子之志於道也，不成章不達。故昔日之所得，不足以爲矜；後日之所成，不容以自限。"文集卷二 我常想：

---

① 矜　原作"精"，清華本、學燈本、副鑴本、學報本、民志本同，據稿本改。
② 故　原脱，稿本、清華本、學燈本、副鑴本、學報本、民志本同，據概略本補。

一箇人要怎麼樣纔能老而不衰？覺得自己學問已經成就，那便衰了。常常看出"今是昨非"，便常常和初進學校的青年一樣。亭林説："人之爲學，不可自小，又不可自大。……自小，少也；自大，亦少也。"_{日知録卷七自視欿然條} 他的日知録，閻百詩駁正若干條，他一見便欣然采納。_{見趙執信所作閻墓誌} 他的音學五書，經張力臣改正一二百處。_{見文集卷四與潘次耕書} 他説："時人之言，亦不敢没。君子之謙也，然後可以進於學。"_{日知録卷二十述古條} 這種態度，真永遠可爲學者模範了。

　　亭林的著述，若論專精完整，自然比不上後人；若論方面之多，氣象規模之大，則乾嘉諸老，恐無人能出其右。要而論之，清代許多學術，都由亭林發其端，而後人衍其緒。今列舉其所著書目而擇其重要者稍下解釋如下：

　　日知録三十二卷　　是他生平最得意的著作。他説："平生之志與業，皆在其中。"_{文集卷三與友人論門人書} 又説："有王者起，將以見諸行事，以躋斯世於治古之隆，而未敢爲今人道也。"_{文集卷四與人書二十五} 又説："意在撥亂滌污，法古用夏，啓多聞於來學，待一治於後王。"_{文集卷六與楊雪臣書} 讀這些話，可以知道他著書宗旨了。四庫總目提要叙列這部書的内容："前七卷皆論經義，八卷至十二卷皆論政事，十三卷論世風，十四十五卷論禮制，十六十七卷論科舉，十八至二十一卷論藝文，二十二至二十四卷雜論名義①，二十五卷論古事真妄，二十六

---

① 雜　原脱，稿本、清華本、學燈本、副鐫本、學報本、民志本同，據概略本補。

卷論史法，二十七卷論注書，二十八卷論雜事，二十九卷論兵及外國事，三十卷論天象術數，三十一卷論地理，三十二卷爲雜考證①。"大抵亭林所有學問心得，都在這書中見其梗概。每門類所說的話，都給後人開分科研究的塗徑。

　　天下郡國利病書一百卷，肇域志一百卷②　這兩部書都是少作。利病書自序云："……亂後多有散佚，亦或增補。而其書本不曾先定義例。又多往代之言，地勢民風，與今不盡合。年老善忘，不能一一刊正。……"肇域志自序亦略同。據此知並非成書了。但這兩部書願力宏偉，規模博大，後來治掌故學、地理學者，多感受他的精神。

　　音學五書三十八卷　這書以五部組織而成：一、古音表二卷③，二、易音三卷，三、詩本音十卷，四、唐韻正二十卷，五、音論三卷。他自己對於這部書狠滿意，說道："某自五十以後，於音學深有所得，爲五書以續三百篇以來久絕之傳。"

---

① 爲　原脱，稿本、清華本、學燈本、副鐫本、學報本、民志本同，據概略本補。
② 朱校："卷數不確。天下郡國利病書，凡一百二十卷。肇域志係未完成稿，不分卷。"按，天下郡國利病書，顧衍生亭林著書目録、阮葵生茶餘客話、張穆顧亭林先生年譜等作一百卷，秦瀛己未詞科録、錢林文獻徵存録、阮元儒林傳稿、徐鼒小腆紀傳等作一百二十卷；肇域志，顧衍生亭林著書目録、阮葵生茶餘客話、張穆顧亭林先生年譜、秦瀛己未詞科録等作一百卷，錢林文獻徵存録、阮元儒林傳稿、徐鼒小腆紀傳等不分卷。
③ 二　原作"三"，稿本、清華本、學燈本、副鐫本、學報本、民志本同，據顧氏原書卷數改。

文集卷四與人書二十五<u>清儒多嗜音韻學</u>，而且研究成績極優良，大半由<u>亭林</u>提倡出來。

<u>金石文字記六卷</u>　<u>亭林</u>篤嗜金石，所至搜輯碑版，寫其文字，以成此書。他對於金石文例，也常常論及。<u>清代金石學大昌</u>，亦<u>亭林</u>爲嚆矢。

此外著述，尚有<u>五經同異三卷</u>，<u>左傳杜解補正三卷</u>，<u>九經誤字一卷</u>，<u>五經考一卷</u>，<u>求古錄一卷</u>，<u>韻補正一卷</u>，<u>二十一史年表十卷</u>，<u>歷代宅京記二十卷</u>，<u>十九陵圖志六卷</u>，<u>萬歲山考一卷</u>，<u>昌平山水記二卷</u>，<u>岱嶽記八卷</u>，<u>北平古今記十卷</u>，<u>建康古今記十卷</u>，<u>營平二州史事六卷</u>，<u>官田始末考一卷</u>，<u>京東考古錄一卷</u>，<u>山東攷古錄一卷</u>，<u>顧氏譜系考一卷</u>，<u>譎觚一卷</u>，<u>菰錄十五卷</u>，<u>救文格論</u>、<u>詩律蒙告</u>①、<u>下學指南各一卷</u>，<u>當務書六卷</u>，<u>菰中隨筆三卷</u>，文集六卷，詩集五卷。其書或存或佚，今不具注。但觀其目，可以見其影響於後此學術界者如何矣②。

要之<u>亭林</u>在清學界之特別位置：一在開學風，排斥理氣性命之玄談，專從客觀方面研察事務條理；二曰開治學方法，如勤蒐資料，綜合研究，如參驗耳目聞見以求實證，如力戒雷同剿説，如虛心改訂不護前失之類皆是；三曰開學術門類，如參證經訓史蹟，如講求音韻，如説述地理，如研精金石

---

① 告　原作“古”，稿本、清華本、學燈本、副鐫本、學報本、民志本同，據菰中隨筆合刊（敬躋堂叢書本）改。

② 如何　清華本、民志本同，稿本、學燈本、副鐫本、學報本作“何如”。

之類皆是。獨有他生平最注意的經世致用之學①，後來因政治環境所壓迫，竟沒有傳人！他的精神，一直到晚清纔漸漸復活。至於他的感化力所以能歷久常新者，不徒在其學術之淵粹，而尤在其人格之崇峻。我深盼研究亭林的人，勿將這一點輕輕看過！

　　　＊　　　＊　　　＊　　　＊　　　＊

附亭林學友表

　　亭林既老壽，且足跡半天下；雖不講學，然一時賢士大夫，樂從之游；觀其所與交接者，而當時學者社會之面影略可睹焉。今鉤稽本集，參以他書造此表。其人無關學術者不錄，弟子及後輩附見。

歸　　莊　　字玄恭，崑山人。明諸生。國變後改名祚明。與亭林少同學，最相契。嘗同舉義於蘇州。其卒，亭林哭以詩，極稱其學。著有歸玄恭文鈔。

萬壽祺　　字年少，徐州人。明孝廉。入清服僧服，易名慧壽。著有隰西草堂集。亭林早年游淮上，與定交，有詩贈之。

路澤農②字安卿，曲周人。嘗拯亭林於難。亭林廣師篇云：“險阻

---

① 他　原脫，清華本、學燈本、副鎸本、學報本、民志本同，據稿本補。
② 農　原作“溥”，稿本、清華本、學燈本、副鎸本、學報本、民志本同。碑傳集補卷三十五歸莊路中書家傳：“君諱澤淳，字聞符，廣平曲周人。……與兄中書舍人澤溥、弟光祿少卿太平兄弟三人。”閔爾昌案：（轉下頁注）

備嘗，與時屈伸，吾不如路安卿。"

潘檉章　字力田，吳江人。次耕之兄。亭林早年摯友。長於史學，與吳赤溟合著明史，亭林以所儲史料盡供給之。後死於湖州莊氏史獄。亭林哭以詩，甚慟。所著書未成，今存者僅國史考異、松陵文獻兩種。其學術大概，別詳第八講。

吳　炎　字赤溟，吳江人。與潘力田同學同難，亭林哭之。

賈必選　字徙南，上元人。明孝廉。入清杜門著書，有松蔭堂學易。亭林詩集有賈倉部必選說易一首。

王　潢　字元倬，上元人。有南陔集。亭林集中有贈詩。

任唐臣　字子良，掖縣人。亭林從假吳才老韻補讀之①，自此始治音韻學。

張爾岐　字稷若，號蒿菴②，濟南人。著有儀禮鄭注句讀十七卷。

（接上頁注）"亭林先生廣師云：'險阻備嘗，與時屈伸，吾不如路安卿。'……平定張氏編亭林年譜，順治九年壬辰'遇路舍人澤溥於虎丘'，注：'先生有送書小帖云：路安卿名澤溥，故總督皓月公之長子。'而於康熙九年'出都至曲周，訪路安卿'，遂無注，是石州又以安卿之字屬澤溥矣。……文貞三子：長澤溥，字蘇生；次澤淳，字聞符；季初名澤濃（偏旁從水，與兩兄同），唐王賜名太平，後名澤農，字吾徵，一字安卿。……近新會梁氏中國近三百年學術史亦以安卿為澤溥字，蓋沿石州之誤。"據改。

① 補　原作"譜"，稿本、清華本、學燈本、副鑴本、學報本、民志本同，據原書名改。按，顧亭林韻補正序："余為唐韻正，已成書矣，念考古之功寔始於宋吳才老，而其所著韻補僅散見於後人之所引，而未得其全。頃過東萊，任君唐臣有此書，因從假讀之月餘。其中合者半，否者半，一一取而注之，名曰韻補正。"

② 菴　原作"奄"，清華本、副鑴本、學報本、民志本同，據稿本、學燈本、渝本改。

亭林爲之序。清儒治禮學,自稷若始也。長亭林一歲,亭林常稱之曰先生[1]。廣師篇云:"獨精三禮,卓然經師,吾不如張稷若。"亭林集中與友人論學書(見前),所與者即稷若也。稷若答書略云:"論學書粹然儒者之言,特拈'博學'、'行己'二事爲學鵠,真足砭好高無實之病。……愚見又有欲質者:性命之理,夫子固未嘗輕以示人,其所與門弟子詳言而諄復者,何一非性命之顯設散見者歟? 苟於博學有恥,真實踐履,自當因標見本,合散知總,心性天命將有不待言而庶幾一遇者。故性命之理,騰說不可也,未始不可默喻;侈於人不可也,未始不可驗諸己;強探力索於一日不可也,未始不可優裕漸漬以俟自悟。如謂於學人分上了無交涉,是將格盡天下之理而反遺身以內之理也。……"蓋稷若與亭林,不苟異亦不苟同如此。所著除儀禮句讀外,尚有蒿菴集[2]、蒿菴閒話等。

徐　夜　字東癡,濟南人。以詩名。舉博學鴻詞不就。與亭林有酬答詩。

馬　驌　字宛斯,鄒平人。著繹史百六十卷,專研古史,時人稱爲馬三代。亭林極服其書,常與游郊外訪碑。

劉孔懷　字果庵,長山人。精於考覈,亭林游山東,常主其家,與辯析疑義。著有四書字徵、五經字徵、詩經辨韻等書。

傅　山　字青主,陽曲人。亭林游山西,主其家。廣師篇云:"蕭

---

①常　原作"長",清華本、學燈本、副鐫本、學報本、民志本同,據稿本改。
②蒿　原作"嵩",據稿本、清華本、學燈本、副鐫本、學報本、民志本改。

然物外,自得天機,吾不如傅青主。"著有霜紅龕集。

李因篤① 字子德,一字天生,洪洞人。康熙戊午徵鴻博,授檢討,不就職。與亭林交最篤,嘗徒步往濟南急其難。後亭林墾荒雁門,卜居華陰,皆子德董其事。亭林集中與子德論學書最多。子德於經學、史學俱深粹。著有受祺堂集。

王弘撰② 字無異,號山史,華陰人。明諸生。康熙戊午徵鴻博,不赴。耆學好古,著有易象圖述、山志、砥齋集等書。亭林常主其家。廣師篇云:"好學不倦,篤於朋友,吾不如王山史。"

李　顒 別見。　二曲晚年,反閉土室,惟亭林至乃啓關相見。廣師篇云:"堅苦力學,無師而成,吾不如李中孚。"

申涵光 字浮孟③,永年人④。孫夏峰弟子。著有聰山集。亭林有贈答詩。

孫奇逢 別見。　亭林曾親至輝縣訪夏峰,有贈孫徵君詩。

朱彝尊 別見。　亭林在關中始交竹垞,有贈答詩。廣師篇云:"文章爾雅,宅心和厚,吾不如朱錫鬯。"

屈大均 字翁山,番禺人。著有翁山文外。在關中交亭林,有贈答詩。

---

① 篤　原作"蔦",稿本、清華本、學燈本、民志本同,據副鐫本、學報本改。
② 弘　原作"宏",係避清高宗乾隆帝弘曆諱,今予回改。
③ 浮　原作"凫",稿本、清華本、學燈本、副鐫本、學報本、民志本同,據魏裔介申鳧盟傳改。按,申氏字浮孟,號鳧盟。
④ 年　原作"平",稿本、清華本、學燈本、副鐫本、學報本、民志本同,據魏裔介申鳧盟傳改。

顏光敏　　字修來，曲阜人。著有樂圃集。亭林下濟南獄時，修來
　　　　　奔走最力。

張　弨①　　字力臣，山陽人。貧而耆古，喜集金石文字。亭林著音
　　　　　學五書，力臣任校刻。廣師篇云："精心六書，信而好古，
　　　　　吾不如張力臣。"

王錫闡　　別見。　廣師篇云："學究天人，確乎不拔，吾不如王寅
　　　　　旭。"集中有贈王高士錫闡詩。

吳志伊　　字任臣，莆田人②。著有周禮大義、禮通、十國春秋、山
　　　　　海經廣注等書。廣師篇云："博聞强記，群書之府，吾不
　　　　　如吳任臣。"

閻若璩　　別見。　百詩謁亭林於太原。出日知錄相質，爲改訂若
　　　　　干條。

楊　瑀　　字雪臣，武進人。著有飛樓集百二十卷。廣師篇云："讀
　　　　　書爲己，探賾洞微，吾不如楊雪臣。"

錢澄之　　原名秉鐙，字飮光，桐城人。在明末聲譽已高。福王立
　　　　　於南京，馬阮興大獄捕清流，飮光與焉。後從永曆帝入
　　　　　滇，間關九死。永曆亡，易僧裝終老。著有田間易學、田
　　　　　間詩學、藏山閣稿、田間集、明末野史等書。亭林集中有
　　　　　贈錢編修秉鐙一詩。

------

①弨　原作"昭"，清華本同，據稿本、學燈本、副鑴本、學報本、民志本改。
②朱校："此謂莆田人，非，他是浙江仁和人。"按，李集鶴徵前録："吳任臣，
　字志伊，一字爾器，初字征鳴，號託園，浙江仁和廩生，福建莆田人。"龔
　嘉儁修杭州府志卷一百四十五文苑二："其先莆田人，隨父至杭，遂補仁
　和學弟子員。"

戴廷栻　　字楓仲，祁縣人。博學好古。著有半可集。嘗爲亭林築
　　　　　室於祁之南山，且藏書供衆覽。

戴　笠　　初名鼎立，字耘野，吳江人。潘次耕之師。亭林有書與
　　　　　論學。

黄宗羲　　別見。　亭林六十四歲時，曾與梨洲通書，見梨洲所著
　　　　　思舊録中。但二人似始終未交晤。

湯　斌　　字孔伯，號荆峴，睢州人①。孫夏峰弟子。在清爲達官，
　　　　　諡文正②。孔伯修明史，以書來問義例，亭林答之。

朱鶴齡　　字長孺，吳江人。明諸生。入清不仕。著毛詩通義、尚
　　　　　書埤傳③、春秋集説等書。又注杜工部、李義山詩。亭
　　　　　林集中有贈詩。

陳芳績　　字亮工，常熟人。父鼎和④，爲亭林友。亮工著有歷代
　　　　　地理沿革表四十七卷。亭林集中有贈亮工詩數首。

潘　耒　　字次耕，號稼堂，吳江人。力田之弟。遭家難，年甫數
　　　　　歲，易姓爲吳，從母姓也。既壯，從亭林學於汾州，亭林

①睢　原作"相"，稿本、清華本、學燈本、副鑴本、學報本、民志本同，據前
　一講所附清初王學家及準王學家表改。
②諡　原作"謚"，據稿本、清華本、學燈本、副鑴本、學報本、民志本改。
③埤　原作"稗"，清華本、學燈本、副鑴本、學報本、民志本同，據稿本改。
④朱校："鼎和，陳梅字，爲芳績祖父。此云爲父，非。"按，顧亭林常熟陳君
　墓誌銘："崇禎十七年，余在吳門，聞京師之變，人心凶懼。余乃奉母避
　之常熟之語濂涇，依水爲固，與陳君鼎和隔垣而居。……君諱梅，字鼎
　和，別字明懷。……有孫七人，而芳績居長，以訓蒙自給。"又與潘次耕
　札："昔有陳亮工者，與余同居荒村，堅守毛髮，歷四五年，莫不憐其志
　節。"

視之猶子，集中與論學書最多。次耕康熙戊午鴻博薦，入翰林。與修明史，參訂義例，分纂志傳，用力最勤。亭林著述自日知錄及文集其他多種，皆由次耕編定校刻。次耕又師事徐俟齋、戴耘野，皆經紀其後事，風義獨絶。著有遂初堂集。

徐乾學　字原一，號健菴[①]，崑山人。亭林外甥。官至刑部尚書。主修大清一統志。著有讀禮通考、憺園集。

徐元文　字公肅，號立齋。健菴之弟。官至大學士。嘗主修明史。

＊　　＊　　＊　　＊　　＊

說亭林是清代經學之建設者，因爲他高標"經學即理學"這句話，成爲清代經學家信仰之中心。其實亭林學問，決不限於經學；而後此之經學，也不見得是直衍亭林之傳。其純以經學名家而且於後來經學家學風直接有關係者，或者要推閻百詩，其次則胡朏明和萬充宗。

閻百詩，名若璩，別號潛丘居士，山西太原人，寄籍江蘇之山陽。生明崇禎九年，卒清康熙四十三年（一六三六——一七〇四），年六十九。他的父親名修齡，號牛叟，本淮南鹽商，但狠風雅，也可算一位名士或一位遺老。百詩人格之峻整，遠不如亭林。生平行誼，除學者日常生活外，無特別可記。康熙十七年，他應博學鴻儒科，下第，狠發牢騷。其後

①健　原作"建"，清華本、學燈本、副鐫本、學報本、民志本同，據稿本改。

徐健庵乾學在洞庭山開局修大清一統志，聘他參與其事。他六十八歲的時候，清聖祖南巡，有人薦他，召見，趕不上，他狠懊喪。時清世宗方在潛邸，頗收羅名士，把他請入京，他垂老冒病而往，不久便卒於京寓。其行歷可記者僅如此。所著書曰尚書古文疏證八卷①、毛朱詩說一卷、四書釋地六卷、潛丘劄記六卷②、孟子生卒年月考一卷、困學紀聞注二十卷③。

　　百詩僅有這點點成績，爲什麼三百年來公認他是第一流學者呢？他的價值，全在一部尚書古文疏證。尚書在漢代，本有今古文之爭：伏生所傳二十八篇，叫做"今文尚書"；別有十六篇，說是孔安國所傳，叫做"古文尚書"。然而孔安國這十六篇，魏晉之間，久已沒有人看見。到東晉，忽然有梅賾其人者，拿出一部古文尚書來！篇數卻是比今文增多二十五篇！而且有孔安國做的全傳——即全部的注！到初唐，陸德明據以作經典釋文，孔穎達據以作正義。自此以後，治尚書者，都用梅賾本，一千餘年，著爲功令。中間雖有吳棫、朱熹、吳澄、梅鷟諸人稍稍懷疑，但都未敢昌言攻擊。百詩著這部尚書古文疏證，纔盡發其覆，引種種證據證明那二十五篇和孔傳都是東晉人贗作。百詩從二十歲起就着手

---

①尚書古文疏證　原作"古文尚書疏證"，本篇後八處同，據原書書名乙。
②丘　原作"邱"，學燈本、民志本同，稿本、清華本、學報本作"邱"，係避孔子名諱，今予回改。
③二十　原作"十二"，據稿本、清華本、學燈本、學報本、民志本乙。

著這部書①，此後四十年間，隨時增訂，直至臨終還未完成。自這部書出版後，有毛西河奇齡著古文尚書冤詞和他抗辯，在當時學術界爲公開討論之絕大問題，結果閻勝毛敗。四庫提要評閻書所謂："有據之言，先立於不可敗也。"自兹以後，惠定宇棟之古文尚書考，段茂堂玉裁之古文尚書撰異等，皆衍閻緒，益加綿密，而偽古文一案，遂成定讞。最後光緒年間，雖有洪右臣良品續作冤詞，然而沒有人理他，成案到底不可翻了。

請問：區區二十幾篇書的真偽②，雖辨明有何關係？值得如此張皇推許嗎？答道：是大不然。這二十幾篇書和別的書不同，二千餘年來公認爲神聖不可侵犯之寶典，上自皇帝經筵進講，下至蒙館課讀，沒有一天不背誦他。忽焉真贓實證，發現出全部是假造！你想！思想界該受如何的震動呢？學問之最大障礙物，莫過於盲目的信仰。凡信仰的對象，照例是不許人研究的：造物主到底有沒有？耶穌基督到底是不是人？這些問題，基督教徒敢出諸口嗎？何止不敢出諸口，連動一動念也不敢哩！若使做學問的都如此，那麼，更無所謂問題，更無所謂研究，還有什麼新學問發生呢？新學問發生之第一步，是要將信仰的對象一變爲研究的對象。既成爲研究的對象，則因問題引起問題，自然有無限的生發。

---

① 部　稿本無。
② 幾　原脱，清華本、學燈本、學報本、民志本同，據稿本補。

中國人向來對於幾部經書，完全在盲目信仰的狀態之下。自尚書古文疏證出來，纔知道這幾件"傳家寶"裏頭，也有些靠不住，非研究一研究不可。研究之路一開，便相引於無窮。自此以後，今文和古文的相對研究，六經和諸子的相對研究，乃至中國經典和外國經典的相對研究①，經典和"野人之語"的相對研究，都一層一層的開拓出來了。所以百詩的尚書古文疏證，不能不認爲近三百年學術解放之第一功臣。

　　百詩爲什麽能有這種成績呢？因爲他的研究方法實有過人處。他的兒子説道："府君讀書，每於無字句處精思獨得；而辯才鋒穎，證據出入無方，當之者輒失據。常曰：'讀書不尋源頭，雖得之，殊可危。'手一書至檢數十書相證，侍側者頭目爲眩，而府君精神湧溢，眼爛如電。一義未析，反復窮思，飢不食，渴不飲，寒不衣，熱不扇，必得其解而後止。"閻詠左汾近稿先府君行述 他自己亦説："古人之事，應無不可考者。縱無正文，亦隱在書縫中，要須細心人一搜出耳。"潛丘劄記卷六②戴東原亦説："閻百詩善讀書。百詩讀一句書，能識其正面背面。"段玉裁著戴先生年譜 大抵百詩學風，如老吏斷獄，眼光極尖鋭，手段極嚴辣，然而判斷必憑證據，證據往往在別人不注意處得來。四庫提要讚美他説："考證之學，未之或先。"尚書古文疏證條下 百詩在清學界位置之高，以此。

----

① 的　原脱，稿本、清華本、學燈本、學報本、民志本同，據上下文例補。
② 丘　原作"邱"，係避孔子名諱，今予回改。

　　四庫提要又説:"若璩學問淹通,而負氣求勝,與人辯論,往往雜以毒詬惡謔,與汪琬遂成釁釁。頗乖著書之體。"潛丘劄記條下①據他的著述和傳記看來,這種毛病,實所不免,比顧亭林的虛心差得多了。又以著書體例論,如尚書古文疏證,本專研究一箇問題,乃書中雜入許多信札日記之類,與全書宗旨無涉。如四書釋地,標名釋地,而所釋許多溢出地理範圍外。如孟子生卒年月考,考了一大堆,年月依然無著。諸如此類,不能不説他欠謹嚴。雖然,凡一箇學派的初期作品,大率粗枝大葉,瑕纇狠多②,正不必專責備百詩哩。

　　　　＊　　　＊　　　＊　　　＊　　　＊

　　清初經師,閻胡齊名。胡朏明,名渭,號東樵,浙江德清人。卒康熙五十三年(一七一四)③,年八十二。他行歷更簡單,不過一老諸生。曾和閻百詩、萬季野、黃子鴻同參一統志局。晚年清聖祖南巡,獻頌一篇,聖祖賜他"耆年篤學"四箇大字。他一生事蹟可記者僅此。他著書僅四種:一、禹貢錐指二十卷,附圖四十七幅;二、易圖明辨十卷;三、洪範正論五卷;四、大學翼真七卷。他的學風,不尚泛博,專就一箇問題作窄而深的研究,開後人法門不少。幾部書中,後人最推重的是禹貢錐指。這部書雖然有許多錯處,但精勤搜討,

---

①丘　原作"邱",係避孔子名諱,今予回改。
②纇　原作"類",清華本、學燈本、民志本同,據稿本、學報本改。
③一七一四　原作"七七一四",清華本、學燈本、學報本、民志本同,據稿本改。

開後來研究地理沿革的專門學問，價值當然也不可磨滅。但依我看：東樵所給思想界最大影響，還是在他的易圖明辨。易圖明辨是專辨宋儒所傳"太極"、"先天"、"後天"——即所謂"河圖"、"洛書"等種種矯誣之説。這些圖是宋元明儒講玄學的惟一武器，鬧得人神昏眼亂，始終莫名其妙。但他們説是伏羲、文王傳來的寶貝，誰也不敢看輕他，看不懂只好認自己笨拙罷了。明清之交，黃梨洲宗羲、晦木宗炎兄弟，始著專書闢其謬。東樵曾否見他們的書不可知，但他卻用全副精力做十卷的書，專來解決這問題。他把這些圖的娘家找出來，原來是華山道士陳搏弄的把戲，展轉傳到邵雍。又把娘家的娘家尋根究柢，原來是誤讀讖緯等書加以穿鑿傅會造出來的。於是大家都知道這些都是旁門左道，和易經了無關係。我們生當今日，這些鬼話，久已没人過問，自然也不感覺這部書的重要。但須知三百年前，像周濂溪太極圖説、朱子易本義一類書，其支配思想界的力量，和四書五經差不了多少；東樵這種廓清辭闢，真所謂"功不在禹下"哩。洪範正論的旨趣，也大略相同，專掃盪漢儒"五行災異"之説，破除迷信。所以我説：東樵破壞之功，過於建設。他所以能在學術界占重要位置者以此。

＊　　＊　　＊　　＊　　＊

萬充宗也是初期經學界一位重要人物。充宗名斯大，浙江鄞縣人。康熙二十二年卒（一六八三），年五十一。父泰，字履安，黃梨洲老友。履安有八子，都以學問著名；充宗

行六，最幼的是季野斯同。八兄弟皆從學梨洲，但都不大理
會他的陽明學。季野稱史學大師，而充宗以經學顯。梨洲
替充宗作墓誌銘，述其治學方法曰："充宗以爲，非通諸經不
能通一經，非悟傳注之失則不能通經，非以經釋經則亦無由
悟傳注之失。何謂通諸經以通一經？經文錯互，有此略而
彼詳者，有此同而彼異者。因詳以求其略，因異以求其同，
學者所當致思也。何謂悟傳注之失？學者入傳注之重圍，
其於經也，無庸致思；經既不思，則傳注無失矣，若之何而悟
之。何謂以經解經？世之信傳注者過於信經，試拈二節爲
例：（文繁不引）……充宗會通各經，證墜輯缺①，聚訟之議，
渙然冰釋，奉正朔以批閏位，百注遂無堅城。……"讀這段
話，充宗的經學怎樣做法，可以概見了。充宗著書，有學春
秋隨筆十卷，學禮質疑二卷，儀禮商三卷，禮記偶箋三卷，周
官辨非二卷。依我看，周官辨非價值最大。周官這部書，歷
代學者對他懷疑的狠不少，著專書攻擊而言言中肯者，實以
此書爲首。萬氏兄弟皆講風節，充宗尤剛毅。張蒼水煌言就
義，他親自收葬，即此可想見其爲人。可惜死得早了，若使
他有顧黄閻胡的年壽，他所貢獻於學界怕不止此哩！

＊　　　＊　　　＊　　　＊　　　＊

　　同時還有一位學者，不甚爲人所稱道而在學術史上實
有相當位置者，曰姚立方。立方名際恒，一字首源，安徽休

---

① 輯　　稿本、學燈本作"緝"。

寧人。寄籍仁和爲諸生（生卒年待考）。據尚書古文疏證知道他比閻百詩小十一歲，但未知卒在何年。毛西河詩話云："亡兄爲仁和廣文。嘗曰：'仁和祇一學者，猶是新安人。'謂姚際恒也。予嘗作何氏存心堂藏書序①，以似兄。兄曰：'何氏所藏有幾？不過如姚立方腹笥已耳②。'……"據此，則立方學問之博可以概見。立方五十歲著手注九經，閱十四年而成，名曰九經通論。又著庸言錄，雜論經史理學諸子。這兩部書，我都未得見，不知其内容如何。所見者只有他的古今僞書考，自易經的孔子十翼起，下至許多經注，許多子書，他都懷疑！真算一位"疑古的急先鋒"了！他別有書十卷，專攻僞古文尚書。閻百詩説他"多超人意見外"③，喜歡極了，手鈔許多，散入疏證各條下。見尚書古文疏證卷八 我想，立方這箇人奇怪極了。我希望將來有機會全讀他的著作再下批評。

＊　　＊　　＊　　＊　　＊

附初期經學家表

清代經學，至惠定宇、戴東原而大成，前此只能算啓蒙時代。除本講及前後諸講特舉論列之諸家外，就憶想所及，表其姓名，其蹈襲明學緒餘者不入。

---

① 堂　原脱，稿本、清華本、學燈本、學報本、民志本同，據西河詩話補。
② 笥　稿本、清華本、學燈本、學報本、民志本同，西河詩話作"篋"。
③ 見　原脱，清華本、學燈本、學報本、民志本同，據稿本補。

黃宗炎　字晦木，餘姚人。梨洲之弟。著有憂患學易一書，内分周易象辭十九卷①，尋門餘論二卷，圖學辨惑一卷；圖學辨惑，即辨先後天方圓等圖也；又有六書會通，論小學。

張爾岐　見亭林學友表。

朱鶴齡　同上。

錢澄之　同上。

陳啓源　字長發，吳江人。著毛詩稽古編三十卷。

馮　景　字山公，錢唐人。與閻若璩友，嘗助其著尚書古文疏證。所著有解春集二十卷。盧文弨其外孫也。

臧　琳　字玉林，武進人。著經義雜記三十卷，尚書集解百二十卷。閻若璩極稱其書，且謂爲隱德君子。嘉慶間，其玄孫庸始校刻其書②。

---

①按，周易象辭十九卷本全祖望鷓鴣先生神道表："先生憂患學易一書，其目曰周易象詞十九卷、尋門餘論二卷、圖學辨惑一卷。"四庫全書總目提要、李元度國朝先正事略、唐鑒國朝學案小識、清史稿藝文志皆作二十一卷，今四庫全書傳本作二十二卷，其二十二卷卷首："周易象辭卷二十二：雜卦，舊本止稱雜卦，無傳字，今從舊。此夫子錯雜舉六十四卦名而隨意釋之，或與象象有同不同，亦各申其義，補所未備，不必云夫子之易則如此也。是十翼中之一。"
②玄　原作"元"，係避清聖祖康熙帝玄燁諱，今予回改。

第七講　兩畸儒

——王船山　朱舜水

　　中庸說："君子之道，闇然而日章。"南明有兩位大師，在當時，在本地，一點聲光也沒有；然而在幾百年後，或在外國，發生絕大影響。其人曰王船山，曰朱舜水。

　　船山，名夫之，字而農，一號薑齋，湖南衡陽人。因晚年隱居於湘西之石船山，學者稱爲船山先生。生明萬曆四十七年，卒清康熙三十一年（一六一九——一六九二），年七十四。他生在比較偏僻的湖南，除武昌、南昌、肇慶三箇地方曾作短期流寓外，未曾到過別的都會。當時名士，除劉繼莊獻廷外，沒有一箇相識。又不開門講學，所以連門生也沒有。張獻忠蹂躪湖南時候，他因爲不肯從賊，幾乎把命送掉。清師下湖南，他在衡山舉義反抗，失敗後走桂林。大學士瞿文忠式耜狠敬重他，特薦於永曆帝，授行人司行人。時永曆帝駐肇慶，王化澄當國，紀綱大壞。獨給諫金堡等五人志在振刷，不爲群小所容，把他們下獄，行將殺害。船山奔告少傅嚴起恒，力救他們。化澄於是參起恒，船山亦三上疏參化澄。化澄恨極，誓要殺他，有降帥某救他，纔免。返桂林，依瞿式耜。因母病回衡陽。其後式耜殉節桂林，起恒也在南寧遇害，船山知事不可爲，遂不復出。當時清廷嚴令薙髮，不從者死。他誓死抵抗，轉徙苗猺山洞中，艱苦備嘗。到處拾些破紙或爛帳簿之類充著作稿紙，著書極多，二百年來幾乎沒有人知道。直至道光咸豐間，鄧湘皋顯鶴纔蒐集起來，編成一張書目。同治間，曾沅圃國荃纔刻成船山遺書，共七十七種二百五十卷①。此外未刻及已佚的還不少。内中説經之書：關於易經者五種，周易内傳、周易大象解、周易稗疏、周易考異、周易外傳。關於書經者三種，尚書稗疏②、尚書考異、尚書引義。關於詩經者三種，詩經稗疏、詩經考異、詩廣傳。關於禮記者一種，禮記章句。關於春秋者四種，春秋稗疏、春秋家説、春秋世論、續

①王世全守遺經書屋船山遺書，刻於道光二十二年，收著作十八種，一百五十卷。曾國荃王船山先生年譜序"著述凡經類二十有三，史類四，子類十有七，集類三十有三"，是爲七十七種。王之春先船山公年譜後編"公著書凡百餘種，其著録有名者，凡經類二十四種，史類五種，子類十八種，集類四十一種"，是爲八十八種（張西堂明王船山先生夫之年表三著述考，列入船山遺書者六十二種，未入者十五種，佚失者十一種，合爲八十八種）。鄧顯鶴船山遺書目録，列船山著作五十二種，三百二十二卷。曾國藩船山遺書序"王船山先生遺書，同治四年十月刻竣，凡三百二十二卷"，實收著作五十六種，二百八十八卷；光緒間補刻六種，十卷，附於其後，共六十二種，二百九十八卷。

②尚書　原作"書經"，稿本、清華本、學報本、民志本同，據王氏原書書名改。

春秋左傳博議。關於四書者五種，四書訓義、四書稗疏、四書考異、讀四書大全説①、四書詳解。關於小學者一種。説文廣義。其解釋諸子之書，則有老子衍、莊子解、莊子通、吕覽釋、淮南子注。其解釋宋儒書，則有張子正蒙注、近思録釋；其史評之書，則有讀通鑑論、宋論；其史料之書，則有永曆實録；其雜著，則有思問録内外篇、俟解、噩夢、黄書、識小録、龍源夜話等；此外詩文集、詩餘、詩話及詩選、文選等又若干種。内中最特別的，有相宗絡索及三藏法師八識規矩論贊之兩種②，研究法相宗的著述，晚唐來千餘年，此爲僅見了。鄧湘皋既述其目，系以叙論曰："先生生當鼎革，竊自維先世爲明世臣，存亡與共。甲申後崎嶇嶺表，備嘗險阻。既知事不可爲，乃退而著書，竄伏祁、永、漣、邵山中，流離困苦，一歲數徙其處。……故國之戚，生死不忘。……當是時，海内儒碩，北有容城，西有盩厔，東南則有崑山、餘姚。先生刻苦似二曲，貞晦過夏峰，多聞博學，志節皎然，不愧顧、黄兩先生。顧諸君子肥遯自甘，聲名益炳③；雖隱逸之薦、鴻博之徵，皆以死拒，而公卿交口，天子動容；其志易白，其書易行。先生竄身猺峒，絶跡人間，席棘飴荼，聲影不出林莽；門人故舊，又無一有氣力者爲之推挽。殁後遺書散佚，後生小子，至不能舉

---

① 讀　原脱，清華本、學報本、民志本同，據稿本補。
② 識　原作"十"，稿本、清華本、學報本、民志本同，據王之春先船山公年譜改。
③ 益　原作"亦"，稿本、清華本、民志本同，據學報本、鄧氏原文改。

其名姓，可哀也已。"這段話可謂極蕭括，極沉痛，讀之可以想見船山爲人了。

船山和亭林，都是王學反動所産人物，但他們不但能破壞，而且能建設。拿今日的術語來講，亭林建設方向近於"科學的"，船山建設方向近於"哲學的"。

西方哲家，前此惟高談宇宙本體；後來漸漸覺得不辨知識之來源，則本體論等於瞎説；於是認識論和論理學，成爲哲學主要之部分。船山哲學，正從這方向出發。他有知性論一篇，把這箇問題提出，説道：

> 言性者皆曰吾知性也。折之曰性弗然也，猶將曰性胡弗然也，故必正告之曰：爾所言性者，非性也。今吾勿問其性，且問其知。知實而不知名，知名而不知實，皆不知也。……目擊而遇之，有其成象，而不能爲之名，如是者，於體非芒然也，而不給於用，無以名之，斯無以用之也；習聞而識之①，謂有名之必有實，而究不能得其實，如是者，執名以起用，而芒然於其體，雖有用，固異體之用，非其用也。夫二者則有辨矣。知實而不知名②，弗求名焉，則用將終絀。問以審之，學以證之，思以反求之，則實在而終得乎名，體定而終伸其

---

①習　原作"曾"，清華本、學報本、民志本同，據概略本改。
②不　原脱，清華本、學報本、民志本同，據概略本補。

用。……知名而不知實，以爲既知之矣，則終始於名而惝怳以測其影，斯問而益疑，學而益僻，思而益甚其狂惑，以其名加諸迥異之體，枝辭日興，愈離其本。……夫言性者，則皆有名之可執，有用之可見，而終不知何者之爲性。蓋不知何如之爲"知"，而以知名當之。……故可直折之曰：其所云性者非性，其所自謂知者非知。……薑齋文集卷一

然則他對於"知"的問題怎樣解答呢？他排斥"唯覺主義"。他説：

> 見聞可以證於知已知之後，而知不因見聞而發。正蒙注卷四上

> 耳與聲合，目與色合，皆心所翕闢之牖也。合故相知，乃其所以合之故，則豈耳目聲色之力哉！故輿薪過前，群言雜至，而非意所屬，則見如不見，聞如不聞，其非耳目之受而即合，明矣。同上

前文所録知性篇言"知名不知實"之弊，其意謂向來學者所論爭只在名詞上，然而名詞的來源，實不過聞見上一種習氣①。他説：

---

① 聞見　原作"見聞"，清華本、學報本、民志本同，據概略本、稿本乙。

感於聞見，觸名思義，不得謂之知能。① ⋯⋯ 聞見
習也。習之所知者有窮②。同上

又説：

見聞所得者，象也。⋯⋯知象者本心也，非識心者象
也。存象於心而據之以爲知，則其知者象而已。象化其
心，而心唯有象，不可謂此爲吾心之知也明矣③。同上

“象化其心”怎麽解呢？他説：

其所爲信諸己者，或因習氣，或守一先生之言，漸
漬而據爲己心④。俟解

他根據這種理論，斷言“緣見聞而生之知非真知”，同上
以爲因此發生二蔽：其一，“流俗之徇欲者以見聞域其所
知”；其二，則“釋氏據見聞之所窮而遂謂無”。他因此排斥
虛無主義。説道：

---

① 此句王氏原文作“非感於聞見、觸名思義、觸事求通之得謂之知能也”。
② 之所　原作“所之”，清華本、民志本同，據概略本、稿本、學報本乙。
③ 爲　原脱，稿本、清華本、學報本、民志本同，據概略本補。
④ 己　原作“亡”，稿本、清華本、學報本、民志本同，據概略本改。按，稿本
　此處文字，剪南開本貼入稿紙，而南開本誤排作“亡”字。

目所不見，非無色也；耳所不聞，非無聲也；言所不通，非無義也。故曰："知之爲知之，不知爲不知。"知其有不知者存，則既知有之矣，是知也。……思問錄內篇

他又從論理方面詰虛無主義①。説道：

言無者激於言有者而破除之也，就言有者之所謂有而謂無其有也。天下果何者而可謂之無哉？……言者必有所立而後其説成。今使言者立一"無"於前，博求之上下四維古今存亡而不可得窮矣。同上

他於是建設他的實有主義。説道：

無不可爲體。人有立人之體，百姓日用而不知爾，雖無形跡而非無實。使其無也，則生理以何爲體而得存耶？……正蒙注卷三下

他所認的實體是什麼？就是人的心。他説：

過去，吾識也；未來，吾慮也；現在，吾思也。天地

---

①詰　原作"難"，稿本、清華本、學報本、民志本同，據概略本改。按，稿本此處文字，剪南開本貼入稿紙，南開本排作"諸"字，任公毛筆圈去"諸"字，旁書"難"字。

古今以此而成，天下之蠢蠢以此而生。思問録內篇

　　他的本體論重要根據，大概在此。我們更看他的知識論和本體論怎麼的結合。他所謂"真知"是："誠有而自喻，如暗中自指其口鼻，不待鏡而悉。"正蒙注卷四上 這種知，他名之曰"德性之知"。但他並不謂知限於此。他説：

　　　　因理而體其所以然，知以天也（超經驗的）。事物至而以所聞所見者證之，知以人也（經驗的）。通學識之知於德性之所喻而體用一源，則其明自誠而明也。正蒙注卷三下

　　又説：

　　　　雖知有其不知①，而必因此（所知者）以致之（即大學致知之致），不迫於其所不知而索之。思問録內篇

　　又説：

　　　　內者心之神，外者物之法象。法象非神不立，神非法象不顯。多聞而擇，多見而識，乃以啓發其心思而令歸於

---

　①雖　原作"誰"，清華本、學報本、民志本同，據概略本、稿本改。

一，又非徒恃存神而置格物窮理之學也。正蒙注卷四上

欲知船山哲學的全系統，非把他的著作全部子細紬繹後，不能見出。可惜我未曾用這種苦功，而且這部小講義中也難多講。簡單説：

一、他認"生理體"爲實有。

二、認宇宙本體和生理體合一。

三、這箇實體即人人能思慮之心。

四、這種實體論，建設在知識論的基礎之上；其所以能成立者，因爲有超出見聞習氣的"真知"在。

五、見聞的"知"，也可以輔助"真知"①，與之駢進。依我狠粗淺的窺測，船山哲學要點大略如此。若所測不甚錯，那麼，我敢説他是爲宋明哲學闢一新路。因爲知識本質、知識來源的審查，宋明人是沒有注意到的。船山的知識論對不對，另一問題；他這種治哲學的方法②，不能不説比前人健實許多了。他著作中有關於法相宗的書兩種，或者他的思想受法相宗一點兒影響，也未可知。

亭林極端的排斥哲理談——最不喜講"性與天道"。船山不然，一面極力提倡實行，一面常要研求最高原理。爲什麼如此呢？船山蓋認爲有不容已者。他説：

① 輔　原作"補"，清華本、學報本、民志本同，據概略本、稿本改。
② 概略本、稿本無"的"字。

　　人之生也，君子而極乎聖，小人而極乎禽獸。苟不知所以生，不知所以死，則爲善爲惡，皆非性分之所固有、職分之所當爲。下焉者何弗蕩棄彝倫以遂其苟且私利之欲？其稍有恥之心而厭焉者，則見爲寄生兩間，去來無準，惡爲贅疣，善亦弁髦，生無所從，而名與善皆屬漚瀑，以求異於逐而不返之頑鄙。乃其究也不可以終日，則又必佚出猖狂，爲無縛無礙之邪説，終歸於無忌憚。自非究吾之所始與其所終，神之所化，鬼之所歸，效天地之正而不容不懼以終始[1]，惡能釋其惑而使信於學？……張子正蒙注自序

船山之意以爲：要解決人生問題，須先講明人之所以生。若把這問題囫圇躲過不講，那麽，人類生活之向上便無根據，無從鞭策起來。否則爲不正當的講法所誤，致人生越發陷於不安定。船山所以不廢哲理談者，意蓋在此。

　　船山雖喜言哲理，然而對於純主觀的玄談，則大反對。他説：

　　經云："事有終始，知所先後，則近道矣。"遞推其先，則曰："在格物，物格而後知至。"……蓋嘗論之：何以謂之德？行焉而得之謂也。何以謂之善？處焉而宜之謂也。不行胡得？不處胡宜？則君子之所謂知者，吾心喜怒哀

---

①地　原作"下"，清華本、學報本、民志本同，據稿本改。

樂之節，萬物是非得失之幾，誠明於心而不昧之謂耳。……今使絶物而始靜焉，舍天下之惡而不取天下之善，墮其志，息其意，外其身，於是而洞洞焉、晃晃焉若有一澄澈之境。……莊周、瞿曇氏之所謂知[1]，盡此矣。然而求之於身，身無當也；求之於天下，天下無當也。行焉而不得，處焉而不宜，則固然矣。於是曰：「吾將不行，奚不得？不處，奚不宜？」乃勢不容已，而抑必與物接，則又洸洋自恣，未有不蹶而狂者也。……有儒之駁者起焉，有志於聖人之道，而憚至善之難止也。……於是取大學之教，疾趨以附二氏之途，以其恍惚空明之見名之曰：此明德也，此知也，此致良知而明明德也。體用一，知行合，善惡泯，介然有覺，頹然任之，而德明於天下矣！乃羅織朱子之過，而以窮理格物爲其大罪！天下之畏難苟安以希冀不勞無所忌憚而坐致聖賢者，翕然起而從之。……大學衍補傳[2]

船山反對王學的根本理由大概如此，他所以想另創新哲學的理由亦在此。至於他的哲學全系統如何，我因爲沒有研

---

[1]瞿　原作“翟”，民志本同，據稿本、清華本、學報本改。

[2]大學衍補傳　原作“大學補傳衍”，稿本、清華本、學報本、民志本同。按，清儒學案船山學案：“大學衍。（案，大學衍、中庸衍全載朱子注而爲説衍之，先生自言，二篇本屬專書，後撰禮記章句，乃歸入其中，與全編體例不一。今專采之，仍題原名。）……格物致知補傳：‘經云：……。’”所引即上述文字。據乙。

究清楚，不敢多説。有志研究的人，請把他所著正蒙注、思問録内篇做中堅，再博看他别的著作，或者可以整理出來。

　　自將船山遺書刻成之後，一般社會所最歡迎的是他的讀通鑑論和宋論。這兩部自然不是船山第一等著作。但在史評一類書裏頭，可以説是最有價值的。他有他的一貫精神，借史事來發表；他有他的特别眼光，立論往往迥異流俗。所以這兩部書可以説是有主義有組織的書，若拿來和吕東萊的東萊博議①、張天如的歷代史論等量齊觀，那便錯了。"攘夷排滿"是裏頭主義之一種，所以給晚清青年的刺激極大。現在事過境遷，這類話倒覺無甚意義了。

　　船山本來不是考證學派，但他的經説，考覈精詳者也不少。鄧湘皋説："當代經師，後先生而興者無慮百十家，所言皆有根柢。然諸家所著，有據爲新義輒爲先生所已言者，四庫總目於春秋稗疏曾及之。以余所見，尤非一事，蓋未見其書也。"湘皋這話狠不錯，越發可見船山學問規模之博大了。

　　船山學術，二百多年没有傳人。到咸、同間，羅羅山澤南像稍爲得著一點②。後來我的畏友譚壯飛嗣同研究得狠深。我讀船山書，都是壯飛教我。但船山的復活，只怕還在今日以後哩！

＊　　　＊　　　＊　　　＊　　　＊

---

①原於"拿"後衍一"出"字，清華本、學報本、民志本同，據稿本删。
②澤　原作"濛"，據稿本、清華本、學報本、民志本改。

有一位大師，在本國幾乎没有人知道，然而在外國發生莫大影響者，曰朱舜水。

日本史家通行一句話，説"德川二百餘年太平之治"①。説到這句話，自然要聯想到朱舜水。

舜水，名之瑜，字魯璵，浙江餘姚人。生明萬曆二十八年，卒清康熙二十一年（一六〇〇—一六八二），年八十三。他是王陽明、黄梨洲的胞同鄉。他比梨洲長十一歲，比亭林長十四歲。他和亭林同一年死，僅遲三箇月。最奇怪的：我們研究他的傳記，知道他也曾和梨洲同在舟山一年，然而他們倆像未曾相識。其餘東南學者，也並没有一位和他有來往。他的"深藏若虚"，可謂比船山還加幾倍了②。

崇禎十七年明亡時候，他已經四十五歲了。他早年便絶意仕進，那時不過一位貢生，並無官職。福王建號南京，馬士英要羅致他③，他不就，逃跑了。從南京失陷起，到永曆被害止，十五年間，他時而跑日本，跑安南，跑暹羅。時而返國内，日日奔走國事。他曾和張蒼水煌言在舟山共事，他曾入四明山助王完勳翊練寨兵，他曾和馮躋仲京第到日本乞師(?)④，他曾

①概略本於"川"後有"氏"字。
②謂　原脱，清華本、學報本、民志本同，據概略本、稿本補。
③士　原作"世"，概略本、稿本、南開本、清華本、民志本同，據朱氏答安東守約問八條改。
④(?)　原脱，據概略本、稿本、清華本、學報本、民志本補。按，任公黄梨洲朱舜水乞師日本辯、朱舜水先生年譜於此事皆作懷疑。

隨鄭延平成功入長江北伐。到最後百無可爲，他因爲抵死不肯薙髮①，只得亡命日本以終老。當時日本排斥外人，不許居住。有幾位民間志士敬重他爲人，設法破例留他住在長崎。住了七年，日本宰相德川光國，請他到東京，待以賓師之禮。光國親受業爲弟子，其餘藩侯藩士（日本當時純爲封建制，像我國春秋時代），請業的狠多。舜水以極光明俊偉的人格，極平實淹貫的學問，極肫摯和藹的感情，給日本全國人以莫大的感化。德川二百年，日本整箇變成儒教的國民，最大的動力實在舜水。後來德川光國著一部大日本史，專標“尊王一統”之義。五十年前，德川慶喜歸政，廢藩置縣，成明治維新之大業，光國這部書功勞最多，而光國之學全受自舜水。所以舜水不特是德川朝的恩人，也是日本維新致強最有力的導師。

　　舜水並沒有開門講學，也沒有著書。我們研究這箇人，只靠他一部文集裏頭的信札和問答。他以羈旅窮困之身，能博鄰國全國人的尊敬，全恃他人格的權威。他説：“不佞生平，無有言而不能行者，無有行而不如其言者。”文集卷九答安東守約書又説：“弟性直率，毫不猶人。不論大明、日本，惟獨行其是而已，不問其有非之者也。”文集卷十二答小宅生順問②

---

①肯　原作“狠”，清華本、學報本、民志本同，據概略本、稿本改。按，稿本此處文字，剪南開本貼入稿紙，而南開本誤排作“狠”字。

②生　原作“朱”，稿本、清華本、學報本、民志本同，據概略本改。按，稿本此處文字，剪南開本貼入稿紙，而南開本誤排作“朱”字。

又説：“自流離喪亂以來，二十六七年矣。其瀕於必死，大者十餘。……是故青天皦日①，隱然若雷霆震驚於其上。至於風波險巇②，傾蕩顛危，則坦然無疑，蓋自信者素耳。”文集卷十八德始堂記 又説：“僕事事不如人，獨於‘富貴不能淫，貧賤不能移，威武不能屈’，似可無愧於古聖先賢萬分之一。一身親歷之事，固與士子紙上空談者異也。”文集卷八答小宅生順書 他是箇德性最純粹而意志最堅強的人③，常常把整箇人格毫無掩飾的表現出來與人共見。所以當時日本人對於他，“如七十子之服孔子”，殊非偶然。

他的學風，主張實踐，排斥談玄。他説：“先儒將現前道理，每每説向極微極妙處，固是精細工夫。然聖狂分於毫釐，未免使人懼。不佞舉極難重事，一概都説到明明白白平平常常來④，似乎膚淺庸陋，然‘人人皆可爲堯舜’之意也。……末世已不知聖人之道，而偶有向學之機，又與之辨析精微而逆折之，使智者詆爲芻狗，而不肖者望若登天。……此豈引掖之意乎？”文集卷九答安東守約書 又説：“顏淵問仁，孔子告以非禮勿視聽言動。夫視聽言動者耳目口體

①皦　原作“白”，清華本、學報本、民志本同，據概略本改。按，稿本此處文字，剪南開本貼入稿紙，而南開本此處作空格。

②波　原作“濤”，清華本、學報本、民志本同，據概略本、稿本、南開本改。

③性最　“性”字原作“行”，並脱“最”字，清華本、學報本、民志本同，據概略本、南開本改。

④來　原脱，稿本、清華本、學報本、民志本同，據概略本補。按，稿本此處文字，剪南開本貼入稿紙，而南開本已脱“來”字。

之常事，禮與非禮者中智之衡量，而‘勿’者下學之持守，豈夫子不能説玄説妙言高言遠哉？抑顏淵之才不能爲玄爲妙鶩高鶩遠哉？……故知道之至極者在此而不在彼也。”_{文集卷十八勿齋記} 舜水之所以教人者①，大略如此。

這種學風，自然是王學的反動。所以他論陽明，許以豪傑之士，但謂其多卻講學一事。_{文集卷六答佐野回翁書} 不唯王學爲然，他對於宋以來所謂“道學家”，皆有所不滿。他説："有良工能於棘端刻沐猴，此天下之巧匠也。然不佞得此，必抵之爲砂礫②。何也？工雖巧，無益於世用也。……宋儒辨析毫釐，終不曾做得一事，況又於其屋下架屋哉？”_{文集卷九與安東守約書}

他論學問，以有實用爲標準。所謂實用者，一曰有益於自己身心，二曰有益於社會。他説："爲學之道，在於近裏着己，有益天下國家。不在掉弄虛脾，捕風捉影。……勿剽竊粉飾自號於人曰‘我儒者也’。處之危疑而弗能決，投之艱大而弗能勝，豈儒者哉？”_{文集卷十答奧村庸禮書}③他所謂學問如此，然則不獨宋明道學，即清儒之考證學，也非他所許，可

---

① 所以　原脱，清華本、學報本、民志本同，據概略本、稿本、南開本補。
② 抵　原作“詆”，據概略本、稿本、清華本、學報本、民志本改。
③ 奧　原作“興”，稿本、清華本、學報本、民志本同，據概略本改。按，稿本此處文字，剪南開本貼入稿紙，而南開本誤排作“興”字。又按，此段引文，前半節（自“爲學之道”至“捕風捉影”）載文集卷八答奧村庸禮書十一，後半節實載文集卷九答古市務本書二。

以推見了。

舜水嫻習藝事，有巧思。"嘗爲德川光國作學宫圖説，圖成，模之以木，大居其三十分之一，棟樑枅椽，莫不悉備。而殿堂結構之法，梓人所不能通曉者，舜水親指授之，及度量分寸，湊離機巧，教喻縝密，經歲乃畢。光國欲作石橋，舜水授梓人制度，梓人自愧其能之不及。此外，器物衣冠，由舜水繪圖教製者甚多。"據今井弘濟、安積覺合撰舜水先生行實 我們因這些事實，可以見舜水不獨爲日本精神文明界之大恩人；即物質方面，所給他們的益處也不少了。

總而言之，舜水之學和亭林、習齋皆有點相近。博學於文工夫，不如亭林，而守約易簡或過之。摧陷廓清之功不如習齋①，而氣象比習齋博大。舜水之學不行於中國，是中國的不幸；然而行於日本，也算人類之幸了。

夏峰、梨洲、亭林、船山、舜水這些大師，都是才氣極倜儻而意志極堅强的人；舜水尤爲伉烈。他反抗滿洲的精神，至老不衰。他著有陽九述略一篇，内分"致虜之由"、"虜害"②、"滅虜之策"等條，末題"明孤臣朱之瑜泣血稽顙謹述"。此外文集中關於這類的話狠多。這類話入到晚清青年眼中，像觸着電氣一般，震得直跳。對於近二十年的政治變動，影響實在不小。他死後葬在日本。現在東京第一高

①廓　原作"廊"，清華本、民志本同，據概略本、南開本、稿本、學報本改。
②害　原作"禍"，稿本、清華本、學報本、民志本同，據朱氏原文改。

等學校，便是他生前的住宅，死後的墳園。這回大震災，僥倖沒有毀掉！聽說日本人將我們的避難學生就收容在該校。我想：這些可愛的青年們當着患難時候，瞻仰這位二百多年前蒙難堅貞的老先生的遺跡，應該受不少的感化罷！

第八講　清初史學之建設

——萬季野　全謝山 <small>附初期史學家及地理學家</small>

　　我最愛晚明學者虎虎有生氣：他們裏頭狠有些人，用極勇鋭的努力，想做大規模的創造。即以對於明史一事而論，我覺得他們的氣魄，比現代所謂學者們高得多了。

　　史事總是時代越近越重要。考證古史，雖不失爲學問之一種；但以史學自任的人，對於和自己時代最接近的史事，資料較多，詢訪質證亦較便，不以其時做成幾部宏博翔實的書以貽後人，致使後人對於這箇時代的史蹟永遠在迷離徜恍中，又不知要費多少無謂之考證纔能得其真相。那麼，真算史學家對不起人了。我常想①：將來一部"清史"——尤其關於晚清部分，真不知作如何交代。直到現在，我所知道的，像還沒有人認這問題爲重要，把這件事引爲己任！比起晚明史學家，我

----

①我常想　原脱"常"字，據稿本、清華本、學報本補。按，民志本脱"想"字。

們真是慚愧無地了。

＊　　　＊　　　＊　　　＊　　　＊

　　明清之交各大師，大率都重視史學——或廣義的史學，即文獻學。試一閱亭林、梨洲、船山諸家著述目録，便可以看出這種潮流了。内中專以史學名家，極可佩服而極可痛惜的兩箇人，先要叙他們一叙。

　　吳炎，字赤溟。潘檉章，字力田。俱江蘇吳江人。兩位都是青年史學家——顧亭林忘年之友。不幸被無情的文字獄犧牲了。兩位所要做的事業，都未成功，又蒙奇禍而死，死後没有人敢稱道他。我們幸而從顧亭林、潘次耕著述裏頭得着一點資料。亭林詩集汾州祭吳潘二節士詩，有"一代文章亡左馬，千秋仁義在吳潘"之句，可謂推挹到極地了。亭林文集有書吳潘二子事一篇。據所記，則赤溟、力田二人，皆明諸生；國變時，年僅二十以上，發願以私人之力著成一部明史。亭林狠敬慕他們，把自己所藏關於史料之書千餘卷都借給他們。康熙二年，湖州莊廷鑨史獄起，牽累七十多人，陸麗京圻即其一也；而吳潘皆與其難。亭林説他們"懷紙吮筆，早夜矻矻，其所手書盈牀滿篋，而其才足以發之"。又説："二子少余十餘歲，而余視爲畏友。"他們的學問人格可想見了。力田實次耕之兄。遇難後家屬都被波累，次耕改從母姓爲吳。其後次耕從亭林及徐昭法學，克成德業，從兄志也。兩人合著的明史，遭難時抄没焚燒了。亭林藏書也燒在裏頭。赤溟別無著書。我僅在歸玄恭文續鈔裏面看見他作的一篇

序。力田著書存者有國史考異、松陵文獻兩種。但國史考異
已成者三十卷,燒賸下的僅有六卷。次耕的遂初堂集,對於
這兩部書各有一篇序。我們從這兩篇序裏頭,可以看出力
田的著述體例及其用力方法。大約大部分工夫,費在鑑別
史料上頭。用科學精神治史,要首推兩君了。因本校圖書館無
遂初堂集,未能徵引原文。改天再補入。① 兩君的明史稿之遭
劫②,我認爲是我們史學界不能回復之大損失③。嗚呼!

＊　　　＊　　　＊　　　＊　　　＊

　　我在第五講裏頭曾經說過:黃梨洲是清代史學開山之
祖。梨洲門下傳受他的史學者,是萬充宗的兄弟萬季野。

　　季野,名斯同。卒康熙四十一年(一七〇二),年六十
五④。他的籍貫家世,在第五講已經敘過了。他的父兄都是
有學問的人,兄弟八人;他最幼。據全謝山做的傳,說他小
孩子時候異常淘氣,他父親履安先生泰每說要把他送和尚廟
裏當徒弟。他頑性依然不改,於是把他鎖在空房裏頭。他
看見架上有明史料數十冊,翻一翻覺得有趣,幾日間讀完
了。自是便刻志向學。踰年,遂隨諸兄後,學於梨洲,在梨

---

①按,國史考異序載遂初堂文集卷六,松陵文獻序載文集卷七,兹不具録。
②的　原脱,據稿本、清華本、學報本、民志本補。
③是　稿本、清華本、學報本、民志本無。
④五　原脱,稿本、清華本、學報本、民志本同。按,萬經萬氏宗譜卷八:
　　"諱斯同,字季野,……生於前明崇禎戊寅正月二十四日。"黃百家萬季
　　野先生斯同墓誌銘:"以康熙壬午四月初八日卒於京邸,年六十五。"
　　據補。

洲門下年最少，梨洲最賞愛他。梨洲學問方面狠多，所著明史案，今僅存其目，曾否成書蓋未可知。季野學固極博，然尤嗜文獻，最熟明代掌故，自幼年即以著明史爲己任。康熙十七年詔徵鴻博，有人薦他，他力拒乃免。明年，開明史館，亭林的外甥徐元文當總裁，極力要羅致他。他因爲官局搜羅資料較容易，乃應聘入京。給他官，他不要，請以布衣參史事，不署銜，不受俸。住在元文家裏，所有纂修官的稿都由他核定。他極反對唐以後史書設局分修的制度。說道：

> 昔遷固才既傑出，又承父學，故事信而言文。其後專家之書，才雖不逮，猶未至如官修者之雜亂也。譬如入人之室，始而周其堂寢匽湢，繼而知其蓄産禮俗，久之其男女少長、性質剛柔、輕重賢愚無不習察，然後可制其家之事。若官修之史，倉卒而成於衆人，不暇擇其才之宜與事之習，是猶招市人而與謀室中之事也。吾所以辭史局而假館總裁所者，惟恐衆人分操割裂，使一代治亂之迹，闇昧而不明耳①。錢大昕潛研堂集萬季野先生傳

季野自少時已委身於明史，至是旅京十餘年，繼續他的工作，著成明史稿五百卷。他略述著書旨趣道：

---

① 昧　原作"昧"，據稿本、清華本、學報本、民志本改。

史之難言久矣。……而在今則事之信尤難。好惡因心,而毀譽隨之。一家之事,言者三人,而其傳各異矣。況數百年之久乎? 言語可曲附而成,事蹟可鑿空而搆。其傳而播之者,未必皆直道之行也;其聞而書之者,未必有裁別之識也。非論其世知其人,而具見其表裏,則吾以爲信,而人受其枉者多矣①。……實録者,直載其事與言而無所增飾者也。因其世以考其事覈其言而平心察之,則其本末十得八九矣。然言之發或有所由,事之端或有所起②,而其流或有所激,則非他書不能具也。凡實録之難詳者,吾以他書證之。他書之誣且濫者,吾以所得於實録者裁之。雖不敢具謂可信,而枉者或鮮矣。昔人於宋史已病其繁蕪,而吾所述將倍焉。非不知簡之爲貴也,吾恐後之人務博而不知所裁,故先爲之極。使知吾所取者有可損,而所不取者必非其事與言之真而不可益也。<u>方苞望溪文集萬季野先生墓表</u>

自<u>唐</u>以後設官局修史,大抵湊雜成篇,漫無別擇,故所成之書,蕪穢特甚。内中如<u>歐陽永叔</u>之<u>五代史記</u>、<u>朱晦庵</u>之<u>通鑑綱目</u>等,號稱爲有主義的著作;又專講什麽“春秋筆法”,從一兩箇字眼上頭搬演花樣。又如<u>蘇老泉東坡</u>父子、<u>吕東萊</u>、<u>張天如</u>等輩,專作油腔滑調的批評,供射策剿説之

---

①人受其　三字原脱,稿本、清華本、學報本、民志本同,據<u>方</u>氏原文補。
②有　原作“由”,民志本同,據稿本、清華本、學報本改。

用。宋明以來大部分人——除司馬溫公、劉原父、鄭漁仲諸人外——所謂史學大率如此。到潘力田、萬季野他們所做的工作便與前不同。他們覺得：歷史其物，非建設在正確事實的基礎之上，便連生命都沒有了！什麼"書法"和批評，豈非都成廢話？然而欲求事實的正確，決非靠空洞的推論和尖巧的臆測所能得，必須用極耐煩工夫，在事實自身上旁推反勘，纔可以得著真相。換一句話説：他們的工作什有七八費在史料之蒐集和鑑別。他們所特別致力者雖在明史，但這種研究精神，影響於前清一代史學界不少。將來健實的新史學，恐怕也要在這種研究基礎之上纔能發生哩。

　　現行明史，在二十四史中——除馬班范陳四書外，最爲精善，殆成學界公論了。明史雖亦屬官局分修，然實際上全靠萬季野。錢竹汀説："乾隆初，大學士張公廷玉等奉詔刊定明史，以王公鴻緒史稿爲本而增損之。王氏稿大半出先生手。"潛研堂集萬季野傳蓋實録也。乾隆四年張廷玉進明史表云："惟舊臣王鴻緒之史稿，經名人三十載之用心。……"名人即指季野，不便質言耳。關於這件事，我們不能不替萬季野不平，而且還替學界痛惜：蓋明史館總裁，自徐元文後繼任者爲張玉書，爲陳廷敬，爲王鴻緒，都敬禮季野。季野費十幾年工夫，纔把五百卷的明史稿著成。季野卒於京師，旁無親屬，所藏書籍數十萬卷，都被錢名世其人者全數乾没去。明史稿原本，便落在王鴻緒手。鴻緒本屬僉壬巧宦，康熙末年，依附皇八子搆煽奪嫡，卒坐放廢。這類人有什麼學問什麼人格呢？他得着這部書，便攘爲己有，叫人謄鈔一分,每卷都題"王鴻緒著",而且板心都印有"橫雲山人集"字樣,拿去進呈。自此萬稿便變成王稿了。這還不要緊,因爲這位"白晝行劫的偷書賊",贓證具在,人人共知,徒加增自己劣跡,並無損於季野。最可恨者:他偷了季野的書,卻把他改頭換面,顛倒是非,叫我們摸不清楚那部分是真的,那部分是假的。關於這件公案,後來學者零碎舉發頗多。恕我未能把他彙集起來做一篇詳細考證。記得魏默深古微堂外集有書明史稿兩篇①,可參看。季野所謂"非其事與言之真而不可益"者,他卻"益"了許多,季野根本精神,一部分被偷書賊喪掉,真冤透了!

　季野著書,除明史稿外,尚有歷代史表六十卷,紀元彙考四卷,廟制圖考四卷,儒林宗派八卷,石經考二卷,周正彙考八卷,歷代宰輔彙考八卷,宋季忠義錄十六卷,六陵遺事一卷,庚申君遺事一卷,群書疑辨十二卷,書學彙編二十二卷,崑崙河源考二卷,河渠考十二卷,石園詩文集二十卷。自周正彙考以下十種,錢竹汀都說未見。但群書疑辨現有單行本,六陵遺事、庚申君遺事各叢書多采入,其餘存佚便不可知了。又徐乾學的讀禮通考,全部由季野捉刀。秦蕙田的五禮通考,恐怕多半也是偷季野的(?)②。全謝山萬貞文先生傳云:"先生之初至京也,時議意其專長在史。及崑山徐侍郎居憂,先生與之語喪禮。侍郎因請先生纂讀禮通考一書③,上自國卹,以訖家禮,十四經之箋疏,廿一史之

①稿本圈去"記得"二字。
②(?)　原脱,據稿本、清華本、學報本、民志本補。
③請　原作"讀",後一句同,清華本、學報本、民志本同,據稿本改。

志傳,漢唐宋諸儒之文集説部,無或遺者,乃知先生之深於經。侍郎因請先生編成五禮之書二百餘卷[①]。"據此則徐書全出季野手,毫無疑義。惟秦氏五禮通考,不得捉刀者主名。或説出戴東原,或説出某人某人,都無確據。據謝山説:季野既續作五禮之書二百餘卷,這部書往那裏去了呢?只怕也像明史稿一樣,被闊人偷去撑門面了。我們讀歷代史表,可以看出季野的組織能力;讀群書疑辨,可以看出他考證精神;讀讀禮通考,可以看出他學問之淵博和判斷力之鋭敏。除手創明史這件大事業不計外,專就這三部書論,也可以推定季野在學術界的地位了。

季野雖屬梨洲得意門生,但關於講學宗旨(狹義的講學)和梨洲卻不同。梨洲是很有些門户之見,季野卻一點也沒有。四庫提要説:"明以來談道統者,揚己陵人,互相排軋,卒釀門户之禍。斯同目擊其弊[②],著儒林宗派,凡漢後唐前傳經之儒,一一具列,持論獨爲平允。"他這部書著在明儒學案以後,雖彼此範圍,本自不同,亦可見他對於梨洲的褊見,不甚以爲然了。

還有一件應注意的事:季野晚年對於顏習齋的學術[③],像是很悦服的。他替李剛主所著的大學辨業作一篇序,極表推崇之意。據剛主述季野自道語云:"吾自誤六十年矣。吾少從黄先生游。聞四明有潘先生者,曰:'朱子道,陸子禪。'啓超

---

①編　稿本作"徧"。
②擊　原作"眵",清華本、學報本、民志本同,據稿本改。
③顏　原作"顧",清華本、民志本同,據稿本、學報本改。

案,此當是潘平格,字用微①。怪之。往詰其説,有據。同學因轟言予叛黃先生,先生亦怒。予謝曰:'請以往不談學,專窮經史。'遂忽忽至今。……"恕谷後集卷六萬季野小傳 據此愈可證明,季野雖出黃門,對於什麽程朱陸王之爭,他卻是箇局外中立者。至於他的人格,受梨洲教育的影響甚深,自無待言。

季野兄子經,字九沙,斯大子。言,字貞一,斯年子。皆傳家學而尤致力於史。九沙著明史舉要。貞一在史館,獨任崇禎長編。而九沙最老壽,全謝山嘗從問業,衍其緒。

*　　*　　*　　*　　*

章實齋學誠論浙東學術,從陽明、蕺山説到梨洲,説道:"……梨洲黃氏,出蕺山劉氏之門,而開萬氏弟兄經史之學,以至全氏祖望輩,尚存其意。……世推顧亭林氏爲開國儒宗,然自是浙西之學。不知同時有梨洲出於浙東,雖與顧氏並峙,而上宗王劉,下開二萬,較之顧氏,源遠而流長矣。顧氏宗朱,而黃氏宗陸。蓋非講學專家各持門户之見者,故互相推服而不相非詆。……浙東貴專家,浙西尚博雅,各因其習而習也②。"又説:"浙東之學,言性命者必究於史,此其所以卓也。"又説:"朱陸異同所以紛綸,則惟騰空言而不切於

①用微　原作"德興",稿本、清華本、學報本、民志本同,據本書第十二講清初學海波瀾餘録三潘用微條改。按,潘德興,字彦輔,號四農,江蘇山陽人,生於乾隆五十年(一七八五)。

②因　原作"固",清華本、學報本、民志本同,據稿本改。按,清華本"固"旁着一"因"字。

人事耳。知史學之本於春秋，知春秋之將以經世，則知性命無可空言，而講學者必有事事。不特無門戶可持，亦且無以持門戶矣。浙東之學，雖源流不異，而所遇不同。故其見於世者，陽明得之爲事功①，蕺山得之爲節義，梨洲得之爲隱逸，萬氏兄弟得之爲經術史裁。授受雖出於一，而面目迥殊，以其各有事事故也。彼不事所事，而但空言德性，空言問學，則黃茅白葦，極目雷同，不得不殊門戶以爲自見地耳，故惟陋儒則爭門戶也。"文史通義卷五 從地理關係上推論學風，實學術史上極有趣味之一問題。實齋浙東人，或不免有自譽之嫌，然而這段話我認爲大端不錯。最少也可說清代史學界偉大人物，屬於浙東產者最多。

　　　　＊　　　＊　　　＊　　　＊　　　＊

　　現在要講浙東第三位史學大師全謝山。以年代編次，梨洲第一，季野第二。

　　謝山名祖望，字紹衣，浙江鄞縣人。生康熙四十四年，卒乾隆二十年②（一七〇五——一七五五）③，年五十一④。他生當承平時代，無特別事蹟可紀。然其人格之峻嚴狷介，讀

---

①"之"後原衍"而"字，後一句同，清華本、學報本、民志本同，據稿本刪。

②"十"後原衍"二"字，清華本、學報本、民志本同，據稿本刪。

③一七五五　原作"一七七五"，稿本、清華本、學報本、民志本同，據史夢蛟清全謝山先生祖望年譜改。按，稿本於第二"七"字旁以淡墨着一"五"字。

④五　原作"七"，清華本、民志本同，據稿本、學報本改。

他全集，到處可以見出。他嘗入翰林，因不肯趨附時相，散館歸班候補，便辭官歸。曾主講本郡蕺山書院，因地方官失禮，便拂衣而去，寧捱餓不肯曲就。晚年被聘主講吾粵之端溪書院，對於粵省學風，影響頗深。粵督要疏薦他，他説是"以講學爲市"，便辭歸。窮餓終老，子又先殤，死時竟至無以爲斂[①]！他體弱善病，所有著述，大率成於病中。得年僅及中壽，未能竟其所學。假使他像梨洲、亭林一般獲享大年，不知所成當更何若？這真可爲我學界痛惜了！他的朋友姚薏田玉裁説他："子病在不善持志。理會古人事不了，又理會今人事，安得不病。"董秉純著全謝山年譜 這話雖屬責善雅謔，卻極能傳出謝山學風哩。

謝山著述今存者，有鮚埼亭集三十八卷，外集五十卷，詩集十卷，經史問答十卷，校水經注四十卷[②]，續宋元學案一百卷，困學紀聞三箋若干卷，輯甬上耆舊詩若干卷。其未成或已佚者，則有讀史通表、歷朝人物世表、歷朝人物親表等。鮚埼亭集被杭堇浦世駿藏匿多年[③]，又偷了多篇[④]，今所傳已非完璧。同治間徐時棟著煙嶼樓集有記杭堇浦篇[⑤]，述始末頗詳。水經注則謝山與其友趙東潛一清合作，屢相往復討論，各自成

①斂　原作"歛"，清華本、民志本同，學報本作"殮"，據稿本改。
②四　原作"三"，稿本、清華本、學報本、民志本同，據全氏原書卷數改。
③駿　原作"駿"，據稿本、清華本、學報本、民志本改。
④又偷了多篇　原脱，據稿本、清華本、學報本、民志本補。
⑤徐時棟著　稿本、清華本、學報本、民志本作"徐某所著"。

書，而謝山本並經七校。宋元學案，黃梨洲草創，僅成十七卷；其子未史百家續有補葺，亦未成，謝山於黃著有案者增訂之，無案者續補之，渤爲百卷本，但亦未成而歿；今本則其同縣後學王梓材所續訂，而大體皆謝山之舊也。

沈果堂彤說："讀鮚埼亭集，能令人傲，亦能令人壯，得失相半。"謝山亦深佩其言云。楊鍾羲雪橋詩話三集卷四 若問我對於古今人文集最愛讀某家，我必舉鮚埼亭爲第一部了！全謝山性情極肫厚，而品格極方峻，所作文字，隨處能表現他的全人格。讀起來令人興奮。他是箇史學家，但他最不愛發空論，像蘇明允、張天如一派的史論文章，全集可說沒有一篇。他這部集記明末清初掌故約居十之四五，訂正前史訛舛約居十之二三；其餘則爲論學書札及雜文等；內中他自己的親友及同鄉先輩的傳記關係不甚重要的也有一部分。他生當清代盛時，對於清廷並沒有什麼憤恨；但他最樂道晚明仗節死義之士與夫抗志高蹈不事異姓者，真是"其心好之，不啻若自其口出"。試看他關於錢忠介、張蒼水、黃梨洲、王完勳……諸人的記述，從他們立身大節起，乃至極瑣碎之遺言佚事，有得必錄，至再至三，像狠怕先輩留下的苦心芳躅從他手裏頭丟掉了。他所作南明諸賢之碑誌記傳等，真可謂情深文明：其文能曲折盡情，使讀者自然會起同感。所以晚清革命家，受他暗示的不少。可惜所叙述者只有江浙人獨詳，別箇地方不多。但也難怪他，他只是記自己聞見最親切的史蹟。他最善論學術流派，最會描寫學者面目：集中梨洲、亭林、二曲、季野、桴亭、繼莊、穆堂……諸碑傳，能以比較簡短的文章，包舉他們學術和人格的全部。其識力與技術，真不同尋常。他性極狷介，不能容物；對於僞學者如錢謙益、毛奇齡、李光地等輩，直揭破他們的面目，絲毫不肯假借。他的文筆極鋒利，針針見血，得罪人的地方也很不少，所以有許多人恨他。他對於宋明兩朝"野史"一類書，所見最多；最能用公平銳敏的眼光，評定他們的價值。此外訂正歷代史蹟之傳訛及前人評論史蹟失當者，甚多，性質和萬季野群書疑辨有點相像。鮚埼亭集內容和價值大略如此。

　　謝山是陽明、蕺山、梨洲的同鄉後學，受他們的精神感化甚深，所以他的學術根柢，自然是樹在陽明學派上頭。但他和梨洲有兩點不同：第一，梨洲雖不大作玄談，然究未能盡免，謝山著述，卻真無一字理障了；第二，梨洲門戶之見頗深，謝山卻一點也沒有。所以我評論謝山，說他：人格的光明俊偉，是純然得力王學，可以與他的朋友李穆堂同稱王門後勁。若論他學術全體，可以說是超王學的；因爲對王學以外的學問，他一樣的用功，一樣的得力。

　　宋元學案這部書，雖屬梨洲創始，而成之者實謝山。謝山之業，視梨洲蓋難數倍：梨洲以晚明人述明學，取材甚易；謝山既生梨洲後數十年，而所叙述又爲梨洲數百年前之學，所以極難。鮚埼亭集卷三十蕺山相韓舊塾記云："予續南雷宋儒學案，旁搜不遺餘力。蓋有六百年來儒林所不及知而予表而出之者。"據董小鈍所撰年譜，則謝山之修此書，自乾隆十年起至

十九年止①，十年間未嘗輟，臨没尚未定稿②，其用力之勤可
想。拿這書和明儒學案比較，其特色最容易看出者：第一，
不定一尊：各派各家乃至理學以外之學者，平等看待；第二，
不輕下主觀的批評：各家學術爲並時人及後人所批評者，廣
搜之以入"附録"，長短得失，令學者自讀自斷，著者絶少作
評語以亂人耳目；第三，注意師友淵源及地方的流别：每案
皆先列一表，詳舉其師友及弟子，以明思想淵源所自，又對
於地方的關係多所説明，以明學術與環境相互的影響。以
上三端，可以説是宋元學案比明儒學案更進化了。至於裏
頭所采資料，頗有失於太繁的地方，例如涑水學案之全采潛虚，百
源學案之多録皇極經世……等。我想，這是因爲謝山未能手訂全
稿，有許多本屬"長編"，未經删定。後有學者，能將這書再
修正增删一遍，纔算完黄全未竟之志哩。

　　從永樂大典裏頭纂輯佚書，是乾隆開四庫館最初的動
機，讀朱笥河筠請開四庫館原摺便可知道了。然而這種工
作，實由謝山和李穆堂最先發起。本集卷十七有鈔永樂大
典記一篇詳述其始末。這件事於謝山學術雖無甚關係，於
清朝掌故卻狠有關係，附記於此。

　　浙東學風，從梨洲、季野、謝山起以至於章實齋，蔚然自
成一系統，而其貢獻最大者實在史學。實齋可稱爲"歷史哲

---

①"十年"當作"十一年"。按，董秉純全謝山先生年譜："乾隆十一年丙寅，
　先生四十二歲。仍録耆舊詩，兼修南雷黄氏宋儒學案。"
②定　原作"完"，據稿本、清華本、學報本、民志本改。

學家"，其著作價值更高了。下文別有一篇詳論他，現在且緩講。

＊　　　＊　　　＊　　　＊　　　＊

此外要附帶講兩箇人，曰無錫二顧。

顧祖禹，字景范，江蘇無錫人。生明天啓四年，卒清康熙十九年（一六二四——一六八〇），年五十七。[1] 他父親是一位績學遺老。他和閻潛丘、胡東樵交好，同在徐健庵的大清一統志局中修書。除此以外，他未曾受清朝一官一祿。他生平著述，只有一部讀史方輿紀要。從二十九歲做起，一日都不歇息，到五十歲纔做成。然而這一部書，已足令這箇人永遠不朽了。這書自序中述他父親臨終的話，說道："及余之身，而四海陸沉，九州鼎沸。……嗟乎！園陵宮闕，城郭山河，儼然在望，而十五國之幅員，三百年之圖籍，泯焉淪沒，文獻莫徵，能無悼歎乎？余死，汝其志之！"又自述著書本意道："……凡吾所以爲此書者，亦重望乎世之先知之也。不先知之，而以惘然無所適從者任天下之事，舉宗廟社稷之重，一旦束手而畀諸他人，此先君子所爲憤痛呼號扼腕以至

---

[1] 自"生明天啓四年"至"年五十七"，稿本、清華本、學報本、民志本作"生卒年無考。我考了許久，考不出來。尤奇者，連讀史方輿紀要成書年月亦無考。他自己雖作有幾篇狠長的序，旁人也有幾篇序，但都不署年月。我們所知道者"。按，自"我考了許久"至"但都不署年月"爲小字注。又按，據夏定域顧祖禹年譜，顧氏生於明崇禎四年（一六三一），卒於清康熙三十一年（一六九二），年六十二。

於死也。"可見他著述動機，實含著無限隱痛。這部書凡一百三十卷：首輿圖，次歷代州域形勢，次<u>直隸</u>等十三省封域山川險要，次川瀆異同。這部書體裁狠特別①，可以説是一百三十卷幾百萬言合成一篇長論文！每卷皆提挈綱領爲正文，而凡所考證論列，則低一格作爲解釋，解釋之中又有小注；解釋之文，往往視正文十數倍。所以他這書，可以説是自爲書而自注之。因此之故，眉目極清晰，令讀者感覺趣味。依我看：<u>清代</u>著作家組織力之强，要推<u>景范</u>第一了。他自述著述經過，説道："集百代之成言，考諸家之緒論，窮年累月，矻矻不休。至於舟車所經，亦必覽城郭，按山川，稽道里，問關津。以及商旅之子，征戍之夫，或與從容談論，考覈異同。"<u>本書總序二</u>②其用力之勤，可以推見。然而他並不自滿足，他説："……按之圖畫，索之典籍，亦舉一而廢百耳。又或了了於胸中，而身至其地，反若瞶瞶焉。……予之書其足據乎？"其虛心又如此。<u>魏冰叔禧</u>最佩服這書，其所作序，稱爲"數千百年絶無僅有之作"。又説："<u>祖禹</u>貫穿諸史，出以己所獨見，其深思遠識，有在語言文字之外者。"<u>本書魏序</u>③可謂知言。<u>景范</u>這書，專論山川險隘，攻守形勢，而據史蹟以推論得失成敗之故。其性質蓋偏於軍事地理，殆遺老力謀匡復所將有事耶？然而這部書的組織及其研究方法，真算

①裁　原作"栽"，據稿本、<u>清華本</u>、<u>學報本</u>、<u>民志本</u>改。
②本書總序二　原脱，稿本、<u>清華本</u>、<u>學報本</u>、<u>民志本</u>同，據概略本補。
③本書魏序　原脱，稿本、<u>清華本</u>、<u>學報本</u>、<u>民志本</u>同，據概略本補。

得治地理學之最好模範。我們若能將這種精神應用到政治地理、經濟地理、文化地理之各部分，那麼，地理便不至成爲乾燥無味的學科了。

顧棟高，字復初，一字震滄，江蘇無錫人。生卒年無考①，大約和全謝山年輩相當。他著有一部好書，名曰春秋大事表。這部書的體例，是將全部左傳拆散，拈出若干箇主要題目，把書中許多零碎事實按題搜集起來，列爲表的形式，比較研究。其有用特別眼光考證論列者，則別爲叙説論辨考等。凡爲表五十篇，叙説等百三十一篇。禮記説：“屬辭比事，春秋之教。”治史的最好方法，是把許多事實連屬起來比較研究，這便是“屬辭比事”。這些事實，一件件零碎擺着，像沒有什麼意義；一屬一比，便會有許多新發明。用這種方法治歷史的人，向來狠少；震滄這部書，總算第一次成功了。他研究的結果，雖有許多令我們不能滿足，但方法總是對的。震滄所著，還有司馬溫公年譜、王荆公年譜兩書，體例也極精審。後來如錢竹汀、丁儉卿、張石洲等做了許多名人年譜，像還沒有那部比得上他。所以我認震滄爲史學界有創作能力的人。

　　　　＊　　　＊　　　＊　　　＊　　　＊

---

① 鄒方鍔國子監祭酒顧公行狀：“公姓顧氏，諱棟高，字震滄，號復初。……生以康熙己未三月七日，卒以乾隆己卯六月七日。”按，己未爲康熙十八年（一六七九），己卯爲乾隆二十四年（一七五九），年八十一。

附初期史學家及地理學家表

馬　驌　　字驄御①，一字宛斯，鄒平人。康熙十二年卒。著繹史
　　　　　一百六十卷，起天地開闢，訖秦之亡。顧亭林見之驚歎，
　　　　　謂爲不可及。此書搜羅極富，可算一部好類書，惜別擇
　　　　　不精耳。驌尚有左傳事緯十二卷，將左傳的編年體改爲
　　　　　紀事本末體，亦便讀者。其後有李鍇②，字鐵君，奉天
　　　　　人。著尚史七十卷，改繹史之紀事本末體爲紀傳體，其
　　　　　材料全本繹史云。③

吳偉業　　字駿公，號梅村，太倉人。康熙十年卒。梅村文學，人人
　　　　　共知；其史學似亦用力甚勤。著有春秋地理志十六
　　　　　卷④，春秋氏族志二十四卷。二書吾皆未見，恐已佚。
　　　　　若存，或有價值也。今存綏寇紀略一書，專記明季流寇
　　　　　始末，題梅村撰。但梅村所撰，原名鹿樵野史；今本乃彼
　　　　　一不肖門生鄒漪所盜改，顛倒是非甚多，非梅村之舊也。

---

①御　　原作“卿”，清華本、民志本同，據稿本改。
②其後　稿本、清華本、民志本作“同時”。
③自“改繹史之”至“全本繹史云”，稿本、清華本、民志本作“體例略同
　繹史”。
④理　　原作“里”，稿本同，據渝本、吳氏原書書名改。

第九講　程朱學派及其依附者

—— 張楊園　陸桴亭　陸稼書　王白田 _{附其他}

王學反動，其第一步則返於程朱，自然之數也。因爲幾百年來好譚性理之學風，不可猝易；而王學末流之敝，又已爲時代心理所厭；矯放縱之敝則尙持守；矯空疏之敝則尊博習；而程朱學派，比較的路數相近而毛病稍輕。故由王返朱，自然之數也。

清初諸大師，夏峰、梨洲、二曲，雖衍王緒，然而都有所修正；夏峰且大有調和朱王的意味了。至如亭林、船山、舜水，雖對於宋明人講學形式，都不大以爲然；至其自己得力處，大率近於朱學，讀諸家著作中關於朱王之批評語可見也。其專標程朱宗旨以樹一學派，而品格亦嶽然可尊者，最初有張楊園、陸桴亭，繼起則陸稼書、王白田。

楊園，名履祥，字考夫，浙江桐鄉縣人。所居曰楊園里，故學者稱楊園先生。生明萬曆三十九年，卒淸康熙十三年（一六一一—一六七四），年六十四。九歲喪父，母沈氏授以

論語、孟子，勉屬他説："孔孟只是兩家無父兒也。"他三十二
歲，謁黄石齋問學；三十四歲，謁劉蕺山，受業爲弟子。當時
復社聲氣甚廣，東南人士，爭相依附。楊園説："東南壇坫，
西北干戈，其爲亂一也。"又説："一入聲氣，便長一傲字，便
熟一僞字，百惡都從此起矣。"於是斷斷自守，不肯和當時名
士來往。甲申聞國變，縞素不食者累日，嗣後便杜門謝客，
訓童蒙以終老。晚年德望益隆，有事以師禮者終不肯受。
説道："近見時流講學之風，始於浮濫，終於潰敗，平日所深
惡也，豈肯躬自蹈之。"黄梨洲方以紹述蕺山鼓動天下，楊園
説："此名士，非儒者也。"楊園雖學於蕺山，而不甚墨守其師
説，嘗輯劉子粹言一書，專録蕺山矯正陽明之語。他極不喜
歡陽明的傳習録。説道："讀此書使人長傲文過，輕自大而
卒無得。"又説："一部傳習録，吝驕二字足以蔽之。"他一生
專用刻苦工夫，闇然自修。嘗説："人知作家計須苦喫苦掙；
不知讀書學問與夫立身行己，俱不可不苦喫苦掙。"晚年寫
寒風仁立圖，自題云："行己欲清，恒入於濁。求道欲勇，恒
病於怯。噫！君之初志，豈不曰‘古之人古之人’？老斯至
矣，其彷彿乎何代之民？"他用力堅苦的精神，大略可見了。
他所著有經正録、願學記、問目、備忘録、初學備忘、訓子語、
言行見聞録、近鑑等書。他居鄉躬耕，習於農事，以爲"學者舍
稼穡外别無治生之道。能稼穡則無求於人而廉恥立；知稼穡
之艱難，則不敢妄取於人而禮讓興"。補農書這部書，有海昌
人范鯤曾刻之。陳梓做的楊園小傳，説這書"不戒於火，天下

惜之。"據錢林文獻徵存録説因爲某次文字獄,怕有牽累把板毀了。農書尚且遭此阨,可謂大奇! 楊園因爲是清儒中闢王學的第一箇人,後來朱學家極推尊他,認爲道學正統。依我看:楊園品格方嚴,踐履篤實,固屬可敬,但對於學術上並没有什麼新發明、新開拓,不過是一位獨善其身的君子罷了①。當時像他這樣的人也還不少,推尊太過,怕反失其真罷!

　　　　＊　　　＊　　　＊　　　＊　　　＊

　　陸桴亭,名世儀②,字道威,江蘇太倉人。生明萬曆三十九年,卒清康熙十一年(一六一一—一六七二),年六十二。③早歲有志事功,嘗著論論平流寇方略,語極中肯。明亡,嘗上書南都,不見用;又嘗參人軍事,被清廷名捕。事既解,返鄉居,鑿池十畝,築亭其中,不通賓客,號曰桴亭,故學者稱桴亭先生。所著有思辨録。全謝山謂其"上自周漢諸儒以迄於今,仰而象緯律曆,下而禮樂政事異同,旁及異端,其所疏證剖析蓋數百萬言,無不粹且醇。……而其最足廢諸家紛爭之説百世俟之而不惑者,尤在論明儒"。鮚埼亭集陸桴亭先生傳 桴亭不喜白沙、陽明之學,而評論最公,絶不爲深文掊擊。其論白沙曰:

————————

①獨　原作"猶",據稿本、清華本、學報本、民志本改。
②名世儀　原脱,稿本、清華本、學報本、民志本同,據概略本補。
③自"生明萬曆三十九年"至"年六十二",概略本、稿本、清華本、學報本、民志本作"生卒年待考"。

世多以白沙爲禪宗，非也。白沙，曾點之流，其意一主於灑脫曠閒以爲受用，不屑苦思力索。故其平日亦多賦詩寫字以自遣，便與禪思相近。……是故白沙"靜中養出端倪"之説，中庸有之矣；然不言戒慎恐懼，而惟詠歌舞蹈以養之，則近於手持足行無非道妙之意矣。……其言養氣，則以勿忘勿助爲要；夫養氣必先集義，所謂必有事焉也。白沙但以勿忘勿助爲要，失卻最上一層矣。……思辨録諸儒異學篇

其論陽明曰：

陽明之學，原自窮理讀書中來。不然，龍場一悟，安得六經皆湊泊？但其言朱子格物之非，謂嘗以庭門竹子試之，七日而病。是則禪家參竹箆之法，元非朱子格物之説，陽明自誤會耳。蓋陽明少時，實嘗從事於禪宗，而正學工夫尚寡。初官京師，雖與甘泉講道，非有深造；南中三載，始覺有得；而才氣過高，遽爲致良知之説，自樹一幟。是後畢生鞅掌軍旅之中，雖到處講學，然終屬聰明用事；而少時之熟處難忘，亦不免逗漏出來，是則陽明之定論也。要之致良知固可入聖，然切莫打破敬字。乃是壞良知也。其致之亦豈能廢窮理讀書？然陽明之意，主於簡易直捷以救支離之失，故聰明者喜從之。而一聞簡易直捷之説，則每厭窮理讀書之

繁，動云"一切放下"、"直下承當"。心粗膽大，祇爲斷
送一敬字。不知即此簡易直捷之一念，便已放鬆脚跟
也。故陽明在聖門，狂者之流，門人昧其苦心以負之
耳。同上

此外論各家的話很多，大率皆極公平極中肯。所以桴
亭可以説是一位最好的學術批評家——倘使他做一部明儒
學案，價值只怕還在梨洲之上。因爲梨洲主觀的意見，到底
免不掉，桴亭真算得毫無成心的一面鏡子了。桴亭常説：
"世有大儒，決不別立宗旨。譬之國手，無科不精，無方不
備，無藥不用，豈有執一海上方而沾沾語人曰：'舍此更無科
無方無藥也。'近之談宗旨者，皆海上方也。"這話與梨洲所
謂"凡學須有宗旨，是其人得力處，亦即學者用力處"者，正
相反了。由此言之，後此程朱派學者，硬拉桴亭爲程朱宗旨
底下一箇人，其實不對。他不過不宗陸王罷了，也不見得專
宗程朱。程朱將"性"分爲二，説"義理之性善，氣質之性
惡"，此説他便不贊同。他論性卻有點和顏習齋同調。他教
學者止須習學六藝，謂"天文、地理、河渠、兵法之類，皆切於
世用，亟當講求"，也和習齋學風有點相類。他又不喜歡講
學。嘗説："天下無講學之人，此世道之衰；天下皆講學之
人，亦世道之衰也。"又説："近世講學，多似晉人清談。清談
甚害事，孔門無一語不教人就實處做。"他自述存養工夫，對
於程朱所謂"靜中驗喜怒哀樂未發氣象"者，亦有懷疑。他

説：“嘗於夜間閉目危坐，屏除萬慮以求其所謂‘中’。究之念慮不可屏，一波未平，一波又起。間或一時強制得定，嗒然若忘，以爲此似之矣。然此境有何佳處，而先儒教人爲之？……故除卻‘戒慎恐懼’，別尋‘未發’，不是槁木死灰，便是空虛寂滅。”據此看來，桴亭和程朱門庭不盡相同，顯然可見了。

他的思辨錄，顏習齋、李恕谷都狠推重，我未得見原本。正誼堂叢書裏頭的思辨錄輯要係馬肇易負圖所輯，張孝先伯行又删訂一番，必須與程朱相合的話始行録入，已經不是桴亭真面了。

*　　　*　　　*　　　*　　　*

陸稼書，名隴其，浙江平湖人。生明崇禎三年，卒清康熙三十一年（一六三〇——一六九二），年六十三。他是康熙間進士出身，曾任嘉定、靈壽兩縣知縣，狠有惠政，人民極愛戴他。後來行取御史，狠上過幾篇好奏疏。他是鯁直而恬淡的人，所以做官做得不得意，自己也難進易退。清朝講理學的人，共推他爲正統。清儒從祀孔廟的頭一位便是他。他爲什麼獨占這樣高的位置呢？因爲他門户之見最深最嚴。他説：“今之論學者無他，亦宗朱子而已。宗朱子爲正學，不宗朱子即非正學。董子云：‘諸不在六藝之科、孔子之術者，皆絶其道勿使並進，然後統紀可一而法度可明。’今有不宗朱子者，亦當絶其道勿使並進。”質而言之，他是要把朱子做成思想界的專制君主，凡和朱學稍持異同的都認爲叛逆！他不惟攻擊<u>陸王</u>，乃至<u>高景逸</u>、<u>顧涇陽</u>學風介在<u>朱王</u>之間者，也不肯饒恕！所以<u>程朱</u>派的人極頌他衛道之功，比於<u>孟子距楊墨</u>！平心而論，<u>稼書</u>人格極高潔，踐履極篤實，我們對於他不能不表相當的敬意。但因爲天分不高，性情又失之狷狹，或者也因<u>王</u>學末流猖狂太甚，有激而發，所以日以尊<u>朱</u>黜<u>王</u>爲事。在他自己原沒有什麼別的作用，然而那些戴假道學面具的八股先生們，跟着這條道路走①，既可以掩飾自己的空疏不學，還可以唱高調罵人，於是相爭捧他捧上天去，不獨<u>清代</u>學界之不幸，也算<u>稼書</u>之不幸哩。<u>稼書</u>辦事是肯認真肯用力的，但能力真平常。<u>程朱</u>派學者大率如此，也難專怪他。<u>李恕谷</u>嘗記他一段軼事道："<u>陸稼書</u>任<u>靈壽</u>，<u>邵子昆</u>任<u>清苑</u>，並有清名。而<u>稼書</u>以<u>子昆</u>宗<u>陸王</u>，遂不相合，刊<u>張武承</u>所著<u>王學質疑</u>相詬屬。及征<u>嘎爾旦</u>，撫院將命<u>稼書</u>運餉塞外。<u>稼書</u>不知所措，使人問計<u>子昆</u>。<u>子昆</u>答書云：'些須小事，便爾張皇！若遇<u>宸濠</u>大變，何以處之？速將<u>王學質疑</u>付之丙丁，則僕之荒計出矣。'……"<u>恕谷</u>著<u>中庸傳注問</u> 我們對於<u>稼書</u>這箇人的評價，這種小事，也是該參考的資料哩。

＊　　　＊　　　＊　　　＊　　　＊

<u>王白田</u>，名<u>懋竑</u>，字<u>予中</u>，<u>江蘇寶應</u>人。生<u>康熙</u>七年②，

---

①道　原作"走"，稿本、清華本、民志本同，學報本脫，渝本作"近"，據概略本改。

②七　原作"八"，清華本、學報本、民志本同，據概略本改。按，稿本此處生卒（含公曆紀年）、年齡數字俱空缺。

卒乾隆六年（一六六八——一七四一），年七十四。他是康熙
間進士出身，改授教官。雍正間以特薦召見授翰林院編修，
不久便辭官而歸。他是一位極謹嚴方正的人。王安國念孫之
父説他①："自處閨門里巷，一言一行，以至平生出處大節，舉
無愧於典型。"王文肅公集朱子年譜序②他生平只有一部著作，
曰朱子年譜四卷附考異四卷。這部書經二十多年，四易稿
然後做成，是他一生精力所聚，也是研究朱學唯一的好書。
要知道這部書的價值，先要知道明清以來朱王兩派交涉的
形勢。

　　朱子和陸子是同時講學的朋友，但他們做學問的方法
根本不同。兩位見面和通信時已經有不少的辯論，後來兩
家門生，越發鬧成門户水火，這是公然的事實，無庸爲諱的。
王陽明是主張陸學的人，但他千不該萬不該做了一部書叫
做朱子晚年定論！這部書大意説，朱子到了晚年也覺得自
己學問支離，漸漸悔悟，走到陸象山同一條路上去了。朱子
學問是否免得了支離兩箇字，朱陸兩家學問誰比誰好，另一
問題。但他們倆的出發點根本不同，這是人人共見的。陽
明是一位豪傑之士，他既卓然有所自信，又何必依傍古人？
晚年定論這部書，明明是援朱入陸，有高攀朱子、借重朱子
的意思，既失朱子面目，也失自己身分，這是我們不能不替

①安國　原作"國安"，清華本、學報本、民志本同，據稿本乙。　之　原作
　"子"，民志本同，渝本徑删，據稿本、清華本、學報本改。
②朱　原作"李"，據稿本、清華本、學報本、民志本改。

陽明可惜的。這部書出來之後，自然引起各方面反動。晚明時候，有一位廣東人陳清瀾建著一部學蔀通辨專駁他。朱王兩派交換砲火自此始。後來顧亭林的日知錄也有一條駁晚年定論，駁得狠中要害。而黃梨洲一派大率左祖陽明，內中彭定求的陽明釋毀錄最爲激烈。爭辯日烈，調停派當然發生。但調停派卻並非第三者，乃出於兩派之自身：一邊是王派出身的孫夏峰，一邊是朱派出身的陸桴亭。都是努力想把學派學説異中求同，省卻無謂的門戶口舌。但這時候，王學正值盛極而衰的末運；朱學則皇帝喜歡他，大臣恭維他，一種烘烘熱熱的氣勢。朱派乘勝窮追①，王派的砲火漸漸衰熄了。這場戰爭裏頭，依我看，朱派態度狠有點不對。陳清瀾是最初出馬的人，他的書純然破口嫚罵，如何能服人？陸稼書比較穩健些，但太褊狹了，一定要將朱派造成專制的學閥，對於他派要應用韓昌黎“人其人火其書”的手段，如何行得去呢？尤可恨的：許多隨聲附和的人，對於朱陸兩派學説內容並未嘗理會過，一味跟着人吶喊瞎罵！結果當然惹起一般人討厭，兩派同歸於盡。乾嘉以後，“漢學家”這面招牌出來，將所有宋明學一齊打倒，就是爲此。在這箇時候，朱陸兩派各有一箇人將自己本派學説平心靜氣忠忠實實的説明真相，既不作模棱的調和，也不作意氣的攻擊。其人爲誰？陸派方面是李穆堂，朱派方面是王白田。而白田

---

①勝　原作“盛”，清華本、學報本、民志本同，據稿本改。

的成績，就在一部朱子年譜。

　　"朱子年譜"，從前有三箇人做過：一、李果齋晦，朱子門人，其書三卷，魏了翁爲之序；二、李古沖默，明嘉靖間人；三、洪去蕪璸，清康熙間人。果齋本今不存，因爲古沖本以果齋本作底本而改竄一番，後者行而前者廢了。洪本則將古沖本增删，無甚特識。古沖生王學正盛之時，腦子裏裝滿了朱子晚年定論一派話，援朱入陸之嫌疑，實是無可解免。白田著這部新年譜的主要動機，自然是要矯正這一點。但白田和陳清瀾一派的態度截然不同：清瀾好用主觀的批評，雖然客觀方面也有些。白田則盡力搜羅客觀事實，把年月日調查得清清楚楚，令敵派更無强辯的餘地。所以他不用説閒話爭閒氣，自然壁壘森嚴，顛撲不破。我常説：王白田真是"科學的研究朱子"。朱子著作注釋纂輯之書無慮數百卷，他鑽在裏頭寢饋幾十年，沒有一箇字不經過一番心，而且連字縫間也不放過。此外別派的著作如張南軒、吕伯恭、陸梭山、象山、陳同甫、陳止齋……等，凡和朱子有交涉的一律忠實研究，把他們的交情關係和學説異同都照原樣介紹過來。他於年譜之外又附一部年譜考異，凡事實有須考證的都嚴密鑑定一番，令讀者知道他的根據何在。又附一部朱子論學切要語，把朱子主要學説都提挈出來。我們要知道朱子是怎樣一箇人，我以爲非讀這部書不可，而且讀這部書也足彀了。

　　白田其他的著述，還有一部白田草堂存稿，内中也是研究朱子的最多。他考定許多僞託朱子的書或朱子未成之書由後人續纂者,如文公家禮、通鑑綱目、名臣言行録及易本義前面的九箇圖和筮儀等等,都足以廓清障霧,爲朱子功臣。此外許多雜考證也有發明,如考漢初甲子因三統曆竄亂錯了四年,也是前人没有留意到的事。

　　　　＊　　　＊　　　＊　　　＊　　　＊

　　清初因王學反動的結果,許多學者走到程朱一路,即如亭林、船山、舜水諸大師,都可以説是朱學者流。自餘如應潛齋撝謙、刁蒙吉包、徐俟齋枋、朱柏廬用純①……等氣節品格能自異於流俗者不下數十輩,大抵皆治朱學。別詳附表。故當晚明心學已衰之後,盛清考證學未盛以前,朱學不能不説是中間極有力的樞紐。然而依草附木者流亦出乎其間,故清代初期朱派人獨多而流品亦最雜。

　　清初依草附木的,爲什麼多跑朱學那條路去呢?原來滿洲初建國時候,文化極樸陋,他們向慕漢化,想找些漢人供奔走,看見科第出身的人便認爲有學問。其實這些八股先生,除了四書大全、五經大全外,還懂什麼呢?入關之後,稍爲有點志節學術的人,或舉義反抗,或抗節高蹈,其望風迎降及應新朝科舉的又是那群極不堪的八股先生,除了四書集注外更無學問。清初那幾位皇帝,所看見的都是這些人,當然認這種學問便是漢族文化的代表。程朱學派變成當時宮廷信仰的中心,其原因在此。古語説:"城中好高髻,

────────────

①柏　原作"伯",清華本、學報本、民志本同,據稿本改。

四方高一尺。"專制國皇帝的好尚，自然影響到全國，靠<u>程朱</u>做闊官的人越發多，<u>程朱</u>旗下的嘍囉也越發多。況且掛着這箇招牌，可以不消讀書，只要口頭上講幾句"格物窮理"便彀了。那種謬爲恭謹的樣子，又可以不得罪人。恰當社會人心厭倦<u>王</u>學的時候，趁勢打死老虎，還可以博衛道的美名。有這許多便宜勾當，誰又不會幹呢①？所以那時候的<u>程朱</u>學家，其間伏處巖穴闇然自修者，雖未嘗没有可以令我們佩服的人。至於那些"以名臣兼名儒"的大人先生們，内中如<u>湯斌</u>，如<u>魏裔介</u>，如<u>魏象樞</u>等，風骨尚可欽，但他們都是<u>孫夏峰</u>門生，半帶<u>王</u>學色彩，<u>湯斌</u>並且狠受排擠不得志。其餘如<u>熊賜履</u>、<u>張玉書</u>、<u>張伯行</u>……等輩不過一群"非之無舉，刺之無刺"的"鄉愿"。此外越愛出鋒頭的人，品格越不可問，誠有如<u>王崑繩</u>所謂"朝乞食墦間，暮殺越人於貨，而摭拾<u>程朱</u>唾餘狺狺焉詈<u>陽明</u>於四達之衢"者②。今試舉數人爲例：

一、<u>孫承澤</u>　他是<u>明朝</u>一位闊官，<u>李闖</u>破北京投降<u>李闖</u>，<u>滿洲</u>入關，投降<u>滿洲</u>。他卻著了許多理學書，擺出一副道貌巖巖的面孔。據<u>全謝山</u>説：清初排<u>陸王</u>的人，他還是頭一箇領袖哩！看鮚埼亭集陳汝咸墓誌

一、<u>李光地</u>　他號稱<u>康熙</u>朝"主持正學"的中堅人物，一雙眼睛常常釘在兩廡的幾塊冷豬肉上頭！他的官卻是賣了

①又　稿本、清華本、學報本、民志本作"也"。
②詈　原作"言"，民志本同，據稿本、清華本、學報本改。

一位老朋友陳夢雷換來！他的老子死了，他卻貪做官不肯奔喪！他臨死卻有一位外婦所生的兒子來承受家產！看<u>全祖望鮚埼亭集李文貞遺事</u>、<u>錢林文獻徵存錄李光地條</u>①

一、<u>方苞</u>　他是一位"<u>大理學家</u>"，又是一位"<u>大文豪</u>"（?）②。他曾替<u>戴南山</u>做了一篇文集的序，<u>南山</u>著了文字獄，他硬賴說那篇序是<u>南山</u>冒他名的！他和<u>李恕谷</u>號稱生死之交，<u>恕谷</u>死了，他作一篇墓誌銘說<u>恕谷</u>因他的忠告背叛<u>顏習齋</u>了！看<u>劉辰纂的恕谷年譜</u>③他口口聲聲說安貧樂道，晚年卻專以殖財爲事，和鄉人爭<u>烏龍潭</u>魚利打官司！看<u>蕭奭齡著永憲錄</u>

此外像這一類的<u>程朱</u>學家還不少，我不屑多污我的筆墨，只舉幾位負盛名的爲例罷了。我是最尊崇先輩萬分不願意說人壞話的人，但對於這群假道學先生實在痛恨不過，破口說那麼幾句，望讀者恕我。

總而言之：<u>程朱</u>學派價值如何，另一問題；清初<u>程朱</u>之

①<u>林文</u>　原作"<u>文林</u>"，據稿本、清華本、學報本、民志本乙。
②（?）　原脱，據稿本、清華本、學報本、民志本補。
③<u>恕谷年譜</u>全稱<u>李恕谷先生年譜</u>，凡五卷，前四卷<u>馮辰</u>撰，後一卷<u>劉調贊</u>撰，二人並爲<u>恕谷</u>弟子。其<u>雍正</u>元年癸卯六十五歲條："竊觀<u>靈皋</u>與先生交至厚，而學術不相合，每相與辯學，先生侃侃正論，<u>靈皋</u>無能置詞，則託遁詞以免。暨先生歿，爲先生作墓誌，於先生道德學業，一無序及，僅縷陳其與先生及<u>崑繩</u>先生相交始末，巧論誦誦，曰：'以<u>剛主</u>之篤信師傅，聞余一言而翻然改其意。'固欲没先生之學以自見者，此豈能有朋友相關之意乎？"按，<u>靈皋</u>爲<u>方苞</u>字。此段文字，出<u>劉調贊</u>所撰之卷五。

盛，只怕不但是學術界的不幸，還是程朱的不幸哩！

＊　　　＊　　　＊　　　＊　　　＊

附清初程朱學者表①

---

①附清初程朱學者表　八字原脫，學報本、民志本同，據稿本、清華本補。按，此表即前文小注"別詳附表"者，惜表未見。清華本題下有"續刊"二字。

第十講　實踐實用主義

—— 顏習齋　李恕谷 <small>附王崑繩　程綿莊　惲皋聞　戴子高</small>

有清一代學術,初期爲程朱陸王之爭,次期爲漢宋之爭,末期爲新舊之爭。其間有人焉,舉朱陸漢宋諸派所憑藉者一切摧陷廓清之,對於二千年來思想界,爲極猛烈極誠摯的大革命運動;其所樹的旗號曰"復古",而其精神純爲"現代的"。其人爲誰?曰顏習齋及其門人李恕谷。

顏習齋,名元,字渾然,直隸博野縣人。生明崇禎八年,卒清康熙四十三年(一六三五——一七〇四),年七十。他是京津鐵路線中間一箇小村落——楊村的小户人家兒子。他父親做了蠡縣朱家的養子,所以他幼年冒姓朱氏。他三歲的時候,滿洲兵入關大掠,他父親被擄,他母親也改嫁去了。他二十多歲,纔知道這些情節,改還本姓。正要出關尋父,碰着三藩之亂,蒙古響應,遼東戒嚴,直到五十一歲方能成行。北達鐵嶺[①],東抵撫

---

① 嶺　原作"領",學燈本、民志本同,據稿本、清華本、學報本改。

順，南出天覆門，困苦不可名狀，經一年餘，卒負骨歸葬。他的全生涯，十有九都在家鄉過活。除出關之役外，五十六七歲時候，曾一度出游，到過直隸南部及河南。六十二歲，曾應肥鄉漳南書院之聘，往設教，要想把他自己理想的教育精神和方法在那裏試驗。分設四齋，曰文事，曰武備，曰經史，曰藝能。正在開學，碰着漳水決口，把書院淹了，他自此便歸家不復出。他曾和孫夏峰、李二曲①、陸桴亭通過信，但都未識面。當時知名之士，除刁蒙吉包、王介祺餘佑外，都沒有來往。他一生經歷大略如此。

他幼年曾學神仙導引術，娶妻不近，既而知其妄，乃折節爲學。二十歲前後，好陸王書，未幾又從事程朱學，信之甚篤。三十歲以後，纔覺得這些路數都不對②。他説唐虞時代的教學是六府——水、火、金、木、土、穀，三事——正德、利用、厚生；周禮教士以三物：六德——知、仁、聖、義、忠、和，六行——孝、友、睦、婣、任、卹，六藝——禮、樂、射、御、書、數；孔子以四教——文、行、忠、信；和後世學術專務記誦或靜坐冥想者，門庭迥乎不同。他説："必有事焉，學之要也。心有事則存，身有事則修，家之齊，國之治，皆有事也。無事則治與道俱廢。故正德、利用、厚生曰事，不見諸事，非德非用非生也。德、行、藝曰物，不徵諸物，非德非行非藝

①李　原作"朱"，據稿本、清華本、學燈本、學報本、民志本改。
②些　原脱，清華本、學燈本、學報本、民志本同，據稿本補。

也。"李塨著習齋年譜卷上 他以爲：離卻事物無學問，離卻事物而言學問，便非學問。在事物上求學問，則非實習不可。他説："如天文、地志、律曆、兵機等類，須日夜講習之力，多年歷驗之功，非比理會文字之可坐而獲也。"存學編卷二性理評① 所以他極力提倡一箇"習"字，名所居曰"習齋"，學者因稱爲習齋先生。他所謂習，絕非温習書本之謂，乃是説凡學一件事都要用實地練習工夫，所以我叫他做"實踐主義"。他講學問最重效率。董仲舒説："正其誼不謀其利，明其道不計其功。"他翻這箇案，説要"正其誼以謀其利，明其道而計其功"。他用世之心極熱，凡學問都要以有益於人生、可施諸政治爲主，所以我又叫他叫"實用主義"。王崑繩説："先生崛起無師受。確有見於後儒之高談性命爲參雜二氏而亂孔孟之真；確有見於先王先聖學教之成法，非靜坐讀書之空腐；確有見於後世之亂，皆由儒術之失其傳，而一復周孔之舊，無不可復斯民於三代。……毅然謂聖人必可學，而終身矻矻於困知勉行，無一言一事之自欺自恕。慨然任天下之重，而以弘濟蒼生爲心。……"居業堂集顏先生年譜序 這話雖出自門生心悦誠服之口，依我看還不算溢美哩。

　　習齋狠反對著書。有一次，孫夏峰的門生張天章請他著禮儀水政書。他説："元之著存學也，病後儒之著書也，尤

---

①原於"理"後衍一"書"字，稿本、清華本、學報本、民志本同，據顏氏原書篇名删。後文四處同改，不另出校。

而效之乎？且紙墨功多，恐習行之精力少也。"年譜卷下 所以他一生著書狠少，只有存學、存性、存治、存人四編，都是狠簡短的小册子。存學編説孔子以前教學成法，大指在主張習行六藝，而對於靜坐與讀書兩派痛加駁斥。存性編可以説是習齋哲學的根本談，大致宗孟子之性善論，而對於宋儒變化氣質之説不以爲然。存治編發表他政治上主張，如行均田、復選舉、重武事……等等。存人編專駁佛教，説他非人道主義。習齋一生著述僅此。實則不過幾篇短文和信札筆記等類湊成，算不得著書也。戴子高習齋傳説他："推論明制之得失所當因革者爲書曰會典大政記，曰：'如有用我，舉而錯之。'"但這書我未得見，想是失傳了。有四書正誤、朱子語類評兩書，今皆存。這書是他讀朱子四書集注及語類隨手批的，門人纂録起來，也不算什麽著述。他三十歲以後，和他的朋友王法乾養粹共立日記；凡言行善否，意念之欺慊，逐時自勘注之。後來他的門生李恕谷用日記做底本，加以平日所聞見，撰成習齋先生年譜二卷。鍾金若錂又輯有習齋先生言行録四卷，補年譜所未備；又輯習齋紀餘二卷，則録其雜文。學者欲知習齋之全人格及其學術綱要，看年譜及言行録最好。

＊　　　＊　　　＊　　　＊　　　＊

這箇實踐實用學派，自然是由顔習齋手創出來。但習齋是一位闇然自修的人，足跡罕出里門，交游絶少，又不肯著書，若當時僅有他這一箇人，恐怕這學派早已湮滅没人知道了。幸虧他有一位才氣極高、聲氣極廣、志願極宏的門生李恕谷，纔能把這箇學派恢張出來。太史公說：“使孔子名周聞於天下者，子貢先後之也。”孔子是否賴有子貢，我們不敢說；習齋之有恕谷，卻真是史公所謂“相得而益彰”了。所以這派學問，我們叫他做“顏李學”。

恕谷，名塨，字剛主，直隸蠡縣人。生順治十六年，卒雍正十一年（一六五九——一七三三），年七十五。父明性①，學行甚高。習齋說生平嚴事者六人，明性居其一。恕谷以父命從習齋游，盡傳其學，而以昌明之爲己任。習齋足不出戶，不輕交一人，尤厭見時貴。恕谷則常來往京師，廣交當時名下士，如萬季野、閻百詩、胡朏明、方靈皋輩，都有往還。時季野負盛名，每開講會，列坐都滿。一日會講於紹寧會館，恕谷也在坐。眾方請季野講“郊社之禮”，季野說：且慢講什麼“郊社”，請聽聽李先生講真正的聖學。王崑繩才氣不可一世，自與恕谷爲友，受他的感動，以五十六歲老名士，親拜習齋之門爲弟子。程綿莊、惲皋聞，皆因恕谷纔知有習齋，都成爲習齋學派下最有力人物。所以這派雖由習齋創始，實得恕谷然後長成。習齋待人與律己一樣的嚴峻，恕谷說：交友須令可親，乃能收羅人才，廣濟天下。論取與之節，習齋主張非力不食，恕谷主張通功易事。習齋絕對的排斥讀書，恕谷則謂禮樂射御書數等，有許多地方非考證講究不

①父明性　概略本作“他父親李晦夫明性”。

可，所以書本上學問也不盡廢。這都是他對於師門補偏救弊處，然而學術大本原所在，未嘗與習齋有出入。他常説："學施於民物，在人猶在己也。"又以爲："教養事業，惟親民官乃能切實辦到。"他的朋友郭金湯做桐鄉知縣，楊勤做富平知縣，先後聘他到幕府，舉邑以聽。他欣然前往，政教大行。但闊人網羅他，他卻不肯就。李光地做直隸巡撫，方以理學號召天下，託人示意他往見。他説部民不可以妄見長官，竟不往。年羹堯開府西陲，兩次來聘，皆力辭以疾。其自守之介又如此。

恕谷嘗問樂學於毛奇齡，毛推爲蓋世儒者，意欲使恕谷盡從其學。恕谷不肯，毛遂作大學逸講箋以攻習齋。方苞與恕谷交厚，嘗遣其子從學恕谷，又因恕谷欲南游，擬推其宅以居恕谷。然方固以程朱學自命者，不悦習齋學。恕谷每相見，侃侃辨論，方輒語塞。及恕谷卒，方不俟其子孫之請，爲作墓誌，於恕谷德業一無所詳，而唯載恕谷與王崑繩及方論學同異，且謂恕谷因方言而改其師法。恕谷門人劉用可調贊説方純搆虛辭，誣及死友云。

恕谷承習齋教，以躬行爲先，不尚空文著述。晚年因問道者衆，又身不見用，始寄於書。所著有小學稽業五卷，大學辨業四卷，聖經學規纂二卷，論學二卷，周易傳注七卷，詩經傳注八卷，春秋傳注四卷，論語傳注二卷，大學中庸傳注各一卷，傳注問四卷，經説六卷，學禮録四卷，學樂録二卷，擬太平策一卷，田賦考辯、宗廟考辯、禘祫考辯各一卷①,閱史郤視五卷,平書訂十四卷,平書爲王崑繩所著,已佚。
此書爲恕谷評語。恕谷文集十三卷。其門人馮辰、劉調贊共纂
恕谷先生年譜五卷②。

＊　　＊　　＊　　＊　　＊

顏李的行歷,大略説過,以下要説他們學術的梗概。

顏李學派,在建設方面,成績如何,下文別有批評。至
於破壞方面,其見識之高,膽量之大,我敢説從古及今未有
其比。因爲自漢以後二千年所有學術,都被他否認完了!
他否認讀書是學問,尤其否認注釋古書是學問,乃至否認用
所有各種方式的文字發表出來的是學問! 他否認講説是學
問,尤其否認講説哲理是學問! 他否認靜坐是學問,尤其否
認內觀式的明心見性是學問! 我們試想:二千年來的學問,
除了這幾項更有何物? 都被他否認得乾乾淨淨了! 我們請
先看他否認讀書是學問的理由。習齋説:

> 以讀經史訂群書爲窮理處事以求道之功,則相隔
> 千里。以讀經史訂群書爲即窮理處事而曰道在是焉,
> 則相隔萬里矣。……譬之學琴然,書猶琴譜也,爛熟琴
> 譜,講解分明,可謂學琴乎? 故曰:以講讀爲求道之功,
> 相隔千里也。更有一妄人指琴譜曰:是即琴也,辨音

---

① 袷　原作"袷",學燈本、民志本同,據稿本、清華本、學報本改。
② 五　原作"四",稿本、清華本、學燈本、學報本、民志本同,據原書卷數
　　改。

律，協聲韻，理性情，通神明，此物此事也。譜果琴乎？
故曰：以書爲道，相隔萬里也。……歌得其調，撫嫻其
指，弦求中音，徽求中節，是之謂學琴矣，未爲習琴也。
手隨心，音隨手，清濁疾徐有常功，鼓有常規，奏有常
樂，是之謂習琴矣，未爲能琴也。弦器可手製也，音律
可耳審也，詩歌惟其所欲也，心與手忘，手與弦忘，於是
乎命之曰能琴。今手不彈，心不會，但以講讀琴譜爲學
琴，是渡河而望江也，故曰千里也；今目不睹，耳不聞，
但以譜爲琴，是指薊北而談滇南也，故曰萬里也。存學編
卷二性理評①

這種道理，本來一説便明。若説必讀書纔有學問，那麽，許
多書没有出現以前，豈不是没有一箇有學問的人嗎②？ 後儒
解釋論語“博學於文”，大率説是“多讀書”。習齋説：“儒道
之亡，亡在誤認一‘文’字。試觀帝堯‘焕乎文章’，固非大家
帖括，抑豈四書五經乎？ 周公監二代所制之‘郁郁’，孔子所
謂‘在兹’，顔子所謂‘博我’者，是何物事？ 後世全然誤
了③。”言行録學須篇 又説：“漢宋儒滿眼只看得幾册文字是
‘文’，然則虞夏以前大聖賢皆鄙陋無學矣！”四書正誤卷三 又

①編　原作“篇”，稿本、清華本、學報本、民志本同，據顔氏原書書名改。
②嗎　原作“麽”，清華本、學燈本、學報本、民志本同，據稿本改。
③世　原作“事”，清華本、學報本、民志本同，據稿本、學燈本改。按，夏校
　　作“儒”。又按，“後世全然誤了”，顔氏原文作“後世全誤”。

説："後儒以文墨爲文，將博學改爲博讀博講博著，不又天淵之分耶？"習齋年譜卷下 可謂一針見血語了。

"讀書即學問"這箇觀念從那裏發生呢？習齋以爲："漢宋諸儒，但見孔子叙書、傳禮、删詩、正樂、繫易、作春秋，誤認纂修文字是聖人，則我傳述注解便是賢人。讀之熟講之明而會作書文者，皆聖人之徒矣。遂合二千年成一虛花無用之局。……"四書正誤卷三 孔子曾否删書詩、定禮、繫易等等，本來還屬歷史上一箇疑問，就令有之，也斷不能説孔子之所以爲孔子者專在此，這是顯而易見之理。據習齋的意思，以爲"孔子是在強壯時已學成内聖外王之德，教成一班治世之才，不得用乃周游，又不得用乃删述，皆大不得已而爲之者。其所删述，不過編出一部'習行經濟譜'，望後人照樣去做。戰國説客，置學教而學周游，是不知周游爲孔子之不得已也；宋儒又置學教及行道當時，而自幼即學删述，教弟子亦不過如是，是不知删述爲孔子之尤不得已也。如效富翁者，不學其經營治家之實，而徒效其凶歲轉移及遭亂記産籍以遺子孫者乎？"存學編卷三、年譜卷下 這些話説孔子説得對不對，另一問題；對於後儒誤認讀書即學問之心理，可謂洞中癥結了。

習齋爲什麽恨讀書恨到這步田地呢？他以爲專讀書能令人愚，能令人弱。他有一位門生，把中庸"好學近乎知"這句話問他。他先問那人道："你心中必先有多讀書可以破愚之見，是不是呢？"那人道："是。"他説："不然。試觀今天下秀才曉事否？讀書人便愚，多讀更愚。但書生必自智，其愚卻益深。……”四書正誤卷二 又説：“讀書愈多愈惑，審事機愈無識，辦經濟愈無力。”朱子語類評 朱子曾説：“求文字之工，用許多工夫，費許多精神，甚可惜。”習齋進一步説道：“文家把許多精神費在文墨上，誠可惜矣，先生輩舍生盡死，在思讀講著四字上做工夫，全忘卻堯舜三事六府，周孔六德六行六藝，不肯去學，不肯去習，又算什麼？ 千餘年來率天下入故紙堆中，耗盡身心氣力，作弱人病人無用人者，皆晦庵爲之也。”朱子語類評 恕谷説：“讀閲久則喜靜惡煩，而心板滯迂腐矣。……故予人以口實，曰‘白面書生’，曰‘書生無用’，曰‘林間咳嗽病獼猴’①。世人猶謂誦讀可以養身心，誤哉！……顏先生所謂：讀書人率習如婦人女子，以識則户隙窺人，以力則不能勝一匹雛也。”恕谷後集與馮樞天論讀書 這些話不能説他太過火，因爲這些“讀書人”實在把全箇社會弄得糟透了。恕谷説：

> 後世行與學離，學與政離。宋後二氏學興，儒者浸淫其説，靜坐内視，論性談天，與孔子之言一一乖反。至於扶危定傾，大經大法，則拱手張目，授其柄於武人俗士。當明季世，朝廟無一可倚之人，坐大司馬堂批點左傳，敵兵臨城，賦詩進講；覺建功立名，俱屬瑣屑；日夜喘息著書，曰此傳世業也！ 卒至天下魚爛河決，生民

---

① 獼　原作“獮”，學報本、民志本同，據稿本、清華本、學燈本改。

塗炭。嗚呼！誰生厲階哉！<u>恕谷文集與方靈皋書</u>

<u>習齋</u>恨極這種學風，所以咬牙切齒説道：

率古今之文字，食天下之神智。<u>四書正誤卷四</u>

他拿讀書比服砒霜。説道：

僕亦吞砒人也。耗竭心思氣力，深受其害，以致六
十餘歲，終不能入<u>堯舜周孔</u>之道。但於途次聞鄉<u>塾</u>群
讀書聲，便歎曰：可惜許多氣力！但見人把筆作文字，
便歎曰：可惜許多心思！但見場屋出入人群，便歎曰：
可惜許多人才！故二十年前，但見聰明有志人，便勸之
多讀；近來但見才器，便戒勿多讀書。……噫！試觀千
聖百王，是讀書人否？雖<u>三代</u>後整頓乾坤者，是讀書人
否？吾人急醒！<u>朱子語類評</u>

這些話可謂極端而又極端了。咳！我不曉得<u>習齋</u>看見現在
學校裏成千成萬青年，又當作何歎息哩！但我們須要牢牢
緊記：<u>習齋</u>反對讀書，並非反對學問，他因爲認定讀書與學
問截然兩事①，而且認讀書妨害學問，所以反對他。他説：

---

①原於"爲"後衍一"他"字，<u>清華</u>本、<u>學燈</u>本、<u>民志</u>本同，據稿本、<u>學報</u>本刪。

　　　人之歲月精神有限，誦説中度一日，便習行中錯一
日；紙墨上多一分，便身世上少一分。存學編卷一

恕谷亦説：

　　　紙上之閲歷多，則世事之閲歷少。筆墨之精神多，
則經濟之精神少。宋明之亡以此。恕谷年譜

觀此，可知他反對讀書，純爲積極的，而非消極的。他只是
叫人把讀書的歲月精神騰出來去做學問。至於他所謂學問
是什麽，下文再説。

　　習齋不惟反對讀書，而且反對著書，看上文所引的話多
以讀著並舉，便可見。恕谷比較的好著書，習齋曾告誡他。
説道：“今即著述盡是，不過宋儒爲誤解之書生，我爲不誤解
之書生耳。何與儒者本業哉？”年譜卷下 總而言之，凡紙上學
問，習齋無一件不反對！

　　　　　＊　　＊　　＊　　＊　　＊

　　反對讀書不自顔李始，陸王學派便已反對，禪宗尤其反
對。顔李這種話，不是助他們張目嗎？ 不然不然。顔李所
反對不僅在讀書，尤在宋明儒之談玄式的講學。習齋説：

　　　近世聖道之亡，多因心内惺覺、口中講説、紙上議
論三者之間見道，而身世乃不見道。學堂輒稱書院，或

曰講堂，皆倚論語"學之不講"一句爲遂非之柄。殊不
思孔門爲學而講，後人以講爲學，千里矣。年譜卷下

習齋之意，凡學而注重講，不論講什麼，不論講得對不對，總
之已經錯了路數了。他説："孔子説'予欲無言'，'無行不
與'，當時及門皆望孔子以言，孔子惟率之下學而上達。非
吝也，學教之成法固如是也。道不可以言傳也，言傳者有先
於言者也。"存學編卷一由道 可見無論何種學問，決非一講所能
了事了。何況宋明所講之學，開口總是什麼性咧，命咧，天
咧，理咧，氣咧。習齋以爲："性命之理，不可講也。雖講，人
亦不能聽也；雖聽，人亦不能醒也；雖醒，人亦不能行也。"存
學編卷一總論講學 論語説"夫子之言性與天道不可得而聞"，宋
儒都説是顏曾以下毂不上"聞"。習齋説："如是，孔子不幾
爲千古之拙師①，七十子竟成愚徒乎？"年譜卷下 他的意思以
爲這些本來是不應聞的，不必聞的，並沒有毂得上毂不上的
問題。論語"民可使由之，不可使知之"，習齋以爲由便毂
了，何必要"知"？要"使知"便都枉用心力，還會鬧毛病。存
學編由道章大意 孟子説："行之而不著焉，習矣而不察焉，終身
由之而不知其道者衆也。"習齋説近世講學家正做得這章書
的反面："著之而不行焉，察矣而不習焉，終身知之而不由其
道者衆也。"這話是刁蒙吉説的，習齋引他。所以他説：

---

① 之　原脱，清華本、學燈本、學報本、民志本同，據稿本補。

　　漢宋諸先生，只要解悟；教人望世，亦祇要他解悟；故罄一生心力去作注疏，作集注。聖人只要人習行，不要人解悟。天下人盡習行，全不解悟，是道之明於天下也。天下人盡解悟，全不習行，是道之晦於天下也。道明於天下，堯舜之民不識不知，孔門三千徒衆，性道不得聞；道晦於天下，今世家講而人解。四書正誤卷三

　　總之習齋學風，只是教人多做事，少講話；多務實際，少談原理。他説："宋儒如得一路程本，觀一處又觀一處，自喜爲通天下路程，人人亦以曉路稱之。其實一步未行，一處未到，周行榛蕪矣①。"年譜卷下 又説："有聖賢之言可以引路。今乃不走路，只效聖賢言以當走路。每代引路之言增而愈多，卒之蕩蕩周道上鮮見人也。"存學編卷三 又説："專説話的人，便説許多堯舜話，終無用。即如説糟粕無救於飢渴，説稻粱魚肉亦無救於飢渴也。"朱子語類評 他反對講學之理由，大略如此。

＊　　＊　　＊　　＊　　＊

　　宋明儒所講箇人修養方法，最普通的爲主靜、主敬、窮理格物……等等。顏李學派對於這些法門，或根本反對，或名同實異。今分述如下：

　　主靜是顏李根本反對的。以朱陸兩派論，向來都説朱

---

①榛蕪　原作"蕪榛"，清華本、學燈本、學報本、民志本同，據稿本乙。

主敬、陸主靜，其實"主靜立人極"這句話，倡自周濂溪；程子見人靜坐，便歎爲善學；朱子教人"半日靜坐"，教人"看喜怒哀樂未發之中"；程朱派何嘗不是主靜？所以"靜"之一字，雖謂爲宋元明七百年間道學先生們公共的法寶，亦無不可。習齋對於這一派話，最爲痛恨。他説："終日危坐以驗未發氣象爲求中之功，此真孔子以前千聖百王所未嘗聞也。"存學編卷二 朱子口頭上常常排斥佛學，排斥漢儒，習齋詰問他："你教人半日靜坐，半日讀書，是半日當和尚，半日當漢儒。試問十二箇時辰，那一刻是堯舜周孔？"朱子語類評 顏李書中，像這一類的話狠多①，今不備引了。但他們並非用空言反對，蓋從心理學上提出極强的理由，證明靜中所得境界實靠不住。習齋説：

洞照萬象，昔人形容其妙曰鏡花水月，宋明儒者所謂悟道，亦大率類此。吾非謂佛學中無此境也，亦非謂學佛者不能致此也。正謂其洞照者無用之水鏡，其萬象皆無用之花月也。不至於此，徒苦半生爲腐朽之枯禪；不幸而至此，自欺更深。何也？人心如水，但一澄定，不濁以泥沙，不激以風石，不必名山巨海之水能照百態，雖溝渠盆盂之水皆能照也。今使竦起靜坐，不擾以事爲，不雜以旁念，敏者數十日，鈍者三五年，皆能洞

①一　原脱，清華本、學燈本、學報本、民志本同，據稿本補。

照萬象如鏡花水月，功至此，快然自喜，以爲得之矣。或邪妄相感，人物小有徵應，愈隱怪驚人，轉相推服，以爲有道矣。予戊申前亦嘗從宋儒用靜坐工夫，故身歷而知其爲妄，不足據也。存學編卷二有一段大意與此同，而更舉實例爲證云：“吾聞一管姓者，與吾友汪魁楚之伯同學仙於泰山中，止語三年。汪之離家十七年，其子往視之。管能豫知，以手畫字曰：‘汪師今日有子來。’既而果然。未幾其兄呼還，則與鄉人同也。吾游燕京，遇一僧敬軒，不識字，坐禪數月，能作詩。既而出關，則仍一無知人也。……”天地間豈有不流動之水？不著地、不見泥沙、不見風石之水？一動一著，仍是一物不照矣。今玩鏡裏花、水中月，信足以娛人心目；若去鏡水，則花月無有矣。即對鏡水一生，徒自欺一生而已矣。若指水月以照臨，取鏡花以折佩，此必不可得之數也。故空靜之理，愈談愈惑；空靜之功，愈妙愈妄。……存人編

這段話真是劘心切理之談。天下往往有許多例外現象，一般人認爲神秘不可思議，其實不過一種變態的心理作用：因爲人類本有所謂潛意識者，當普通意識停止時，他會發動——做夢便是這箇緣故。我們若用人爲的工夫將普通意識制止，令潛意識單獨出鋒頭，則“鏡花水月”的境界，當然會現前。認這種境界爲神秘而驚異他，歆羨他，固屬可笑；若咬定説沒有這種境界，則亦不足以服迷信者之心，因爲他們可以舉出實例來反駁你。習齋雖沒有學過近世心理學，

但這段話確有他的發明。他承認這種變態心理是有的,但說他是靠不住的,無用的。後來儒家闢佛之説,没有比習齋更透徹的了。

主靜若僅屬徒勞無功,也可以不管他。習齋以爲主靜有大害二。其一是壞身體。他説:"終日兀坐書房中,萎惰人精神,使筋骨皆疲軟,以至天下無不弱之書生,無不病之書生。生民之禍,未有甚於此者也。"朱子語類評 其二是損神智。他説:"爲愛靜空談之學久,則必至厭事,厭事必至廢事①,遇事即茫然。賢豪且不免,況常人乎? 故誤人才敗天下事者②,宋人之學也。"年譜卷下 這兩段話從生理上心理上分別説明主靜之弊,可謂博深切明。

習齋於是對於主靜主義,提出一箇正反面曰"主動主義"。他説:"常動則筋骨竦,氣脈舒,故曰'立於禮',故曰'制舞而民不腫'。宋元來儒者皆習靜,今日正可言習動。"言行録卷下世性篇③又説:"養身莫善於習動。夙興夜寐,振起精神,尋事去做。行之有常,並不困疲,日益精壯。但説靜息將養,便日就惰弱了。故曰君子莊敬日强,安肆日偷。"同上學人篇 這是從生理上説明習動之必要。他又説:"人心動物也,習於事則有所寄而不妄動。故吾儒時習力行,皆所以治心。

①厭事必至廢事　原脱,稿本、清華本、學燈本、學報本、民志本同,據概略本補。

②下　原作"之",民志本同,據稿本、清華本、學燈本、學報本改。

③篇　原作"編",清華本、學報本、民志本同,據稿本改。

釋氏則寂室靜坐，絕事離群，以求治心，不惟理有所不可，勢亦有所不能，故置數珠以寄念。……"言行錄卷上剛峰篇 又説："吾用力農事，不遑食寢，邪妄之念，亦自不起。信乎'力行近乎仁'也。"同上理欲篇①這是從心理上説明習動之必要。尤奇特者，昔人多以心不動爲貴，習齋則連心也要他常動！他最愛説"提醒身心，一齊振起"二語。怎樣振起法呢？"身無事幹，尋事去幹；心無理思，尋理去思。習此身使勤，習此心使存。"言行錄卷下鼓琴篇 他篤信這箇主動主義，於是爲極有力之結論道：

　　　　五帝三王周孔，皆教天下以動之聖人也，皆以動造成世道之聖人也。漢唐襲其動之一二以造其世也。晉宋之苟安，佛之空，老之無，周程朱邵之靜坐，徒事口筆，總之皆不動也，而人才盡矣，世道淪矣！吾嘗言：一身動則一身强，一家動則一家强，一國動則一國强，天下動則天下强。自信其考前聖而不繆，俟後聖而不惑矣。言行錄卷下學須篇

　　宋儒修養，除主靜外，還有主敬一法。程朱派學者常拿這箇和陸王派對抗。顏李對於主敬，是極端贊成的，但宋儒所用的方法卻認爲不對。習齋説："宋儒拈窮理居敬四字，

_____

①欲　原作"學"，據稿本、清華本、學報本、民志本改。

以文觀之甚美。以實考之，則以讀書爲窮理功力，以恍惚道體爲窮理精妙，以講解著述爲窮理事業，以儼然靜坐爲居敬容貌，以主一無適爲居敬工夫，以舒徐安重爲居敬作用。……"存學編卷二 習齋以爲這是大錯了。他引論語的話作證，説道："曰'執事敬'，曰'敬事而信'，曰'敬其事'，曰'行篤敬'，皆身心一致加功，無往非敬也。若將古人成法皆舍置，專向靜坐收攝徐行緩語處言主敬，則是儒其名而釋其實，去道遠矣。"存學編卷三 恕谷説："聖門不空言敬。'敬其事'、'執事敬'、'行篤敬'，'修己以敬'，孟子所謂必有事焉也。程子以'主一無適'訓敬，粗言之猶可通，謂爲此事則心在此事不又適於他也；精言之則'心常惺惺'、'心要在腔子裏'。案，此皆程朱言主敬法門。乃離事以言敬矣。且爲事之敬，有當主一無適者，亦有未盡者。瞽者善聽，聾者善視，絶利一源，收功百倍，此主一無適也。武王不泄邇，不忘遠，劉穆之五官並用，則神明肆應，敬無不通，又非可以主一無適言也。"又説："宋儒講主敬，皆主靜也。'主一無適'，乃靜之訓，非敬之訓也。"論語傳注問 是則同爲講主敬，而顔李與程朱截然不同。總之謂離卻事有任何學問，顔李絶不承認也。

＊　　　＊　　　＊　　　＊　　　＊

宋儒之學自稱曰道學曰理學，其所標幟者曰明道曰窮理。顔李自然不是不講道理的人，但以爲宋儒所講道理都講錯了，而且明道窮理的方法也都不對。宋儒最愛説道體，其説正如老子所謂"有物混成，先天地生，字之曰道"者。習

齋説：“道者，人所由之路也。故曰‘道不遠人’。宋儒則遠
人以爲道者也。”四書正誤卷四①恕谷説：“路從足，道從辵，皆
言人所共由之義理，猶人所由之街衢也。中庸言行道，論語
言適道，尚書言遵道，皆與孟子言由道由路同。遂亦可曰
‘小人之道’、‘小人道消’，謂小人所由之路也。若以道爲定
名，爲專物，則老莊之説矣。”恕谷年譜卷五 恕谷更從初民狩獵
時代狀況説明道之名所由立，而謂道不出五倫六藝以外。
他説：“道者，人倫庶物而已矣。奚以明其然也？厥初生民，
渾渾沌沌。既而有夫婦父子，有兄弟朋友，朋友之盡乃有君
臣。誅取禽獸、茹毛飲血、事軌次序爲禮，前呼後應、鼓舞相
從爲樂，挽强中之爲射，乘馬隨徒爲御，歸而計件、錄於冊爲
書數。因之衣食滋吉凶備。其倫爲人所共由，其物爲人所
共習，猶逵衢然，故曰道。倫物實事也②，道虛名也。異端乃
曰‘道生天地’，曰‘有物混成先天地生’，是道爲天地前一物
矣。天地尚未有，是物安在哉？且獨成而非共由者矣，何以
謂之道哉？”恕谷後集原道篇 這段話所説道的範圍，舉例或不免
稍狹，然大指謂社會道德起原在於規定人與人及人與事物
之關係，不能不算是特識。因此他們不言天道，只言人道。
恕谷説：“人，天之所生也；人之事即天之道也。子，父母所
出也；然有子於此，問其温清定省不盡，問其繼志述事不能，

---

①卷　原脱，諸本同，據前後文例補。
②原於“實”後衍一“實”字，民志本同，據稿本、清華本、學燈本、學報本删。

而專思其父母從何而來，如何坐蓐以有吾身，人孰不以妄駭目之耶！"周易傳注序 宋儒所謂明道、傳道，乃至中外哲學家之形而上論皆屬此類，所以顏李反對他們。

宋儒説的理及明理方法有兩種。一，天理——即天道：指一箇髣髴空明的虛體。下手工夫在"隨處體認天理"，結果所得是"人欲淨盡，天理流行"。二，物理：指客觀的事物原理。下手工夫在"即凡天下之物，莫不因其已知之理而益窮之以求至乎其極"，結果所得是"一旦豁然貫通，則衆物之表裏精粗無不到，而吾心之全體大用無不明"。其實兩事只是一事，因爲他們最高目的，是要從心中得着一種虛明靈覺境界，便是學問上抓住大本大原，其餘都是枝葉。顏李學派對於這種主張，極力反對。習齋説："理者，木中紋理也，指條理言。"四書正誤卷六 又説："前聖鮮有説理者。孟子忽發出，宋人遂一切廢棄而倡爲明理之學！不知孟子所謂理義悅心，有自己注脚，曰'仁義忠信，樂善不倦'。仁義等又有許多注脚。……今一切抹殺，而心頭玩弄，曰'孔顏樂處'，曰義理悅心，使前後賢豪皆籠蓋於釋氏極樂世界中。……"同上 恕谷説："後儒改聖門不言性天之矩，日以理氣爲談柄，而究無了義。……不知聖經無在倫常之外而別有一物曰道曰理者。……在人通行者名之曰道，故小人別有由行，亦曰小人之道。理字則聖經甚少。中庸'文理'與孟子'條理'同，言秩然有條，猶玉有脈理、地有分理也。……今乃以理置之人物以前，則鑄鐵成錯矣。……"中庸傳注問 訓"理"爲條

理，而以木之紋理、玉之脈理爲喻，最合古義。後此戴東原
孟子字義疏證，即從這箇訓詁引出許多妙義來。理之界説
已定，那麼，不能於事物之外求理，甚明。故恕谷説：“事有
條理，理即在事中。詩曰‘有物有則’，離事物何所爲理乎？”
論語傳注問 既已除卻事物無所謂理，自然除卻應事接物無所
謂窮理，所以習齋説：“凡事必求分析之精，是謂窮理。”存學編
卷二 怎樣分析纔能精呢？ 非深入事中不可。朱子説：“豈有
見理已明而不能處事者？”習齋駁他道：“見理已明而不能處
事者多矣。有宋諸先生便謂還是見理不明，只教人再窮理。
孔子則只教人習事。迨見理於事，則已徹上徹下矣。此孔
子之學與程朱之學所由分也。”同上卷三 又説：“若只憑口中所
談、紙上所見、心內所思之理義養人，恐養之不深且固也。”同
上 顏李主張習六藝，有人説：“小學於六藝已粗知其概，但不
能明其所以然，故入大學又須窮理。”恕谷答道：“請問窮理
是閣置六藝專爲窮理之功乎？ 抑功即在於學習六藝，年長
則愈精愈熟而理自明也？ 譬如成衣匠學鍼黹，由粗及精，遂
通曉成衣要訣，未聞立一法曰學鍼黹之後又閣置鍼黹而專
思其理若何也。”聖經學規纂 這段譬喻，説明習齋所謂“見理於
事”，真足令人解頤。夫使窮理僅無益，猶可言也，而結果必
且有害。恕谷説：“道學家教人存誠明理，而其流每不明不
誠。蓋高坐空談，捕風捉影，諸實事概棄擲爲粗迹，惟窮理
是務。離事言理，又無質據；且執理自是，遂好武斷。”恕谷文
集惲氏族譜序 這話真切中中國念書人通病。戴東原説“宋儒

以理殺人”，顏李早論及了。

　　然則朱子所謂“即物窮理”工夫對嗎？朱子對於這句話自己下有註解道：“上而無極太極，下而至於一草一木一昆蟲之微，亦各有理。一書不讀，則缺了一書道理；一事不窮，則缺了一事道理①；一物不格，則缺了一物道理。須逐著一件與他理會過。”恕谷批評他道②：“朱子一生功力志願，皆在此數言，自以爲表裏精粗無不到矣。然聖賢初無如此教學之法也。論語曰‘中人以下，不可語上’，‘夫子之言性與天道，不可得聞’；中庸曰‘聖人有所不知不能’；孟子曰‘堯舜之知而不遍物’；可見初學不必講性天，聖人亦不能遍知一草一木也。朱子乃如此浩大爲願，能乎？”大學辨業 朱子這類話，荒唐極了！天下那裏能彀有這樣窮理的人？想要無所不知，結果非鬧到一無所知不可，何怪陸王派說他“支離”。習齋嘗問一門人自度才智何取？對云：“欲無不知能。”習齋說：“誤矣。孔門諸賢，禮樂兵農各精其一；唐虞五臣，水火農教，各司其一。後世菲資，乃思兼長，如是必流於後儒思著之學矣。蓋書本上見，心頭上思，可無所不及，而最易自欺欺世。究之莫道一無能，其實一無知也。”言行錄刁過之篇 所以宋明儒兩種窮理方法，在顏李眼中，都見得一無是處。

＊　　　＊　　　＊　　　＊　　　＊

---

①道　原作“窮”，民志本同，據稿本、清華本、學燈本、學報本改。
②道　原作“說”，民志本同，據稿本、清華本、學燈本、學報本改。

　　顏李學派，本重行不重知。他們常説"可使由不可使知"，是古人教學良法，看起來，像對於知識方面太忽視了。實亦不然。他們並不是不要知識，但以爲必從實行中經驗得來纔算真知識。前文引恕谷成衣匠之喻，已略見一斑了。習齋解大學的"格物"，説明知識之來源如下：

　　　　李植秀問"格物致知"。予曰：知無體，以物爲體。猶之目無體，以形色爲體也。故人目雖明，非視黑視白，明無由用也；人心雖靈，非玩東玩西，靈無由施也。今之言致知者，不過讀書講問思辨已耳，不知致吾知者皆不在此也。譬如欲知禮，任讀幾百遍禮書，講問幾十次，思辨幾十層，總不算知；直須跪拜周旋親下手一番，方知禮是如此。譬如欲知樂，任讀樂譜幾百遍，講問思辨幾十層，總不能知，直須搏拊擊吹口歌身舞親下手一番，方知樂是如此。是謂"物格而後知至"。……格即"手格猛獸"之格。……且如這冠，雖三代聖人，不知何朝之冠也；雖從聞見而知爲某種之冠，亦不知皮之如何暖也。必手取而加諸首，乃知如此取暖。如這蕨蔬，雖上智老圃，不知爲可食之物也；雖從形色料爲可食之物，亦不知味之如何辛也。必著取而納之口，乃知如此味辛。故曰手格其物而後知至。四書正誤卷一

大學"格物"兩字，是否如此解法，另爲一問題。但他的主張

以爲從聞見而偶得的知識靠不住，從形色上揣料而得的知識也靠不住。知識之到來（知至），須經過一定程序，即"親手下一番"便是。換而言之：無所謂先天的知識，凡知識皆得自經驗。習齋又説："今試予生知聖人以一管，斷不能吹。"言行録世情篇　這種"唯習主義"的知識論，正是顏李派哲學的根本立場。

＊　　＊　　＊　　＊　　＊

王陽明高唱"知行合一"。從顏李派看來，陽明派還是偏於主知，或還是分知行爲二。必須如習齋所説見理於事、因行得知，纔算真的知行合一。陽明説"不行只是不知"，習齋翻過來説不知只是不行。所以他不教人知，只教人行。行又不是一躺過便了，最要緊是"習"。他説：

> 自驗無事時種種雜念，皆屬生平聞見言事境物。可見有生後皆因"習"作主。年譜卷上

又説：

> 心上想過，口上講過，書上見過，都不得力，臨事依舊是所習者出。存學編卷一

又説：

吾嘗談天道性命，若無甚扞格，一著手算九九數便差。年譜卷下又云：“書房習算，入市便差。”以此知心中惺覺，口中講說，紙上敷衍，不由身習，皆無用也。存學編卷二

習齋以“習”名其齋，因爲他感覺“習”的力量之偉大，因取論語“習相遠”和“學而時習”這兩句話極力提倡，所以我說他是“唯習主義”。習齋所講的“習”，函有兩義：一是改良習慣，二是練習實務。而改良習慣的下手方法又全在練習實務，所以兩義還只是一義。然則習些什麼呢？他所最提倡的就是六藝——禮、樂、射、御、書、數。他說：“習行禮樂射御之學，健人筋骨，和人血氣，調人情性，長人神智。一時習行，受一時之福；一日習行，受一日之福。一人習之，錫福一人；一家習之，錫福一家；一國天下皆然。小之卻一身之疾，大之措民物之安。”言行錄刁過之篇 他的朋友王法乾和他辨論，說這些都是粗跡。他答道：

學問無所謂精粗。喜精惡粗，此後世之所以誤蒼生也[1]。存學編卷一

法乾又說：“射御之類，有司事，不足學，須當如三公坐論。”他答道：

---

[1]以　原脱，稿本、清華本、學燈本、學報本、民志本同，據顏氏原文補。

人皆三公，孰爲有司？學正是學作有司耳。譬之
於醫：素問、金匱，所以明醫理也；而療疾救世，則必診
脈製藥鍼灸摩砭爲之力也。今有妄人者，止務覽醫書
千百卷，熟讀詳説，以爲予國手矣，視診脈製藥鍼灸摩砭
以爲術家之粗不足學也。一人倡之，舉世效之。岐黄盈
天下，而天下之人病相枕死相藉也，可謂明醫乎？若讀盡
醫書而鄙視方脈藥餌鍼灸摩砭，不惟非岐黄，並非醫也，
尚不如習一科驗一方者之爲醫也。……存學編卷一學辯一

習齋年譜記他一段事道：

返鄢陵，訪李乾行等論學。乾行曰："何須學習？但
須操存功至，即可將百萬兵無不如意！"先生悚然，懼後儒
虛學誣罔至此，乃舉古人兵間二事扣其策。次日問之。乾
行曰："未之思，亦不必思，小才小智耳。"先生曰："小才智
尚未能思，大才智又何在？豈君操存未至耶？"乾行語塞。

習齋這些話，不但爲一時一人説法。中國念書人思想
籠統，作事顢頇，受病一千多年了。人人都好爲闊大精微的
空論，習齋專教人從窄狹的粗淺的切實練習去。他説："寧
爲一端一節之實，無爲全體大用之虛。"存學編卷一①何只當

---

① 編　原作"篇"，稿本、清華本、民志本同，據學報本、顏氏原書書名改。

時，在今日恐怕還是應病良藥罷！

　　我們對於習齋不能不稍爲觖望者：他的唯習主義，和近世經驗學派本同一出發點，本來與科學精神極相接近。可惜他被"古聖成法"四箇字縛住了，一定要習唐虞三代時的實務，未免陷於時代錯誤。即如六藝中"御"之一項，在春秋車戰時候，誠爲切用，今日何必要人人學趕車呢？如"禮"之一項，他要人習儀禮十七篇裏頭的昏禮、冠禮、士相見禮……等等，豈不是唱滑稽戲嗎？他這箇學派不能盛行，未始不由於此。倘能把這種實習工夫，移用於科學，豈非大善。雖然，以此責備習齋，畢竟太苛了。第一，嚴格的科學，不過近百餘年的產物，不能責望諸古人。第二，他説要如古人之習六藝，並非説專習古時代之六藝，如學技擊便是學射，學西洋算術便是學數，李恕谷已屢屢論及了。第三，他説要習六藝之類的學問，並不專限於這六件①，所以他最喜歡説"兵農禮樂水火工虞"。總而言之，凡屬於虛玄的學問，他無一件不反對；凡屬於實驗的學問，他無一件不贊成。使習齋、恕谷生在今日，一定是兩位大科學家，而且是主張科學萬能論者，我敢斷言！

　　雖然，顏李與科學家，正自有別。科學家之實驗實習，其目的專在智識之追求；顏李雖亦認此爲增進智識之一法門，其目的實在人格全部之磨練。他們最愛説的話，曰"身

①並不　　原作"並特"，清華本、學燈本、學報本、民志本同，據稿本改。

心一齊竦起"，曰"人己事物一致"，曰"身心道藝一致加功"。
以習禮論，有俯仰升降進退之節，所以勞動身體；習行時必
嚴恭寅畏，所以振竦精神；講求節文度數，所以增長智慧。
每日如此做去，則身心兩方面之鍛鍊，常平均用力而無間
斷。拿現代術語來講：則體育、德育、智育"三位合一"也。
顏李之理想的教育方針，實在如此。他們認這三件事缺一
不可，又認這三件事非同時齊著力不可。

　　他們鍛鍊心能之法，務在"提竦精神，使心常靈活"。習
齋年譜卷上習齋解孟子"操則存，舍則亡"兩句話，說道："識得
'出入無時'是心，操之之功始有下落。操如操舟之操：操舟
之妙在舵，舵不是死操的。又如操兵操國柄之操：操兵必要
坐作進退如法，操國柄必要運轉得政務。今要操心，卻要把
持一箇死寂，如何謂之操？"四書正誤卷六。案，此錢緒山語，習齋取
之。蓋宋儒言存養之法，主要在令不起一雜念，令心中無一
事，顏李則"不論有事無事，有念無念，皆持以敬"。恕谷年譜
卷三拿現在的話來講，則時時刻刻集中精神便是。孔子說：
"居處恭，執事敬，與人忠。"習齋說："此三語最為賅切詳備：
蓋執事與人之外皆居處也，則凡非禮勿視聽言動具是矣。
居處與人之外皆執事也，則凡禮樂射御書數之類具是矣。
居處執事之外皆與人也，則凡君禮臣忠、父慈子孝、兄友弟
恭、夫義婦順、朋友先施皆具是矣。"言行錄學人篇做一件事，
便集中精神於一件事；接一箇人，便集中精神於一箇人；不做
事不接人而自己獨處的時候，便提起一種嚴肅的精神，令身

心不致散漫無歸著。這是顏李學派修養的不二法門。

＊　　＊　　＊　　＊　　＊

顏李也可以説是功利主義者。習齋説：

> 以義爲利，聖賢平正道理也。尚書明以利用與正
> 德、厚生並爲三事；利貞，利用安身，利用刑人，無不利，
> 利者義之和，易之言利更多。……後儒乃云"正其誼不
> 謀其利"，過矣。宋人喜道之以文其空疏無用之學。予
> 嘗矯其偏，改云：正其誼以謀其利，明其道而計其功。四
> 書正誤卷一

恕谷説：

> 董仲舒曰："正其道不謀其利，修其理不急其功。"
> 語具春秋繁露。本自可通。班史誤易"急"爲"計"。宋
> 儒遂酷遵此一語爲學術，以爲"事求可，功求成"則取必
> 於智謀之末而非天理之正。後學迂弱無能，皆此語誤
> 之也。請問行天理以孝親而不思得親之歡，事上而不
> 欲求上之獲，有是理乎？事不求可，將任其不可乎？功
> 不求成，將任其不成乎？論語傳注問

這兩段話所討論，實學術上極重要之問題。老子説的"爲而
不有"，我們也認爲是學者最高的品格。但是，把效率的觀

念完全打破,是否可能?況且凡學問總是要應用到社會的,學問本身可以不計效率,應用時候是否應不計效率?這問題越發複雜了。我國學界,自宋儒高談性命鄙棄事功,他們是否有得於"爲而不有"的真精神,且不敢説,動輒唱高調把實際上應用學問抹殺,其實討厭。朱子語類有一段:"江西之學陸象山只是禪,浙學陳龍川卻專是功利。……功利,學者習之便可效,此意甚可憂。"你想:這是什麽話!習齋批評他道:

都門一南客曹蠻者,與吾友王法乾談醫,云:"惟不效方是高手。"殆朱子之徒乎!朱子之道,千年大行,使天下無一儒,無一才,無一苟定時,因不願見效故也。宋家老頭巾,群天下人才於靜坐讀書中,以爲千古獨得之祕,指幹辦政事爲粗豪、爲俗吏,指經濟生民爲功利、爲雜霸。究之使五百年中平常人皆讀講集注、揣摩八股,走富貴利達之場,高曠人皆高談靜敬、著書集文、貪從祀廟庭之典。莫論唐虞三代之英,孔門賢豪之士,世無一人,並漢唐傑才亦不可得。世間之德乃真亂矣,萬有乃真空矣!……朱子語類評

宋儒自命直接孔孟,何止漢唐政治家,連孔門弟子都看不起。習齋詰問他們説:

何獨以偏缺微弱兄於契丹臣於金元之宋，前之居汴也，生三四堯孔六七禹顏！後之南渡也，又生三四堯孔六七禹顏；而乃前有數聖賢，上不見一扶危濟難之功，下不見一可相可將之材，拱手以二帝畀金，以汴京與豫矣！後有數十聖賢，上不見一扶危濟難之功，下不見一可相可將之才，推手以少帝赴海，以玉璽與元矣！多聖多賢之世乃如此乎？噫！存學編卷二

這話並不是尖酸刻薄。習齋蓋深有感於學術之敝影響到社會，痛憤而不能已於言。他説："吾讀甲申殉難録，至'愧無半策匡時難，惟餘一死報君恩'，未嘗不泣下也。至覽尹和靖祭程伊川文'不背其師有之，有益於世則未'二語，又不覺廢卷浩歎，爲生民愴惶久之。"存學編卷二 既屬一國中智識階級，則對於國之安危盛衰，自當負絶對責任。説我自己做自己的學問，不管那些閒事，到事體敗壞之後，只歎息幾句了事，這種態度如何要得？所以顏李一派常以天下爲己任，而學問皆歸於致用，專提尚書三事——正德、利用、厚生爲標幟。習齋説："宋人但見料理邊疆便指爲多事，見理財便指爲聚斂①，見心計材武便憎惡斥爲小人。此風不變，乾坤無寧日矣。"年譜卷下 又説："兀坐書齋人無一不脆弱，爲武士農夫所笑。"存學編卷三性理評 又説："宋元來儒者卻習成婦女態，

---

① 斂　原作"歛"，清華本、學燈本、民志本同，據稿本、學報本改。

甚可羞。'無事袖手談心性，臨危一死報君王'，即爲上品
矣。"同上卷一學辯 又説："白面書生，微獨無經天緯地之略，兵
農禮樂之才，率柔脆如婦人女子。求一豪爽倜儻之氣亦無
之。間有稱雄卓者，則又世間粗放子。……"習齋記餘卷一泣
血集序①恕谷説："道學家不能辦事，且惡人辦事。"恕谷年譜卷
上 又説："宋儒內外精粗，皆與聖道相反：養心必養爲無用之
心，致虛守寂；修身必修爲無用之身，徐言緩步；爲學必爲無
用之學，閉目誦讀。不盡去其病，世道不可問矣。"同上

　　宋儒亦何嘗不談經世？但顏李以爲：這不是一談便了
的事。習齋説："陳同甫謂：'人才以用而見其能否，安坐而
能者不足恃；兵食以用而見其盈虛，安坐而盈者不足恃。'吾
謂：德性以用而見其醇駁，口筆之醇者不足恃；學問以用而
見其得失，口筆之得者不足恃。"年譜卷上 又説："人不辦天下
事，皆可爲無弊之論。"言行錄杜生篇 有人説：一統志、廣輿記
等書，皆書生文字，於建國規模山川險要未詳。習齋説："豈
惟是哉。自帖括文墨遺禍斯世，即間有考纂經濟者，總不出
紙墨見解。可歎！"年譜卷下 李二曲説："吾儒之學，以經世爲
宗。自傳久而謬，一變訓詁，再變詞藝，而儒名存實亡矣。"
習齋評他道："見確如此。乃膺當路尊禮，集多士景從，亦祇
講書説話而已。何不舉古人三事三物之經世者使人習行
哉？後儒之口筆，見之非，固無用；見之是，亦無用。此益傷

---

① 序　原脱，據稿本、清華本、民志本、學報本補。

吾心也。"_{同上} 嗚呼！倘使習齋看見現代青年日日在講堂上報紙上高談什麼主義什麼主義者，不知其傷心更何如哩！

想做有用之學，先要求爲可用之人。恕谷説："聖學踐形以盡性，今儒墮形以明性。耳目但用於聽讀，耳目之用去其六七；手但用於寫，手之用去其七八；足惡動作，足之用去九；靜坐觀心而身不喜事，身心之用亦去九。形既不踐，性何由全？"_{年譜卷上} 這話雖然是針對當時宋學老爺們發的，但現代在學堂裏所受的教育，是否能盡免此弊，恐怕還值得一猛醒罷！

*　　*　　*　　*　　*

習齋好動惡靜，所以論學論政，皆以日日改良進步爲鵠。他有一天鼓琴絃斷，解而更張之，音調頓佳。因歎道："爲學而惰，爲政而懈，亦宜思有以更張之也。彼無志之人，樂言遷就、憚於更張、死而後已者，可哀也。"_{言行録鼓琴篇} 又説："學者須振萎惰，破因循，每日有過可改，有善可遷，即日新之學也。改心之過，遷心之善，謂之正心；改身之過，遷身之善，謂之修身；改家國天下之過，遷家國天下之善，謂之齊治平。學者但不見今日有過可改，有善可遷，便是昏惰了一日。爲政者但不見今日有過可改，有善可遷，便是苟且了一日。"_{言行録王次亭篇} 總之，常常活著不叫他死，常常新著不叫他舊，便是顏李主動之學。他們所謂身心内外一齊振起者指此。

*　　*　　*　　*　　*

習齋不喜歡談哲理。但他對於"性"的問題，有自己獨

到的主張。他所主張，我認爲在哲學上狠有價值，不能不稍
爲詳細叙述一下：

　　中國哲學上爭論最多的問題就是性善惡論，因爲這問
題和教育方針關係最密切，所以向來學者極重視他。孟子、
告子、荀子、董仲舒、揚雄各有各的見解。到宋儒程朱，則將
性分而爲二：一、義理之性，是善的；二、氣質之性，是惡的。
其教育方針，則以"變化氣質"爲歸宿。習齋大反對此説，著
存性編駁他們。首言性不能分爲理氣，更不能謂氣質爲惡。
其略曰：

　　　　……若謂氣惡，則理亦惡；若謂理善，則氣亦善。
　　蓋氣即理之氣，理即氣之理。烏得謂理純一善而氣質
　　偏有惡哉①？譬之目矣：眶皰睛，氣質也，其中光明能見
　　物者性也。將謂光明之理專視正色，眶皰睛乃視邪色
　　乎？余謂更不必分何者爲義理之性、氣質之性。……
　　能視即目之性善，其視之也則情之善，其視之詳略遠近
　　則才之強弱。啓超案，孟子論性善，附帶著論"情"論"才"。説
　　"乃若其情，則可以爲善矣"，又説"若夫爲不善，非才之罪也"。習齋
　　釋這三箇字道："心之理曰性，性之動曰情，情之力曰才。"見年譜卷
　　下。存性編亦有專章釋此三字，今不詳引。皆不可以惡言。蓋
　　詳且遠固善，即略且近亦第善不精耳，惡於何加？惟因有

---

① 純　原作"統"，民志本同，據稿本、清華本、學燈本、學報本改。

邪色引動，障蔽其明，然後有淫視而惡始名焉。然其爲之引動者，性之咎乎？氣質之咎乎？若歸咎於氣質，是必無此目然後可全目之性矣。……"存性編駁氣質性惡

然則性善的人爲什麼又會爲惡呢？習齋以爲皆從"引蔽習染"而來，而引蔽習染皆從外入，絕非本性所固有。程子說："清濁雖不同，然不可以濁者不爲水。"朱子引申這句話，因說："善固性也，惡亦不可不謂之性。"主張氣質性惡的論據如此。習齋駁他們道：

請問濁是水之氣質否？吾恐澂澈淵湛者水之氣質，其濁者乃雜入水性本無之土，正猶吾言性之有引蔽習染也。其濁之有遠近多少，正猶引蔽習染之有輕重深淺也。若謂濁是水之氣質，則濁水有氣質，清水無氣質矣，如之何其可也？同上借水喻性

程子又謂"性本善而流於惡"，習齋以爲也不對。駁他道：

原善者流亦善，上流無惡者下流亦無惡。……如水出泉，若皆行石路，雖自西海達東海，絕不加濁。其有濁者，乃齕土染之，不可謂水本清而流濁也。知濁者爲土所染，非水之氣質，則知惡者是外物染乎性，非人

之氣質矣。同上性理評

習齋論引蔽習染之由來，説得極詳盡，今爲篇幅所限，不具引了。看存性編性説①習齋最重要的論點，在極力替氣質辯護。爲什麽要辯護呢？因爲他認定氣質爲箇人做人的本錢。他説：

> 盡吾氣質之能，則聖賢矣。言行録卷下

又説：

> 昔儒視氣質甚重。習禮習樂習射御書數，非禮勿視聽言動，皆以氣質用力，即此爲存心，即此爲養性。故曰"志至焉，氣次焉，持其志無暴其氣"，故曰"養吾浩然之氣"，故曰"唯聖人然後可以踐形"。魏晉以來，佛老肆行，乃於形體之外別狀一空虛幻覺之性靈；禮樂之外別作一閉目靜坐之存養。佛者曰入定，儒者曰吾道亦有入定也；老者曰内丹，儒者曰吾道亦有内丹也。借五經語孟之文，行楞嚴參同之事。以躬習其事爲粗迹，則自以氣骨血肉爲分外；於是始以性命爲精，形體爲

---

① 編　原作"篇"，稿本、清華本、學報本、民志本同，據顏氏原書書名改。按，存性編無性説，顏氏論引蔽習染之由來，實載其中棉桃喻性一節。

累，乃敢以有惡加之氣質矣。存性編性理評

氣質各有所偏，當然是不能免的。但這點偏處，正是各人箇性的基礎。習齋以爲教育家該利用他，不該厭惡他。他説："偏勝者可以爲偏至之聖賢。……宋儒乃以偏爲惡。不知偏不引蔽，偏亦善也。"同上 又説："氣禀偏而即命之曰惡，是指刀而坐以殺人也，庸知刀之能利用殺賊乎?"同上 習齋主張發展箇性的教育，當然和宋儒"變化氣質"之説不能相容。他説：

> 人之質性各異，當就其質性之所近、心志之所願、才力之所能以爲學，則無齟齬扞格終身不就之患。故孟子於夷惠曰不同道，惟願學孔子，非止以孔子獨上也，非謂夷惠不可學也。人之質性近夷者自宜學夷，近惠者自宜學惠。今變化氣質之説，是必平丘陵以爲川澤，填川澤以爲丘陵也。不亦愚乎! 且使包孝肅必變化而爲龐德公，龐德公必變化而爲包孝肅，必不可得之數，亦徒失其爲包爲龐而已矣。四書正誤卷六

有人問他：你反對變化氣質，那麼尚書所謂"沉潛剛克，高明柔克"的話不對嗎? 他説："甚剛人亦必有柔處，甚柔人亦必有剛處，只是偏任慣了。今加學問之功，則吾本有之柔自會勝剛，本有之剛自會勝柔。正如技擊者好動腳，教師教

他動手以濟腳,豈是變化其腳?"言行録卷下王次亭篇

　　質而言之,程朱一派別氣質於義理,明是襲荀子性惡之
説,而又必自附於孟子,故其語益支離。習齋直斥之曰:

> 　　耳目口鼻手足五臟六腑筋骨血肉毛髮秀且備者,
> 人之質也,雖蠢猶異於物也。呼吸充周榮潤運用乎五
> 官百骸粹且靈者,人之氣也,雖蠢猶異於物也。故曰
> "人爲萬物之靈",故曰"人皆可以爲堯舜"。其靈而能
> 爲堯舜者,即氣質也。非氣質無以爲性,非氣質無以見
> 性也。今乃以本來之氣質而惡之,其勢不並本來之性
> 而惡之不已也。以作聖之氣質,而視爲污性壞性害性
> 之物,明是禪家"六賊"之説①,能不爲此懼乎? 存性編性
> 理評②

習齋之斷斷辨此,並非和程朱爭論哲理③,他認爲這問題在
教育關係太大,故不能已於言。他説:

---

①"之説"後原衍"之説"二字,清華本、學燈本、民志本同,據稿本、學報本
　刪。
②編　原作"篇",稿本、清華本、學報本、民志本同,據顏氏原書書名改。
　又,原於"篇"後衍一"正"字,稿本、清華本、學報本、民志本同,據顏氏
　原書篇名刪。
③爭論　原作"論爭",清華本、學燈本、學報本、民志本同,據稿本乙。

　　大約孔孟以前責之習，使人去其所本無；程朱以後責之氣，使人憎其所本有。是以人多以氣質自諉，竟有"山河易改，本性難移"之諺矣！其誤世豈淺哉？ 同上

　　他於是斷定程朱之說，"蒙晦先聖盡性之旨，而授世間無志人以口實"。存學編卷一上孫鍾元先生書 他又斷言：凡人"爲絲毫之惡，皆自玷其光瑩之體；極神聖之善，始自踐其固有之形"。同上上陸桴亭先生書 習齋對於哲學上和教育上的見解，這兩句包括盡了。

＊　　＊　　＊　　＊　　＊

　　以上所講，顏李學派的主要精神，大略可見了。這種議論，在今日還有許多人聽見了搖頭咋舌，何況二百年前？他們那時作這種主張，簡直可以説大著膽冒天下之不韙！習齋説：

　　宋儒，今之堯舜周孔也！韓愈闢佛，幾至殺身，況敢議今世之堯舜周孔乎？季友著書駁程朱之説，發州決杖，況敢議及宋儒之學術品詣乎？此言一出，身命之虞，所必至也。然懼一身之禍而不言，委氣數於終誤，置民物於終壞，恐結舌安坐不援溝瀆與强暴橫逆納人於溝瀆者，其忍心害理不甚相遠也。上陸桴亭書

　　又説：

　　予未南游時，尚有將就程朱附之聖門之意。自一南游，見人人禪子，家家虛文，直與孔門敵對。必破一分程朱，始入一分孔孟，乃定以爲孔孟與程朱判然兩塗，不願作道統中鄉原矣。年譜卷下

他並非鬧意氣與古人爭勝。他是一位心地極光明而意志極強毅的人，自己所信，便以百折不撓的精神赴之，絲毫不肯遷就躲閃。他曾告誡恕谷道：

　　立言但論是非，不論異同。是，則一二人之見不可易也；非，則雖千萬人所同不隨聲也。豈惟千萬人？雖百千年同迷之局，我輩亦當以先覺覺後覺，不必附和雷同也。言行錄學問篇

試讀這種話，志節何等卓犖！氣魄何等沉雄！他又説：“但抱書入學，便是作轉世人，不是作世轉人。”存學編卷三 他臨終那年，有幾句話囑付恕谷道：“學者勿以轉移之權委之氣數。一人行之爲學術，眾人從之爲風俗，民之瘼矣！忍度外置之乎？”恕谷聞言，泣數行下。恕谷年譜卷下 嗚呼習齋！非天下之大仁大勇者，其孰能與於斯。

　　　　＊　　　＊　　　＊　　　＊　　　＊

　　習齋、恕谷抱這種宏願，想要轉移學風別造一箇新社會。到今日二百年了，到底轉移了沒有？哎！何止沒有轉

移？只怕病根還深幾層哩！若長此下去嗎？那麼，習齋有一番不祥的預言，待我寫來。他説：

> 文盛之極則必衰。文衰之返則有二：一是文衰而返於實，則天下厭文之心，必轉而爲喜實之心，乾坤蒙其福矣。……一是文衰而返於野，則天下厭文之心，必激而爲滅文之念，吾儒與斯民淪胥以亡矣。如有宋程朱黨偽之禁，天啓時東林之逮獄，崇禎末張獻忠之焚殺，恐猶未已其禍也！而今不知此幾之何向也。易曰："知幾其神乎？"余曰："知幾其懼乎？"存學編卷四

嗚呼！今日的讀書人聽啊！自命智識階級的人們聽啊！滿天下小百姓厭惡我們的心理一日比一日厲害，我們還在那裏做夢！習齋説"未知幾之何向"，依我看："滅文"之幾早已動了！我們不"知懼"，徒使習齋、恕谷長號地下耳！

　　　*　　　*　　　*　　　*　　　*

　　　*　　　*　　　*　　　*　　　*

同時服膺顏氏學且能光大之者，北有王崑繩，南有惲皋聞、程綿莊，而其淵源皆受自恕谷。

崑繩，名源，一字或庵，順天大興人。卒康熙四十九年（一七一〇），年六十三。他是當時一位老名士。他少年從梁鷦林以樟游，鷦林教以宋儒之學，他不以爲然。最喜談前代掌故及關塞險隘攻守方略，能爲文章，魏冰叔禧極推重他。

他説自韓愈以後而文體大壞，故其所作力追先秦西漢。自言："生平性命之友有二，一曰劉繼莊，二曰李恕谷。此二人者實抱天人之略，非三代以下之才。"文集復姚梅友書 後來繼莊死了，他做一篇狠沉痛的傳文，我們因此纔能知道繼莊的人格和學術。三藩平後，京師壇坫極盛，萬季野、閻百詩、胡東樵諸人各以所學提倡後進，崑繩也是當中一位領袖。他才氣橫溢，把這些人都看不在眼内，獨傾心繼莊和恕谷。他讀了恕谷的大學辨業和習齋的存學編過後，大折服。請恕谷爲介，執贄習齋之門，年已五十六了。自此效習齋作日記糾身心得失，晚年學益進。恕谷批評他道："王子所謂豪傑之士者非耶！迹其文名遠噪，公卿皆握手願交，意氣無前；且半百耆儒，弟子請業者滿户外；乃一聞聖道，遂躬造一甕牖繩樞潛修無聞之士，傴僂北面，惟恐不及！非誠以聖賢爲志，其能然乎？"恕谷後集王子傳 他早年著有兵法要略、輿圖指掌等書，受業習齋後更著有平書十卷、讀易通言五卷，皆佚。其集曰居業堂文集二十卷，今存。他好游，晚年棄妻子遍游名山大川，卒客死淮上。

　　崑繩未從學習齋以前，最服膺陽明學。對於當時借程朱做招牌的人深惡痛絕，曾有幾篇極痛快的文字罵他們。節録如下：

　　　　源生平最服姚江，以爲孟子之後一人。……蓋宋儒之學，能使小人肆行而無所忌，束縛沮抑天下之英雄

不能奮然以有爲。……宸濠之亂，……不終日而談笑
平之，此豈徒恃語言文字者所能辦。乃今之謗之者，謂
其事功，聖賢所不屑也；其學術爲異端，不若程朱之正
也。其心不過欲蔑其事功，以自解其庸闒無能爲之醜；
尊程朱以見己之學問切實，而陰以飾其卑陋不可對人
之生平；內以自欺，而外以欺乎天下。孰知天下之人之
不可欺，而祇自成其爲無忌憚之小人也哉？……文集與
李中孚先生書

又：

　　今天下之尊程朱、詆姚江侈然一代大儒自命而不
偽者，幾人哉？行符其言者真也，言不顧行者偽也。
真則言或有偏，不失爲君子；偽則其言愈正，愈成其爲
小人。有人於此，朝乞食墦間，暮殺越人於貨，而掇拾
程朱緒論狺狺焉詈陽明於五達之衢，遂自以爲程朱
也，吾子許之乎？……且夫對君父而無慚，置其身於
貨利之場、死生禍福之際而不亂，其內行質之幽獨而
不愧，播其文章議論於天下而人人信其無欺，則其立
説程朱可也，陸王可也，不必程朱不必陸王而自言其
所行亦可也。否則尊程朱即程朱之賊，尊陸王即陸王
之賊，偽耳。況大言欺世而非之不勝舉、刺之不勝刺
者哉？嘗聞一理學者力詆陽明，而遷官稍不滿其欲，

流涕不能止。一識者譏之曰："不知陽明謫龍場時有此
淚否?"①其人慚沮無以答。又一理學者見其師之子之
妻之美，悦焉;久之，其夫死，約以爲妻，未小祥而納之。
而其言曰："明季流賊之禍皆陽明所釀!"嗚呼!若輩之
行如此類者豈堪多述。……故今之詆姚江者，無損於
姚江毛髮;則程朱之見推，實程朱萬世之大阨爾。……
文集與朱字綠書

這兩段話可以看出崑繩早年面目和當時所謂程朱學派者之
品格何如，故録之。此外闡發顏李學術與夫談經濟、考史蹟
之文尚多，恕不録了。

　　　＊　　　＊　　　＊　　　＊　　　＊

惲皋聞，名鶴生，江蘇武進人。生卒年無考②。嘗在秦
中晤謝野臣，語以習齋爲學大旨，心善之。後至蠡縣訪習
齋，則已没。乃從恕谷求所著各書遍讀之，自稱私淑弟子。
仿恕谷立日譜考究身心功過，每相見輒互證得失。其與恕
谷往復切磋之語，見於恕谷年譜者甚多。皋聞每自南方寄
書至，恕谷再拜然後啓讀，其重之如此。皋聞書言"南旋以

①譑　原作"譑"，據稿本、清華本、學燈本、學報本、民志本改。
②惲鶴生大學正業自序謂"乾隆丁巳初秋，晉陵七十五翁惲鶴生識於金
　壇正學堂"，丁巳爲乾隆二年(一七三七)，則其生於康熙二年(一六六
　三)。六世族孫惲彥彬跋，謂"壽七十有九"，則卒於乾隆六年(一七
　四一)。

存學示人，雖倔强者亦首肯，知斯道之易行”，恕谷喜曰：“顔先生之道南矣。”皋聞所著書有詩說及春秋附筆。晚歸常州，爲一鄉祭酒，故家子弟多從之游。其後常州學術大昌，戴子高謂皆自皋聞開之。

程綿莊，名廷祚，字啓生，江蘇上元人。卒乾隆三十二年（一七六七），年七十七。少篤於治經，後從惲皋聞聞顔李之學，上書恕谷，致願學之意。康熙庚子，恕谷南游金陵，他屢過問學。讀習齋存學編，題其後云：“古之害道出於儒之外，今之害道出於儒之中。習齋先生起燕趙，當四海倡和翕然同風之日，乃能折衷至當而有以斥其非，蓋五百年間一人而已。”綿莊之學，以習齋爲主，而參以梨洲、亭林，故讀書極博而皆歸於實用。所著有易通六卷，大易擇言三十卷，象爻求是說六卷，晚書訂疑若干卷，尚書通議三十卷，青谿詩說二十卷，論語說、周禮說各四卷，禘說二卷，春秋識小録三卷。其集曰青谿居士集，詩文各二十卷。今惟晚書訂疑有刻本，論語說則戴子高采若干則入顔氏學記中。精到語頗多。

＊　　＊　　＊　　＊　　＊

習齋之學，雖不爲時流所喜，然而經恕谷極力傳播，崑繩、皋聞、綿莊相與左右之，當時有志之士聞風興起者也狠不少。諸公既没，而考證學大興，掩襲天下，學者差不多不知有習齋、恕谷了；其遺書亦什九散佚不可見，近代頭一位出來表章他們的曰戴子高。

子高,名望,浙江德清人。卒同治十二年(一八七三),年三十七。他所遭極人生不堪之境遇。趙撝叔之謙替他作的墓表說道①:"君生四歲,父殁。曾祖八十餘,祖五十餘,尚存;母及諸母皆寡。三世煢煢,抱一孺子而泣。……無何,曾祖與祖相繼奄曶。家貧歲饑,無所依賴。君挾册悲誦,寡母節衣縮食資君以學。……庚申亂作,君奉母避入山,大困,無所得食。有至戚官閩中,母數命君往,不獲已。……自閩歸,將迎其母,聞湖州已陷,則仰天長號,僵仆絕氣;復忍死出入豺虎之叢求母所在,迄無所遇。……君至痛在心,未壯而艾②。……然處顛頓狼狽呻吟哭泣中,終不廢學,學日益進。……"他一生困阨的大概,略可見了。他於同治八年輯成顏氏學記十卷。據自序所述:他之學顏李學,得力於他的朋友程履正貞。他費了好多年工夫,纔把顏李的著述次第搜得,中間又經亂散失。當時每舉顏李姓氏問人,人無知者。他於是發憤輯成這部學記:卷一至卷三記習齋,卷四至卷七記恕谷,卷八記崑繩,卷九記綿莊,卷十則爲顏李弟子錄。自序曰:

①"趙撝叔之謙"當作"施補華均甫"。按,戴子高墓表收入施氏澤雅堂文集卷七,謂"歸安丁兆慶、烏程施補華卜葬君於仁皇山之東麓,去其先塋一里而近。既葬,補華表其墓",又謂"君之學術,山陰趙之謙錄入續漢學師承記"云,是戴子高墓表爲施補華所撰。墓表又載戴氏謫麟堂遺集卷首,文字微有差異。

②艾　稿本、清華本、民志本作"殳",學燈本、學報本作"没",據施補華戴子高墓表原文改。

……其言憂患來世，正而不迂，質而不俗，以聖爲軌，而不屑詭隨於流說，其行則爲孝子，爲仁人。於乎！如顏氏者，可謂百世之師已！其餘數君子，亦皆豪傑士也。同時越黄氏、吴顧氏、燕秦間有孫氏李氏，皆以耆學碩德負天下重望；然於聖人之道，猶或沿流忘原，失其指歸。如顏氏之摧陷廓清，比於武事，其功顧不偉哉？世乃以其不事述作，遂謂非諸公匹，則吾不知七十子之徒與夫孟荀賈董諸子，其視後儒著書動以千百計者，何如也？語曰："淫文破典。"孔子曰："天下有道，則行有枝葉；天下無道，則辭有枝葉。"敢述聖者之言，用告世之知德君子。謫麐堂遺集

子高說戴東原作孟子緒言，其論性本自習齋，最爲有識。他對於方望溪之誣恕谷，極爲不平。又說皖北某鉅公序程綿莊書顛倒白黑，不知其人爲誰也。[①]　這部學記，體裁全仿梨洲兩學案，能提要鈎玄，價值不在黄書下。

子高嘗從陳碩甫奂、宋于庭翔鳳游，於訓詁學所造甚深，又好西漢今文家言，著有論語注二十卷，管子校正二十四卷。趙撝叔輯其遺文曰謫麐堂遺集。子高晚年被曾文正聘任校書。然其學與流俗異，終侘傺以死。

①按，"皖北某鉅公"即姚鼐，說見其程綿莊文集序，載惜抱軒文集後集卷一。

＊　　　＊　　　＊　　　＊　　　＊

自子高學記出，世始稍稍知有顏李學。而近人徐菊人世昌亦提倡之，屬其門客爲顏李語要各一卷，顏李師承記九卷。語要破觚爲圓，誣顏李矣，不逮學記遠甚。師承記搜采甚勤，可觀也。又彙刻顏李遺書數十種，亦徐氏行事之差强人意者。

第十一講　科學之曙光

——王寅旭　梅定九　陳資齋 <small>附其他</small>

　　做中國學術史，最令我們慚愧的是：科學史料異常貧乏。其中有記述價值的，只有算術和曆法方面。這類學問，在清代極發達，而間接影響於各門學術之治學方法也很多。

　　曆算學在中國發達甚古，然每每受外來的影響而得進步：第一次爲唐代之婆羅門法，第二次爲元代之回回法，第三次則明清之交耶穌會士所傳之西洋法。西洋法傳來之初期，學者如徐文定、李涼庵輩，以絕對信仰的態度迎之，研習其法而喚起一種自覺心。求中國曆算學之獨立者，則自王寅旭、梅定九始。

　　寅旭，名錫闡，一號曉庵，又號天同一生，江蘇吳江人。生明崇禎元年，卒清康熙二十一年（一六二八——一六八二），年五十五。曉庵與張楊園①、顧亭林、潘力田友善，又嘗與萬充宗、徐圃臣往復論學。亭林廣師篇説："學究天人，確乎不拔，吾不如王寅旭。"可見其傾倒之至了。嘗作天同一生傳云："天同一生者，帝休氏之民也。治詩、易、春秋，明曆律象數，學無師授，自通大義。與人相見，終日緘默，若與論古今，則縱橫不窮。家貧不能多得書，得亦不盡讀，讀亦不盡憶；間有會意，即大喜雀躍，往往爾汝古人。……帝休氏衰，乃隱處海曲，冬絺夏褐，日中不爨，意泊如也。惟好適野，悵然南望，輒至悲歔。人皆目爲狂生。生曰：我所病者未能狂耳。因自命希狂，號天同一生。'天同一'云者，不知其所指，或曰即莊周齊物之意，或曰非也。……"曉庵文集卷三 讀這篇寓言短傳，可想見他的品格和理想了。他又自書這傳後云："天同一生挾過人之才，不獲當帝休之隆與時偕行，徒使志擬天地，跡近佯狂，以詭祕貽譏。……"可見他才氣不可一世，而對於明清興亡抱隱痛。志節狷介，不肯媚世，和顧亭林絶相類。不獨學問能自立名世也。

　　寅旭之生，正當曆議爭鬩時：利徐翻譯書既盛行，學者轉相誦習，或未研其理法而摭拾以自炫。舊派則楊光先爲領袖，作枝辭游辭與之爭。寅旭少即嗜此學，潛心測實，"每夜輒登屋卧鴟尾間，仰觀星象，竟夕不寐。復發律算書玩索

①自"生明崇禎元年"至"曉庵"，稿本、清華本、學報本、民志本作："生卒年無考。惟知其明亡後二十餘年猶存見丁子復所作傳，而年僅中壽見杭世駿所作傳。"

精思,於推步之理宏亮而不滯。久之則<u>中</u>西兩家異説,皆能條其原委,考鏡其得失。"_{文獻徵存録卷三} 他自述實測之經歷道:"……每遇交會,必以所步所測課較疏密,疾病寒暑無間,……於兹三十年所。而食分求合於秒,加時求合於分,戞戞乎其難之。……"_{推步交朔叙} 他自立新法測日月食,據<u>阮芸臺</u><u>元</u>疇人傳説他"不爽秒忽"。我們是門外漢,不惟不敢下批評,而且不能述要領,<u>但</u>舉其論治學方法之言,以見其學之所自而已。他説:"……當順天以求合,不當爲合以驗天。法所以差,固必有致差之故;法所吻合,猶恐有偶合之緣。測愈久則數愈密,思愈精則理愈出。"_{曆測} 又説:"……其合其違,雖可預信,而分秒遠近之細,必屢經實測而後可知。合,則審其偶合與確合;違,則求其理違與數違;不敢苟焉以自欺而已。"_{推步交朔叙} 又説:"專術之賾,糾繆萬端,不可以一髮躁心浮氣乘於其間。"_{測日小記叙} 又説:"天運淵玄[①],人智淺末,學之愈久而愈知其不及,入之彌深而彌知其難窮。……若僅能握觚而即以創法自命,師心任目,撰爲鹵莽之術,約略一合,傲然自足,胸無古人,其庸妄不學未嘗艱苦可知矣。"_{同上} 讀這些話,可以知道<u>寅旭</u>的學問是怎樣得來的了。我們常説:治科學能使人虛心,能使人靜氣,能使人忍耐努力,能使人忠實不欺。<u>寅旭</u>便是絶好模範。曆算學所以能給好影響於<u>清</u>學全部者,亦即在此。

―――――――

① 玄　　原作"元",係避<u>清聖祖康熙帝玄燁</u>諱,今予回改。

　　寅旭對於當時新舊之爭，當然不以守舊爲然，然亦非一味的盲從新法。他説："近代西洋新法，大抵與土盤曆同原，而書器尤備，測候加精。……徐文定以爲：欲求超勝，必須會通。會通之前，先須翻譯。翻譯有緒，然後令深知法意者參詳考定。其意原欲因西法求進，非盡更成憲也。文定既逝，繼其事者僅能終翻譯之緒，未遑及會通之法。至矜其師説，齮齕異己，廷議紛紛。……今西法且盛行，向之異議者亦詘而不復爭矣。然以西法有驗於今可也，如謂不易之法無事求進不可也。……"曆説一 他批評當時所謂西法有不知法意者五，當辨者十。他自著曉庵新法六篇，自言："會通若干事，考正若干事，表明若干事，增葺若干事。舊法雖舛而未遽廢者兩存之，理雖可知而非上下千年不得其數者闕之，雖得其數而遠引古測未經目信者別爲補遺。"曉庵新法自序 他那種不設成見、實事求是的精神，大略可見了。

　　寅旭著述除曉庵新法六卷外，尚有大統西曆啓蒙，隱括中西曆術，簡而不遺。有丁未曆稿，寅旭每歲皆推曆，而丁未年與潘次耕布算，特著其説。有推步交朔及測日小記，辛酉八月朔當日食，以中西法及己所創新法預定時刻分秒，至其時與徐圃臣輩以五家法同測，而己法最密合，故志之。有三辰志略，則寅旭自創一儀器，可兼測日月星，自爲之説，自爲之解，其文倣考工記。有圜解，解勾股割圜之法，繪圖立説，詳言其所以然；梅定九序之，謂"能深入西法之堂奧而規其缺漏"。定九嘗評："近代曆學以吳江爲最，識解在青州薛鳳祚以上。"見杭世駿道古堂集本傳 徐敬可曾勸定九爲寅旭曆書補作圖注，以發其深湛之思，定九亦説"王先生書用法精簡，好立新名，驟讀不能解"。銳意欲注之，惜因老病未成。見定九續學堂文鈔書徐敬可圖解序後 我們看這種故實，不獨知寅旭，益可以知定九了。

＊　　　＊　　　＊　　　＊　　　＊

錢東生林説："曆算之學，王氏精核，梅氏博大，各造其極，未可軒輊。"所以清代治此學者必曰王梅，而梅學尤盛行於時。

梅定九，名文鼎，字勿庵，安徽宣城人。卒康熙六十年（一七二一），年八十九。他二十七歲時，從遺獻倪觀湖問曆法，著曆學駢枝二卷，倪爲首肯。自此便畢世委身此學。中年喪偶，不再娶，閉户覃思，謝絶人事。值書之難讀者，必欲求得其説，往往至廢寢食。格於他端中輟，耿耿不忘。或讀他書無意中君然有觸而積疑冰釋，乘夜秉燭亟起書之。或一夕枕上所得累數日書不盡。每漏四五下，猶篝燈夜讀，昧爽則已興矣。數十年如一日，其精力過人如此。聞有通兹學者，雖在遠道，不憚褰裳往從。人有問者，亦詳告之無隱。節錄毛際可撰傳、方苞撰墓表、杭世駿撰傳、阮元撰疇人傳原文 所著曆算書八十餘種，其要目如下：

（甲）曆學之部：

（一）闡明古曆法者：

曆經圖注二卷。　　元史所載曆經，爲許衡、郭守敬等合著。其文簡古,故釋之。

古今曆法通考七十卷。 自洛下閎、射姓之曆起,以次論劉洪、姜岌、張子信、何承天、祖沖之、劉焯諸曆,李淳風之麟德曆,僧一行之大衍曆,晚唐宣明曆,王朴之欽天曆,宋之統天曆,耶律楚材之庚午元曆,迄郭守敬之授時曆止。所校論者凡七十餘家,實中國曆學史之大觀也。

春秋以來冬至考一卷。

庚午元曆考一卷。 元太祖時,有西域人與耶律楚材爭月蝕,西法並絀。楚材乃作西征庚午元曆。此書專考之。

元曆補注二卷。 根據郭守敬曆草以注授時曆。

明大統曆立成注二卷。

(二)研究西域曆法者: 唐九執曆,爲西法輸入之始。其後復有婆羅門十一曜經及都聿利斯經,皆九執之屬。元則有札馬魯丁之西域萬年曆,明則有馬沙亦黑、馬哈麻之回回曆。此皆印度及阿剌伯之學說,在千年前即已與中法參用者。定九推究其術,著歐羅巴法淵源所自。

回回曆補注三卷。

西域天文書補注二卷。

三十雜星考一卷。

四省表景立成一卷。 陝西、河南、北直、江南四省之回教寺中，各有表景，據之以説明里差。

周髀算經補注一卷。　以周髀釋西域曆家蓋天之説。

渾蓋通憲圖説訂補一卷。　研究元史札馬魯丁傳中之蓋天儀，謂爲周髀遺法流入西方。

西國日月考一卷。　研究太陽曆。

(三)批評崇禎曆書者：崇禎曆書百餘卷，利徐所編，即所謂歐羅巴之新西法也。定九發明或訂正之爲以下各書。

曆書細草補注三卷。　曆書中有細草以便入算，定九以曆指大意檃括而爲之注。

交食蒙求訂補二卷附説二卷。　此書已佚，補其細草。

交食圖訂誤一卷。

求赤道宿度法一卷。　用弧三角法訂正曆書中細草。

交食管見一卷。　言各地所見日月食何故不同，並立隨地測驗之捷法。

日差原理一卷。

火緯本法圖説一卷。

七政前均簡法一卷。

上三星軌跡成繞日圓象一卷。

黃赤距緯圖辯一卷。

太陰表影辯一卷。

二星經緯考異一卷。

星晷真度一卷。

（四）手訂曆志及關於曆學之意見：

宣城分野志。

江南通志分野志。

明史曆志。　　明史之曆志，本由吳志伊專任，徐善、
劉獻廷、楊文言各有增定，最後則請正於黃梨洲及
定九。定九爲訂正訛舛五十餘處。

曆志贅言一卷。　　大意謂明朝的大統曆實即元朝的
授時曆，故明曆志應該對於元曆志叙述授時曆闕
略之處詳爲訂補。又回回曆爲授時所自出，亦當
叙其淵源。其餘如鄭載堉①、袁黃等學説，皆當備
載。尤當特詳於利徐改法之沿革。

曆學疑問一卷。　　曆學入門簡明之書。清聖祖極賞之。

學曆説一卷。　　大意謂古代曆家，因法疏多誤，乃附
會機祥之説以文飾其誤，最爲不當。

（五）所創製之測算器及其圖説：

測器考二卷。

自鳴鐘説一卷。

壺漏考一卷。

日晷備考三卷。

赤道提晷説一卷。

---

①按，鄭載堉即朱載堉。朱載堉爲明宗室，父襲封鄭王，故其署款皆作“鄭
世子臣載堉”，後世致有以爵爲其姓者。

以上皆對於舊器之考訂及説明。

勿庵揆日器圖説一卷。

諸方節氣加時日軌高度表一卷。

揆日淺説一卷。

測景捷法一卷。

璇璣尺解一卷。

測星定時簡法一卷。

勿庵側望儀式一卷。

勿庵仰觀儀式一卷。

勿庵渾蓋新式一卷。

勿庵月道儀式一卷。

　　以上皆自製器及自創法之説明。

分天度里一卷①。

陸海鍼經一卷(一名里差捷法)。

　　以上二書,應用曆算學以繪地圖。

(乙)算學之部②:

勿庵籌算七卷。

勿庵筆算一卷。　　　以上二書,皆改橫爲直,便中土
書寫③。

――――――――

①里　原作"理",清華本、學報本、民志本同,據稿本改。

②(乙)算學之部　原與後"仰規覆矩一卷"錯行,民志本同,據稿本、清華本、學報本乙。

③土　原作"上",清華本、學報本、民志本同,據稿本改。

勿庵度算二卷。　　當時西法用兩比例尺,定九祇用
　　一尺。又有矩算法。

比例數解四卷。　　説明"對數"之理。

三角法舉要五卷。　　以西法之三角與古法之勾股合論。

方程論六卷。

幾何摘要三卷。　　因幾何原本行文古奧,故易爲顯
　　淺之文,且删繁補遺以便學者。

勾股測量二卷。　　摭拾周髀算經、海島算經、測圓海
　　鏡等書之言割圓術者發明之。

九數存古一卷。　　釋九章算術。

　　　　以上九書,合名中西算學通①。

少廣拾遺一卷。

方田通法一卷。

幾何補編四卷。　　利徐所譯幾何,僅成前六卷,止
　　於測"面"。此書以意推演其量"體"之法,妙悟
　　極多。

西鏡録訂注一卷。　　西鏡録不知誰作,惟其書成於
　　天學初函以後,多加精之法,故爲之注。

權度通幾一卷。　　説重學原理。

奇器補詮二卷。　　補王徵奇器圖説。

正弦簡法補一卷。

---

①名　原作"爲",清華本、學報本、民志本同,據稿本改。

<u>弧三角舉要</u>五卷。

<u>塹堵測量</u>一卷。

<u>用勾股解幾何原本之根</u>一卷。　　謂"幾何不言勾股，
　　然其理並勾股也。故其最難通者以勾股釋之則
　　明"。

<u>仰規覆矩</u>一卷①。

<u>方圓冪積</u>二卷。

<u>麗澤珠璣</u>一卷。　　最録與朋友論算資益之語。

<u>古算器考</u>一卷。

<u>數學星槎</u>一卷。　　專爲初學算者之嚮導。

　　我在這裏講<u>王梅</u>學術，自己覺得狠慚愧，因爲我是完全
一箇門外漢，實在不配講。以上所列許多書目，我連極簡單
的提要也作不出來——内中偶湊幾句，恐怕也是外行話。
至於批評，那更不用説了。但依我最粗淺的推測，則<u>梅定九</u>
在學界所貢獻之成績大略如下：

　　第一，自來言曆法者，多雜以占驗迷信，看<u>漢書藝文志</u>
之數術略及各史曆志便知，雖<u>唐元</u>兩代所輸入之<u>西域曆學</u>
亦所不免②。曆學脱離了占驗獨立，而建設在科學基礎之
上③，自<u>利徐</u>始啓其緒，至<u>定九</u>纔把這種觀念確定。<u>學曆説講</u>

---

①規　原作"觀"，稿本、清華本、學報本、民志本同，據曆算全書改。

②曆　原脱，清華本、學報本、民志本同，據稿本補。

③"在"下原有"真正"二字，清華本、學報本、民志本同，稿本中<u>任公</u>已將此
　　二字墨筆圈去，據删。

得最透快。

第二，曆學之歷史的研究，自定九始。——恐怕直到現在，還没有第二箇人比他研究得更博更通。凡一種學問經過歷史的研究，自然一不會儱侗，二不會偏執。定九所以能成爲斯學大家者以此。

第三，向來治曆學者，多認爲一種單純技術，雖黄梨洲、王寅旭似尚不免(?)①。定九認定曆學必須建設在數學基礎之上。所以明末清初因曆學發生爭議，其結果僅能引起學者社會對於曆學之興味。自梅氏曆算全書出世，始引起多數人對於算學之興味。老實説：從前算學是曆學附庸，定九以後纔"蔚爲大國"，且"取而代之"了。

第四，定九並不是專闡發自己的"絶學"，打"藏諸名山"的主意，他最努力於斯學之普及。他説："吾爲此學，皆歷最艱苦之後而後得簡易。從吾游者，坐進此道，而吾一生勤苦，皆爲若用矣。吾惟求此理大顯，使古人絶學不致無傳，則死且無憾，不必身擅其名也。"畸人傳本傳 觀此可以見大學者之態度及願力。曆算能成爲清代的顯學，多由定九的精神和方法瀋發出來。

第五，定九生當中西新舊兩派交鬨正劇時，他雖屬新派的人，但不盲從，更不肯用門户之見壓迫人，專采"求是"的態度。對於舊派不惟不抹殺，而且把許多古書重新解釋，回

---

① (?)　原脱，據稿本、清華本、學報本、民志本補。

復其價值。令學者起一番自覺，力求本國學問的獨立。後此戴東原震、焦里堂循、李尚之銳、汪孝嬰萊等輩，皆因研究古算書得有新發明。這種學風，不能不說是定九開闢出來。

＊　　＊　　＊　　＊　　＊

自崇禎曆書刊行以後，治曆學者驟盛。若黃梨洲及其弟晦木，若毛西河，若閻百詩，皆有所撰述。青年史家潘力田亦與王寅旭共學，有往復討論書，見曉庵遺書中；其弟次耕，事寅旭，有著書。明史館中專任曆志之人，如吳任臣志伊等，並有名於時。而其間專以曆算名家者，則有：

薛鳳祚，字儀甫，淄川人。作天學會通，以對數立算。定九謂其書詳於法而無快論以發其趣。其全書嘗刻於南京，尚有寫天新語①、氣化遷流、四線新比例等。

揭暄②，字子宣，廣昌人。深明西術，而又別有悟入，謂七政之小輪，皆出自然，亦如盤水之運旋，而周遭以行，急而生漩渦，遂成留逆，當時共指為創論。

方中通，字位伯，桐城人。以智子。著數度衍二十五卷，於九章之外蒐羅甚富。嘗與揭暄相質難，著揭方問答。

孔興泰，字林宗，睢州人。著大測精義，求半弧正弦法，與梅氏正弦簡法補之說不謀而合。

---

① 朱校："寫天新語為揭暄著。此謂薛鳳祚著，誤。"按，阮元疇人傳卷三十六："揭暄……著璇璣遺述七卷，一名寫天新語。"

② 暄　原作"宣"，下一條同，清華本、學報本、民志本同，據揭氏璇璣遺述卷首署名改。

　　杜知耕，字端甫，柘城人。著幾何論約及數學鑰圖注。梅氏謂其釋九章頗中肯綮。

　　毛乾乾，字心易。與定九論周徑之理，因復推論及方圓相容相變諸率。

　　梅文鼐①，字和仲。文鼏，字爾素。俱定九弟。與兄同治曆算。文鼐著步五星式六卷，文鼏著經星同異考一卷。文鼏善製圖，梅氏書中各圖多出其手。

　　這幾位都是定九同時人，學有心得，而薛儀甫最名家，時亦稱梅王薛云。清聖祖喜曆算，故揣摩風氣者亦往往學之，李光地輩是也，然不能有所發明。同時有楊光先者，專著書難西術，名不得已書。然不解數理，夆陋强辯，徒爭意氣，非學者也。

　　自王梅提倡斯學之後，許多古算書漸漸復活，經學大師大率兼治算。戴東原校算經十種，大闢町畦。而李尚之、汪孝嬰、董方立能爲深沉之思，發明算理不少。晚清則西歐新算輸入，而李壬叔、華若汀輩能名家。蓋有清一代，作者繩繩不絕。當別爲專篇論列之。

---

①鼐　原作“鼏”，據稿本、清華本、學報本、民志本改。

第十二講　清初學海波瀾餘録

從第五講到第十一講,把幾箇重要學派各列舉幾位代表人物,叙述其學説梗概,清初學界形勢大略可見了。然而順康間承晚明之敝,反動猛起,各方面有許多瑰奇之士,不相謀,不相襲,而各各有所創獲。或著作失傳,或無門弟子恢張其業,故世罕宗之。又或行誼可訾議,或本非純粹的學者,而所見殊有獨到處。總之那時候學界氣象,如久經嚴冬,一旦解凍啓蟄,萬卉抽萌,群動蠕躍,煞是可愛。本講要把這些人——爲我現在記憶所及者,提出十來位來講講。

一　方密之　附黄扶孟

方以智,字密之,安徽桐城人。明崇禎庚辰進士,官翰林院檢討。國變後從永曆帝於雲南。永曆亡,出家爲僧,號藥地。他著有通雅五十二卷,考證名物、象數、訓詁、音聲。其目録爲:音義雜論,讀書類略,小學大略,詩説,文章薪火,疑始,釋詁,天文,地輿,身體,稱謂,姓名,官制,事制,禮儀,樂曲，樂舞，器用，衣服，宮室，飲食，算數，植物，動物，金石，諺原，切韻聲原，脈考，古方解。四庫提要狠恭維這部書，說道：“明之中葉以博洽著者稱楊慎，而陳耀文起而與爭。然慎好僞說以售欺，耀文好蔓引以求勝。次則焦竑亦喜考證，而習與李贄游，動輒牽綴佛書，傷於蕪雜。惟以智崛起崇禎中①，考據精核，迥出其上。風氣既開，國初顧炎武、閻若璩、朱彝尊等沿波而起，始一掃懸揣之空談。……”

顧閻輩是否受密之影響，尚難證明。要之密之學風，確與明季之空疏武斷相反而爲清代考證學開其先河，則無可疑。他的治學方法有特徵三端：一曰尊疑，他說：“……吾與方伎游，即欲通其藝也。遇物②，欲知其名也。物理無可疑者，吾疑之，而必欲深求其故也。以至於頹牆敗壁之上有一字焉吾未之經見，則必詳其音義，考其原本；既悉矣，而後釋然於吾心。……”通雅錢澄之序述密之語 又說：“學不能觀古今之通，又不能疑，焉貴書簏乎？……”又說：“因前人備列以貽後人，因以起疑。……”俱自序 又說：“副墨洛誦，推至疑始。案，此用莊子語。始作此者，自有其故。不可不知，不可不疑也。”卷一葉一 可見他的學問，全由疑入。“無問題則無學問”，此理他見得極透。二曰尊證，他說：“考究之門雖卑，然非比性命可自悟，常理可守經而已。必博學積久，待徵乃

---

① 惟　原作“然”，清華本、學報本、民志本同，據稿本改。
② 遇　原作“欲”，清華本、學報本、民志本同，據稿本改。

決。"凡例 又説："是正古文，必藉他證，乃可明也。……智每
駁定前人，必不敢以無證妄説。"卷首之一葉五至六 立論要舉
證，是清儒最要的信條，他倡之最力而守之最嚴。三曰尊
今，他説："古今以智相積而我生其後，考古所以決今，然不
可泥古也，古人有讓後人者。韋編殺青，何如雕板？龜山在
今，亦能長律；河源詳於闊闊，江源詳於緬志；南極下之星，
唐時海中占之，至泰西人，始爲合圖，補開闢所未有。……"
卷首之一葉一 又説："後人因考辨而積悟之，自詳於前。前人
偶見一端，而況有傳訛強爭者乎？"卷五十葉二 又説："世以智
相積而才日新，學以收其所積之智也。日新其故，其故愈
新。"卷首之三葉二十二 又説："先輩豈生今而薄今耶？時未至
也。其智之變，亦不暇及也。不學則前人之智非我有矣；學
而徇迹引墨，不失尺寸，則誦死人之句耳。"同上 所以他雖極
博古而亦不賤今，他不肯盲從古人，全書千數百條，每條都
有自己獨創的見解。

　　依我看，通雅這一部書，總算近代聲音訓詁學第一流作
品。清代學者除高郵王氏父子以外，像沒有那位趕得上他。
但乾嘉諸老，對於這部書狠少徵引，狠少稱道。不知是未見
其書，抑或有什麼門户之見？清儒是看不起明儒的。密之純屬明
人，這書又成於崇禎年間，也許清儒狠少人讀過。密之最大的發明，
在以音求義。他説："音有定，字無定，隨人填入耳。各土各
時有宜，貴知其故。"卷五十葉一 因此他最注意方言和諺語，書
中特闢諺原一篇，其小序曰："叔然作反切，本出於俚里常

言。宋景文筆記之，如'鯽溜'爲就，'突欒'爲團，'鯽令'爲精，'窟籠'爲孔，不可勝舉，訛失日以遠矣。然相沿各有其原，考之於古，頗有闇合。方音乃天地間自然而轉者，上古之變爲漢晉，漢晉之變爲宋元，勢也。"卷四十九葉一 故以爲欲做辨當名物的工作，"須足跡遍天下，通曉方言，方能核之"。凡例 又不惟地方差別而已，他以爲："天地歲時推移而人隨之，聲音亦隨之。方言訓詁相傳，遂爲典實。"同上 "鄉談隨世變而改，不考世變之言，豈能通古今之詁而是正名物乎？"卷首之一葉二十一 他説："古今之音，大概五變。"凡例 "歲差自東而西，地氣自南而北。方言之變，猶之草木移接之變也。歷代訓詁、讖緯、歌謠、小説，即具各時之聲稱。"卷首之一葉二十二 "上古之音，見於古歌三百。漢晉之音，見於鄭應服許之論注。至宋漸轉，元周德清始起而暢之。洪武正韻，依德清而增入聲也。"卷五十葉二十 他説："古字簡少通用。"卷二葉十五 所以"古人解字，皆屬借義，如賦詩斷章"。卷二葉十八 "周末至漢，皆以韻爲解"。同上 其於形亦然，"漢碑字見形相似，即借用之"。同上葉二十 有許多字因"事變義起，不得不分別，故未分字先分音，取其易記"。卷一葉五 其後則"因有一音，則借一字配之"。同上葉十八 他以爲文字孳乳寖多之故，皆由於此。"世變既繁，不得不爾，所以合所以分，皆當知之。"同上葉五 他以爲後人將古字增減或造新字，好古者動詆爲俗。不知"六書之道，原以適用爲主，未可謂後人必無當也。"卷二葉三十二 他最能辨別偽書，但以爲雖偽亦復有用。他説："書不必盡信,貴明其理。或以辨名當物,或以驗聲音稱謂之時變。則秦漢以降之所造所附,亦古今之徵也。"卷首之一葉五他對於古言古訓,爬羅剔抉①,費了多少心血,真算得中國文字之功臣了。但他卻有一句極駭人的話!說道:"字之紛也,即緣通與借耳。若事屬一字,字各一義,如遠西因事乃合音,因音而成字,不重不共,不尤愈乎?"卷一葉十八創造拼音文字之議,在今日纔成爲學界一問題,多數人聽了還是咋舌撟耳!密之卻已在三百年前提起。他的見識氣魄如何,可以想見了。

密之所造的新字母,乃斟酌古韻、華嚴字母、神珙譜、邵子衍、沈韻、唐韻、徽州所傳朱子譜、中原音韻、洪武正韻、郝京山譜、金尼閣譜而成。分爲三十六韻十六攝而統以六餘聲,自爲旋韻圖表之,具見通雅卷五十切韻聲原中。可惜我於此學毫無研究,不惟不會批評,並且不會摘要。有志斯道者請看原書。

密之所著書,尚有經學編,有易圖説,似皆佚。又擬著方域圖、官制圖,似尚未成。他早年才氣英發,爲復社領袖。晚年間關萬里,奔走國難。石爛海枯,乃自逃於禪悦。錢飲光説:"今道人既出世矣,然猶不肯廢書。獨其所著書好作禪語,而會通以莊、易之旨。……若所謂通雅,已故紙視之矣。"讀此可知密之學術之變遷及其究竟了。

———————————

① 抉　原作"絜",稿本、清華本、民志本同,據學報本改。

桐城方氏，在全清三百年間，代有聞人。最初貽謀之功，自然要推密之。但後來桐城學風並不循著密之的路走而循著靈皋方苞的路走，我說這也是狠可惜的事。

＊　　＊　　＊　　＊　　＊

同時皖人中有黃生，字扶孟，歙縣人。明諸生，入清不仕。著有字詁一卷，義府一卷，四庫全書著錄。亦專主以聲音通訓詁。其族孫承吉說道："公年差少於顧亭林，顧書公所未見，公書顧亦弗知。顧撰音學五書，厥功甚偉，惟尚未能得所會通。……公實有見於聲與義之相因而起，遂瀸及於義通則聲通，爲古今小學家之所創獲。"又說："此學喻之者惟高郵王氏，引申觸類，爲從古之所無，即先後乎王氏及與王氏同時者亦皆不得而與。蓋他儒以韻求聲，王乃言聲而不言韻，可謂窮本知歸。公生於王氏百數十載之前，非有來者相謀，而所造若是。……"重刻字詁義府後序雖子孫誦芬之辭，或未免稍過其實。總之字詁這部書在清代聲音訓詁學裏頭占有重要位置，我們是要承認的。

二　陳乾初

陳確，字乾初，浙江海寧人。卒康熙十六年（一六七七），年七十四。他是劉蕺山門生，卻極不喜歡理學。黃梨洲作他的墓誌銘說道："乾初讀書卓犖，不喜理學家言。嘗受一編讀之，心弗善也，輒棄去，遂四十年不閱。其後……問學於山陰先師，深痛末學之支離，見於辭色。……先師夢

奠,得其遺書而盡讀之,憬然而喻。取其四十年所不閱者重
閱之,則又格格不能相入。"南雷文約 他這箇人的氣象,大略
可見了。梨洲又説:

> 乾初深痛"樂記人生而靜以上不容説,才説性便
> 已不是性"之語,案,此是程子語。謂:從懸空卜度至於心
> 行路絕,自是禪門種草。宋人指商書"維皇降衷"、中
> 庸"天命之謂性"爲本體,必欲求此本體於父母未生以
> 前,而過此以往即屬氣質,則工夫全無着落。當知"盡
> 其心者知其性也"之一言,即是孟子道性善本旨。蓋
> 人性無不善,於擴充盡才之後見之。如五穀不藝植不
> 籽耘,何以見其種子美耶? ⋯⋯性之善不可見,分見
> 於氣、情、才。故中庸以喜怒哀樂明性之中和,孟子以
> 惻隱、羞惡、辭讓、是非明性之善,皆就氣、情、才言。
> 後儒言"既發謂之情"、"才出於氣,有善有不善"者非
> 也。同上

又説:

> 乾初謂:人心本無所謂天理,人欲恰到好處即天
> 理。其主於無欲者非也。同上

讀這兩段話,前一段何其與顏習齋存性編辨氣質性惡之説

酷相類,後一段何其與戴東原孟子字義疏證順情養欲之説
酷相類也! 顔戴二君,並非蹈襲乾初,因爲我相信他們並没
有讀過乾初的書。但乾初以蕺山門人而有這種見地,真算
得時代精神之先驅者了。

　　乾初不信大學爲孔曾所作,著大學辨以辨之。其略曰:

　　　　子言之矣:"下學而上達。"易稱"蒙養即聖功"。
何小大之有? 論語二十篇中,於易詩書禮樂三致意
焉,而無一言及大學。小戴置其篇於深衣、投壺之後,
垂二千餘年,莫有以爲聖經者。而程子始目爲孔氏之
遺書,又疑其錯簡而變易其文! 朱子又變易程子之
文,且爲之補傳! 以絶無證據之言,强以爲聖經,尊之
論語之上! 即其篇中兩引夫子之言,一引曾子之言,
則自"十目"一節之外,皆非曾子之言可知。……_{朱彝}
_{尊經義考引}

這是他用考證眼光證明大學之晚出。但他所以斷斷致辨
者,不徒在其來歷,而尤在其内容。他以爲:"大學言知不言
行,格致誠正之功先後失其倫序。"_{經義考引} 所以不得不辨。
讀者須知:大學這篇書經程朱捧場之後,他的身分高到何等
地步! 七八百年間爲"格致"兩箇字打的筆墨官司,也不知
糟蹋天地間幾多紙料! 乾初這種怪論,當然是冒天下之大
不韙。所以當時學者如張楊園、黄梨洲、劉伯繩、沈甸華

等——都是乾初學友，都紛紛移書責他，他卻毅然不顧。他臨死前一年，還有書和梨洲往復，大旨謂：“世儒習氣，敢於誣孔孟，必不敢倍程朱，可爲痛心。”吳騫著陳乾初先生年譜引 他的獨立不懼精神，可概見了。

乾初對於社會問題，常爲嚴正的批評與實踐的改革。深痛世人惑於風水，暴棺不葬，著葬論、喪實論諸篇，大聲疾呼；與張楊園共倡立葬親社，到處勸人實行。屠爌、陸圻徵文壽母，他説：“世俗之事，非所當行。”當時東南社集講會極盛，他説：“衎衎醉飽，無益身心。”一切不赴。甲申以後，起義死事的人甚多，好名依附者亦往往而有。乾初説：“非義之義，大人弗爲。人之賢不肖，生平具在。故孔子謂‘未知生焉知死’。今人動稱末後一著，遂使奸盜優倡，同登節義，濁亂無紀；死節一案，真可痛也！”黃撰墓誌引 他又嘗著書潘烈婦碑後，説道：“吾以爲烈婦之死非正也。某嘗怪三代以後，學不切實，好爲激烈之行，寖失古風，欲一論辯其非。……”吳著年譜引 他立論不徇流俗，大略如此。

他和梨洲同門，但生前論學，往往不合，梨洲也不深知他。南雷集中他的墓誌銘兩篇，第一篇泛泛叙他的庸德而已，第二篇纔把他學術要點摘出。自言：“詳玩遺稿，方識指歸，有負良友多矣。因理其緒言，以識前過。”梨洲服善之誠，實可敬。乾初遺著，世罕傳本，不知尚存否。得梨洲一文，我們可以知道一位拔俗學者的面影，也算幸事了。

三　潘用微[①]

潘平格，字用微，學案小識作用徵，誤。浙江慈谿人。他的學術像没有師承，也没有傳授。他所著有求仁録一書，我未得見，僅從唐鑑國朝學案小識所引觀其崖略。以下都是從唐著轉引。大概説："孔門之學以求仁爲宗。仁者，渾然天地萬物一體，而發見於吾人日用平常之事者也。……故曰：'有能一日用其力於仁矣乎？我未見力不足者。'……"又説："學者之患，在於不知真心見在日用，而别求心，故有種種弊病以各成其學術。"他反對主敬主靜之養心法，以爲養心用操持法總是不對。説道："操持者，意也，識也。操持此心，是以意識治意識也。"所以他説："敬即是心，而非敬以治心；心即是敬，而非主敬持敬。"而結論歸到"本體工夫非有二"。説道："工夫二字，起於後世佛老之徒。蓋自倫常日用之外另有一事，故説是工夫。若主敬之學，先立體以爲致用之本；窮理之學，先推極知識以爲遇事之用；亦是另有一事，可説是工夫。……這便是學養子而後嫁了。"又説："晦庵不信大學而信伊川之改大學，不格物而補格物之傳，以至象山、陽明不信曾、思、孟而謂顔子没而聖學亡。今敢於悖先聖而不敢以悖後世諸賢。……總由學者讀

─────────

①按，稿本、學報本、民志本第三至七所列原序爲：三費燕峰、四唐鑄萬胡石莊、五劉繼莊、六毛西河、七潘用微。任公於"七潘用微"條下注曰："此項應改爲第三，在陳乾初之後、費燕峰之前。"合集本即將之調整。又清華本同稿本，唯"六毛西河"後半起殘缺。

注聽講，先入於近儒之説，故意見偏陂，窠臼難拔。某常説：‘不得看注，不得看諸賢語録。’蓋嘗深中其病，確知其害。”用微之學，我未見其全書，不敢輕下批評。約略看來，大率也是從宋明學上狠用過苦功而力求解放者。歸玄恭文集裏頭有上潘先生書兩通，第一通狠尊仰他，第二通狠詆毁他。像是玄恭曾游用微之門，後來不以爲然，又退出來。李恕谷記萬季野自述道：“吾少從黃先生游。聞四明有潘先生者，曰：‘朱子道，陸子禪。’怪之。往詰其説，有據。同學因轟言予畔黃先生，先生亦怒。……”恕谷後集萬季野小傳 然則季野亦頗心折其學了。可惜他生在浙東，浙東正是蕺山、梨洲勢力範圍，不容他有發展餘地，這箇人便成爲“中道而殤”的學者了。

四　費燕峰

費密，字此度，號燕峰，四川新繁人①。生明天啓五年（一六二五），卒清康熙三十七八年（？）（一六九八或九九），年七十四五。② 當張獻忠荼毒全蜀時，他團鄉兵拒賊，賊不

---

① 新繁　稿本、清華本、學報本、民志本同，概略本、南開本作“成都”。

② 自“生明天啓五年”至“年七十四五”，原作“生明天啓三年（一六二三），卒康熙三十八年（一六九八或九九），年七十七”，據稿本、清華本、學報本、民志本改。按，費氏子費錫璜費中文先生家傳：“崇禎甲申，考年二十。……考生於明天啓六年乙丑七月二十三日子時，卒於康熙三十八年辛巳九月初七日未時，年七十有七。門人私謚中文先生。”其孫費冕費燕峰先生年譜：“崇禎十一年戊寅，十四歲。……康熙四十年辛巳，七十七歲。……九月初七日未時，先生卒於正寢。門人私謚中文。”（轉下頁注）

能犯。永曆在滇，蜀人楊展據敘州、嘉定、永寧爲明守。燕峰以中書舍人參其軍，屯田積穀爲一方保障。吳三桂入蜀，燕峰避亂陝西，尋即東下，自是流寓江淮間四十餘年。四十九歲，詣蘇門謁孫夏峰。夏峰年九十矣，與談學甚契。見夏峰年譜嘗游京師，交李恕谷，爲作大學辨業序。見恕谷年譜工詩，爲王漁洋所推服。見池北偶談遺著三種：曰弘道書，曰荒書，曰燕峰詩鈔，近年大關唐氏始刻之。荒書記明清間蜀亂，爲極翔實之史料，徐立齋、萬季野在明史館，以不得見爲恨。弘道書成於晚年，爲書三卷十五篇，曰統典論，曰弼輔錄論，曰道脈譜論，曰古經旨論，曰原教，曰聖人取人定法論，凡六篇，爲上卷；祀典議五篇及先王傳道述、聖門傳道述、吾道述，凡八篇，爲中卷；聖門定旨兩變序記一篇，爲下卷；其間復以表十一篇分附焉。

驟看這部書名和目錄，很像是一部宋明道學先生們理障的著作，其實大大不然。燕峰是對於宋元學術革命的急先鋒；這部書驚心動魄之言，不在顏習齋四存編之下。其最不同之點，則習齋連漢唐學派一概排斥，燕峰則提倡注疏。就這點論，燕峰不能如習齋之澈底，其學風實與後此乾嘉學

（接上頁注）附蔡廷治私謚議："康熙四十年辛巳，成都費燕峰先生卒於江都之野田村。"家傳謂"崇禎甲申，考年二十"，年譜謂"崇禎十一年戊寅，十四歲"，則生於天啓五年乙丑，家傳作"天啓六年乙丑"，誤五爲六。家傳、年譜俱謂得年七十七歲，則卒於康熙四十年辛巳，與蔡氏私謚議同，家傳作"康熙三十八年辛巳"，誤四十爲三十八。

派頗接近。但乾嘉學者並未受燕峰影響，不可不知。燕峰和同時的顔習齋、毛西河雖同爲反宋學的健將，而燕峰之特色，則在研究歷史上學術變遷之跡，能説明宋學所自出。他以爲中國學術自三國六朝以後分爲南北兩派，而宋學則從南派衍來。其論南北派曰：

　　……迫於魏晉，王弼、何晏，習爲清談，儒學始變，朝野相尚，損實壞政。中原淪没，宋齊梁陳，偏安江左，諸儒談經，遂雜玄旨，何承天、周弘正①、雷次宗、劉瓛、沈麟士、明山賓、皇侃、虞喜、周捨、伏曼容、張緒諸君子，緇素並聽，受者甚廣。北方舊族，執經而言聖人之道，盧玄、王保安、刁沖、劉蘭、張吾貴、李同軌、徐遵明、熊安生、劉焯、劉炫諸儒，弟子著録千萬計，古經得傳，深有賴焉。……原教

他續論自唐迄宋學術變遷大勢。説道：

　　唐啖助、王玄感、陸淳以來，詁經已出意見，尚未大變亂也。經旨大變，創於王軮，和以賈昌朝；而劉敞爲説，始異古注疏，然不著天下。王安石自昌朝發，獨任己私，本劉敞七經小傳，盡改古注爲新義，……誣辨幽

①周　原作“尉”，據稿本、清華本、學報本、民志本改。

誕，以爲道德性命之微。……安石言之則爲新義，行之則爲新法，天下騷然，宋遂南渡。當是時不守古經言"足兵足食"、"好謀而成"，從生聚教訓實處講求，思以立國；而朝士所爭，乃王安石、程頤之學術。上殿專言"格物"，道德性命之説益熾。呂祖謙、陸九淵、朱熹、張栻、陳亮論各不同，而九淵與熹尤顯。……熹爲集注，力排七十子古今諸儒，獨取二程，然二程與安石稍異者，不過"靜坐"、"體驗"、"會活潑潑地"氣質之性耳，一切道德性命臆説，悉本安石焉。……今之非安石者皆是也。安石、程、朱，小殊而大合，特未嘗就數家遺書細求耳。……明永樂專用熹説作四書五經大全①，命科舉以爲程式，生徒趨時，遞相祖受，七十子所遺漢唐相傳共守之實學殆絶。……王守仁雖以熹窮理格物爲非，而復溯九淵本心之説，改九淵接孟軻。自此窮理、良知二説並立，學者各有所好，互相仇敵。道脈譜論

他又論宋儒之學乃剽竊佛道兩家而來，歷舉邵雍之出於陳搏，周敦頤之出於壽厓，其考證雖不逮黃晦木、胡朏明之詳博，而論斷尤痛切。謂：

　　諸儒闢二氏，謂其惑世誣民，若不可令一日容於斯

世。而陰竊其説以自潤，又何以服二氏。_{聖門定旨兩變}
_{序記}

又謂：

羲文周孔至宋，乃託二氏再生於天地之間！吾道
受辱至此，百爾君子，欲不憤得乎？_{道脈譜論}

他以爲："凡宋儒所自詡爲不傳之祕者，皆彷彿爲見，依
倚成理。昔儒非不知之也，但不以爲學。"_{古經旨論} 所以不以
爲學之故，他以爲一因其不能普及，二因其不能應用。所謂
不能普及者，他説：

聖人立教，十人中五人能知五人不能知，五人能行
五人不能行，不以爲教也。……今大郡十餘萬家，長老
子弟秀傑者，雖上下不齊，而常千百人於孝弟忠信詩書
六藝之文可以與知也。浸沿敷衍於後儒性理新説，多
者五六人或二三人，或千里無一人焉。道不遠人，説何
艱深若此。_{原教}

所謂不能應用者，他説：

清談害實，起於魏晉，而盛於宋南北。……齊逞臆

見，專事口舌。又不降心將人情物理平居處事點勘離
合，說者自說，事者自事，終爲兩段；即有好議論，美聽
而已矣。……後儒所論，惟深山獨處乃可行之；城居郭
聚有室有家，必不能也。……無論其未嘗得而空言也，
果靜極矣，活潑潑地會矣，坐忘矣，沖漠無朕至奧①，心
無時不在腔子裏，性無不復，即物之理無不窮，本心之
大無不立而良知無不致矣，亦止與達摩面壁、天台止觀
同一門庭。何補於國？何益於家？何關於政事？何救
於民生？聖門定旨兩變序記

他又極論空言高論之有害政治，說道：

論政當以身所當者爲定。……井田封建，先王之
善政也；郡縣阡陌，後王之善政也。……專言三代，欲
以爲治，不過儒生飾辭耀世。苟實行之，誤國家而害
民生，必如社倉青苗空竭四海而後止也。……自宋以
來，天下之大患，在實事與議論兩不相侔②，故虛文盛
而真用薄。儒生好議論，然草野誦讀，未嘗身歷政事，
執固言理，不達事變；滯古充類，責人所難。……先王傳
道述

---

①漠　原作"漢"，清華本、民志本同，據稿本、學報本改。
②原於"在"後衍一"於"字，清華本、學報本、民志本同，據稿本刪。

他又反對宋儒之禁欲主義，説道：

> 飲食男女，人之大欲存焉。衆人如是，賢哲亦未嘗不如是也。……欲不可縱，亦不可禁者也。不可禁而強禁之，則人不從。遂不禁任其縱，則風俗日壞。聖人制爲禮樂，因人所欲而以不禁禁之也。統典論

又説：

> 生命人所共惜也，妻子人所深愛也，産業人所至要也，功名人所極慕也，飢寒困辱人所難忍也，憂患陷阨人所思避也，義理人所共尊也，然惡得專取義理，一切盡舍而不合量之歟？論事必本於人情，議人必兼之時勢。功過不相掩，而得失必互存。不當以難行之事徒侈爲美談，不當以必用之規遂指爲不肖。弼輔録論

燕峰學術的要點大略如右。我們拿來和亭林、習齋、乾初、東原諸家之説並讀，當可發見其相同之點甚多。蓋明學反動的結果，一時學風不期然而然也。但燕峰於破壞方面，不能如習齋之徹底；於建設方面，不能如亭林之健實。又没有弟子以張其軍，遺書亦湮晦罕傳，所以這樣精悍的思想家，三百年間幾乎没人知道。最初表章他的爲同治間

之<u>戴子高</u>①。他的<u>謫麐堂集</u>中有費舍人別傳一篇，但亦語焉不詳。最近遺著出世，這位大學者漸漸復活起來了。

五　<u>唐鑄萬</u>　<u>胡石莊</u> 附易堂九子

同時<u>四川</u>還有一位怪人曰<u>唐鑄萬</u>。但費<u>唐</u>兩位，雖屬<u>蜀</u>產，然中年以後都流寓<u>江淮</u>，我們是要注意的。

<u>唐甄</u>，原名<u>大陶</u>，字<u>鑄萬</u>，號<u>圃亭</u>，<u>四川</u><u>達州</u>人。生<u>明</u><u>崇禎</u>三年，卒<u>清</u><u>康熙</u>四十三年（一六三〇——一七〇四），年七十五。與<u>閻百詩</u>、<u>顏習齋</u>同年卒。<u>順治</u>丁酉舉人，曾任<u>山西</u><u>長子縣</u>知縣，僅十箇月便去官，在任內勸民植桑八十萬株。他早年因<u>蜀</u>亂避地居<u>蘇州</u>，遂游長，終老於<u>蘇</u>。家計赤貧，常常斷炊，采廢圃中枸杞葉爲飯，衣服典盡，敗絮藍縷，陶陶焉振筆著書不輟。他學無師授，我們讀他的書，知道他曾與<u>王崑繩</u>、<u>魏冰叔</u>、<u>顧景范</u>爲友。他著書九十七篇，初名曰<u>衡書</u>，晚乃改名<u>潛書</u>。<u>魏冰叔</u>初見<u>潛書</u>，大驚曰：“此周秦之書也，今猶有此人乎？”<u>梅定九</u>一見便手錄全部，曰：“此必傳之作，當藏之名山以待其人耳。”俱見<u>王聞遠</u>著<u>圃亭先生行略</u>　<u>潘次耕</u>爲之序曰：“古之立言重世者，必有卓絶之識、深沉之思蘊積於中，多不可制，吐而爲辭，風發泉湧。若先秦諸子之書，醇駁不同，奇正不一，要皆獨抒己見，無所蹈襲，故能歷千載而不磨。……斯編遠追古人，貌離而神合。不名<u>潛書</u>，直名‘唐

---

① 章　原作“張”，清華本、學報本、民志本同，據稿本改。

子’可矣。”本書卷首鑄萬品格高峻，心胸廣闊，學術從陽明入手，亦帶點佛學氣味，確然有他的自得。又精心研究事物條理①，不爲蹈空騖高之談。這部潛書，刻意摹追周秦諸子，想要成一家之言。魏潘恭維的話，未免過當。依我看，這部書，有粗淺語卻無膚泛語，有枝蔓語卻無蹈襲語。在古今著作之林，總算有相當位置，大約王符潛夫論、荀悦申鑑、徐幹中論、顏之推家訓之亞也。

鑄萬宗陽明心學，其自得處頗類心齋、東崖父子之以樂爲學。嘗自述其下手法門道：

甄晚而志於道，而知即心是道，不求於外而壹於心，而患多憂多恚爲心之害。有教我以主靜者，始未嘗不靜，久則復動矣；有教我以主敬者，始未嘗不敬，久則復縱矣。從事於聖人之言，博求於諸儒之論，爲之未嘗不力，而憂恚之疾終不可治。因思心之本體虛而無物者也：時有窮達，心無窮達，地有苦樂，心無苦樂，人有順逆，心無順逆。三有者世之妄有也，三無者心之本無也，奈何以其所妄有加之於其所本無哉？心本無憂恚，而勞其心以治憂恚，非計之得也。……吾今而知疾之所由來矣：吾之於人也，非所好而見之，則不宜於其人；

①物　原作“務”，清華本、學報本、民志本同，據稿本改。

吾之於食也①，非所好而進焉，則不宜於其味。……即
此一人，即此一事，或宜於朝不宜於夕，或不宜於朝而
宜於夕。其所不宜者，必當吾之不悦時也；其所宜者，
必當吾之悦時也。然則宜在悦不在物也，悦在心不在
宜也。故知不悦爲戕心之刃，悦爲入道之門。……於
是舍昔所爲，從悦以入。……無强制之勞，有安獲之
益。……悦入篇

　　這段話大概是鑄萬一生得力所在。他以爲："不悦則常懷煩
懣，多見不平，多見非理。所以一切怨天尤人不相親愛，皆
由此生。悦則反是。"我認爲這話是狠好的，我自己的修養
也是向這條路上走。他又説："古人教亦多術矣，不聞以悦
教人，而予由此入者何？予蜀人也，生質如其山川，湍急不
能容而恒多憂恚，細察病根，皆不悦害之。悦爲我門，非衆
之門。"這段話更好：講學專標一宗旨，此如持獨步單方以療
百病②，陸桴亭嘗非之。鑄萬主張各自搜尋自己病根，各自
找藥，最爲通達。他説地理關係影響到人的生質，書中屢説這
種話。亦極有理致。

　　鑄萬雖極力提倡心學，然與宋明儒明心見性之説不同，
他養心專爲治事用，所以心學只算手段，不算目的。他説：

----

①吾　原作"名"，清華本、學報本、民志本同，據稿本改。
②持　原作"指"，清華本、學報本、民志本同，據稿本改。

"事不成，功不立，又奚貴無用之心？不如委其心而放之。"辨
儒篇所以他對於客觀的事物條理，認爲必須詳實研究。
他説：

　　　顧景范語唐子曰："子非程子、朱子，且得罪於聖人之
門。"唐子曰："是何言也！二子古之賢人也，吾何以非之？
乃其學精内而遺外。……"顧子曰："内盡即外治。"唐子
曰："然則子何爲作方輿書也？但正子之心，修子之身，險
阻戰備之形，可以坐而得之！何必討論數十年而後知居
庸雁門之利，崤函洞庭之用哉？"……有爲篇

讀此可以知他對於客觀研究的態度如何了。潛書下篇所
講，都是他對於政治上的意見，大抵按切事勢，不爲迂談，亦
可見他用力所在。

　　鑄萬對於社會問題，亦有許多特見：備孝篇説愛子者當
無分男女愛之若一，内倫篇、夫婦篇説男女平等之理，鮮君
篇、抑尊篇、室語篇力言君主專制政體之弊，破崇篇痛斥自
殺之非①，大命篇痛歎貧富不均之現象，謂天下之亂皆從此
起。皆驚心動魄之言。今録其一二：

　　　自秦以來，凡爲帝王者皆賊也。……今也有負數

————————————

①崇　原用"崇"，據稿本、清華本、學報本、民志本改。

匹布或擔數斗粟而行於塗者，或殺之而有其布粟，是賊乎？非賊乎？……殺一人而取其匹布斗粟猶謂之賊，殺天下之人而盡有其布粟之富乃反不謂之賊乎？三代以後有天下之善者莫如漢。然高帝屠城陽、屠潁陽，光武屠城三百。……古之王者，有不得已而殺者二：有罪不得不殺，臨戰不得不殺。……非是奚以殺爲？若過里而墟其里，過市而竄其市，入城而屠其城，此何爲者。大將……偏將……卒伍……殺人，非大將、偏將、卒伍殺之，天子實殺之；官吏殺人①，非官吏殺之，天子實殺之。殺人者衆手，天子實爲之大手！……百姓死於兵與因兵而死者十五六，暴骨未收，哭聲未絶，於是乃服衮冕、乘法駕、坐前殿受朝賀，高宮室、廣苑囿以貴其妻妾，以肥其子孫。彼誠何心而忍享之？若上帝使我治殺人之獄，我則有以處之矣。……室語篇

這些話與黃梨洲的原君篇不謀而合。三百年前有此快論，不能不説是特識。當清聖祖時，天下謳歌聖明，這種議論，也算大膽極了。他的存言篇有一段説當時社會困窮彫敝之實狀，亦是絶好史料，可爲官書粉飾謳歌之反證。他又説：

　　天地之道故平，平則萬物各得其所。及其不平也，

---

① 人　原作"之"，學報本、民志本同，據稿本、清華本改。

此厚則彼薄，此樂則彼憂。爲高臺者必有洿池，爲安乘者必有繭足。王公之家一宴之味，費上農一歲之穫，猶食之而不甘。吳西之民，非凶歲，爲麩粥雜以苽稊之灰①，無食者見之，以爲是天下之美味也。人之生也，無不同也；今若此，不平甚矣。提衡者權重於物則墜，負擔者前重於後則傾，不平故也。……嗚呼！吾懼其不平以傾天下也。……大命篇

這話雖短，現代社會主義家之言汗牛充棟，只怕也不過將這點原理發揮引伸罷了。

鑄萬的哲學——人生觀，也有獨到之處。他論人死而不死之理，頗能將科學的見解和宗教的見解調和起來。他説：

唐子見果蓏，曰果蓏與天地長久也。見桃李，曰桃李與天地長久也。見鸝鴝，曰鸝鴝與天地長久也。天地不知終始，而此二三類者見敝不越歲月之間，而謂之同長而並久，其有説乎？百物皆有精，無精不生。既生既壯，練而聚之，復傳爲形。形非異，即精之成也；精非異，即形之初也。收於實，結於彈，禪代不窮。自有天地，即有是果蓏、鸝鴝以至於今。人之所知，限於其目。

①苽　原在“麩”之後，民志本同，據稿本、清華本、學報本乙。

今年一果蠃生，來年一果蠃死；今日爲鸛鶋之子者生，來日爲鸛鶋之母者死；何其速化之可哀乎？察其形爲精，精爲形，萬億年之間，雖易其形爲萬億果蠃，實萬億果蠃而一蔓也；雖易其形而爲萬億鸛鶋，實萬億鸛鶋而一身也。果鳥其短忽乎？天地其長久乎？……人所欲莫如生，所惡莫如死。雖有高明之人，亦自傷不如龜鶴，自歎等於蜉蝣，不察於天地萬物之故，反諸身而自昧焉。是故知道者朋酒羔羊以慶友朋而不自慶，被衰圍絰以致哀於親而不自哀。蓋察乎傳形之常，而知生非創生、死非卒死也。……物之絕續衆矣，必有爲絕爲續者在其中，而後不窮於絕續也；人之死生多矣，必有非生非死者在其中，而後不窮於生死也。……仲尼觀水而歎逝者。……時之逝也，日月迭行，晝夜相繼，如馳馬然。世之逝也，自皇以至於帝王，自帝王以至於今兹，如披籍然。人之逝也，少焉而老至，老矣而死至，如過風然。此聖人與衆人同者也。聖人之所以異於衆人者，有形則逝，無形則不逝；順於形者逝，立乎無形者不逝。無古今，無往來，無生死，其斯爲至矣乎！博觀篇

這篇上半所講，就是莊子說"萬物皆種也，以不同形相禪"的道理。近代生物學家講細胞遺傳，最足以爲他所說"傳形不窮"的明證。但他所說"有非生非死者在其中"，又非專指物

質的細胞而言。細胞之相禪，人與果蠃、鶻鵃所同；精神之相禪，則人所獨。精神之順應的相禪，盡人所同，精神之自主的相禪，則聖賢豪傑所獨。鑄萬之人生觀，大概如此。

然則儒家聖賢何故不談這種哲理耶？即潛書中亦何故狠少談這種哲理耶？鑄萬以爲實在是不該談。他説：

> ……如徒以身而已，一年十二月，一月三十日，一日九十六刻，一刻之間，萬生萬死。草木之根枝化爲塵土，鳥獸之皮骨化爲塵土，人之肢體化爲塵土；忽焉而有，忽焉而無。……而謂其滅則俱滅焉，必不然矣。不知，不智；知而不言，不仁。孔孟豈有不知，何爲不言？非不言也，不可言也。聖人治天下，治其生也。生可治，死不可治；故生可言，死不可言也。……聖人若治死，必告人以死之道：則必使露電其身，糞土富貴，優偶冠裳；則必至政刑無用，賞罰無施。……夫天下之智者一二，愚者千萬；爲善者少，爲惡者多；而生死之理又不可以衆著。……是故聖人以可言者治天下，以不可言者俟人之自悟。……甄也生爲東方聖人之徒，死從西方聖人之後矣。有歸篇

這話説得極平允。他對於佛法的信仰和徹悟，亦可想見了。他又説：“老養生，釋明死，儒治世。三者各異，不可相通。合之者誣，校是非者愚。”性功篇 這種見地，比向來攘斥佛老

或會通三教等學説又高明得多了。

　　　*　　　*　　　*　　　*　　　*

　　同時復有著書成一家言者曰胡石莊。

　　胡承諾，字君信，號石莊，湖北天門人。明崇禎舉人。生卒年無考①。著繹志六十一篇三十餘萬言。其篇目如下：

志學	明道	立德	養心	修身	言行	成務
辨惑	聖王	睿學	至治	治本	任賢	去邪
大臣	名臣	諫諍	功載	吏治	選舉	朋黨
辨姦	教化	愛養	租庸	雜賦	導川	敕法
治盜	三禮	古制	建置	祲祥	兵略	軍政
武備	名將	興亡	凡事	立教	論交	人道
出處	取與	慎動	庸行	父兄	宗族	夫婦
祀先	奉身	養生	經學	史學	著述	文章
雜説	兼采	尚論	廣徵	自叙		

　　石莊這箇人和他這部書，從前幾乎没有人知道。李申耆兆洛家藏有石莊的讀書録寫本四册，有柴虎臣紹炳的跋。申耆説他"文體類淮南、抱朴，鱗雜細碎，隨事觀理而體察之"。這部書被人借觀失掉，申耆大以爲恨。其後申耆又從

————

①胡玉章撰胡氏年譜（讀書説附録）："公諱承諾，字君信，號東柯，村居時號固齋，又曰隱磯漁人，晚年辭官歸，乃號石莊，恒自稱石莊老人。……明萬曆三十五年丁未（一六〇七）十月二十八日戌時，公生於石門。……清康熙二十年辛酉（一六八一），公七十有五歲，六月十三日卒。"

舊書攤裏得着這部繹志，託人刊刻，又失去多年，最後乃復得。道光十七年，纔託顧竹泉錫麒刻出。申耆批評他，説是："貫通古今，包合宇宙，不啻之纂述也。"竹泉説："有説苑、新序、法言、申鑑、人物志、潛夫論、中説之宏肆，而精粹過之。有正蒙、近思録、讀書録、呻吟語之醇明，而條貫過之。"毛嶽生説："自前明來書之精博有益於理道名實決可見諸施設者，惟顧氏日知録與先生是書爲魁傑。"俱見本書卷首 譚仲修獻説："讀繹志，覺胡先生視亭林更大，視潛齋更實，視梨洲更碻，視習齋更文。遺編晚出，知者蓋鮮。顯晦之數，豈有待耶？"復堂日記 諸君對於這部書，可謂推崇極了。依我看：這書雖没有什麽創獲的見解，然而他的長處在能通貫。每闡一義，四方八面都引申到，又廣取歷史上事蹟做印證，實爲一有系統之著作，可惜陳腐空廓語往往不免。價值雖在日知録、思問録、潛書下，比後來桐城派的"載道之文"卻高十倍了。毛嶽生説欲"少删其繁近"，可惜没有著手。若經删汰一番，或者倒能增長他的價值。

＊　　　＊　　　＊　　　＊　　　＊

鑄萬、石莊都是想"立言不朽"的人。他們的工作總算不虛，留下的書確能在學術界占相當位置。當時打這種主意的人也不少，如王崑繩、劉繼莊輩皆是。此外有所謂易堂九子者，學問路數有點和唐胡相近，名聲遠在唐胡上，而成就不及他們。今在這裏附論一下。

易堂九子皆江西人，寧都魏善伯祥、魏冰叔禧、魏和公禮、丘邦士維屏①、李力負騰蛟、彭中叔任、曾青黎傳燦、南昌彭躬庵士望、林確齋時益也。他們當明末亂時，相約隱居於寧都之翠微山，其共同討論學問之所名曰易堂，因以得名。九子中以三魏爲領袖，次則丘邦士②、彭躬庵，三魏中又以冰叔爲魁，世所稱魏叔子也。他們的學風，以砥礪廉節、講求世務爲主。人格都狠高潔。冰叔當康熙己未舉鴻博時，被薦不至。時江西有謝秋水文洊，闢程山學舍集同志講程朱學。病易堂諸人"言用而遺體"，貽書冰叔爭之。冰叔復書道："今之君子，不患無明體者，而最少適用。學道人當練於世務，否則試之以事則手足錯亂，詢之以古則耳目茫昧；忠信謹守之意多，而狹隘拘牽之病作③，非所以廣聖賢學也。"魏叔子文集復謝程山書 易堂學風，觀此可見一斑了。但他們專以文辭爲重，頗有如顏習齋所謂"考纂經濟總不出紙墨見解"者。他們的文章也帶許多帖括氣，最著名的魏叔子集，討厭的地方便狠多。即以文論，品格比潛書、繹志差得遠了。

六　劉繼莊

劉獻廷，字君賢，號繼莊，順天大興人。生順治五年，卒康熙三十四年（一六四八——一六九五），年四十八。"先世本

吳人，以官太醫，遂家順天。繼莊年十九，復寓吳中，其後居
吳江者三十年。晚更游楚①，尋復至吳，垂老始北歸，竟反吳
卒焉。"鮚埼亭集劉繼莊傳文 他爲萬季野所推重，引參明史館
事。又嘗與顧景范、黃子鴻、閻百詩、胡東樵同修大清一統
志。嘗游湖南，交王船山，當時知有船山者，他一人而已。
王崑繩説生平只有兩箇朋友，第一箇是劉繼莊，第二箇纔是
李恕谷。恕谷後集王子傳 全謝山説："予獨疑繼莊出於改步之
後，遭遇崑山兄弟徐乾學、元文而卒老死於布衣。又其栖栖吳
頭楚尾間，漠不爲枌榆之念，將無近於避人亡命者之所爲？
是不可以無稽也，而竟莫之能稽。"劉繼莊傳文，下並同。又説：
"蓋其蹤跡非尋常游士所閱歷，故似有所諱而不令人知。"謝
山所提出這箇悶葫蘆，我們生幾百年後，史料益缺乏，更無
從猜度。總之知道繼莊是一箇極奇怪人便了。他的著作或
未成或散佚，現存的只有一部廣陽雜記。謝山從那部書裏
頭摘出他的學術要點如下：

　　繼莊之學，主於經世。自象緯律曆以及邊塞關要
財賦軍器之屬，旁而岐黃者流，以及釋道之言，無不留
心。深惡雕蟲之技。其生平自謂於聲音之道別有所
窺，足窮造化之奧，百世而不惑。嘗作新韻譜，其悟自
華嚴字母入，而參之以天竺陀羅尼、泰西蠟頂話、小西

---

① 更　原作"學"，據稿本、清華本、學報本、民志本改。

天梵書暨天方、蒙古、女真等音，又證之以遼人林益長之説而益自信。同時吳修齡自謂蒼頡以後第一人，繼莊則曰是其於天竺以下書皆未得通，而但略見華嚴之旨者也。繼莊之法，先立鼻音二，以鼻音爲韻本，有開有合，各轉陰陽上去入之五音，陰陽即上下二平，共十聲，而不歷喉腭舌齒唇之七位，故有橫轉無直送，則等韻重疊之失去矣。次定喉音四，爲諸韻之宗，而後知泰西蠟頂話、女直國書、梵音尚有未精者。以四者爲正喉音，而從此得半音、轉音、伏音、送音、變喉音，又以二鼻音分配之，一爲東北韻宗，一爲西南韻宗，八韻立而四海之音可齊。於是以喉音互相合，凡得音十七；喉音與鼻音互相合，凡得音十；又以有餘不盡者三合之，凡得音五；共三十二音，爲韻父。而韻歷二十二位爲韻母。橫轉各有五子，而萬有不齊之聲攝於此矣。嘗聞康甲夫家有紅毛文字，惜不得觀之以合泰西臘頂語之異同。又欲譜四方土音以窮宇宙元音之變，乃取新韻譜爲主，而以四方土音填之，逢人便可印正。蓋繼莊是書，多得之大荒以外者，囊括浩博，學者驟見而或未能通也。

其論向來方輿之書，大抵詳於人事，而天地之故概未有聞。當於疆域之前別添數則：先以諸方之北極出地爲主，定簡平儀之度制，爲正切線表。而節氣之後先，日蝕之分秒，五星之陵犯占驗，皆可推矣。諸方七十二候各各不同，如嶺南之梅十月已開，桃李臘月已開，而吳下梅開於驚蟄，桃李開於清明，相去若此之殊。今世所傳七十二候，本諸月令，乃七國時中原之氣候。今之中原已與七國之中原不合，則曆差爲之。今於南北諸方細考其氣候，取其核者詳載之爲一則，傳之後世，則天地相應之變遷可以求其微矣。燕京、吳下，水皆東南流，故必東南風而後雨；衡湘水北流，故必北風而後雨。諸方山水之向背分合，皆當按籍而列之，而風土之剛柔暨陰陽燥濕之徵，又可次第而求矣。諸方有土音，又有俚音，蓋五行氣運所宣之不同，各譜之爲一則，合之土産，則諸方人民性情風俗之微，皆可推而見矣。此固非一人所能爲，但發其凡而分觀其成，良亦古今未有之奇也。

其論水利，謂西北乃二帝三王之舊都，二千餘年未聞仰給於東南。何則？溝洫通而水利修也。自劉石雲擾以訖金元，千有餘年，人皆草草偷生，不暇遠慮，相習成風，不知水利爲何事。故西北非無水也，有水而不能用也。不爲民利，乃爲民害，旱則赤地千里，潦則漂没民居，無地可瀦，無道可行。人固無如水何，水亦無如人何。虞學士始奮然言之，郭太史始毅然行之，未幾竟廢，三百年無過而問者[1]。有聖人者出，經理天下，必自西北水利始，水利興而後足食教化可施也。西北水利

---

[1]問　原作“向”，清華本、民志本同，據稿本、學報本改。

莫詳於水經酈注，雖時移勢易，十猶可得其六七。酈氏略於東南，人以此少之，不知水道之當詳，正在西北。欲取二十一史關於水利農田戰守者，各詳考其所以，附以諸家之說以爲之疏，以爲異日施行者之考證。

又言朱子綱目非其親筆，故多迂而不切，而關係甚重者反遺之。當別作紀年一書。

凡繼莊所撰著，其運量皆非一人一時所能成，故雖言之甚殷而難於畢業，是亦其好大之疵也。

觀此，則繼莊學術之大概可見了。內中最重要的是他的新韻譜。音韻學在明清之交，不期而到處興起。但其中亦分兩派：一派以韻爲主，顧亭林、毛西河、柴虎臣等是；一派以音爲主，方密之、吳修齡及繼莊等是。以音爲主者，目的總在創造新字母，又極注重方言，密之、繼莊同走這一條路。繼莊自負如此，其書必有可觀，——最少也足供現在提倡字母的人參考——今失傳，真可惜了。次則他的地理書：所注重者爲地文地理、人文地理。在那時候有這種見解，實可佩服，可惜沒有著成。又他想做的水經注疏，雖像沒有著手，然而在趙東潛、全謝山、戴東原以前早已認識這部書的價值，也不能不說是他的特識。要之繼莊是一位極奇怪的人。王崑繩說："生死無關於天下者，不足爲天下士；即爲天下士，不能與古人爭雄長，亦不足爲千古之士。若處士者，其生其死，固世運消長所關，而上下千百年中不數見之人也。"又説："其心廓然大公,以天下爲己任。□得志行乎時,建立當不在三代下。"居業堂集劉處士獻廷墓表 □□意氣不可一世①,而推服繼莊到這步田地。繼莊真成了一箇"謎的人物"了。

七　毛西河 附朱竹垞　何義門　錢牧齋

毛奇齡,字大可,浙江蕭山人。其徒稱爲西河先生。卒康熙五十五年②,年九十四。他本是一位有才華而不修邊幅的文人,少爲詩詞,頗得聲譽。然負才佻達,喜臧否人物,人多怨之。嘗殺人,亡命淮上有年。施閏章爲營救,幸免。康熙己未舉鴻博,授檢討。時京師治經學者方盛,他也改行爲"經師"。所著經學書凡五十種,合以其他著述共二百三十四卷。四庫全書著録他的書多至四十部。皇清經解所收亦不少。晚年門弟子頗多,李恕谷也從他問樂③,儼然"一代儒宗"了。他自己説有許多經學書是早年所著,因亂遺失其稿,晚年重行補訂,這話不知是否靠得住,姑妄聽之。

西河有天才而好立異,故其書往往有獨到處。有河圖洛書原舛編、太極圖説遺議,辨圖書之僞,在胡東樵易圖明

---

①意　原作"義",清華本、學報本、民志本同,據稿本改。
②五十五　稿本、清華本、學報本作"四十□",民志本作"四十一"。按,毛氏卒年,其説不一,清史稿本傳謂康熙"五十二年卒於家,年九十一",任公此處蓋據清儒學案爲説。
③樂　原作"業",學報本同,據稿本、清華本、民志本改。

辨前。但在黃晦木後。有仲氏易，自稱是他哥哥的遺説。是不
是且不管他，這部書駁雜的地方也狠多，但提倡漢儒——荀
爽、虞翻諸人的易學，總算由他開創，後來惠定宇之易漢學，
卻受他的影響。有春秋毛氏傳，雖然武斷地方甚多，但對於
當時著爲功令的胡傳嚴爲駁辨，廓清之功也不少。有竟山
樂録，自言家藏有明代宗藩所傳唐樂笛色譜，因得以推復古
樂。這些話是否靠得住且不管他，他的音樂造詣何如也非
我們門外漢所能批評，但研究音樂的人，他總算狠早，所以
能引動李恕谷從他問業。有蠻司合誌，記雲南、四川各土司
沿革。雖其中錯謬不少，卻是前此所無之書。以上幾部書，
我們不能不認他相當的價值。他對於宋儒猛烈攻擊，有大
學知本圖説①、中庸説、論語稽求篇②等，但常有輕薄嫚罵
語，不是學者態度。還有一部四書改錯，罵朱子罵得最利
害。後來聽見清聖祖要把朱子升祀大成殿，趕緊把板毀
了！他因爲要立異和人爭勝，所以雖然敢於攻儀禮，攻周
禮，卻因閻百詩説古文尚書是假的，他偏翻過來説是真的，
做了一部古文尚書冤詞！這回投機卻失敗了，沒有一箇人
幫他。

　　這箇人品格是無足取的。全謝山作了一篇毛西河別
傳，臚列他好些劣跡，我也懶得徵引了，但舉篇中論他學術

①説　原脱，稿本、學報本、民志本同，據西河合集經集補。
②篇　原作“編”，稿本、學報本、民志本同，據西河合集經集改。

的一段。謝山説西河著述中，"有造爲典故以欺人者，如謂大學、中庸在唐時已與論孟並列於小經。有造爲師承以示人有本者，如所引釋文舊本，考之宋槧釋文，亦並無有，蓋捏造也。有前人之誤已經辨正而尚襲其誤而不知者，如邯鄲淳寫魏石經，洪盤洲、胡梅磵已辨之，而反造爲陳壽魏志原有邯鄲寫經之文。有信口臆説者，如謂後唐曾立石經之類。有不考古而妄言者，如熹平石經春秋並無左傳，而以爲有左傳。有前人之言本有出而妄斥爲無稽者，如"伯牛有疾"章集注出於晉欒肇論語駁，而謂朱子自造，則並或問、語類亦似未見者，此等甚多。有因一言之誤而誣其終身者，如胡文定公曾稱秦檜而遂謂其父子俱附和議，則籍溪、致堂、五峰之大節，俱遭含沙之射矣。有貿然引證而不知其非者，如引周公朝讀書百篇，以爲書百篇之證，周公及見冏命①、甫刑耶？有改古書以就己者。如漢地理志回浦縣乃今台州以東②，而謂在蕭山之江口，且本非縣名。其謬如此。"謝山性太狷急，其抨擊西河或不免過當。要之西河是"半路出家的經生"，與其謂之學者，毋寧謂之文人也。

＊　　　＊　　　＊　　　＊　　　＊

　　同時"文人的學者"，有兩箇人應該附論：這兩箇人在學術界的衝動力不如西河③，品格卻比他高。——一是朱竹垞，一是何義門。

---

①及　原作"即"，學報本、民志本同，據稿本改。　　冏　原作"罔"，民志本同，據稿本、學報本改。
②地理志　原作"地志理"，據稿本、學報本、民志本改。
③箇　原脱，民志本同，據稿本、學報本補。

朱彝尊，字竹垞，浙江秀水人。卒康熙四十八年（一七○九），年八十一。他也是康熙己未鴻博的檢討。他的詩和王漁洋齊名，但他在學問界也有狠大的貢獻。他著有日下舊聞四十二卷，專考京城掌故。有經義考三百卷，把自漢至明說經的書大概都網羅齊備，各書序跋目錄都錄入，自己更提要批評，私人所撰目錄學書，沒有比他更詳博的了。又有瀛洲道古錄若干卷，專記翰林院掌故；五代史注若干卷；禾錄若干卷，記秀水掌故；鹺志若干卷，記鹽政。竹垞之學，自己沒有什麼心得，卻是搜集資料極爲淹博，所以在清學界該還他一箇位置。

何焯，字屺瞻，號義門，江蘇長洲人。卒康熙六十一年（一七二二），年六十二。他早年便有文名，因爲性情伉直，屢遭時忌，所以終身潦倒。他本是翁叔元門生，叔元承明珠意旨參劾湯斌而奪其位，他到叔元家裏大罵，把門生帖子取回。他喜歡校書，生平所校極多，因爲中間曾下獄一次，家人怕惹禍，把他所有著作稿都焚毀了。現存的只有困學紀聞箋、義門讀書記兩種。他所校多半是小節，又並未有用後來校勘家家法。全謝山說他不脫帖括氣，誠然。但清代校勘學，總不能不推他爲創始的人。

更有一位人格極不堪而在學界頗有名的人曰錢牧齋。

錢謙益，字牧齋，晚號蒙叟，江蘇常熟人。他是一位東林老名士，但晚節猖披已甚：清師渡江，首先迎降，任南禮部尚書。其後因做官做得不得意，又冒充遺老。論人格真是一無可取。但他極熟於明代掌故，所著初學集、有學集中，史料不少。他嘗親受業於釋憨山德清，人又聰明，晚年學佛，著楞嚴蒙鈔，總算是佛典注釋裏頭一部好書。他因爲是東林舊人，所以黃梨洲、歸玄恭諸人都敬禮他，在清初學界有相當的勢力。

八　呂晚村[①]　戴南山

初期學者有爲文字獄所犧牲的兩位，曰呂晚村、戴南山。這兩位都因身罹大禍，著作什九被燒毁，我們無從見其真相。據現在流傳下來的遺書而論，兩位都像不過是帖括家或古文家[②]，不見得有狠精深學問。但他們總是和清代學術有關係的人。雖然資料缺乏，也得記一記。

呂留良，字用晦，號晚村，浙江石門人。卒康熙二十二年（一六八三），年五十五[③]。他是一位廩生，康熙間曾薦舉山林隱逸、博學鴻儒，皆不就。篤守程朱學說，著書頗多。學風和朱舜水像有點相近。對於滿洲征服中國，憤慨最深。嘗說：“孔子何以許管仲不死公子糾而事桓公甚至美爲仁者，是實一部春秋之大義也。君臣之義固重，而更有大於此者。所謂大於此者何耶？以其攘夷狄救中國於被髮左衽也。”他的著述中像這樣的論調大概甚多。他卒後，他的門

①晚村　原作“村晚”，據稿本、學報本、民志本乙。
②位　原脱，學報本、民志本同，據稿本補。
③年五十五　稿本、學報本、民志本作“年壽待考”。

生嚴鴻逵、沈在寬誦法其學。康熙末年有湘人曾蒲潭靜因讀晚村所批時文有論"夷夏之防"等語，大感動。到他家中求其遺書盡讀之，因與嚴沈及晚村之子葆中爲密友，自是思想大變。雍正初年，對於功臣猜忌特甚，川陝總督岳鍾琪有點不自安。蒲潭乃派他的門生張熙上書鍾琪，勸他革命。後來事情鬧穿了，將蒲潭及沈張等，提京廷訊，鬧了幾年，結果將晚村剖棺戮屍，子孫族滅。門生故舊，株連無數。晚村所有著述，焚毀都盡。只有雍正御撰駁呂留良四書講義一書①，今尚流傳，因此可見晚村學說之一二。吾家中有此書，待檢出後擇要徵引。又據雍正上諭，知晚村有日記，有文集，文集中有致吳三桂書。上諭說："其所著文以及日記等類，或鐫板流傳，或珍藏祕密，皆人世耳目所未經，意想所未到者。朕繙閱之餘，不勝惶駭。蓋其悖逆狂噬之詞，凡爲臣子者所不忍寓之於目，不忍出之於口，不忍述之於紙筆者也。"據此，則晚村言論之如何激烈②，可以想見。雍正所著大義覺迷錄③，專爲駁晚村學說而作。內中辨夷夏的話最多，次則辨封建，據此亦可略見晚村著作內容如何了。雍正七年四月上諭引晚村文集，有"今日之窮爲羲皇以來所僅見"語。以與唐鑄萬潛書存言篇對照，可想見所謂"康熙全盛"時民生狀況如何，實極重要之史料。雍正因晚村

---

①講　原脱，稿本、學報本、民志本同，據原書書名補。按，呂氏之書，即名呂晚村先生四書講義。

②言論之　原作"之言論"，學報本、民志本同，據稿本乙。

③迷　原作"述"，學報本、民志本同，據稿本改。

之故痛恨浙江人。說道："朕向來謂浙江風俗澆漓，人懷不逞。如汪景祺、查嗣庭之流，皆謗訕悖逆。甚至民間氓庶，亦喜造言生事。皆呂留良之遺害也。"七年上諭浙中學者，自舜水、梨洲以至謝山，皆民族觀念極盛，本非倡自晚村。然晚村在當時浙學界有不小的勢力，我們倒是因讀雍正上諭纔得知道哩。

戴名世，字田有，號南山，安徽桐城人。康熙五十二年下獄論死，年六十一。他本是一位古文家。桐城派古文，實應推他爲開山之祖。他從小喜讀左傳、史記，有志自撰明史。同縣方孝標嘗游雲南，著滇黔紀聞，述永曆間事。南山好其書。或說方孝標嘗受吳三桂僞職，似不確。後有永曆宦官出家爲僧號犁支者，與南山門人余石民湛談永曆遺事頗多，南山采以入其集。康熙五十年爲都御史趙申喬所劾，大獄遂起。其獄牽連至數百人，方苞、韓菼等皆在内。因康熙帝從寬處置，論死者僅南山一人而止。南山集在當時爲禁書，然民間傳本不絕。集中並無何等奇異激烈語。看起來南山不過一位普通文士，本絕無反抗清廷之意。他是康熙四十八年榜眼，時年已五十七歲了。但他對於當時官修明史，確有所不滿。他說：

昔者宋之亡也，區區海島一隅，僅如彈丸黑子，不踰時而又已滅亡，而史得以備書其事。今以弘光之帝南京，隆武之帝閩越，永曆之帝兩粤、帝滇黔，地方數千里，首尾十七八年，揆以春秋之義，豈遽不爲昭烈之在蜀，帝昺之在崖州？而其事漸以滅没！……老將退卒，故家舊臣，遺民父老，相繼漸盡；而文獻無徵，凋殘零落，使一時成敗得失與夫孤忠效死流離播遷之情狀，無以示於後世，豈不可歎也哉？終明之世，三百年無史，金匱石室之藏，恐終淪散放失。而當世流布諸書缺略不詳，毁譽失實。嗟乎！世無子長孟堅，不可聊且命筆。鄙人無狀，竊有志焉。……余夙者之志，於明史有深痛。輒好問當世事，而身所與士大夫接甚少，士大夫亦無以此爲念者。……"南山集與余生書

讀這篇書，南山對於明史的感想，略可概見，而其身遭大禍亦即以此。康熙中葉，文網極寬，思想界狠有向榮氣象。此獄起於康熙倦勤之時，雖辦理尚屬寬大，然監謗防口之風已復開矣。跟着就是雍正間幾次大獄，而乾嘉學風，遂由此確立了。

＊　　　＊　　　＊　　　＊　　　＊

本講所列舉的不倫不類十幾箇人，論理，不應該在一塊兒評論，但因此益可見清初學術方面之多與波瀾之壯闊。凡學界之"黎明期運動"，大率都有這種氣象①。乾嘉以後，號稱清學全盛時代，條理和方法，雖比初期緻密許多，思想界卻已漸漸成爲化石了！

---

①有　原作"是"，學報本、民志本同，據稿本改。

第十三講　清代學者整理舊學之總成績(一)

——經學　小學及音韻學

　　以乾嘉學派爲中堅之清代學者，一反明人空疏之習，專從書本上鑽研考索，想達到他們所謂"實事求是"的目的。依我們今日看來，他們的工作，最少有一半算是白費。因爲他們若肯把精力用到別箇方向去，成就斷不止此。但這是爲時代性所限，我們也不能太過責備。至於他們的研究精神和方法，確有一部分可以做我們模範的，我們萬不可以看輕他。他們所做過的工作，也確有一部分把我們所應該的已經做去，或者替我們開出許多門路來，我們不能不感謝。今將他們所表現的總成績略分門類擇要叙述，且評論其價值。我箇人對於繼續整理的意見，也順帶發表一二。

一　經學

　　自顧亭林高標"經學即理學"之徽幟以與空談性命之陋

儒抗，於是二百年來學者家家談經，著作汗牛充棟。阮氏皇清經解、王氏皇清經解續編所收作者凡百五十七家，爲書都三百八十九種，二千七百二十七卷，亦云盛矣。而未收及續出者尚不在其列。幾部古經，是否值得費那麼大工夫去研究，另爲一問題。他們費這些工夫，到底把這幾部古經研究清楚没有？以下請逐部説明：

（甲）易經

易經是一部最帶神秘性的書。孔子自稱“假年以學”，相傳還有“韋編三絶”的故事，可見得這書自古已稱難懂了。漢代今文博士有施孟梁丘三家①，又有費氏的古文，又有京焦的別派。自王弼注出，盛行江左，唐人據之以作正義，自是漢易諸家俱廢。今官書之十三經注疏，所宗者弼學也。而五代、北宋間，道士陳摶始以道教中丹鼎之術附會易文，展轉傳至邵康節、周濂溪，於是有先天、太極諸圖，易益棼亂不可理。程伊川作易傳，少談天道，多言人事，稍稱絜淨。朱晦庵又綜合周邵程之説作易本義，爲明清兩朝功令所宗。蓋自王韓康伯以後，易學與老莊之道家言混合；自周邵以後，易學與後世矯誣之道教混合。清以前易學之重要流別變遷，大略如此。

清代易學第一期工作，專在革周邵派的命。黃梨洲的

---

① 丘　　原作“邱”，係避孔子名諱，今予回改。

易學象數論，首放一矢，其弟黃晦木宗炎著圖書辨惑，把濂溪
太極圖説的娘家——即陳摶自稱從累代道士傳來的無極
圖——找出來了。同時毛西河有河圖洛書原舛編①，大致與
二黃之説相發明。其後胡朏明著易圖明辯，引證詳博，把所
有一切怪誕的圖——什麼無極太極，什麼先天後天，什麼太
陽少陽太陰少陰，什麼六十四卦的圓圈方位一概打掃得乾
乾淨淨。一千年蒙罩住易經的雲霧算是開光了。這不能不
説是清初學者的功勞。

　　他們對於周邵派的破壞算是成功了，建設的工作怎麼
樣進行呢？論理，他們專重注疏，自應歸到王韓一派。但王
注援老莊以談名理，非他們所喜；而且"輔嗣易行無漢學"，
前人已經説過，尤爲漢學先生們所痛恨。所以他們要另闢
一條新路來。

　　清儒説易之書收入皇清經解者，最先的爲毛西河之仲
氏易。但這部書專憑箇人的臆見②，學無淵源，後來學者並
不重視他，所以影響也甚小。可以代表清儒易學者不過三
家，曰惠定宇，曰張皋文，曰焦里堂。

　　惠定宇所著書，曰周易述二十一卷，易漢學七卷，易例
二卷。其九經古義中關於易者亦不少。定宇的見解是：愈
古愈好，凡漢人的話都對，凡漢以後人的話都不對。然則漢

①編　原脱，稿本、雜誌本、民志本、文庫本同，據西河合集經集補。
②的　原脱，雜誌本、民志本、文庫本同，據稿本補。

人的易説一部無存，怎麽辦呢？幸而有唐李鼎祚的周易集解内中徵引許多漢儒各家遺説。定宇把他們都搜集起來，爬梳整理一番，用的勞力真不小。我們讀這幾部書，纔知道漢人易學的内容如何，這便是惠氏在學界一大成績。然成績亦止於此而已。若説他已經把這部易經弄通了，我們絶對不敢附和。爲什麽呢？因爲漢儒説易是否合於易旨，我們先已根本懷疑。漢儒講的什麽“互體”，什麽“卦變”，什麽“半象”、“兩象”，什麽“納甲”、“納音”、“爻辰”，什麽“卦氣六日七分”，依我們看來，都是當時燕齊方士矯誣之説，和陳邵太極、先天等圖没有什麽分別；王輔嗣把他們廓清辭闢，一點都不冤枉。定宇輩因爲出自漢人，便認做寶貝，不過盲從罷了。而且定宇還有一箇大毛病，是不知家法。同爲漢儒，而傳授淵源不同①，彼此矛盾的地方便不少。定宇統而名之曰“漢學”，好像漢人只有此學，又好像漢人箇箇都是此學，這便大錯了。定宇説的不過東漢末年鄭康成、荀慈明、虞仲翔等幾箇人之學，頂多可以代表一兩派，而且各人所代表的派也不能相通。惠氏凡漢皆好的主張，只怕漢儒裏頭先自打起架來，他已無法和解了。

　　張皋文所著書，主要的是周易虞氏義九卷，還有虞氏易禮、易言、易事、易候及荀氏九家義、易義別録等。皋文憑藉

------

①授　原作“受”，雜誌本、民志本、文庫本同，據稿本改。

定宇的基業①，繼長增高，自然成績要好些。他的長處在家法明瞭，把虞仲翔一家學問，發揮盡致。別家作爲附庸，分別蒐擇，不相雜廁。我們讀這幾部書，可以知道漢易中最主要的部分——虞氏易有怎樣的內容。這是皋文的功勞。若問皋文的易學是否真易學，便要先問仲翔的易學是否真易學。可惜這句話我是回答不出來的。

焦里堂所著書，有易章句十二卷，易通釋二十卷，易圖略八卷，統名雕菰樓易學三書。阮芸臺説他：“石破天驚。處處從實測而得。聖人復起，不易斯言。”王伯申説他：“鑿破混沌，掃除雲霧，可謂精鋭之兵。”阮王都是一代大儒，不輕許可；對於這幾部書佩服到如此，他的價值可推見了。里堂之學，不能叫做漢學，因爲他並不依附漢人。不惟不依附，而且對於漢人所糾纏不休的什麼“飛伏”、“卦氣”、“爻辰”、“納甲”……之類一一辨斥，和黄胡諸人辨斥陳邵易圖同一摧陷廓清之功。里堂精於算理，又精於聲音訓詁，他靠這種學問做幫助，而從本經中貫穴鈎稽，生出妙解。王伯申説：“要其法，則比例二字盡之。所謂比例者，固不在他書而在本書也。”里堂這幾部書，是否算得易經真解，雖不敢説。但他確能脱出二千年傳注重圍，表現他極大的創作力。他的創作卻又非憑空臆斷，確是用考證家客觀研究的方法得來，所以可貴。他發明幾箇重要原則，曰旁通，曰相錯，曰時

①藉　原作“籍”，民志本同，據稿本、雜誌本、文庫本改。

行，曰當位失道，曰比例，都是從彖、象、繫辭中所説推勘出來①。我細繹里堂所説明，我相信孔子治易確曾用這種方法。我對於里堂有些不滿的，是嫌他太騖於旁象而忽略本象。"旁通"、"相錯"等是各卦各爻相互變化孳衍出來的義理，是第二步義理；本卦本爻各自有其義理，是第一步義理。里堂專講第二步，把第一步幾乎完全拋棄，未免喧賓奪主了。

此外説易之書，雖然還有許多，依我看，沒有什麽價值，一概不論了。專就這三家看來，成績還不算壞。易經本是最難懂的一部書，我們能否有方法徹底懂他，狠是問題。若問比較上可靠的方法嗎？我想，焦里堂帶我們走的路像是不錯。我們應用他以本書解本書之法②，把他所闕略的那部書——即本卦本爻之意義，重新鈎稽一番，發現出幾種原則來駕馭他，或者全部可以徹底真懂也未可知。這便是我對於整理易經的希望及其唯一方法了。

（乙）尚書

尚書是一部最囉唆——問題最多的書。相傳本有三千餘篇，孔子删成百篇，已算得駭人聽聞的神話了。所謂百篇者，在漢初已沒有人見過③，只傳得二十八篇。卻是有百篇

---

① 中所説　原作"所説中"，雜誌本、民志本、文庫本同，據稿本乙。
② 之　原脱，民志本同，據稿本、雜誌本、文庫本補。
③ 沒　原脱，雜誌本、民志本、文庫本同，據稿本補。

的序文見於史記。不久又有什麼河內女子得着一篇泰誓，變成二十九篇。那篇泰誓是真是僞①，當時已成問題，然而不管真僞，他只是曇花一現，忽然又隱身不見了。二十八篇或二十九篇正立於學官，人人誦習了二百年。到西漢末，忽然有所謂古文尚書者出，說是孔安國家藏，獻入中祕，比原來的今文尚書多出十六篇來。因此惹起今古文之爭，學界生出絕大波瀾。西漢末的古文尚書是否靠得住，已成千古疑案。到東漢末，這新出的十六篇又隱身不見了。經一百多年到東晉之初，忽然又說古文尚書復活轉來！卻是由十六篇變成二十五篇，還帶着一部孔安國的注，離奇怪誕！莫此爲甚了。今文的二十八篇，到最近還有人對於他發生真假問題，這是後起之義，姑且不說。至所謂古文尚書者，僞中出僞，至再至三，說起來便令人頭眩！內中夾着一箇書序真假問題，越發麻煩極了。自唐人撰諸經正義，采用東晉晚出的古文尚書及孔安國傳，自是這部書著爲功令、立於學官者一千多年！直到清初，然後這種囉唲問題纔解決十之八九了。

　　清初學者對於尚書第一件功勞，在把東晉僞古文尚書和僞孔安國傳宣告死刑。這件案最初的告發人，是宋朝的朱子，其後元吳澄、明梅鷟等繼續控訴。到清初，黃梨洲當原告律師做了一部授書隨筆給閻百詩，百詩便自己充當裁

---

①僞　原作"假"，後一句同，雜誌本、民志本、文庫本同，據稿本改。

判官，著成尚書古文疏證八卷①，宣告那部書的死刑。還有一位姚立方際恒可以算做原告律師，他做一部尚書通論，關於這問題搜出許多證據。其書似已失傳，但一部分已被閻氏采入疏證了。同時被告律師毛西河不服判決，做了一部古文尚書冤詞提起上訴。再審的裁判官便是惠定宇，著了一部古文尚書考，把被告的罪名越發弄確實了。還有兩位原告律師：一是程綿莊廷祚做一部晚書訂疑；一是段茂堂做一部古文尚書撰異，把毛律師強辯的話駁得落花流水！於是這件案總算定讞了。到光緒末年有一位洪右臣良品想再替被告上訴，卻是"時效"已過，沒有人受理了。這件案的決定，算是清儒在學術史上極有價值的事業。

　　假的部分剔出了，真的部分如何整理呢？今文尚書二十八篇，本屬春秋以前的語體文，佶屈聱牙，最稱難讀。自偽孔傳通行之後，漢儒傳注一概亡佚，更沒有一部完書可爲憑藉，怎麼辦呢？乾隆中葉的學者，費了不少的勞力，著成三部書：一是江艮庭聲的尚書集注音疏十二卷，一是王西莊鳴盛的尚書後案三十卷，一是孫淵如星衍的尚書今古文注疏三十卷。他們三位是各不相謀的同時分塗去著自己的書。他們所用的方法也大致相同：都是拿史記、尚書大傳當底本，再把唐以前各種子書及箋注類的書以至太平御覽以前

————————

① 尚書古文疏證　原作"古文尚書疏證"，雜誌本、民志本、文庫本同，據閻氏原書書名乙。

之各種類書,凡有徵引漢儒解釋尚書之文慢慢搜集起來,分綴每篇每句之下,成爲一部漢儒的新注。三部書裏頭,江艮庭的比較最壞。艮庭是惠定宇的派①,一味的好古,沒有什麼別擇剪裁。王西莊蒐羅極博,但於今古文學説分不清楚,好爲調和,轉成矛盾,是其短處。孫淵如算是三家之冠了。他的體例,是"自爲注而自疏之"。注文簡括明顯,疏文纔加詳,疏出注文來歷,加以引申。就組織上論,已經壁壘森嚴。他又注意今古文學説之不同,雖他的別擇比不上後來陳樸園的精審,但已知兩派不可強同,各還其是,不勉強牽合,留待讀者判斷從違,這是淵如極精慎的地方,所以優於兩家。

　　江孫王三家,都是絕對的墨守漢學,非漢儒之説一字不録。他們著書的義例如此,本也甚好。但漢儒所説一定就對嗎?怕未必然。僞孔傳雖僞,但都是采録魏晉人舊説而成,安見所解沒有過於漢人處? 宋儒經説,獨到之處甚多,時亦可以補漢人之闕失。乾嘉間學者對於他們一概排斥,也未免墮門户之見。光緒末年簡竹居朝亮補救這種缺點,著一部尚書集注述疏。也仿淵如例,自注自疏。惟漢、宋兼采,旁及僞孔。這書成於江孫王之後,自然收功較易。他的内容也稍嫌過繁,但采擇漢宋各家説狠有別裁,不失爲一良著。

　　漢代今古文之爭,本由尚書而起。東晉僞古文不必論

---

① 的　稿本、清華本、雜誌本、民志本、文庫本同,朱校改作"嫡"。

矣，即所謂西漢真古文者來歷已狠不分明。嘉道以降，今文學興，魏默深著書古微，提出古文尚書根本曾否存在之問題。是爲閻百詩以後第二重公案，至今未決。互見辨僞書條①

西漢晚出古文，真僞且勿論，其學説傳於東漢而爲馬融、鄭玄所宗述，則甚明也。其與西漢今文博士説牴牾殊多，又甚明也。江孫王之書，以輯采馬鄭注爲中堅，只能代表古文説，不能代表今文説。鄭君雖云兼通今古，擇善而從，但仍祖古文爲多②。道咸間，陳樸園喬樅著今文尚書經説考三十三卷、歐陽夏侯遺説考一卷③，狠費些勞力纔蒐集得來。我們從此可以知尚書最古的解釋了。

尚書裏頭的單篇，最複雜的是禹貢。胡朏明著禹貢錐指十卷，是爲清代研究古地理之首。雖其書許多疏舛經後人補正，最著者成芙卿蓉鏡禹貢班義述、丁儉卿晏禹貢錐指刊誤等，其餘單篇及筆記中此類著作甚多。然創始之勞，應該紀念的。

尚書大傳，爲漢初首傳尚書之伏生所著，而鄭康成爲之注。這書在尚書學裏頭位置之重要自不待言。但原書在宋

---

① 僞　原作"爲"，民志本同，據稿本、雜誌本、文庫本改。
② 祖　原作"祖"，雜誌本、民志本、文庫本同，據稿本改。
③ 稿本眉批："查卷數。"按，陳氏今文尚書經説考自序："今春免官，遂杜門下帷，乃録舊稿，重復研尋，成歐陽夏侯經説考一卷、今文尚書序録一卷、今文尚書經説考三十三卷。"傳本今文尚書經説考實三十二卷，卷首列尚書歐陽夏侯遺説考、今文尚書序録各一卷。

時已殘缺不完,明時全部亡佚了。清儒先後搜輯的數家,最後陳左海壽祺的尚書大傳輯校最稱完善,而皮鹿門錫瑞繼著尚書大傳疏證,更補其闕失而續有發明,也算尚書學中一附帶的成功了。互見輯佚書條①

書序問題,亦至今未決。別於辨僞書條叙其經過,此不述。

總括起來,清儒之於尚書學,成績總算不壞。頭一件功勞,是把東晉僞古文打倒了,撥開無限雲霧。剩下真的二十八篇,也經許多人費狠大的勞力,解釋明白了什之六七。我稍爲不滿意的,是他們有時拘守漢儒説太過;例如"粵若稽古",鄭注訓"稽古"爲"同天",甚可笑。但以出於鄭而强從之。關於校勘文字,時或缺乏判斷的勇氣;例如"在治忽"之或作"七始詠"或作"來始滑","心腹腎腸"之或作"優賢揚",諸家往往好爲穿鑿曲護,致晦真意。關於研究制度,好引異代之書强爲比附。例如釋"六宗"附會月令之明堂②,或周官大宗伯之日月星辰、司中司命、風師雨師等。這類都是多數清儒公共的毛病。後有治此經者,專從訓詁上平實解釋,不要穿鑿,不要貪多。制度有疑則闕之。能泐成一部簡明的注,或者這部書有人人能讀的一天了。

————————

①此段文字,民志本同;稿本中任公已將之用墨筆塗去,雜誌本、文庫本删去。按,尚書大傳又見第十四講,稿本於彼處眉批:"第十三講尚書條下有關於此書之一段,删去。"文字稍有出入,故兩存之。
②例　原作"倒",據稿本、雜誌本、民志本、文庫本改。

（丙）詩經

　　詩經和尚書相反，算是問題最少的書。三百篇本文，幾乎絕無疑議之餘地。其最爲聚訟之鵠者，惟一毛詩序。詩序問題，別詳辨僞書條下，現在暫且少講。但略講清朝以前詩學變遷形勢。西漢十四博士①，詩經惟魯齊韓三家。毛氏則哀平間晚出古文，來歷頗不分明。自鄭康成依毛作箋，此後鄭學孤行，而三家俱廢。六朝經學，南北分派，惟詩則同宗毛鄭無異辭。唐初正義因之，鄭學益成統一之局。惟自唐中葉以後，異論寖生，其發難大率由詩序。馴至"程大昌之妄改舊文，王柏之橫删聖籍"四庫提要語猖披極矣。朱晦翁亦因不滿於詩序而自作集傳。元明以還，朱傳立於學官，而毛鄭亦幾廢。清儒則乘此反動，以光復毛鄭之學爲職志也。

　　清儒在詩學上最大的功勞，在解釋訓詁名物。康熙間，有陳長發啓源的毛詩稽古編，有朱長孺鶴齡的毛詩通義，當時稱爲名著。由今觀之，乾隆間經學全盛，而專治詩者無人。戴東原輩雖草創體例，而没有完書。到嘉道間，纔先後出現三部名著：一、胡墨莊承珙的毛詩後箋②；二、馬元伯瑞辰的毛詩傳箋通釋；三、陳碩甫奐的詩毛氏傳疏。胡馬皆毛鄭並釋，陳則專主於毛③。胡馬皆有新解方標專條，無者闕焉；陳氏

---

①西　原作"而"，民志本同，據稿本、雜誌本、文庫本改。
②珙　原作"琪"，民志本、文庫本同，據稿本、雜誌本改。
③主　原脱，雜誌本、民志本、文庫本同，據稿本補。

則純爲義疏體，逐字逐句訓釋。三書比較，胡馬貴宏博而陳尚謹嚴，論者多以陳稱最。陳所以專毛廢鄭者，以鄭固箋毛，而時復破毛，嚴格繩之，亦可謂爲"不守師法"。又鄭本最長於禮，恒喜引禮解詩，轉生轇轕。孔沖遠並疏毛鄭，疏家例不破注，故遇有毛鄭衝突之處，便成了"兩姑之間難爲婦"，勉强牽合打完場，那疏便不成片段了。碩甫專宗其一，也可以説他取巧。但毛傳之於訓詁名物，本極矜愼精審，可爲萬世注家法程；碩甫以極謹嚴的態度演繹他，而又常能廣采旁徵以證成其義。極絜淨而極通貫，真可稱疏家模範了。

　　名物訓詁之外，最引人注意的便是作詩的本事和本意。講到這一點，自然牽連到詩序問題了。清學正統派，打著"尊漢"、"好古"的旗號，所以多數著名學者，大率墨守毛序①。然而舉叛旗的人也不少：最凶的便是姚立方，著有詩經通論；次則崔東壁述，著有讀風偶識；次則方鴻濛玉潤②，著有詩經原始。這三部書並不爲清代學者所重，近來纔漸漸有人鼓吹起來。據我們看，詩序問題，早晚總須出於革命的解決，這三部書的價值，只怕會一天比一天漲高罷。詩經通論我未得見，僅從詩經原始上看見片段的徵引，可謂精悍無倫。讀風偶識謹嚴蕭穆，純是東壁一派學風。詩

①墨　原作"羣"，雜誌本、民志本、文庫本同，據稿本改。
②方　原作"力"，據稿本、雜誌本、民志本、文庫本改。

經原始稍帶帖括氣，訓詁名物方面殊多疏舛，但論詩旨卻有獨到處。

今文學復活，古文的毛氏詩，當然也在排斥之列。最初做這項工作者，則爲魏默深之詩古微。詩古微不特反對毛序，而且根本反對毛傳，説全是僞作。我以爲序和傳要分別論：序呢，無疑是東漢人妄作；傳呢，我並不敢説一定出自"子夏所傳"，漢書儒林傳述毛氏語。也許是西漢末年人造出來。但他對於訓詁名物解釋得的確好，雖以我向來崇尚今文的人也不敢鄙薄他。老實説，我是厭惡毛序而喜歡毛傳的。因爲年代隔遠的人作序，瞎説某篇某篇詩的本事本意，萬不會對的，這種作品當然可憎。至於訓釋文句，何必問他子夏不子夏、毛公不毛公，我們現在悉心研索還可以做一部極好的出來哩①！所以我對於攻擊毛傳，認爲不必。默深這部書②，偏激的地方不少，但亦有許多嶄新見解③，可以供將來"新詩學"之參考。

齊魯韓三家學説，漢以後便亡了。宋王應麟有三家詩考一卷，是爲搜輯之始。到清嘉道以後，繼起漸多。馮柳東登府有三家詩異文疏證九卷，有三家詩異義遺説二十卷。陳

---

① 極好的出來哩　原作"好極的來哩"，據稿本、雜誌本、文庫本改。
② 原於"默"前衍一"但"字，民志本同，稿本墨筆塗去，據删。按，雜誌本、文庫本作"雖"。
③ 原於"新"後衍一"的"字，雜誌本、文庫本同，民志本誤作"有"，據稿本删。

左海有三家詩遺説考十五卷①，其子樸園有四家詩異文考五卷②，齊詩翼氏學疏證二卷。嚴鐵橋可均有輯韓詩二十一卷③。這都是興滅繼絶、不無微勞的了。

　　總括起來，清儒的詩學，訓詁名物方面，我認爲成績狠優良；詩旨方面，卻不能滿意，因爲受毛序束縛太過了。但研究詩旨，卻不能有何種特別的進步的方法，大約索性不去研究倒好。戴東原説：“就全詩考其字義名物於各章之下，不必以作詩之意衍其説。蓋字義名物，前人或失之者，可以詳覈而知，古籍具在，有明證也。作詩之意，前人既失其傳者，難以臆見定也。”詩補傳自序④我想，往後研究詩經的人，只好以東原這話自甘。那麼，清儒所做工作，已經給我們不少的便利了。

（丁）三禮

　　三禮依普通的次序，是一周禮，二儀禮，三禮記。有時加上大戴禮，亦叫做“四禮”。這幾部書的時代真僞，都狠有問題，留着在辨僞書條下再討論，今且不説。三禮都是鄭康成作的注，在康成畢生著述中，也可説是以這三部注爲最。

---

①左海　原作“樸園”，民志本同，據稿本、雜誌本、文庫本改。
②其子樸園有　原脱，民志本同，據稿本、雜誌本、文庫本補。
③“二十一”當作“二十二”。按，此書稿本今存，藏於臺北。
④詩補傳自序　原作“詩補序傳自”，民志本同，據稿本、雜誌本、文庫本乙。按，戴氏文集作“毛詩補傳序”。

所以"三禮學"和"鄭學",幾成爲不可分的名詞。雖然,自古
説:"議禮之家紛如聚訟。"自孔門諸了,已經有許多交鋒爭
辯,秦漢以後更不必説了。一部白虎通義,便是漢儒聚訟的
小影;一部五經異義,是鄭康成和許慎對壘;一部聖證論,是
王肅和鄭康成對壘。這種筆戰,我們一看下去便頭痛。六
朝、隋、唐,爭論的也不少①。昔戰國諸子詆斥儒家,大都以
"窮年不能究其禮"爲口實,何況在千餘年異論更多之後?
所以宋學興起,把這些繁言縟語擺脱不談,實是當然的反
動。中間雖經朱子晚年刻意提倡,但他自己既没有成書,門
生所做又不對,提倡只成一句空話。宋元明三朝,可以説是
三禮學完全衰熄的時代了。

　　這門學問是否有研究的價值,俟下文再説,現在且説
清朝禮學復興的淵源。自黄梨洲、顧亭林懲晚明空疏之
弊,提倡讀古書,讀古書自然觸處都感覺禮制之難懂了。
他們兩位雖没有關於禮學的專門著作,但亭林見張稷若治
儀禮便贊歎不置②,他的外甥徐健庵便著有讀禮通考。梨
洲大弟子萬充宗、季野兄弟經學的著述,關於訓詁方面的
甚少,而關於禮制方面的最多。禮學蓋萌芽於此時了。其
後惠戴兩家,中分乾嘉學派。惠氏父子著禘説③、明堂大道

---

① 爭論的也不少　原作"的也爭不少",民志本同,渝本作"爭的也不少",據稿
　本、雜誌本、文庫本改。
② 儀　原脱,雜誌本、民志本、文庫本同,據稿本補。
③ 禘　原作"褅",據稿本、雜誌本、民志本、文庫本改。

録等書，對於某項的禮制，專門考索。戴學出江慎修，慎修著禮書綱目，對於禮制爲通貫的研究，而東原所欲著之七經小記中學禮篇雖未成①，而散篇見於文集者不少。其並時皖儒如程易疇、金檠齋、凌次仲輩，皆篤嗜名物數制之學。而績谿、涇縣兩胡竹村、墨莊②以疏禮名其家，皆江戴之遺風也。自兹以往，流風廣播，作者間出，而最後則孫仲容、黃儆季稱最善云。

今先分經舉其最有名之著述，而關於貫通的研究次於後。

(1)周禮　　清儒禮學雖甚昌，然專治周禮的人狠少。兩經解所收如江永周禮疑義舉要，沈彤周官禄田考，段玉裁周禮漢讀考，莊存與周官記、周官説，徐養原周官故書考，王聘珍周禮學，不過寥寥數部。又皆屬於局部的研究，未有貫穴全書者。惟一的周禮專家就是孫仲容詒讓，他費二十年工夫成周禮正義八十六卷。這部書可算清代經學家最後的一部書，也是最好的一部書。其價值留待下文論新疏條下另行批評。

考工記本另爲一部書，後人附入周禮。清儒對於這部書狠有幾種精深的著作。最著者爲戴東原之考工記圖注，阮芸臺之考工記車制圖考，乃其少作，亦精核。次則王宗涑之考工記考辨。

(2)儀禮　　清儒最初治儀禮者爲張稷若爾岐，著儀禮鄭注句讀。顧亭林所稱"獨精三禮，卓然經師"也。乾嘉間則有凌次仲廷堪的禮經釋例十三卷，將全部儀禮拆散了重新比

---

①學禮　原作"禮學"，雜誌本、民志本、文庫本同，據稿本改。
②墨　原作"景"，雜誌本、民志本、文庫本同，據稿本改。

較整理貫通一番，發現出若干原則。凡通例四十，飲食之例五十有六，賓客之例十有八，射例二十，變例（即喪例）二十有一，祭例三十，器服之例四十，雜例二十有一。其方法最爲科學的，實經學界一大創作也。次則有張皋文惠言的儀禮圖，先爲宮室衣服之圖；宮室七，衣服十二。次則十七篇，每篇各爲之圖；士冠十，士昏十二，士相見一，鄉飲酒九，鄉射十三，燕十七，大射十二，聘三十，公食大夫十二，覲八，喪服三十九，士喪九①，既夕十一，士虞六，特牲饋食十七②，少牢饋食八，有司徹十八。其不能爲圖者則代以表，凡六篇。每圖每表皆綴以極簡單之説明。用圖表方法説經，亦可謂一大創作。宋人有三禮圖等書，僅圖器物，且多臆揣，不能援以爲比。道咸間，則有邵位西懿辰禮經通論，專明此經傳授源流，斥古文逸禮之僞。有這三部書振裘挈領，把極難讀的儀禮變成人人可讀，真算得勞苦功高了。其集大成者則有道光間胡竹村培翬之儀禮正義，爲極佳新疏之一。當於新疏條下別論之。與竹村同時合作者，有胡墨莊承珙之儀禮今古文疏義③。但主於辨正文字，非爲全書作新疏也，勿混視。

（3）禮記　清儒於禮記，局部解釋之小書單篇不少，但全部箋注，尚未有人從事。其可述者，僅杭大宗世駿之續禮記集説。其書仿衛湜例，專録前人説④，自己不下一字。所

①士喪九　原脱，民志本同，據稿本、雜誌本、文庫本補。
②牲　原作"性"，據稿本、雜誌本、民志本、文庫本改。
③承珙　原作"胡承琪"，民志本同，文庫本作"承珙"，據稿本、雜誌本改。按，胡承珙號墨莊。
④專　原作"爲"，雜誌本、民志本、文庫本同，據稿本改。

録自宋元人迄於清初，別擇頗精審，遺佚之説多賴以存。例如姚立方的禮記通論，我們恐怕没有法子再得見，幸而要點都采擷在這書裏頭，纔能知道立方的奇論和特識。這便是杭書的功德。次則郭筠仙嵩燾的禮記質疑，對於鄭注所匡正不少。將來有著禮記新疏的人，這兩部書總算最好的資料了。朱彬的禮記訓纂未見，不敢批評。

禮記單篇別行之解釋，有皮鹿門錫瑞之王制箋，康長素有爲之禮運注，劉古愚光蕡之學記臆解，各有所新發明。

（4）大戴禮　大戴禮舊惟北周盧辯一注，疏略殊甚，且文字譌脱亦不少。乾嘉間，戴東原、盧抱經從事校勘，其書始稍稍可讀。阮芸臺欲重注之，未成。而孔巽軒廣森著大戴禮記補注，汪少山照著大戴禮注補①，二君蓋不相謀，而其書各有短長，汪似尤勝②。孔書刻於乾隆五十九年，有自序及阮元序。汪書年代無考，然有王昶序，自稱同學弟，則汪年輩或稍先於孔也。其後王實齋聘珍有大戴禮記解詁，其正文一依舊本，自言懲近儒妄校妄改之失，殆指孔汪書也，所詁似甚精慎。王書刻於道光庚戌。③

大戴禮單篇別行之解釋，則有黃相圃模之夏小正分箋、

①大戴禮注補　原作“大戴禮記補注”，雜誌本、民志本、文庫本同，稿本作“大戴禮記注補”，據汪氏原書書名刪乙。
②原於“勝”後衍一“也”字，民志本同，據稿本、雜誌本、文庫本刪。
③自“其後王實齋”至“道光庚戌”，原脱，民志本同，據稿本、雜誌本、文庫本補。

夏小正異義。

書中曾子立事等十篇，清儒以爲即漢書藝文志"曾子十八篇"中之遺文。阮芸臺元把他抽出單行，爲曾子注釋四卷。

（5）禮總　禮學家往往不專一經，因這門學問的性質本貫通群經也。通貫群經的禮學著作，有幾部書應該論列者：最初的一部爲徐健庵乾學的讀禮通考百二十卷。這部書是健庵居喪時編的，爲言喪禮最詳備之書，雖題健庵著，其實全出萬季野，所以甚好。健庵爲亭林之甥，也有相當的學問。禮學尤其所好。觀憺園集論禮制諸篇可知。中間的一部是秦味經蕙田的五禮通考二百六十二卷。這書爲續補讀禮通考而作，我狠疑心有一大部分也出萬季野手，但未得確證，不敢斷言。看第八講論萬季野著述①。曾滌生大佩服此書，說他"體大物博，歷代典章具在；三通之外②，得此而四"，俞蔭甫則說他"按而不斷，無所折衷，可謂禮學之淵藪，而未足爲治禮者之藝極"。俱見禮書通故俞序③此書之短長，這兩段話盡之了。此書成於衆手，非味經自著。分纂的人確實可考者有戴東原、王蘭泉，也許錢竹汀、王西莊都在裏頭，其餘二三等學者當更不少。所以全書各篇價值不同，有狠好的，有較次的，不如讀禮通考之畫一謹嚴。依我看，這書是一

---

①八　原脱，作缺文空格，稿本同，據前第八講補。按，稿本無"萬"字，雜誌本、文庫本無此注。

②通　原作"禮"，雜誌本、民志本、文庫本同，據稿本改。

③故　原作"做"，民志本同，據稿本、雜誌本、文庫本改。

部很好的類書，價值在文獻通考上。專指禮制一部分言。文獻通考範圍比更廣①，他所無的門類自無從比較。或者也可以説是中國禮制史的長編。"按而不斷，無所折衷"，固然是他的毛病，但我總覺得，"折衷"這句話是空的，自己以爲折衷，別人看來不過多一重聚訟的公案。漢代的石渠奏議、白虎觀討論，何嘗不是想折衷？況且在場的人都是第一流學者了。你看算不算定論②？所以案而不斷，或者也是此書的最好處哩。最後的一部是黃做季以周的禮書通故一百卷。做季爲薇香式三之子，傳其家學，博而能精。又成書最晚，草創於咸豐庚申，告成於光緒戊寅。先輩所蒐輯所考證，供給他以極豐富的資料。所以這部書可謂爲集清代禮學之大成。他對於每項禮制都博徵古説而下以判斷，正和五禮通考的性質相反。他的判斷總算極矜慎極明通③，但能否件件都算爲定論，我卻不敢説了。

　　以上三種，是卷帙最浩博、材料最豐富的。此外禮學重要著作，在初期則有惠天牧士奇的禮説，江慎修永的禮書綱目，算是這門學問中篳路藍縷的書。禮書綱目的體例，爲後來秦黃兩家所本。雖後起者勝，而前人之功萬不容没。在中葉則任幼植大椿、程易疇瑤田、金輔之榜、凌次仲廷堪都有精

────────

①文獻通考範圍比更廣　稿本、民志本同，雜誌本、文庫本、渝本無"比"字。按，"比"後疑脱"之"字。
②定　原作"空"，雜誌本、民志本、文庫本同，據稿本改。
③明通　原作"通明"，雜誌本、民志本、文庫本同，據稿本乙。

到的著作，欒齋的禮箋，易疇的通藝錄最好。他們純粹是戴東原一派的學風，專做窄而深的研究，所選的題目或者是狠小的，但在這箇題目的範圍內，務把資料搜齊；類書式的案而不斷，他們是不肯的，但判斷總下得極審慎。所以他們所著雖多屬小篇，但大率都極精銳。東原集中考證禮制之文有十幾篇，正是如此。又焦里堂之群經宮室圖，雖標題"群經"，而所重在三禮，考證宮室最通贍之書也。此外則孔巽軒的禮學卮言，武虛谷億的三禮義證，金誠齋鶚的求古錄禮説①，凌曉樓曙的禮説，陳樸園的禮説，性質大略相同，都各有獨到處。又如凌曉樓之公羊禮疏，侯君謨之穀梁禮證等②，雖釋他經③，然專明彼中禮制一部分，亦禮學之流別也。其餘各家文集筆記論禮精覈之專篇極多，不能具録。

　　試總評清代禮學之成績④：就專經解釋的著作論，儀禮算是最大的成功⑤。凌張胡邵四部大著，各走各的路，各做到登峰造極，合起來又能互相爲用。這部經總算被他們把所有的工作都做盡了。周禮一向狠寂寞，最後有孫仲容一部名著，忽然光芒萬丈。膡下的就是禮記，我們狠不滿意。大戴禮本來是殘缺的書，有好幾位學者替他捧場，也還罷了。

　　就通貫研究的著作論，有徐秦黃三部大著，分量總算狠

----

①的　原脱，稿本、民志本、文庫本同，據雜誌本補。
②謨　原作"模"，雜誌本、民志本、文庫本同，據稿本改。
③釋　原作"擇"，民志本同，據稿本、雜誌本、文庫本改。
④⑤禮　原脱，民志本作空格，據稿本、雜誌本、文庫本補。

重,其餘碎金式的零冊散篇①,好的也不少。用從前經學家的眼光看,成績不能不算十分優良了。但這門學問到底能否成立,我們不能不根本懷疑。頭一件,所根據的幾部經,先自有無數問題。周禮之難信不必説了;儀禮成立的時代也未有定論;禮記則各篇之真偽及時代,亦糾紛難理。萬一所憑藉的資料或全部或一部分是假的,那麼,所研究的豈非全部或一部分落空? 第二件,就讓一步説都是真的,然而幾部書成立年代有狠大的距離,總不能不承認。如説周禮、儀禮是周公作,禮記是七十子後學者所記,首尾便一千多年了。然而裏頭所記各項禮制,往往東一鱗西一爪,非互勘不能説明;互勘起來,便矛盾百出②。例如五等封建的里數,井田的畝數,孟子和周禮和王制何等矛盾? 五帝的祀典,月令和帝繫姓何等矛盾? 國學、鄉學的制度及所在地,禮記各篇中相互何等矛盾? 此類悉舉,不下數十事。學者對於那部經都不敢得罪,只好四方八面彌縫會通③,根本不能會通的東西④,越會通越弄到一塌糊塗。議禮所以紛如聚訟,就是爲此。從古已然,墨守漢學的清儒爲尤甚。解釋專經時稍爲好些。儀禮問題比較的少,所以儀禮獨多好書。所以他們的成績雖然狠好,我恐怕這些成績多半是空的。

　　禮學的價值到底怎麼樣呢? 幾千年狠瑣碎狠繁重的名

①散　原作“數”,民志本同,據稿本、雜誌本、文庫本改。
②便　原作“更”,民志本同,據稿本、雜誌本、文庫本改。
③只　原作“共”,民志本同,據稿本、雜誌本、文庫本改。
④會　原作“全”,雜誌本、民志本、文庫本同,據稿本改。

物，宮室、衣服、飲食之類。制度，井田、封建、學校、軍制、賦役之類。禮節，冠昏喪祭之類。勞精敝神去研究他，實在太不值了。雖然，我們試換箇方向，不把他當做經學，而把他當做史學，那麼，都是中國法制史、風俗史、……史、……史的第一期重要資料了。所以這門學問不必人人都學，自無待言；説他沒有學問的價值，卻大大不對。清儒的工作，最少也算替後人把所需的資料蒐集在一處①，而且對於各種資料相互的關係，和別擇資料的方法，有許多意見足供後人參考，這便是他們不可沒的功勞。我們若用新史家的眼光去整理他，可利用的地方多着哩。

（戊）春秋三傳

　　春秋是孔子惟一的著作。孟子、董仲舒、司馬遷説得如彼其鄭重，這部書地位之尊，不待言了。但文字簡單到如彼，非傳不能明白，所以治春秋者不能舍傳而專言經。西漢博士，只有公羊底下嚴顏兩家，也可以説春秋只有一傳。後來榖梁出來，又後來左氏出來，東漢時便三傳並行，各有專家，然終以公羊爲最盛。六朝以後，公榖日廢，左氏孤行。唐代便漸漸的“春秋三傳束高閣，獨抱遺經究終始”了。啖助、趙匡之流，把三傳都攻擊得一錢不值！自此以後，紛紛奮臆作傳，而宋人胡安國的傳盛行。明永樂將胡傳立於學

---

① 算替　　原作“替算”，民志本同，據稿本、雜誌本、文庫本乙。

官,三傳真皆廢了。間有治左傳者,不過拿來做策論的資料。清以前春秋學的形勢大略如此。清儒刻意復古,三傳之學漸漸的都恢復轉來。今分論之。

(1)左氏傳　左傳的真偽及著作年代,狠有問題,等到辨偽書條下再説。這部書本是史的性質而編在經部,所以學者對於他也有"史的研究"、"經的研究"之兩派。史的研究派有一部極好的書,是顧震滄棟高的春秋大事表。其內容及價值,前文已經説過。看第八講末段 經的研究派,大抵對於杜注、孔疏撫拾糾補。乾隆以前,未有專治此傳之人。到嘉、道間,劉孟瞻文淇、伯山毓崧父子繼續著一部左傳正義,可惜迄未成書。當於新疏條下別論之。

(2)公羊傳　清儒頭一位治公羊傳者爲孔巽軒廣森,著有公羊通義,當時稱爲絕學。但巽軒並不通公羊家法,其書違失傳旨甚多。公羊學初祖,必推莊方耕存與。他著有春秋正辭,發明公羊微言大義。傳給他的外孫劉申受逢禄,著公羊何氏釋例,於是此學大昌。龔定庵自珍、魏默深源、凌曉樓曙、戴子高望都屬於這一派,各有散篇的著述。而陳卓人立費畢生精力,成公羊義疏七十六卷。實爲董何以後本傳第一功臣。其內容及價值,別於新疏條下論之。晚清則王壬秋闓運著公羊箋,然拘拘於例,無甚發明。其弟子廖季平平關於公羊著述尤多,然穿鑿過甚,幾成怪了①。康先生有爲從廖氏

①了　稿本、雜誌本、文庫本、民志本同,渝本作"誕"。

一轉手而歸於醇正，著有春秋董氏學、孔子改制考等書，於新思想之發生，間接有力焉。

（3）穀梁傳　穀梁學自昔號稱孤微，清中葉以後稍振。其著作有鍾朝美文烝之穀梁補注，有侯君謨康之穀梁禮證，有柳賓叔興恩之穀梁大義述①。柳書較佳。

綜校清代春秋學之成績，左穀皆微微不足道。劉氏左傳正義若成，則左氏重矣。惟公羊極優良，諸經除儀禮外，便算他了。今文學運動以公羊爲中心，開出晚清思想界之革命，所關尤重。

（己）四書

“四書”之名，是朱子以後纔有的。明人及清的理學家關於四書的著作頗多，清的漢學家卻狠少。最著名的，前有閻百詩之四書釋地，後有翟晴江灝的四書考異。但都是局部的考證，無關宏旨。清儒有價值的著作，還是將大學、中庸璧回禮記，論語、孟子各別研究。

（1）論語　論語有一部名著，曰劉楚楨寶楠及其子叔俛恭冕繼續著成的論語正義②。其價值及內容，在新疏條下別論之。今文派有戴子高的論語注，引公羊爲解，雖多新見，恐非真義。別有焦里堂的論語通釋，雖寥寥短册，發明實多。而簡竹居之

---

① 恩　原作“思”，民志本同，據稿本、雜誌本、文庫本改。
② 及其子　原脱，雜誌本、民志本、文庫本同，據稿本補。　正　原作“通”，稿本、雜誌本、民志本、文庫本同，據劉氏原書書名改。

論語集注述疏,則疏解朱注,宋人經注之有疏,此爲創見云。

論語單篇別行之解釋,則有江慎修之鄉黨圖考,蓋禮學之流。

(2)孟子　孟子也有一部名著,曰焦里堂循的孟子正義。別於新疏條論之。戴東原的孟子字義疏證,爲清代第一流著述。但其目的不專在釋孟子,別於戴氏學專篇論之。

孝經本爲附庸,亦無重要著述,不復論。爾雅別於新疏條、小學條論之。①

(庚)諸經新疏合評

現行之十三經注疏②,其注出漢人者六,毛詩、周禮、儀禮、禮記、公羊傳、孟子。出魏晉人者五,周易、左傳、穀梁傳、論語、爾雅。僞託漢人者一,尚書。出唐人者一;孝經。其疏出唐人者九,自周易至穀梁傳。出宋人者四。孝經、論語、孟子、爾雅。清代提倡經學,於是注疏之研究日盛,然愈研究則愈發見其缺點。就疏的方面論,唐人孔賈諸疏,本成於衆手,別擇不精,牴牾間出。且六朝經學,本分南北兩派,北尊實詁,南尚空談;初唐諸疏,除三禮外,率宗南派,大爲清儒所不喜。宋人四疏,更不足道了。就注的方面論,除漢人六種外,其餘七種,皆大爲漢學家所不滿意。以此之故,他們發憤另著新疏,舊注好

---

① 自"孝經本爲"至"論之",原脱,民志本同,據稿本、雜誌本、文庫本補。
　 按,"小學條論之",雜誌本、文庫本誤作"小學修補之"。
② 行　原作"在",雜誌本、民志本、文庫本同,據稿本改。

的便疏舊注，不好的便連注一齊改造。自邵二雲起到孫仲容止，作者十餘家①。十三經中，有新疏者已得其十。這些新疏的作者，都是竭畢生之力，熔鑄幾百種參考書纔泐成一稿，真算得清朝經學的結晶體了。今列舉各書，稍爲詳細點説明，備將來彙刻"新十三經注疏"者采擇焉。（一經有兩部以上之新疏者只采一部，餘部附論。）次第以著作年代先後爲序。

爾雅正義二十卷。餘姚邵晉涵二雲著。乾隆四十年屬稿，五十年成。凡經十年。

附爾雅義疏二十卷。棲霞郝懿行蘭皋著②。

邵二雲是頭一位作新疏的人，這部爾雅正義，在清學史中應該特筆記載。舊注疏本爾雅爲晉郭璞注，宋邢昺疏③。"邢疏多摭拾毛詩正義④，掩爲己説。南宋人已不滿其書，後采列諸經之疏，聊取備數而已。"原序語二雲此書，仍疏郭注。但舊本經文有訛舛，注亦多脱落。二雲先據唐石經及宋槧本，詳爲增校。又博采漢舍人、姓名也。舊認爲官名，誤。劉歆、樊光、李巡、孫炎，梁沈旋，陳顧野王，唐裴瑜諸家佚注⑤，以郭爲主，而分疏

---

① 原於"作"後衍"新"字，民志本同，雜誌本、文庫本衍"新疏"二字，據稿本删。
② 蘭　原作"簡"，民志本同，據稿本、雜誌本、文庫本改。
③ 邢　原作"邪"，據稿本、雜誌本、民志本、文庫本改。
④ 摭　原作"遮"，據稿本、雜誌本、文庫本改。按，邵氏原序語作"掇"。
⑤ 家　原作"君"，據稿本、雜誌本、民志本、文庫本改。

諸家於下。郭注云未詳者，則博徵他經之漢人注以補之。爾雅緣音訓義者頗少，二雲更取聲近之字，旁推交通，申明其說。書凡三四易稿乃定。

　　郝氏義疏成於道光乙酉，後邵書且四十年。近人多謂郝優於邵。然郝自述所以異於邵者不過兩點，一則"於字借聲轉處詞繁不殺"，二則"釋草木蟲魚異舊說者皆由目驗"。胡培翬撰郝墓表引 然則所異也狠微細了。何況這種異點之得失，還狠要商量呢。因前人成書增益補苴，較爲精密，此中才以下所盡人而可能①。郝氏於義例絕無新發明②，其內容亦襲邵氏之舊者十六七，實不應別撰一書。其有不以邵爲然者，著一校補或匡誤等書③，則善矣④。義疏之作，剿說掠美，百辭莫辨。我主張公道，不能不取邵棄郝。

尚書今古文注疏三十卷。陽湖孫星衍淵如著。乾隆五十九年屬稿，嘉慶二十年成。凡經二十二年。

　　附尚書集注音疏十二卷。吳縣江聲艮庭著⑤。

　　尚書後案三十卷。嘉定王鳴盛西莊著。

　　尚書集注述疏三十五卷。順德簡朝亮竹居著。

---

①所　原脱，民志本、文庫本同，據稿本、雜誌本補。
②義　原作"發"，民志本同，據稿本、雜誌本、文庫本改。
③原於"匡"後衍一"正"字，民志本同，據稿本、雜誌本、文庫本删。
④則　原脱，雜誌本、民志本、文庫本同，據稿本補。
⑤庭　原作"廷"，雜誌本、民志本、文庫本同，據稿本改。

自僞古文尚書定案之後，舊注疏裏頭的僞孔傳跟着根本推翻，孔穎達疏也自然"樹倒猢猻散"了。於是這部經需要新疏，比别的經更形急切。孫江王三家和段茂堂的古文尚書撰異，都是供給這種需要的應時著述。但這件事業甚難，因爲别的疏都是隨注詮釋，有一定範圍；這部經現行的注既要不得，而舊注又皆散佚，必須無中生有造出一部注來，纔可以做疏的基本。孫江王段，年輩相若，他們着手著述，像是不相謀，而孫書最晚成。四家中除段著專分別今古文字罕及義訓外①，餘三家皆詮釋全經，純屬疏體。江氏裁斷之識較薄，其書用篆體寫經文，依説文改原字，其他缺點甚多。王氏用鄭注而兼存僞傳，又不載史記及大傳異説，是其所短。孫書特色，一在辨清今古文界限，二在所輯新注確立範圍。他認定史記爲古文説，因司馬遷從孔安國問故。尚書大傳及歐陽、大小夏侯爲今文説，因皆伏生所傳。馬融、鄭玄爲孔壁古文説。因出自衛宏、賈逵②。他名之曰"五家三科"。這些人的遺説都升之爲注。其餘先秦諸子及緯書、白虎通等之今古説，許氏説文中之古文説，皆附之疏中。取材矜慎，樹例謹嚴，故最稱善本。據錢衍石記事稿（卷十）説，淵如的經學書大半由李次白貽德續成。此書當

---

① 除　原作"陳"，據稿本、雜誌本、民志本、文庫本改。
② 逵　原作"達"，民志本同，據稿本、雜誌本、文庫本改。

亦在其列。

現在尚書新疏中,誠無出孫著之右,但孫著能令我們滿足否? 還不能。漢人注也有許多不對的地方,我在前段尚書條已經論過。但這一點姑且不管。即以漢注論,馬鄭注和歐陽、夏侯遺説,孫氏蒐集未到而再經後人輯出者也狠不少。所以我想現在若有位郝蘭皋,倒有一椿買賣可做:試把孫江王以後續輯的尚書古注重新審定一番①,仍區畫今古文製新注新疏,一定可駕諸家之上而不算蹈襲。可惜竟無其人哩!

簡竹居就是想做這椿買賣的人。可惜他學問不甚博,見解又迂滯一點,他的集注述疏,枝辭太多,還不能取孫淵如而代之哩。

孟子正義三十卷。江都焦循里堂著。嘉慶二十年始爲長編,二十三年屬稿,二十四年成。

孟子有趙岐注,實漢經師最可寶之著作。惟今注疏本之孫奭疏,純屬僞撰,錢竹汀及四庫提要已辨之。其書蕪穢蹖駁處不可悉數②,與孔賈諸疏並列,真辱没殺人了。所以新疏之需要③,除尚書外,則孟子最爲急切。里堂學問方面極多,其最用力者爲易學三書。注易既成,纔着手做此書,已經垂老,書纔成便死了。他

---

①古注　原作"注古",據稿本、民志本乙。按,雜誌本、文庫本脱"古"字。
②蹖　原作"踳",稿本、雜誌本、民志本同,據文庫本改。
③疏　原作"注",雜誌本、民志本、文庫本同,據稿本改。

説“爲孟子作疏有十難”①，見本書卷末，文繁不録。但又説
生在他的時代許多難工夫都經前人做過，其難已減去
七八。他備列所引當代人著述從顧亭林、毛大可起到
王伯申、張登封止，凡六十餘家，可見他蒐采之勤與從
善之勇了。他以疏解趙注爲主，但“於趙氏之説或有所
疑，不惜駁破以相規正”。卷三十葉九 是於唐人“疏不破
注”之例，也並未嘗墨守。這書雖以訓釋訓詁名物爲
主，然於書中義理也解得極爲簡當。里堂於身心之學，
固有本原，所以能談言微中也。總之此書實在後此新
疏家模範作品，價值是永永不朽的。

詩毛氏傳疏三十卷。長洲陳奐碩甫著。嘉慶十七年屬稿，道光二
十年成。凡經二十八年。

　　這部書和並時胡馬兩家書的比較，前在詩經條下
已略爲説明。孔穎達毛詩正義，合毛傳鄭箋而並疏之。
碩甫以爲鄭康成本治韓詩，後改從毛，而作箋又時雜魯
説，實爲不守家法。他自序雖未明斥鄭，言外實含此意。所以
舍鄭而專疏毛。他自述撰著方法，説道：“初仿爾雅，編
作義類。凡聲音訓詁之用，天地山川之大，宮室衣服制
度之精，鳥獸草木蟲魚之細②，分別部居，各爲探索。久
乃刹除條例章句，揉成作疏。”原書自序 可見他這部書先

①有　原作“者”，民志本同，據稿本改。按，雜誌本、文庫本於“疏”後衍一
　　“者”字；又孟子正義卷三十作“爲孟子作疏，其難有十”。
②蟲魚　原作“魚蟲”，雜誌本、民志本、文庫本同，據稿本乙。

有一番分類的草稿，後來纔通貫成書，所以全書沒有一點矛盾罅漏。碩甫是段茂堂弟子，最長於訓詁，毛傳是最古最好的訓詁書，所以此書所疏訓詁，最爲精粹。至於禮數名物，則毛傳闕而不詳，鄭箋所補，以這部分爲多。而碩甫不滿於鄭，他"博引古書，廣收前說，大抵用西漢以前之說，而與東漢人不苟同"。_{原書條例十凡①}這一點是他狠用力的地方，但成功如何，我卻未敢十分相信。總之這部書碩甫"畢生思慮，薈萃於茲"，_{自序語}其價值與毛氏詩同懸天壤②，可斷言也。

儀禮正義四十卷。_{續谿胡培翬竹村著。}此書屬稿及告成年月難確考。惟卷首有道光己酉十月羅惇衍序，稱"先生力疾成書，書甫成而遽歸道山"。己酉爲道光二十九年，竹村正以其年七月卒，然則書亦成於其年也。羅序又言此書"覃精研思，積四十餘年"。然則嘉慶十年前後已屬稿矣。

　　竹村爲胡樸齋_{匡衷}之孫。樸齋著有儀禮釋官，甚精洽，故儀禮實其家學。竹村又受業凌次仲，盡傳其禮學。所以著儀禮新疏的資格，他總算最適當了。他以爲"儀禮爲周公所作，有殘闕而無僞託。鄭注而後，惟賈公彥疏盛行，然賈疏疏略，失經注意"，於是發憤著此書。自述"其例有四：曰補注，補鄭君所未備也；曰申注，申鄭君注義也；曰附注，近儒所說雖異鄭恉，義可旁

---

① 凡　原作"九"，雜誌本、民志本、文庫本同，據稿本改。
② 氏　原脫，雜誌本、民志本、文庫本同，據稿本補。

通，廣異聞袪專己也；曰訂注，鄭君注義偶有違失，詳爲
辨正，別是非明折衷也。"胡培系著族兄竹村先生事狀引，見研
六室文鈔卷首。我們看這四箇例，就可以知道此書内容大
概了。

春秋公羊傳義疏七十六卷。句容陳立卓人著。此書著作年月無
考，因我僅見經解續編本，序例皆失載，無從考定。惟據句溪雜著卷
六論語正義序云："道光戊子秋，立隨劉孟瞻、梅蘊生兩師，劉楚楨、
包孟開兩先生赴鄉闈。孟瞻師、楚楨先生病十三經舊疏多蹖駁①，
欲仿江氏、孫氏尚書，邵氏、郝氏爾雅，焦氏孟子，別作義疏。孟瞻師
任左氏傳，楚楨先生任論語，而以公羊屬立。……"則是書發意著
述，當在道光八年，時卓人年僅二十耳。惟雜著有劉文淇（孟瞻）癸
卯七月叙，語意全在敦促卓人之著此書，則似癸卯時尚未有端緒。
雜著自序稱庚申出守滇南，不克履任。以後蹀躞道路，不能著述，又
遭亂，藏書盡毀云云。論語正義序又言"近甫輯成稿本，復橐筆游楚
越"。據劉叔俛爲作墓誌銘②，則其游楚越正在授雲南曲靖府不克
到任之後。然則是書當成於癸卯（道光二十三年）、庚申（咸豐十年）
之間③，前後可十八年。惟戊子至癸卯間，預備工夫亦當不少耳。

　　注公羊的何邵公與鄭康成齊名，自然是諸經注中
之最好者。但徐彦的舊疏空言敷衍，毫無發明，因爲唐
時公羊之學久絕，也難怪他。然疏之當改造，則學界所
同認了。凌曉樓嘗銳意以此自任，晚年病風，精力不

---

① 蹖　原作"踳"，民志本同，據稿本、雜誌本、文庫本改。
② 據　原脱，雜誌本、民志本、文庫本同，據稿本補。
③ 庚申（咸豐十年）　原脱，民志本同，據稿本、雜誌本、文庫本補。

逮,僅成公羊禮疏十一卷。據劉孟瞻句溪雜著序。孟瞻,曉樓外甥也。卓人爲曉樓弟子,繼師志以成此書。此書嚴守"疏不破注"之例,對於邵公只有引申,絕無背畔。蓋深知公羊之學專重口説相承,不容出入也。其所徵引,自董仲舒、司馬遷以下凡漢儒治公羊家言者,殆網羅無遺;清儒自孔莊劉以下,悉加甄采,而施以嚴正的裁斷;禮制一部分,則多采師(凌)説而篤宗鄭氏,於程易疇①、金輔之駁正最多。其餘公羊家三世九旨諸説——邵公所謂"非常異義可怪之論"者②,闡發無餘蘊。不獨非巽軒所夢見,即方耕、申受亦遜其精鋭。在公羊學裏頭,大約算登峰造極的著作了。此書序例失傳,不能知其義例要點。我是二十七八年前曾讀過一遍,久已忘記。這段批評,總不能寫出原書的特色。

論語正義二十四卷。寶應劉寶楠楚楨著,子恭冕叔俛續。叔俛後序云:"道光戊子先君子與劉先生文淇、梅先生植之、包先生慎言、柳先生興恩③、陳丈立,約各治一經,先君子發策得論語。先爲長編數十巨册,次乃薈萃折衷之。……既而精力就衰,後所闕卷,畀恭冕使續成。咸豐乙卯將卒業,而先君子不起。又十年及乙丑之秋,而後寫定。"其某部分爲叔俛所續難確考④。李莼客越縵堂日記謂所續

---

①於　原脱,民志本同,據稿本、雜誌本、文庫本補。
②怪之　原作"之怪",民志本同,據稿本、雜誌本、文庫本乙。
③恩　原作"思",民志本同,據稿本、雜誌本、文庫本改。
④其　原作"某",民志本同,據稿本、雜誌本、文庫本改。　爲　原作"有",民志本同,據稿本、雜誌本、文庫本改。

爲雍也篇以後，當有據。然菠客又指出公冶篇以前所引書，有爲楚槙未及見者①。然則全書殆皆經叔俛增訂矣。

附論語集注補正述疏十卷。順德簡朝亮竹居著。

論語學在漢有齊魯古三家。自張禹合齊於魯，鄭康成復合齊、魯於古，師法不可復辨。何晏集解，自言"集諸家之善，其不安者頗爲改易"，然去取多乖，義蘊觕略。皇邢二疏，益無所發明。皇疏近人已疑其僞。劉氏此書，仍疏何注。叔俛所述凡例云："注用集解者，所以存魏晉人著錄之舊。而鄭君遺注，悉載疏內。至引申經文，實事求是，不專一家。故於注義之備者則據注以釋經，略者則依經以補疏，其有違失未可從者則先疏經文，次及注義。"據此可知，他對於何平叔集解實深致不滿，不過不得已而用之。故各章之疏，破注居半，在諸疏中算是最例外的了。陳卓人說："視江孫邵焦諸疏義，有過之無不及。"我未細讀，不敢多評，大概總不錯吧。

竹居疏晦翁集注，當然與漢學家不同調。但平心而論，晦翁集注實比平叔集解強。若把漢宋門戶擱在一邊，則疏他也何嘗不可。只是竹居的疏，我總嫌他空話太多一點。

左傳舊注疏證八十卷。儀徵劉文淇孟瞻著。子毓崧伯山、孫壽曾

---

①及見　原作"見及"，雜誌本、民志本、文庫本同，據稿本乙。

恭甫續。未成。

這部書始終未成，真是學界一件憾事！孟瞻、伯山父子之學，我們讀青溪舊屋、通義堂兩集可以想見一斑。這部書之發起，據陳卓人説是道光八年和論語正義①、公羊義疏同時動議的。見前 據伯山説：“草創四十年，長編已具，然後依次排比成書。”通義堂集卷六先考行略但左傳卷帙如彼其繁重，卒業自屬大難。② 孟瞻未及寫定而卒；伯山繼之，時值亂離，年僅五十卒，迄未能成；恭甫又繼之，年四十五卒，至襄公而絶筆。三世一經，齎志踵没，可哀矣。據國史儒林傳稿 此書既未得見，自無從妄下批評，但據伯山所述，知道他是革杜注的命。左傳自劉歆創通義訓後，賈逵、服虔兩注盛行，自杜預剿竊成今注，而舊注盡廢。預助司馬氏篡魏③，許多詖邪之説夾在注中，所謂“飾經術以文奸言”者④，前人論之甚多，大概不爲冤枉。這些且不管他，至於盜竊成書，總不能不説是破壞著述家道德。孟瞻父子，就是要平反這重公案。此書體例：“先取賈服鄭三君之注疏通證明，凡杜氏所排擊者糾正之，所剿襲者表明之。其沿用韋氏國語注者，亦一一疏記。他如五經異義所載左氏

----

①卓　原作“卑”，據稿本、雜誌本、民志本、文庫本改。
②繁重卒業　原作“繁卒重業”，民志本同，據稿本、雜誌本、文庫本乙。
③篡　原作“纂”，民志本同，據稿本、雜誌本、文庫本改。
④奸　原作“訐”，民志本同，據稿本、雜誌本、文庫本改。

説，皆本左氏先師；説文所引左傳，亦是古文家説；漢書五行志所載劉子駿説①，實左氏一家之學。又如經疏史注及御覽等書所引左傳注不載姓名而與杜注異者，亦是賈服舊説。凡若此者，皆稱爲舊注而加以疏證。其顧惠補注及洪稚存、焦里堂、沈小宛等人專釋左氏之書，以及錢戴段王諸通人説，有可采咸與登列。末始下以己意，定其從違。上稽先秦諸子，下考唐以前史書，旁及雜家筆記文集，皆取爲證佐。期於實事求是，俾左氏之大義炳然復明。"伯山先考行略　此書若成②，價值或爲諸家新疏之冠，也未可知。今既不得見，所以我不嫌繁重，把伯山的話全録如右。劉家子弟聞尚有人，不審能把家藏稿本公之於世否？就是缺了昭定哀三公，也無妨呀。

周禮正義八十六卷。瑞安孫詒讓仲容著。同治季年草創，光緒二十五年成。

　　此書和黃儆季的禮書通故，真算得清代經師殿後的兩部名著了。此書重要的義例有如下諸點：其一，釋經語極簡，釋注語極詳。就這點論，和劉楚楨的論語正義正相反。蓋楚楨本不信任何氏集解，仲容則謂"鄭注詳博淵奧，注明即經明，義本一貫也"。其二，多存舊

---

①駿　原作"駮"，民志本同，據稿本、雜誌本、文庫本改。
②書　原作"事"，民志本同，據稿本、雜誌本、文庫本改。

疏,聲明來歷。蓋賈疏在諸舊疏中本較好,原非孟子僞孫疏、公羊徐疏、尚書僞孔傳之孔疏等可比也。唐疏多乾没舊義,近儒重修,時亦不免,如胡竹村儀禮正義襲用賈疏處蓋不少,而每没其名。仲容則絶不攘善,於著述家道德守之最嚴。其三,雖極尊鄭注,而不墨守回護。他説:"唐疏例不破注,六朝義疏家原不盡然。"且康成對於杜(子春)、鄭(衆)亦時有糾正,所以他竊比斯義,"尋繹經文,博稽衆家,注有牾違,輒爲匡糾"。其四,嚴辨家法,不强爲牽合。清儒治禮,嗜博太過,每揉雜群書,强事會通。仲容謂"周禮爲古文學,與今文師説不相同①。曲爲傅合,非惟於經無會,彌復增其紛糾"。所以他主於以本書解本書,他書不合之處,疏通别白使不相淆。就這點論,最合守約之法。綜而論之,仲容斯疏,當爲清代新疏之冠,雖後起者勝,事理當然,亦其學識本有過人處也。周禮本書價值問題,迄未解決,仲容極端的尊信是否適當,原狠有商榷的餘地。但這部書最少也是西漢末一種古籍,就令出於漢人理想的虚構,也狠值得細心研究。仲容這部疏,總算替原書做一箇大結束了。

以上所舉九部新疏,附見四部。十三經中已得九經了。餘下四經還要附帶一講:

————————

① 文　原作"古",雜誌本、民志本同,據稿本、文庫本改。

一、孝經　　有善化皮鹿門錫瑞的孝經義疏①。但我未見，不
　　　敢批評。孝經價值本來僅等於禮記之一篇，我想有無
　　　不甚足爲輕重的。

二、穀梁傳　　這部傳可謂"數奇"。據我所知②，邵二雲曾
　　　著一部穀梁正義，像是未成。洪稚存邵學士家傳説他著有
　　　穀梁古注，錢竹汀邵君墓誌銘説他著有穀梁正義。我想或是古注
　　　已成，正義正在屬稿？蓋二雲以五十四誤藥暴卒，著作多未成也。
　　　其後梅蘊生植之又擬著穀梁集解正義，亦未成而卒。
　　　薛壽學詁齋文集卷下稺庵集後序云："丁亥、戊子間，先生欲仿孫
　　　氏尚書、焦氏孟子例撰穀梁集解正義，草創疏證而書未成。"案：
　　　蘊生爲劉孟瞻、劉楚楨之友，陳卓人之師。卓人述道光戊子與蘊
　　　生、二劉及包孟開赴鄉闈時，相約著各書（看前文公羊義疏條
　　　注）。當時楚楨任論語，孟瞻任左氏，卓人任公羊，蘊生則任穀
　　　梁。蘊生稺庵集中有贈薛子壽詩云："泛舟及包劉，遂結著書
　　　約"，即指此事也。蘊生中年咯血，壽僅五十（見孟瞻所爲梅君墓
　　　誌銘），故此書獨不成。大概邵著擬另集古注，如孫氏尚書
　　　例。梅著擬仍疏范寧集解，如焦氏孟子例。但都未成，
　　　不必多講了。

三、禮記　　這部書始終未有人發心做新疏，總算奇事。

四、易經　　做這部書的新疏，我想怕是不可能的。因爲疏
　　　王韓舊注，不獨清儒所不肯，且亦没有什麼引申發明

――――――――――

①門　　原作"們"，據稿本、雜誌本、民志本、文庫本改。
②稿本於"我"後有一"們"字。

的餘地，除非疏李鼎祚的集解或另輯一注。但漢儒異
説紛歧，遍疏亦窮於術。在我們看是“一丘之貉”①，在尊崇
漢學的清儒看是“兩姑之間難爲婦”。所以或如焦里堂之空
諸依傍，獨抒己見；毛奇齡之仲氏易，姚配中之周易姚氏學等
亦近此類。或如張皋文之專釋仲翔，抱殘守缺。皋文之周
易虞氏義亦全經通釋，但非疏體。若要作一部“惠氏易漢學
式”之新疏，恐怕誰也没有這種勇氣。

以上所舉諸家新疏，是否算已經把這幾部經完全弄明白，這
幾部經是否值得下恁麽大的工夫，都是别問題，我不敢輕下
判斷。但和現行的十三經注疏比較，最少有兩種優異之點：
第一，每一部疏由一人獨力做成，不像舊疏成於衆手；第二，
每人只做一部疏，不像孔賈輩之“包辦的”、“萬能的”。此專指
唐疏言。幾部惡劣的宋疏，更不足齒論。我們對於幾位著作家不能
不十二分感服，因爲他們的忠實和努力是很不容易學的。
他們不爲名，不爲利，只是爲學問而學問，把全生涯費在一
部書，卒能貫徹初志。他們的學問有用無用另一問題，但他
們做學問的方法真可學。做一門學問便要把他的内容徹底
了解，凡一切關係的資料搜集一無遺漏。着手著述之時，先
定計畫，各有别裁。每下一判斷，必待衆證都齊之後。判斷對
不對，另一問題，也許證甚博而斷仍錯。但待證乃斷，便是忠實於學。所
以這幾部書，無論如何，總是在學術史上有紀念的價值。至

①丘　原作“邱”，係避孔子名諱，今予回改。

於他們所以能著成這幾部書，也非專靠他們箇人之力。九部之中，兩部成於乾隆末年，七部在嘉道以後。實由先輩已經做過許多工作，他們纔利用而集其成。倘使他們生於明代或清初，也不能有這種成績。所以，我名之爲"清代經學的結晶體"。有好事者能把諸書彙刻爲一編，亦一佳話也①。

＊　　＊　　＊　　＊　　＊

（辛）其他通釋群經之著作

清儒以經學爲學問中心。凡筆記類如日知錄、十駕齋養新錄、東塾讀書記……等，文集類如戴段阮錢……諸集等，説經之文占大部分。想完全了解清人經學，這類書實極重要。但内容既不盡屬於經，我只得别標一題評他們的價值。這裏有幾部書應該特提：

一朱竹垞彝尊的經義考三百卷：這部書把竹垞以前的經學書一概網羅，簿存目録，實史部譜録類一部最重要的書。研究"經史學"的人最不可少。還有謝蘊山啓昆的小學考，也是躡朱書而成。其内容及價值當於譜録條下論之②，今互見於此。

一臧玉林琳的經義雜記三十卷：這書若出在乾嘉以後，並不稀奇。因爲他是康熙初年作品，而饒有乾嘉學派精神，

---

① 佳　原作"佳"，據稿本、雜誌本、民志本、文庫本改。
② 及　原脱，民志本同，據稿本、雜誌本、文庫本補。

所以要另眼看待。這書久藏於家。嘉慶間纔由他的玄孫藏在東庸刻
出①。有人説内中一部分是在東所著，歸美先人。但無確據，不敢遽認爲
事實。

一王伯申引之的經義述聞三十二卷：王石臞、伯申父子，
爲清學第一流大師，人人共知。這書名爲“述聞”，蓋伯申自
言聞於石臞者。其實他們以父子而兼師友，此書亦可稱父
子合作也。這部書最大的價值，在校勘和訓詁方面。許多
難讀或前人誤解的文句，讀了他便渙然冰釋。王氏父子理
解力直湊單微②，下判斷極矜慎，所以能爲一代所宗。試留心
讀嘉道以後著作，罕有能引經義述聞而駁之者。世所稱“王氏四種”
者，乃此書與經傳釋詞、讀書雜誌、廣雅疏證合稱。實則四
種合起來，纔見得出王氏經學之全豹。今爲叙述方便起見，
那幾部在小學及子書兩條下別論。

一俞蔭甫樾的群經平義十卷：此書全應用經義述聞的方
法，繼續有所發明。價值也僅下經義述聞一等。

＊　　＊　　＊　　＊　　＊

平心論之，清代風尚所趨，人人爭言經學，誠不免漢人
“碎義逃難”、“説五字至二十餘萬言”之弊③。雖其間第一流
人物尚或不免，承流望風者更不待言。所以在清末已起反

---

① 藏　原作“藏”，民志本同，據稿本、雜誌本、文庫本改。
② 力　原脱，雜誌本、民志本、文庫本同，據稿本補。
③ 五　原作“三”，雜誌本、民志本、文庫本同，據稿本改。按，漢書藝文志：
　　“説五字之文，至於二三萬言。”桓譚新論：“兩字之説，至十萬餘言。”

動，現在更不消説無人過問了。他們若能把精力和方法用到別的方面，成就或者可以狠大。僅用之幾部古經，已覺十分可惜。即以經學論，講得越精細，越繁重，越令人頭痛，結果還是供極少數人玩弄光景之具，豈非愈尊經而經愈遭殃嗎？依我看：這種成績，只好存起來算做一代學術的掌故；將來有專門篤嗜此學之人，供他們以極豐富的參考。至於整理經學，還要重新闢一條路，令應讀之經，非全數都應讀也。注意。人人能讀而且樂讀。我雖然還没有具體方法，但大概在用簡明的方法解釋其文句，而用有趣味有組織的方法發明其義理。義理方面且另説，文句方面則清儒替我們做過的工作實不少。大約清儒經學諸書，名物制度一類聚訟不決者尚狠多①；訓詁一類，工夫已經做到八九成。這便是各位經師對於一般人最大的貢獻了。

＊　　＊　　＊　　＊　　＊

＊　　＊　　＊　　＊　　＊

二　小學及音韻學

小學本經學附庸，音韻學又小學附庸。但清儒向這方面用力最勤，久已"蔚爲大國"了。方纔説：他們最大的貢獻在訓詁。他們爲什麼能有這種貢獻？就因爲小學、音韻學

---

①決　原作"結"，雜誌本、民志本、文庫本同，據稿本改。

成爲專門之業。今爲叙述方便起見，所以於經學之外，別立一節論他。

"小學"是襲用漢人的術語①，實際上應該叫做文字學。這門學問，可以分爲兩大類：一是研究一箇字或一箇辭的意義，二是研究字和辭的聯綴用法。我爲下文説明便利起見，杜撰兩箇新術語：第一類叫做"字義學"，第二類叫做"字用學"。音韻學也是字義學的一部分。所有小學書，什之九是字義學②；字用學現在還幼稚得狠哩。

字義學即是字典或辭典之學③。我國古來之字典有三種組織法：一、以各字（或辭）所含意義分類組織，爾雅、方言、釋名、廣雅等書便是；二、以各字的形體及所從偏旁分類組織，説文、玉篇等書便是；三、以各字的讀音分類組織，切韻、集韻、廣韻等書便是。本書所講，以第一二類歸入小學，以第三類歸入音韻學。

*　　　*　　　*　　　*　　　*

崇禎十五年出版之方密之以智通雅五十卷，實爲近代研究小學之第一部書。體例略仿爾雅，而門類稍有增減。看第十二講方密之條此書有許多新理解，先乾嘉學者而發明，但後來人徵引狠少，不知何故。爾雅一類書之專門的研究，蓋始於戴東原。他著有爾雅文字考十卷。其書成而未刻，今恐

---

①術語　原作"語術"，民志本同，據稿本、雜誌本、文庫本乙。
②之　原作"有"，雜誌本、民志本、文庫本同，據稿本改。
③或辭典　原脱，民志本同，據稿本、雜誌本、文庫本補。

已佚。據自序所說,原係隨手劄記之書,大約於舍人、劉歆、樊光、李巡、鄭康成、孫炎舊注多所蒐輯,補郭注之漏,正邢疏之失。至於"折衷前古,使爾雅萬七百九十一言合之群經、傳記靡所扞格,則俟諸異日"。據此,知東原對於整理爾雅尚有許多計畫,此書尚非滿意之作也。其此類書現存者則有:

　　方言疏證十三卷。休寧戴震東原著。互見本節音韻條。

揚雄方言,為西漢最好的小學書。東原首先提倡他。但這部書雖名為疏證,然而注重校勘,詮釋的工作尚少。自序說:"廣按群籍之引用方言及注者交互參訂,改正譌字二百八十一①,補脱字二十七,删衍字十七,逐條詳證之。"蓋自得此校本,然後方言可讀。四庫所著録,聚珍板所印行,即此本也。段茂堂著東原年譜,稱"東原曾將方言分寫於説文每字之上",亦是一種整理法。次則:

　　爾雅正義二十卷。邵晉涵著。見前。
　　爾雅釋義十卷。釋地以下四篇注四卷②。嘉定錢坫獻之著③。
　　爾雅義疏二十卷。郝懿行著。見前。

---

① 譌　原作"僞",民志本同,據稿本、雜誌本、文庫本改。
② "釋地以下四篇注"即爾雅釋地四篇注,一卷,有嘉慶七年擁萬堂錢氏四種刻本、光緒十四年南菁書院刻本。任公所謂"四卷",蓋據國史儒林傳並書目答問為説。
③ 坫　原作"玷",民志本同,據稿本、雜誌本、文庫本改。

此爲疏釋爾雅之專書，皆乾嘉間作品。爾雅這部書，清儒認定他是周公所作，把他捧得狠高。依我們看，不過西漢末劉歆一派人將漢儒傳注采輯而成，年代也許在方言之後。但他把各字的性質意義分類排纂，又不但解釋單字，而且兼及二字以上連綴而成的"辭"。在當時確是一種狠進步的字典或辭典，價值當然不朽。清儒提倡小學，於是這部書的研究日盛。邵二雲的正義，就是把戴東原所計畫的事業賡續成功，在這門學問裏頭算是創作。郝蘭皋補綴一番，愈益精密。這兩部書的比較價值，前節已論過，不再贅了。錢著未細讀，不敢妄評。此外有專釋爾雅名物之書，如程瑤田通藝録中釋宮、釋草、釋蟲諸小記，任大椿之釋繒[1]，洪亮吉之釋舟，劉寶楠之釋穀，錢大昕之釋人等。有專輯爾雅古注之書，如臧庸之爾雅漢注、黃奭之爾雅古義等。有釋爾雅著作體例之書。王國維之爾雅草木鳥獸蟲魚釋例甚好，惜僅限於一部分。這部書經二百年學者之探索，大概已發揮無餘蘊了。又次則：

釋名疏證八卷，補遺一卷，續釋名一卷。鎮洋畢沅秋帆著。釋名爲漢末劉熙撰，時代較説文稍晚。這書體例和爾雅略同，但專以同音爲訓，爲以音韻治小學之祖。釋名疏證題畢秋帆著，實則全出江艮庭聲之手。舊本譌脱甚多，畢江據各經史注、唐宋類書及道釋二藏校正之，復雜引爾雅以下諸訓詁書證成其義。雖尚簡略，然此二書自是可讀。其最博洽

---

[1] 繒　原作"繪"，民志本同，據稿本、雜誌本、文庫本改。

精覈者,則:

廣雅疏證十卷。高郵王念孫石臞著。

廣雅爲魏張揖著,出爾雅、方言、釋名之後,搜集更博。石臞本著,先校正其譌舛,繼詮釋其義訓。校正譌字五百八十,脱者四百九十,衍者三十九,先後錯亂者百二十三,正文誤入音内者十九,音内字誤入正文者五十七。自序其著作宗旨及體例云:"訓詁之旨,本於聲音。故有聲同字異,聲近義同,雖或類聚群分,實亦同條共貫。……此之不寤,則有字別爲音,音別爲義,或望文虛造而違古義,或墨守成訓而尟會通。……今則就古音以求古義,引申觸類,不限形體。……其或張君誤采,博考以證其失。先儒誤説,參酌而寤其非。"所謂"就古音以求古義,引申觸類",實清儒治小學之最大成功處;而這種工作,又以高郵王氏父子做得最精而最通。廣雅疏證實爲研究"高郵學"者最初應讀之書,讀了他再讀讀書雜誌、經傳釋詞、經義述聞,可以迎刃而解。石臞七十六歲纔着手著此書①,每日限定注若干箇字,一日都不曠課,到臨終前四年纔成,石臞年八十九。所以這部書可算他晚年精心結撰之作。昔酈道元作水經注,論者咸謂注優於經。廣雅原書雖尚佳,還不算第一流作品。自疏證出,張稚讓倒可以附王石臞的驥

---

① 稿本眉批曰:"年歲記不真,尚須細查。"按,王氏生於乾隆九年(一七四四),其與劉端臨書:"去年八月始作廣雅疏證一書。"此書作於乾隆五十四年(一七八九),則書中"去年"當王氏四十五歲。又答江晉三書:"廣雅疏證一書,成於嘉慶元年。"時王氏五十三歲。

尾而不朽了。以石臞的身分，本該疏爾雅纔配得上；因爲邵疏在前，恥於蹈襲，所以走偏鋒，便宜了張稚讓。然和郝蘭皋相比，蘭皋也算笨極了！此外應附記者有：

　　小爾雅訓纂六卷。長洲宋翔鳳于庭著。①

　　小爾雅疏證五卷。嘉定葛其仁鐵生著。

　　小爾雅義證十三卷。涇縣胡承珙墨莊著。

小爾雅本是僞孔叢子中之一篇，清儒因他存輯漢人訓詁不少，抽出來單行研究。以上三書②，同時所著③，不相謀而各有短長。也算是走偏鋒而能成家的。

　　以上各書，都是清儒把漢魏以前分義編纂的字典。用極綿密的工作去解釋，成績真可佩服。至於他們新編的字典，則有：

　　經籍籑詁一百六十卷④。儀徵阮元芸臺編。互見類書條。

這部書是阮芸臺任浙江學政時候，手創義例，命詁經精舍學生臧在東庸、臧禮堂和貴、洪筠軒頤煊、洪百里震煊、陳仲魚鱣、周鄭堂中孚等二十幾位分途編輯的。各字依佩文韻府的次序排列。每字的解釋，專輯集古書成説，所收者約爲下列各種：一、古經古子本文中之訓詁。如"仁者人也，義者宜也"，"元者

---

①此條前原有"小爾雅疏八卷上虞王煦汾原著"一條，據稿本、雜誌本、民志本、文庫本刪。

②三　原作"四"，據稿本、雜誌本、民志本、文庫本改。

③原於"同"前衍"大略"二字，據稿本、雜誌本、民志本、文庫本刪。

④籑　原作"纂"，雜誌本、民志本、文庫本同，據稿本改。

善之長也，亨者嘉之會也”之類。所收子書最晚者爲顏氏家訓。二、各經注。以十三經注疏爲主，佐以清儒所輯古佚注。三、漢魏以前子書及古史注。自國語韋注，戰國策、呂覽、淮南子高注，下至列子張注，管子房注，荀子楊注等。四、古史部集部注。限於史記裴集解①、司馬索隱、張正義，漢書顏注，後漢書李注，三國志裴注，楚辭王注，文選李注。五、小學古籍。爾雅、方言、説文、廣雅、釋名、小爾雅、字林、埤蒼、聲類、通俗文、匡謬正俗、經典釋文、一切經音義、華嚴經音義、翻譯名義、隸釋、隸續等。唐以前訓詁，差不多網羅具備，真是檢查古訓最利便的一部類書。這書雖依韻編次，但目的並非在研究韻學，所以我不把他編在音韻條而編在本條。

＊　　　＊　　　＊　　　＊　　　＊

最簡樸的古字典，出在爾雅、方言以前。爲漢書藝文志所述的秦時李斯的蒼頡七章，趙高的爰曆六章，胡母敬的博學七章。漢志説史籀十五篇，周宣王時書。我們不相信。漢興，閭里書師把這三種揉合起來，每章六十字，共五十五章，名爲蒼頡篇。其後司馬相如的凡將，史游的急就，揚雄的訓纂，班固的續訓纂，相繼而起。這類字典，狠像後世的千字文、百家姓，又像醫家的湯頭歌訣，挑選幾百或幾千箇單字編成韻語，意義聯貫，專備背誦之用，並沒有什麼訓釋。西東漢之交，研究日趨細密，便把所有的字分起類來——指事，象形，會意，形聲，轉注，假借，謂之六書。六書兩字始見周禮。其六種名則首載漢志②，次

①集解　原作“解集”，民志本同，據稿本、雜誌本、文庫本乙。
②載　　原作“戴”，民志本同，據稿本、雜誌本、文庫本改。

爲說文序。東漢人說是起自周公時，我們不相信。大概是揚雄、劉歆、杜林這班小學家研究出來的。和帝永元間許叔重根據六書義例，以各字的形體及所從偏旁分類，著成一部說文解字，遂爲秦漢以來小學一大結束，又爲後來字書永遠模範。

說文這部書，清以前的人，並不十分作興他。唐宋間徐鉉[①]、徐鍇、李燾、吾丘衍等雖間有撰述[②]，然發明甚少，或反把他紊亂了。明末有一群文學家好用僻字，拿來當枕中鴻秘，但並不了解他的價值和作用。趙宧光著說文長箋[③]，顧亭林極攻擊他。明清之交，方密之算是最初提倡說文的人，在通雅中常常稱引或解釋。康熙一朝，經學家雖漸多，但對於說文也並沒有人十分理會。乾隆中葉，惠定宇著讀說文記十五卷，實清儒說文專書之首，而江慎修、戴東原往復討論六書甚詳盡。東原對於這部書，從十六七歲便用功起。雖沒有著作，然傳授他弟子段茂堂。自是說文學風起水湧，占了清學界最主要的位置。謝蘊山啓昆小學考說當時關於說文的名著有三部：

說文解字注三十卷。金壇段玉裁茂堂著。小學考作"說文解字讀"，想是原名，後來狠少人知道。

說文統釋六十卷。嘉定錢大昭晦之著。

說文解字正義三十卷。海寧陳鱣仲魚著。

---

①唐宋　原作"宋元"，據稿本、雜誌本、民志本、文庫本改。

②丘　原作"邱"，係避孔子名諱，今予回改。

③宧光　原作"光宧"，民志本、文庫本同，據稿本、雜誌本乙改。

茂堂的説文注，盧抱經序他説：“自有説文以來，未有善於此書者。”小學考卷十引 王石臞序他説：“千七百年來無此作。”本書卷首 百餘年來，人人共讀，幾與正經正注爭席了。説文自唐宋以來，經後人竄改，或傳鈔漏落顛倒的不少。茂堂以徐鍇本爲主，而以己意推定校正的狠多。後人或譏其武斷，所以 段注訂、鈕樹玉著。八卷。段注匡謬、徐承慶著。八卷。段注考正馮桂芬著①。十六卷。一類書繼續出得不少。内中一部分誠足爲茂堂諍友，但茂堂此注②，前無憑藉，在小學界實一大創作。小有舛誤，毫不足損其價值，何況後人所訂所匡也未必盡對呢。茂堂又最長韻學，訂古韻爲十七部，每字注明所屬之部，由聲音以通訓詁。王石臞序最稱贊他這一點。我想這點自然是他的好處，但未足以盡之。

　　錢陳兩書未見，不知有無刻本？ 錢書有自序，述十例：“一、疏證以佐古義，二、音切以復古音，三、考異以復古本，四、辨俗以證譌字，五、通義以明互借，六、從母以明孳乳，七、別體以廣異義，八、正譌以訂刊誤，九、崇古以知古字，十、補字以免漏落。”小學考引 晦之爲竹汀弟，其書應有相當價值。陳仲魚書，阮芸臺謂其“以聲爲經，偏旁爲緯”。論語古訓序，小學考引 果爾則當與後此姚文田、朱駿聲各書同體例，參看次段③。但書名“正義”，似是隨文疏釋，頗不可解。

────────────

① 著　原脱，民志本同，據稿本、雜誌本、文庫本補。
② 但　原脱，民志本同，據稿本、雜誌本、文庫本補。
③ 稿本無“參”字。

自段注以後關於說文之著作，如嚴鐵橋可均之說文校議，三十卷。錢獻之坫之說文斠詮，十四卷。皆主於是正文字，而嚴著號稱精核。其通釋之書最著者，則：

說文義證五十卷。曲阜桂馥未谷著。

說文釋例二十卷。安丘王筠箓友著①。

說文句讀三十卷。同上

桂書與段書不同之處：段氏勇於自信，往往破字創義，然其精處卓然自成一家言；桂書恪守許舊，無敢出入，惟博引他書作旁證，又皆案而不斷。桂之識力不及段，自無待言，但每字羅列群說，頗似經籍籑詁②。觸類旁通，令學者紬索而自得，不爲著者意見所束縛。所以我常覺得桂書比段書更爲適用。王箓友釋例，爲斯學最閎通之著作。價值可與凌次仲禮經釋例、劉申受公羊釋例相埒。凡名家著書，必有預定之計畫，然後駕馭材料，即所謂義例是也。但義例狠難詳細臚舉出來，近人著述方法進步，大率自標凡例以便讀者，然終不能十分詳盡。古人則用此法者尚少。全在好學者通觀自得③，說文自然也是如此。又說文自大徐徐鉉以後，竄亂得一塌糊塗，已爲斯學中人所公認，怎麼樣纔能全部釐正他呢④？必須發見出原著者若干條公例，認定這公例之後，有不合的便知是竄亂，纔能執簡御繁。戴東原之

①丘　原作“邱”，係避孔子名諱，今予回改。

②籑　原作“纂”，民志本、雜誌本、文庫本同，據稿本改。

③全　原作“令”，民志本同，據稿本、雜誌本、文庫本改。

④正　原作“整”，民志本同，據稿本、雜誌本、文庫本改。

校水經注，即用此法。段茂堂之於說文，雖未嘗別著釋例，然在注中屢屢說“通例”如何如何，我們可以輯出一部“說文段注例”①。他所以敢於校改今本，也是以他所研究出的“通例”爲標準。箓友這部釋例，就是專做這種工作。他所發見的例是否都對，我不敢說，但我覺得六七成對的。但他的創作力足與茂堂對抗，灼然無疑了。說文句讀成於釋例之後，隨文順釋全書。自言與段氏不盡同者五事②：一刪篆，二一貫，三反經，四正雅，五特識。見自序。文繁不録。此書最後出而最明通，最便學者。

　　學者如欲治說文，我奉勸先讀王氏句讀，因爲簡明而不偏詖；次讀王氏釋例，可以觀其會通。未讀過說文原書，驟讀釋例不能了解。段注呢，他是這門學問的“老祖宗”，我們不能不敬重他，但不可爲他意見所束縛。或與句讀並讀亦可。桂氏義證，擺在旁邊當“顧問”，有疑義或特別想求詳的字便翻開一查，因爲他材料最豐富。其餘別家的書，不讀也罷了。用我的方法，三箇月足可以讀通說文。我狠盼望青年們送一箇暑假的精力給這部書，因爲是中國文字學的基礎。

　　清儒之治說文，本由古韻學一轉手而來。所以段注後頭附一部六書音韻表，注中各字，於韻特詳。戴東原的轉語二十章序說③：“昔人既作爾雅、方言、釋名，余以爲猶闕一卷

---

① 出　原脱，民志本同，據稿本、雜誌本、文庫本補。
② 言　原作“然”，雜誌本、民志本、文庫本同，據稿本改。
③ 語　原作“注”，雜誌本、民志本、文庫本同，據稿本改。

書①。……"這"一卷書"是什麼呢？就是以音韻爲主的新字典。陳仲魚的說文正義"以聲爲經，偏旁爲緯"②，像是就想做這一卷書。後來姚秋農文田、錢溉亭塘各著說文聲系，姚十四卷，錢二十卷。苗仙簏夔著說文聲讀表七卷，嚴鐵橋可均著說文聲類二卷，張皋文惠言著說文諧聲譜二十卷。其他同類的作品尚不下十家③。最後則有：

　　　說文通訓定聲十八卷④。吳縣朱駿聲允倩著。

這些人都像是因東原的話觸發出來，想把說文學向聲韻方面發展。而朱氏書最晚出，算是這一群裏頭最好的。這部書把全部說文拆散了從新組織，"舍形取聲貫穿聯綴"，凡例語，下同。各字分隸於他所立古韻十八部之下，"每字本訓外，列轉注、假借二事"，"凡經傳及古注之以聲爲訓者，必詳列各字之下，標曰聲訓"，雙聲字"命之曰轉音"。總算把說文學這一片新殖民地開闢得差不多了⑤。可惜少了一張表。姚秋農是這一派的先登者。他的書全部是表，但做得不好。

　　此外尚有對於說文作部分的研究者，如：因說文有徐氏新附入之字往往與本文混亂，於是有說文新附考一類書；鄭珍著，六卷。因說文引經多與今本有異同，於是有說文引經考

----

① 爲　戴氏原文作"謂"。
② 旁　原作"書"，民志本同，據稿本、雜誌本、文庫本改。
③ 原於"十"下衍一"餘"字，民志本同，據稿本、雜誌本、文庫本刪。
④ 八　原作"六"，雜誌本、民志本、文庫本同，據稿本改。
⑤ 得　原脫，雜誌本、民志本、文庫本同，據稿本改。

一類書；吳玉搢著，二卷。陳瑑著，八卷。臧禮堂著，二卷。因鐘鼎文字學發達的結果，對於說文中之古籀文引起研究興味①，於是有說文古籀疏補一類書。莊述祖著，六卷。潘祖蔭著，一卷。此外這種局部的著述還不少，真算燦爛極了。

　　恁麼多關於說文的書，這門學問被他們做完了沒有呢②？我說還不曾③。第一件，從姚秋農到朱允倩所做聲系一類書，我都認爲不滿意，因爲他們都注意收音，忽略發音，還不配戴東原所謂"那一卷書"。我對於這項意見，曾發表過從發音上研究中國文字之源一篇短文。見梁任公近著第一輯卷下④第二件，說文的會意字，還沒有人專門研究。說文標明"會意"的字雖不多，但凡云"从某，从某"，或云"从某，从某省"，都是會意；云"从某，从某，某亦聲"者，都是形聲兼會意，而且依着"聲系一派"如我所說的發音來源，纔算徹底。的主張，每字所諧的聲都有意義，然則形聲字的全部都是形聲兼會意了。會意字既如此其多，我們用社會學的眼光去研究，可以看出有史以前的狀況不少。這是文字學上一件大事業。這項意見，我二十年前曾發表過國文語原解一篇短文⑤。見飲冰室叢著

①古　原脱，雜誌本、民志本、文庫本同，據稿本補。
②呢　原脱，民志本同，據稿本、雜誌本、文庫本補。
③曾　原作"會"，民志本同，據稿本、雜誌本、文庫本改。
④著　原脱，民志本同，據稿本、雜誌本、文庫本補。　卷　原脱，民志本同，據稿本、雜誌本、文庫本補。
⑤國文　原作"國民"，雜誌本、民志本、文庫本同，據稿本改。

中①可惜我的見解都未成熟，國文語原解尤其要不得。近來學問興味，又不向這方面發展，大概不會再往前研究了。但我確信這兩條路是可走的，狠願意推薦給後起的青年們。

＊　　＊　　＊　　＊　　＊

以上把“字義學”的成績大概説過了，附帶着要説説“字用學”。

最初的字，總是從實物或實象純客觀的一定之象，如方位、數目之類。造起；漸漸到人類的動作，人類和外界發生關係，兼主客兩體而成。漸漸到人類的心理；漸漸到純抽象的名詞；文字發展的次第大概如此。動作心理等已經有大部分來不及造，用舊字假借。還有所謂“語詞”的一部分，發語詞、接續詞、感歎詞、停頓詞、疑問詞等等。最初純用口語或手勢表現，根本就沒有這類字。書本上這類字都是假借同音之字來充數的。然而音是古今時時變化，地方又各各不同，既沒有一定之字，便隨人亂用。例如“乎”、“無”、“麼”、“嗎”，本是一箇音變化出來，但現在讀去，音已經狠不同，字形更是渺不相屬。而且用法擺在一句話中間的位置之類。也常常因時而異，因地而異，因人而異。古書所以難讀，最主要的就是這部分。不獨古書，白話亦然。所以有眼光的小學家發心做這部分工作，替後人減除困難。清儒頭一部書是：

助字辨略五卷。確山劉淇南泉著。

---

① 著　原作“書”，雜誌本、民志本、文庫本同，據稿本改。　　中　原脱，雜誌本、民志本、文庫本同，據稿本補。

南泉是素不知名的一位學者。這部書從錢警石_{曝書雜記}、劉伯山_{通義堂集} 先後表章，纔漸漸有人知道。書成於康熙初年，而和王伯申暗合的極多，伯山都把他們比較列出。伯申斷不是剿竊的人，當然是沒有見過這部書。清初許多怪學者，南泉也算其一了。至於這門學問的中堅①，自然要推：

經傳釋詞十卷。_{高郵王引之伯申著。}

伯申以爲：“自漢以來，說經者宗尚雅訓，凡實義所在既明著之矣，而語詞之例則略而不究，或即以實義釋之，遂使其文扞格而意亦不明。”_{自序語，下同。}他拿許多古書比較研究，發見出許多字是：“其爲古之語詞較然甚著，揆之本文而協，驗之他卷而通，雖舊説所無，可以心知其意者。”他於是“引而伸之以盡其義類，自九經三傳及周、秦、西漢之書，凡助語之文遍爲搜討，分字編次”，成了這十卷書。我們讀起來，沒有一條不是渙然冰釋，怡然理順，而且可以學得許多歸納研究方法。真是益人神智的名著了。後此從伯申脫化出來而範圍更擴大者，則有：

古書疑義舉例七卷。_{德清俞樾蔭甫著。}

蔭甫發見出許多古人說話行文用字之例，_{卷一至卷四} 又發見出許多後人因誤讀古書而妄改或傳鈔譌舛以致失真之例②。_{卷五至卷七} 上半部我們可以叫他做“古代文法書”，下半部可

_____

① 堅　原作“間”，民志本同，據稿本、雜誌本、文庫本改。
② 之　原脫，作一空格，據稿本、雜誌本、民志本、文庫本補。

以叫他做"校勘秘訣"。王俞二書，不過各兩小冊，我想凡有
志讀秦漢以前書的人，總應該一流覽的。最後則有：

　　文通十卷。丹徒馬建忠眉叔著。

眉叔是深通歐文的人。這部書是：把王俞之學融會貫通之後，
仿歐人的文法書把語詞詳密分類組織而成的。著書的時候是
光緒二十一二年，他住在上海的昌壽里，和我比鄰而居。每成
一條，我便先睹爲快，有時還承他虛心商榷。他那種研究精
神，到今日想起來還給我狠有力的鞭策。至於他創作的天才
和這部書的價值，現在知道的人甚多①，不用我讚美了。

　　　　　＊　　　＊　　　＊　　　＊　　　＊

　　音韻學爲清儒治經之副産物，然論者或謂其成績爲
諸學之冠。我素來没有研究，完全外行，對於内容得失不
敢下半句批評。只把這門學問的來歷和經過説説，還怕
會説錯哩。

　　清代的音韻學，從一箇源頭上分開兩條支路發展：一是
古韻學，一是切韻學。

　　古韻學怎樣來歷呢？他們討論的是那幾樁問題呢？
稍有常識的人，總應該知道現行的佩文韻府把一切字分隸
於一百零六箇韻。上下平聲合三十，上聲二十九，去聲三十，入聲十
七。韻府本於南宋的禮部韻略，韻略百零七部②，比韻府多一部。

---

①現在知道　民志本同，稿本、雜誌本、文庫本作"現代知到"。
②零　原脱，據稿本、雜誌本、文庫本補。按，稿本此段中"零""〇"混用，
　今統一作"零"。又民志本誤作"。"。

韻略本於唐的廣韻。廣韻卻是分爲二百零六部。現在韻書最古而最完備的莫如廣韻，所以研究此學都以廣韻爲出發點。爲什麼由二百零六變爲一百零七，這是唐宋後音變的問題，古韻家懶得管他。廣韻二百六部分得對不對，這是唐音的問題，古韻家也懶得管他①。他們所討論者，專在三代秦漢時候韻之分部如何②。古書中如易經、詩經、楚辭、老子等幾乎全書都協韻，然而拿廣韻和韻略比對起來，卻什有九並不同韻。宋以來儒者沒有法子解釋這緣故，只好說是"借叶"。本不同韻，勉強借來叶的。清儒以爲漫無範圍的亂借亂叶，豈不是等於無韻嗎？所以他們反對此說，一定要找出古人用韻的規律來。換句話說，就是想編一部"古佩文韻府"。

　　清代音韻學的鼻祖共推顧亭林。他著有音學五書，一音論，二易音，三詩本音，四唐韻正，五古音表。爲生平得意之作③，凡經三十年，五易其稿。自言："據唐人以正宋人之失，據古經以正沈氏（約）、唐人之失，而三代以上之音，部分秩如，至賾而不可亂。"同時柴虎臣紹炳、毛稚黃先舒等皆治此學有著述，而理解遠不逮亭林。毛西河喜立異爭名，專著書和亭林作對。書名古今通韻，凡十二卷。然而所說話毫無價值，沒有人理他。亭林以後中興此學者爲江愼修，著古韻標準；愼修弟子

---

① 得　原作"的"，民志本同，據稿本、雜誌本、文庫本改。
② 時　原作"甚"，據稿本、雜誌本、民志本、文庫本改。
③ 稿本於"平"後有一"最"字。按，前第六講清代經學之建設內，任公曾謂"若日知錄，實他生平最得意之作"；此處則言音學五書也。

戴東原著聲類表、聲韻考。東原復傳其弟子段茂堂、王石臞、孔巽軒。茂堂著六書音韻表，據以注説文；石臞、巽軒都各有撰述。石臞書未刻①，巽軒書名曰詩聲類。而段王後輩有江晉三有誥，著音學三書，亦頗多創獲。要之乾嘉以後言古韻者雖多，而江戴門下薪火相傳，實爲其中堅。

　　他們最主要的工作是研究古韻分部。他們以爲廣韻二百六部乃唐以後聲音繁變派衍出來的，古代沒有那麼複雜，所以要把他歸併成若干部以求合古人所用之韻。

　　這種工作，不始於清儒。宋朝的鄭庠是最先研究的，他把二百六部歸併成六部。亭林拿他作研究基礎，析爲十部；慎修又析爲十三部；茂堂又析爲十七部；東原析爲十八部；巽軒析爲十九部；石臞析爲二十一部；晉三也是二十一部，而和石臞又微不同，東原所謂“以漸加詳”也。後人雖於諸家互有從違，然狠少能出其範圍。

　　我想讀者一定要發問：“二百六部歸併爲六部十部②……不太少嗎？怎樣歸併法呢？”勿驚！廣韻的二百六部係兼包平上去入四聲的。四聲雖有清濁高低舒促之別，韻總是一貫，所以拿平聲可以代表上去入。廣韻的平聲也只有五十七部，將五十七歸併爲六或二十一，並非不可能之

①未刻　原作“近由上虞羅氏印行”，據稿本、雜誌本、民志本、文庫本改。按，石臞所著古韻譜二卷，有民國十四年上虞羅振玉刊高郵王氏遺書本。此講作於十三年四月，故云“未刻”。
②歸併　原作“規定”，民志本同，據稿本、雜誌本、文庫本改。

事。歸併到怎樣程度纔能和古書所用的韻脗合，便是他們苦心研究的第一箇問題。

　　平聲和上聲去聲是容易印合的，"東"、"凍"、"動"一讀下去，當然知道是同部。惟有入聲最囉唆，每每調不出來。廣韻平聲有五十七韻，入聲只得三十四韻，對照起來，便有二十二韻只有平上去而無入。到底這三十四箇入聲韻該如何分配，最足令講古韻的人頭痛。這是他們苦心研究的第二箇問題，許多辨難都從此起。

　　讀以上所講，大概可以知道他們問題焦點所在了。爲力求明晰起見，將鄭庠、顧炎武、江永、段玉裁四家所分類列出一張表，把這表説明之後，再説戴孔王諸家所以異同之故。

鄭顧江段古韻分部比較表①

鄭氏六部		顧氏十部		江氏十三部		段氏十七部	
平聲	入聲	平聲	入聲	平聲	入聲	平聲	入聲
1 東冬江陽庚清蒸	屋沃覺藥陌錫職	1 東冬鍾江	無	1 東冬鍾江	無	9 東冬鍾江	無
		7 陽唐	無	8 陽唐	無	10 陽唐	無
		8 耕庚清青	無	9 庚耕清青	無	11 庚耕清青	無
		9 蒸登	無	10 蒸登	無	6 蒸登	無

①稿本眉批曰："此表費一日之力乃成，因吾夙未治此學也。"

續表

鄭氏六部		顧氏十部		江氏十三部		段氏十七部	
平聲	入聲	平聲	入聲	平聲	入聲	平聲	入聲
2 支微齊佳灰	無	2 支脂之微齊皆灰咍	質術櫛物迄月沒曷末點鎋屑薛麥昔錫職德	2 支脂之微齊皆灰咍	麥昔錫職德	1 之咍	職德
						15 脂微齊皆灰	術物迄月沒曷末鎋薛
						16 支佳	陌麥昔錫
3 魚虞歌麻	無	3 魚虞模侯	藥鐸陌	3 魚虞模	藥鐸陌	4 侯	無
						5 魚虞模	藥鐸
		6 歌戈麻	無	7 歌戈麻	無	17 歌戈麻	無
4 真文元寒刪先	質物月曷黠屑	4 真諄臻文欣元魂痕寒桓刪山先仙①	無	4 真諄臻文欣魂痕	質術櫛物迄沒	12 真臻先	質櫛屑
						13 諄文欣魂痕	無
				5 元寒桓刪山先仙	月曷末點鎋屑薛	14 元寒桓刪山仙	無
5 蕭宵尤豪	無	5 蕭宵肴豪尤幽	屋沃燭覺	6 蕭宵肴豪	無	2 蕭宵肴豪	無
				11 尤侯幽	屋沃燭覺	3 尤幽	屋沃燭覺
6 侵覃鹽咸	緝合葉洽	10 侵覃談鹽添咸銜嚴	緝合盍葉怗洽狎業乏	12 侵	緝	7 侵鹽添	緝業怗
				13 覃談鹽添咸銜嚴凡	合盍葉怗洽狎業乏	8 覃談咸銜嚴凡	合盍洽狎業乏

（表的説明）

一：將廣韻五十七箇平聲韻挑出三十箇當代表，此三十箇就

---

①桓　原作“極”，民志本同，據稿本、雜誌本、文庫本改。

是現行佩文韻府所采用。再將他分成六部。這是鄭氏作始之功。

二：把鄭氏的第一部東冬江陽庚青蒸析爲四部。一東冬鍾江，二陽唐，三庚耕清青，四蒸登。是顧氏的發明。江段無改。

三：鄭氏的第二部，支微齊佳灰。顧江無改。段氏把他析爲三部，一之咍，二脂微齊皆灰①，三支佳。這是段氏的大發明，東原、石臞都拍案叫絕。"之"、"脂"、"支"現在讀起來毫無分別。茂堂從古書中考出他分別甚明，但亦沒有法子讀成三種音。晚年以書問江晉三云："足下能知其所以分爲三乎？僕老耄，倘得聞而死，豈非大幸。"

四：鄭氏的第三部，魚虞歌麻。顧氏析爲二，一魚虞模侯，二歌戈麻②。江氏因之，但把"侯"剔出歸併"尤幽"部。段氏則既不以"侯"合"魚虞模"，也不以合"尤幽"，完全令他獨立，所以共析成三部。這部分的問題，以"侯"之分合爲最主要。

五：鄭氏的第四部，真文元寒刪先。顧氏因之。江氏析爲二，一真諄臻文欣魂痕，二元寒桓刪山先仙。段氏復將江氏第一類析爲二，變成三部。又將江氏第三類的"先"移入第一類的"真臻"。"真"和"文"之分，是段氏特點。

六：鄭氏的第五部，蕭宵尤豪。顧氏因之。江氏析爲二，一蕭宵肴豪，二尤侯幽。段氏因之，但將"侯"剔出另立部。

---

① 微　原脱，雜誌本、民志本、文庫本同，據稿本補。
② 戈　原脱，稿本、雜誌本、民志本、文庫本同，據前表補。

“侯”和“尤”之分，是段氏特點。

七：鄭氏的第六部，侵覃鹽咸。顧氏因之。江氏析爲二，一侵，二覃談鹽添咸銜嚴凡。段氏因之，但割“鹽添”合於“侵”。

　　　以上爲平聲五十七部之分合變遷，比較的還容易了解。最麻煩的是入聲分配問題。另加説明：

八：鄭氏六部，有入聲者僅三。顧氏十部，有入聲者四。江氏十三部，有入聲者七。段氏十七部，有入聲者八。這是將入聲性質剖析逐漸精密的表徵。

九：顧氏入聲的分配，和鄭氏幾乎全相反。除鄭第六部與顧第十部相同外，鄭第一第四部有入聲，顧無；鄭第二第三第五部無入聲，顧有。

十：顧江段公認爲無入聲者五部：一東冬鍾江，二陽唐，三庚耕清青，四蒸登，五歌戈麻。江段公認爲無入聲者一部①：蕭宵肴豪。

十一：入聲中問題較少者：“緝合”以下九韻配“侵覃”以下九韻；“質櫛”配“真臻”，“屑”配“先”。其餘皆有問題。

以上把四家異同之點大概説過，以下把餘人改正的部分略説：

---

① 公　原脱，民志本同，據稿本、雜誌本、文庫本補。　　部　原作“都”，據稿本、雜誌本、民志本、文庫本改。

一、戴東原之特點：戴雖爲段之師，然其聲類表實作於段氏六書音韻表之後，進一步研究。他最主要的發明：（一）將段氏的"脂"部再剖析，立"祭泰夬廢"一部，此部有去聲而無平上。（二）將"緝合"以下九韻另爲一部，此部有入聲而無平上去①。蓋四聲之分，本起六朝，古人無此。戴氏分部，不限平聲，是其通識。其餘入聲之分配各部亦頗有異同，不具述。

二、孔巽軒之特點：巽軒對於段，析"東"、"冬"爲二，併"真文"爲一，亦別出"緝合"等九韻爲一部，共十八部。

三、王石臞之特點：石臞工作，專在剖析入聲。他別立"質"、"月"、"緝"、"盍"四部，合諸段氏所分，共爲二十一部。"質"、"月"二部皆有去而無平上，"緝"、"盍"二部則無平上而並無去。

四、江晉三之特點：晉三亦分二十一部，但不與王氏同。其分"東"、"冬"爲二，同孔氏；"祭"部獨立，同戴氏；入聲則別立"葉"、"緝"兩部。晉三於戴孔之書皆未見，據段茂堂信上說。蓋暗合，非蹈襲也。

以上重要之古韻說略具。此後尚有莊葆琛之十九部，張皋文之二十部②，乃至近人之二十三部、二十六部等③，大抵衍江戴段王之緒稍事補苴，不復述。至於各家所説誰是誰非，

我完全外行,不敢參加討論。

＊　　＊　　＊　　＊　　＊

　　古韻學研究的對象,在各字的收音。還有專從發音方面研究的,名爲切韻學。用舊話來比附,也可以説古韻學是研究疊韻,切韻學是研究雙聲。

　　切韻之學,起於東漢孫炎。以兩字切成一字之音,實我國音學初祖。後來魏李登作聲類,書已佚。見隋書經籍志。始整齊而衍其緒。隋陸法言作切韻,書已佚。近在燉煌石室發見唐寫殘本。爲後此廣韻所自本。自梵語隨佛典入中國,中唐以後釋神珙①、釋守温仿之創立字母,爲斯學別創一蹊徑,即"見溪群疑"等三十六母是也②。宋人用之以治舊有之反切,則爲等韻學。直到今日,創立注音字母及其他新字母之種種研究,皆從孫炎、陸法言、守温所走的線路逐漸發展出來。

　　清代切韻學,也是顧亭林提倡起。他的音論,論發音原理的不少。但亭林最大的成績還在古韻學,其對於切韻學的貢獻,像還比不上方密之。看第十二講。亭林弟子潘耒耕著類音,四庫提要述其內容云:"耒受業於顧炎武。炎武之韻學欲復古人之遺,耒之韻學則務窮後世之變。其法增三十六母爲五十母。每母之字,横播爲開口、齊齒、合口、撮口四呼。四呼之字,各縱轉爲平上去入四聲。四聲之中,各以

---

① 珙　原作"琪",民志本同,據稿本、雜誌本、文庫本改。
② 等　原作"第",據稿本、雜誌本、民志本、文庫本改。

四呼分之。……"據此可知<u>次耕</u>的工作全在創新字母。尤當注意者，字母和四聲的關係，實近來新字母學一箇頗費討論的問題，<u>次耕</u>已顧及了。類音這書我未得見，但遂初堂集裏頭有<u>聲音元本論</u>、<u>南北音論</u>、<u>古今音論</u>、<u>全分音論</u>、<u>反切音論</u>等篇，讀之可見其學説大概。他説："聲音先文字而有。聲止於一，字則多寡不論，或一音而數字，或有音而無字。後世字書韻書，不得其天然條貫，則如散錢亂卒而不可整齊。"他極贊字母爲發天地之祕①，但以爲舊行三十六母"有複有漏"。他把複的删去，例如"知徹澄孃"之與"照穿牀泥"。而別增其缺漏者十餘母。他最注重"無字之音"。説道："今所釐正，皆出乎天然。天然者，人所本有之音也。本有之音而不能盡出，則以習誦有字之音，罕道無字之音也。"大抵<u>次耕</u>的目的，在把<u>中國</u>人口裏所説得出的音都搜齊，改造一套科學的合理的字母。他的成績如何我不敢説，眼光總算高極了。同時<u>吳修齡喬</u>亦治此學，"以二合翻切收盡諸法，立二十四條以盡諧聲之變"，斥<u>守溫</u>爲"無知妄作，貽毒後人"。見廣陽雜記卷四 其書今不傳。

　　<u>康熙</u>末則<u>劉繼莊獻廷</u>治此學。他曾從幾位怪僧研究等韻，又曾見過<u>吳修齡</u>。但他説："<u>修齡</u>於<u>天竺</u>陀羅尼、<u>泰西</u>蠟頂（即<u>羅馬</u>字）、<u>天方</u>、<u>蒙古</u>、<u>女直</u>諸書皆未究心，特<u>震旦</u>一隅

———————————

①祕　原作"密"，民志本同，據稿本、雜誌本、文庫本改。

之學耳。"他創的新字母,以三十二音爲韻父,二十二位爲韻母①,横轉各有五子,又可以用來譜四方土音。他的書名新韻譜,可惜久已失傳了。看他所著廣陽雜記及鮚埼亭集中劉繼莊傳。

乾嘉大師之音韻學,全部精力耗在古韻上頭。但江慎修的音學辨微,講切韻的地方也不少。戴東原著轉語二十章,已佚。其自序曰:"人之語言萬變,而聲氣之微,有自然之節限。……今各從乎聲以原其義。聲自微而之顯,言者未終,聞者已解,辨於口不繁,則耳治不惑。人口始喉,下抵唇末,按位以譜之,其爲聲之大限五,小限各四。於是互相參伍②,而聲之用蓋備矣。……凡同位則同聲,同聲則可以通乎其義。……"此書專由聲音以究訓詁,爲戴氏獨得之學。後此王氏父子即應用此法卓著成績,然固是切韻之學,非古韻之學也。此外則錢竹汀亦極意切韻,考證沿革及新創理解頗多。看十駕齋養新録卷五

專門研究古代切韻,孫炎至陸法言。當以吾鄉先輩陳蘭甫先生澧的切韻考爲絶作。書凡六卷,附外篇三卷。自言:"僕考切韻,無一字漏略,蓋專門之學必須如此。但恐有武斷處,如段茂堂之於説文耳。僕爲此甚辛苦,若有疏誤③,亦猶亭林先生之古韻,後人因而加密可耳。"東塾集卷四與趙子韶書

①位　原作"音",雜誌本、民志本、文庫本同,據稿本改。
②互　民志本同,稿本、雜誌本、文庫本作"參"。
③疏　原作"證",雜誌本、民志本、文庫本同,據稿本改。

其書取廣韻中所録陸法言切韻之反切語，如"東，德紅切"，"同，徒紅切"①……等。綜合剖析爲科學的研究。"切語之法②，以二字爲一字之音，上字與所切之字雙聲，下字與所切之字疊韻。"原書條例語。見卷一 他把上字——即雙聲字分爲四十類。他説切韻最要緊是辨清濁，引孫恤唐韻序後論語③切語上字即清濁所由定，故四十類中復分爲清聲二十一類，濁聲十九類。他説這四十類所用字，"實孫叔然（炎）以來師師相傳以爲雙聲之標目，無異後世之字母"。卷六葉七 我曾用英語拚音印證他的四十類。其發音如 d 者一，如 ch 者四，如 ch‘者三④，如 s 者三，如 g 者一，如 k 者二，如 b 者二，如 f 者二⑤，如 ph 者一，如 y 者三，如 u 者二，如 ts 者三⑥，如 ts‘者二⑦，如 t 者二⑧，如 wh 者二⑨，如 p 者三，如 hs 者一，如 sh 者一，如 j 者一，如 m 者一，如 qu 者一，如 l 者一⑩，如 n 者二，如 tch

---

①徒　原作"德"，民志本同，據稿本、雜誌本、文庫本改。

②語　原作"韻"，雜誌本、民志本、文庫本同，據稿本改。

③恤　原作"面"，民志本同，據稿本、雜誌本、文庫本改。

④ch‘　原作"chi"，雜誌本、民志本、文庫本同，據稿本改。

⑤f　原作"j"，民志本同，據稿本、雜誌本、文庫本改。按，本段文中字母偶有大寫，現統一作小寫。

⑥ts　原作"js"，民志本同，據稿本、雜誌本、文庫本改。

⑦ts‘　原作"js"，民志本同，雜誌本、文庫本作"ti"，據稿本改。

⑧t　原作"x"，民志本同，據稿本、雜誌本、文庫本改。

⑨wh　原作"uh"，民志本同，雜誌本、文庫本作"un"，據稿本改。

⑩l　原作"e"，民志本同，據稿本、雜誌本、文庫本改。

者一①，共爲二十四種發音②。其重複者，當是從前實有分別而現在已經分不出來。如段茂堂所講的"支"、"之"、"脂"。漢至唐的發音，大約盡於此了。以上都是説上一字的雙聲③。至於下一字的疊韻，則依廣韻，以四聲爲類。我們若用江段諸人古韻分部爲韻的標準，亦得。他於是做成一篇表，分爲兩卷："取廣韻每一音之第一字，以其切語上字聲同類者直寫之，下字韻同類者橫寫之。平上去入，相承編排。"卷四葉一守溫以前中國固有的字母及其用法④，大略可考見了。

　　這部書除對於切韻本身嚴密研究發明外，還有附帶的價值：他對於切韻學發達的歷史，叙述得詳贍而有體要。他的外篇有一張表用切韻和守溫字母對照⑤，對於守溫的長短得失批評得最爲公平。

　　　　　　＊　　　＊　　　＊　　　＊　　　＊

　　唐以後韻學，專門研究的狠少。亭林唐韻正以後，像没有幾部書，也許是我固陋。宋以後更不必説了。依我看，倒是越近越要緊。我們研究這門學問的目的，是要想知道現在中國話的來歷。秦漢以前古韻雖講得甚明，中間已脱去一截了。人的口音，日日轉變，古有今無，古無今有的，不知凡

① tch　原作"xh"，雜誌本、民志本、文庫本同，據稿本改。
② 四　原脱，雜誌本、民志本、文庫本同，據稿本補。
③ 聲　原作"音"，民志本同，據稿本、雜誌本、文庫本改。
④ 原於"有"後衍一"有"字，民志本同，據稿本、雜誌本、文庫本删。
⑤ 用　原脱，雜誌本、民志本、文庫本同，據稿本補。

幾。若能仿錢竹汀研究"古無輕唇音"的法子,看十駕齋養新錄卷五。研究得若干箇原則,真是學界之寶! 依我想,做這種工作有兩條路可走:用廣韻及經典釋文之音和禮部韻略、洪武正韻、佩文韻府之音和現在讀音逐一比較,此其一。隋唐以來,翻譯佛典盛行,元代和中亞細亞及歐洲皆來往頻繁,明中葉以後則歐人東來,譯語輸入。累代所譯名詞,現在尚有大部分有原語可以對照。從這裏面最可以調查出各時代的讀音。知道讀音之後,便可以求出變化的原則。例如Bhuda,用現在話該譯作"布達",而佛經卻譯作"佛陀"。因這箇"佛"字,我們可以推定唐時還没有f發音,竹汀所謂"古無輕唇音",至唐猶然。因這箇"陀"字,我們可以推定唐時"歌"、"麻"不分,或者只有歌韻而無麻韻。又如Gibraltor譯作"直布羅陀",明代職方外紀譯名。我們可以推定明代已有輕唇音,而歌麻仍未分。① 從這方面用心研究,或者有意外收穫也未可知,此其二。此外在各家筆記詩集中也許有零碎而可寶的資料。例如蘇東坡的雙聲詩:或稱口吃詩。"江干孤居高關扃","皓鶴下浴紅荷湖",用廣東話讀起來,前一句都是k發音,後一句都是h發音②,煞是可笑。當時以此作游戲,可見其發音必同一。用現在北京話讀,便是好幾箇字不同發音了。某種音某時失掉,從這些地方都可以看得出來。

---

① 自"又如"至"仍未分",原脱,據稿本、雜誌本、民志本、文庫本補。
② h　原作"b",民志本同,據稿本、雜誌本、文庫本改。

例如法國語 h 發音已經失掉，許多字頭一母爲 h 者都省卻不念。我們亦然。原來的 h 發音，多變爲 ch。拿廣東話和北京話比對可見①，廣東話多唐宋舊音也。我想，這是音韻學的新殖民地，清儒還未有開闢，有志的青年不妨試試。

＊　　　＊　　　＊　　　＊　　　＊

方言學是音韻學極重要一部門，所以最古的小學家揚雄便注意到他。清儒這方面用力狠少。次耕、繼莊雖知到注重，但他的成績如何，今已不可考了。直到章太炎炳麟纔特別提倡。太炎是現代音韻學第一人，他的文始，由音衍訓，直湊單微。他還有一部新方言，極有價值。但這件事總須各地方人分擔研究②，纔能得相當資料。恐怕非組織學會不可。

研究方言學主要目的，要發見各地方特別發音的原則。像陳蘭甫先生的廣州說③，東塾集卷一把廣東話和北京話不同的那幾點提出綱領來，纔算學者的著述。④

---

①稿本"京"後無"話"字。

②須　原作"算"，民志本同，據稿本、雜誌本、文庫本改。

③稿本、雜誌本、文庫本無"陳"字。

④稿本注曰："本講一三年四月九日成。"

第十四講 清代學者整理舊學之總成績(二)

——校注古籍 辨僞書 輯佚書

三 校注先秦子書及其他古籍

自清初提倡讀書好古之風，學者始以誦習經史相淬厲。其結果惹起許多古書之復活，內中最重要者爲秦漢以前子書之研究。此種工作，頗間接影響於近年思想之變化。次則古史書、古地理書等之研究①。足以補助文獻學的也不少。

關於子書研究的最後目的，當然是要知道這一家學説的全部真相，再下嚴正的批評。但是，想了解一家學説，最少也要把他書中語句所含意先看得明白。然而這些先秦古書都是二千年前作品，所用的字義和語法多與今不同，驟讀

---

① 古 原脱，雜誌本、民志本、文庫本同，據稿本補。

去往往不能索解。而且向來注家甚少，或且並没有人注過，不像那幾部經書經許多人揣摩爛熟。所以想研究子書，非先有人做一番注釋工夫不可。注釋必要所注所釋確是原文，否則"舉燭"、"鼠璞"，動成笑話，而真意愈晦。不幸許多古書，展轉傳鈔傳刻，譌舛不少。還有累代妄人，憑臆竄改，越發一塌糊塗。所以要想得正確的注釋，非先行（或連帶着）做一番校勘工夫不可。清儒對於子書（及其他古書）之研究，就順着這種程序次第發展出來。

　　注釋之學，漢唐以來已經發達的狠燦爛；清儒雖加精密，也不能出其範圍，所以不必多講。校勘之學，爲清儒所特擅，其得力處真能發蒙振落；他們注釋工夫所以能加精密者，大半因爲先求基礎於校勘。所以我在論次他們所校注的古書以前，先把"清代校勘學的特質"説説[1]。次段所説，不限於校勘古子，凡經史等一切校勘都包在内。請注意。

　　校勘之意義及範圍有多種，方法當然隨之而異。第一種校勘法，是拿兩本對照，或根據前人所徵引，記其異同，擇善而從。因爲各書多有俗本傳刻，因不注意或妄改的結果發生譌舛，得着宋元刻本或精鈔本，或舊本雖不可得見而類書或其他古籍所引有異文[2]，便可兩兩勘比，是正今謬。這種工作，清初錢遵王曾、何義門焯等人漸漸做起，元和惠氏父子也狠用功。

─────────────

① 清　原作"前"，民志本同，據稿本、雜誌本、文庫本改。
② 他　原作"記"，稿本、民志本同，據雜誌本、文庫本改。

乾嘉以後學者箇箇都喜歡做。而最專門名家者莫如盧抱經文弨、顧澗蘋廣圻、黃蕘圃丕烈，次則盧雅雨見曾、丁升衢杰①、陳仲魚鱣、吳兔牀騫、鮑以文廷博、錢警石泰吉、汪小米遠孫、蔣生沐光煦、張叔未廷濟、陸存齋心源②、繆小山荃蓀……等。這種工作的代表書籍，則義門讀書記何焯著、援鶉堂隨筆姚範著、群書拾補盧文弨著、士禮居題跋黃丕烈著、思適齋文集顧廣圻著、讀書叢錄洪頤煊著③、經籍跋文陳鱣著、斠補隅錄蔣光煦著、札迻孫詒讓著、……雅雨堂叢書盧見曾刻、經訓堂叢書畢沅刻、士禮居叢書黃丕烈刻、別下齋叢書蔣光煦刻、十萬卷樓叢書陸心源刻④。……各書所附校勘記及題跋，武英殿板十三經注疏校勘記阮元及其弟子著……等。這種工作的成績也有高下之分。下等的但能校出“某本作某”，稍細心耐煩的人便可以做。高等的能判斷“某本作某是對的”，這便非有相當的學力不可了。這種工作，狠瑣碎，狠乾燥無味，非有特別嗜好的人當然不必再去做他。但往往因一兩箇字的校正⑤，令全段得正確解釋⑥。他們費畢生心血留下這點成績，總值得我們敬服感謝⑦。

————————

① 升衢　原作“叔衢”，民志本同，據稿本改。按，雜誌本、文庫本作“小雅”。
② 稿本、雜誌本、文庫本無“陸存齋心源”五字。
③ 稿本、雜誌本、文庫本無“讀書叢錄洪頤煊著”八字。
④ 稿本、雜誌本、文庫本無“十萬卷樓叢書陸心源刻”十字。
⑤ 箇　原脱，雜誌本、民志本、文庫本同，據稿本補。
⑥ 得　原作“的”，民志本同，據稿本、雜誌本、文庫本改。
⑦ 感　原作“惑”，據稿本、雜誌本、民志本、文庫本改。

　　第二種校勘法，是根據本書或他書的旁證、反證校正文
句之原始的譌誤。前文所説第一種法，是憑善本來校正俗
本。倘若別無善本或所謂善本者還有錯誤，那便無所施其
技了。第二種法再進一步，並不靠同書的板本，而在本書或
他書找憑證①。這種辦法又有兩條路可走，第一條路是本書
文句和他書互見的：例如荀子勸學篇前半和大戴禮記勸學
篇全同；韓非子初見秦篇，亦見戰國策；禮記月令篇，亦見呂
氏春秋、淮南子；韓詩外傳和新序、説苑，往往有相重之條；
乃至史記之録尚書、戰國策，漢書之録史記。像這類，雖然
本書没有別的善本，然而他書的同文②，便是本書絶好的校
勘資料。例如荀子勸學篇，據大戴禮可以校出脱句脱字譌字七八處③。
因此可推想其他諸篇譌脱也不少，可惜無別部的同文。這種校法雖比
第一種已稍繁難，但只須知道這一篇在他書有同文，便可拿
來比勘，方法還是和第一種同樣。更有第二條路是：並無他
書可供比勘，專從本書各篇所用的語法字法注意，或細觀一
段中前後文義，以意逆志，發見出今本譌誤之點。這種例不能
遍舉，把讀書雜誌等書看一兩卷便知其概。這種工作，非眼光極鋭
敏、心思極縝密而品格極方嚴的人不能做。清儒中最初提

①原於"找"後衍一"出"字，雜誌本、民志本、文庫本同，據稿本删。
②而　原作"和"，雜誌本、民志本、文庫本同，據稿本改。
③禮　原作"記"，雜誌本、民志本、文庫本同，據稿本改。按，隋書經籍志：
　"戴德删其煩重，合而記之，爲八十五篇，謂之大戴記。而戴聖又删大戴
　之書，爲四十六篇，謂之小戴記。"

倡者爲戴東原，而應用得最純熟矜愼卓著成績者爲高郵王氏父子。這種方法好是好極了，但濫用他可以生出武斷臆改的絕大毛病，所以非其人不可輕信。

第三種校勘法，是發見出著書人的原定體例，根據他來刊正全部通有的譌誤。第一第二兩種法，對於一兩箇字或一兩句的譌誤當然有效。若是全部書鈔刻顚倒紊亂，以至不能讀；或經後人妄改，全失其眞；那麼，唯一的救濟法，只有把現行本未紊未改的部分精密研究，求得這書的著作義例，凡一部有價值的著作①，總有他的義例。但作者自己寫定凡例的不多，即有亦不詳②。然後根據他來裁判全書，不合的便認爲譌誤。這種辦法，例如酈道元水經注，舊刻本經文注文混亂的狠多。戴東原研究出經注異同的三箇公例，看下文本書條。把他全部釐正。又如墨子的經上下、經說上下四篇，原書寫法和後來刻本寫法不同，每條的上下文往往相亂。我著的墨經校釋，發明"經說首字牒經"之例，看下文本書條。也把他全部釐正。又如說文解字，經徐鉉及別的人增補竄亂，多非許氏之舊。段茂堂、王箓友各自研究出許多通例，也把他全部釐正。此等原屬不得已辦法，卻眞算極大膽的事業。所研究出的義例對嗎，那麼，撥雲霧而見青天，再痛快沒有了。不對嗎，便是自作聰明，強古人以就我，結果把原書鬧得越混亂，墮入宋明

①凡　原作"見"，民志本同，據稿本、雜誌本、文庫本改。
②即　原作"而"，民志本同，據稿本、雜誌本、文庫本改。

人奮臆改書的習氣。所以這種方法的危險程度比第二種更大，做得好比他成績亦更大。萬不可輕易用①。段氏的説文，還被後人攻擊得身無完膚哩！其他可想了。

第四種校勘法，是根據別的資料，校正原著者之錯誤或遺漏②。前三種法，都是校正後來傳刻本之錯誤，力求還出原書的本來面目，校勘範圍總不出於文句的異同和章節段落的位置。然而校勘家不以此自足，更進一步對於原書内容校其闕失。換言之，不是和鈔書匠刻書匠算帳，乃是和原著作者算帳③。這種校法，也分根據本書、根據他書兩種。根據本書者，例如史記記戰國時事，六國表和各世家各列傳矛盾之處便不少，便據世家、列傳校表之誤，或據表校世家、列傳之誤。根據他書者，例如三國志和後漢書記漢末事各有異同，或據陳校范誤，或據范校陳誤。又如元史最惡劣，據元秘史、聖武親征録等書校其誤。這種工作，限於史部，經子兩部卻用不着。這種工作，若把他擴大，便成獨立的著述，不能專目爲校勘。但目的若專在替一部名著拾遺補闕，則仍屬校勘性質。清儒這種工作的代表著述，其遍校多書者，則如錢竹汀廿二史考異④、王西莊十七史商榷之類；其專

─────────────

①可　原脱，民志本同，據稿本、雜誌本、文庫本補。
②者　原脱，民志本同，據稿本、雜誌本、文庫本補。
③原　原脱，雜誌本、民志本、文庫本同，據稿本補。
④廿二　原作“二十一”，雜誌本、民志本、文庫本同，稿本作“廿一”，據錢氏原書書名改。

校一書者,則如梁曜北玉繩史記志疑、施研北國祁金史詳校之類。

以上四種,大概可以包括清儒校勘學了。別有章實齋校讐通義裏頭所討論,專在書籍的分類簿録法,或者也可以名爲第五種。但既與普通所謂校勘不同,故暫不論。

右五種中,前三種算是狹義校勘學,後兩種算是廣義校勘學。狹義校勘學經清儒一二百年的努力和經驗,已造成許多公認的應用規律①。俞蔭甫古書疑義舉例的末三卷,便是這種公例的集大成。欲知此學詳細內容,宜一讀。此書所舉規律②,還是專屬第一二種,因第三種無一般的規律可言。

＊　　＊　　＊　　＊　　＊

清儒之於校勘學③,應用範圍極普遍。本節所舉成績,專重先秦諸子及幾部重要古籍,其正經正史等已詳彼部,此不多述。

凡校勘諸子多帶着注釋。所以下文論列各書,校釋雜舉,不復細分。

校釋諸子(或其他古籍)之書薈萃成編最有價值者,其一爲盧抱經之群書拾補。抱經所校各書,有多種已將新校本刻出。其目大概都見下文。賸下未刻者,有許多校語批在書眉,把他彙成此書。大率用第一種校法爲多,用第二種者亦

---

① 原於"多"後衍一"百"字,民志本同,據稿本、雜誌本、文庫本删。
② 書　原作"種",民志本同,據稿本、雜誌本、文庫本改。
③ 於　原脱,雜誌本、民志本、文庫本同,據稿本補。

間有。其二爲王石臞之讀書雜誌。所校爲逸周書、戰國策、史記、漢書、管子、晏子春秋、墨子、荀子、淮南内篇，共九種，末附以漢隸拾遺。石臞應用第二種校法最精最慎，隨校隨釋，妙解環生，實爲斯學第一流作品。其三爲俞蔭甫之諸子平議。此書所校爲管①、晏、老、墨、荀、列、莊、商、韓、呂、董、賈、淮南、揚，共十五種。蔭甫私淑石臞父子，刻意模仿。群經平議模仿經義述聞，諸子平議模仿讀書雜誌。但他並非蹈襲，乃應用王家的方法，補其所未及。所以這部書狠足以上配石臞。其四爲孫仲容之札逻，體例略如王俞，成績亦相埒。②

　　以下把他們校釋過的書分部叙論。

1　荀子

　　荀子與孟子同爲儒家兩大師，唐以前率皆並稱。至宋儒將孟子提升爲經，而荀子以"異端"見斥。其書黬昧了七八百年了。乾隆間汪容甫著荀卿子通論、荀卿子年表，俱見述學内篇　於是荀子書復活，漸成爲清代顯學。其書舊注只有唐楊倞一家，尚稱簡絜，而疏略亦不少。刻本復多譌奪③。容甫蓋校正多條，然未成專書。專書自謝金圃墉、盧抱經之合校本始，今浙刻二十二子本所采是也。書中列輯校名氏，除盧謝外，尚有容甫及段茂堂、吳兔牀、趙敬夫（曦明）、朱文游（奐）五人。此本

①此書　原脱，雜誌本、民志本、文庫本同，據稿本補。
②自"其四"至"相埒"，原脱，雜誌本、民志本、文庫本同，據稿本補。
③多　原作"有"，雜誌本、民志本、文庫本同，據稿本改。

雖謝盧並名，然校釋殆皆出抱經。謝序云："援引校讐，悉出抱經。參互考證，遂得蕆事。"然則此書實盧校而謝刊耳①。在咸同以前，洵爲最善之本。盧校出後，顧澗蘋復據所得宋本②，續校若干條爲荀子異同一卷、附輯荀子佚文。郝蘭皋亦爲荀子補注一卷，劉端臨台拱爲荀子補注一卷，陳碩甫奐爲荀子異同，陳觀樓昌齊爲荀子正誤③，卷數俱未詳。皆有所發明。而王石臞讀荀子雜誌八卷較晚出，精闢無倫。諸家之説時亦甄采。惟陳觀樓似未見采(?)。觀樓極爲石臞所推。其書已佚，可惜也。次則俞蔭甫荀子平議四卷，體例同石臞。自顧郝至王俞，皆條釋別行，不附本書。最後乃有王益吾先謙著荀子集解二十卷，自楊倞至清儒諸家説網羅無遺④，而間下己意，亦多善解。計對於此書下工夫整理的凡十五家，所得結果令我們十分滿意。⑤

2　墨子

戰國時儒墨同稱顯學。漢後墨學之廢既二千年了。鄭樵通志藝文略載有樂臺注，久佚。乾隆四十一二年間，汪容甫最初治此學，有校本及表微一卷，今不傳。見述學墨子叙及後叙 而盧抱經、孫淵如、畢秋帆同時治之，秋帆集其成爲墨子

---

① 刊　原作"刻"，雜誌本、民志本、文庫本同，據稿本改。
② 據　原作"校"，民志本同，據稿本、雜誌本、文庫本改。
③ 爲　原脱，民志本同，據稿本、雜誌本、文庫本補。
④ 網　原作"綱"，據稿本、雜誌本、民志本、文庫本改。
⑤稿本注曰："以上四月十日稿。"

注十六卷，以乾隆四十八年成，今經訓堂叢書本是也。浙刻二十二子本采之。畢注前無所承，其功蓋等於茂堂之注說文。秋帆自序稱"盧孫互校此書，略有端緒。沅始集其成。……"大約淵如自有校本，而秋帆所校則抱經相助爲多。又淵如爲畢注作叙①，稱翁覃谿（方綱）亦有校本。但畢序未及之。其後顧澗蘋又據道藏本重校寫定一通②，專務是正文字；繼則王石臞摘條校注爲讀墨子雜誌六卷，俞蔭甫著墨子平議三卷，蘇爻山時學著墨子刊誤若干卷，爻山，廣西藤縣人。不聞有他種著作③。此書陳蘭甫先生爲之序，稱其"正譌字、改錯簡，渙然冰釋，怡然理順"（東塾集卷三）。孫仲容已采其說入閒詁，不知原書今尚存否④？而洪筠軒頤煊、戴子高望亦各有所校釋。據孫氏閒詁序所稱。其書吾皆未見。洪著殆指散見讀書叢録中者。至光緒間十九年癸巳刻成孫仲容詒讓"覃思十年"，原序語集諸家說，斷以己所心得，成墨子閒詁十四卷；復輯墨子篇目考、墨子佚文、墨子舊叙，合爲附録一卷；復撰墨子傳略、墨子年表、墨學傳授考、墨子緒聞、墨學通論、墨家諸子鈎沈各一篇，合爲墨子後語二卷。俞蔭甫序之，謂其"整紛剔蠹，崛摘無遺。旁行之文，盡還舊觀。訛奪之處，咸秩無紊。自

---

① 畢　原作"舉"，民志本同，據稿本、雜誌本、文庫本改。

② 藏　原作"臧"，民志本同，據稿本、雜誌本、文庫本改。

③ 不聞有他種著作　原脱，據稿本、雜誌本、民志本、文庫本補。按，蘇氏著作尚有游偪日記、羊城日記、龔潯日記、爻山筆話十四卷、寶墨樓詩册十五卷等。

④ 不知原書今尚存否　原脱，據稿本、雜誌本、民志本、文庫本補。按，墨子刊誤有同治六年蘇氏自刻本、光緒間端溪叢書本等。

有墨子以來，未有此書”。誠哉然也。大抵畢注僅據善本讐正，即吾所謂第一種校勘法。略釋古訓；蘇氏始大膽刊正錯簡；仲容則諸法並用，識膽兩皆絕倫，故能成此不朽之作。然非承盧畢孫王蘇俞之後，恐亦未易得此也。仲容於修身、親士、當染諸篇能辨其偽，則眼光遠出諸家上了①。其附錄及後語，考訂流別，精密閎通②，尤爲向來讀子書者所未有。蓋自此書出，然後墨子人人可讀。現代墨學復活，全由此書導之。此書初用活字版印成，承仲容先生寄我一部。我纔二十三歲耳。我生平治墨學及讀周秦子書之興味，皆自此書導之。附記誌感。古今注墨子者固莫能過此書，而仲容一生著述，亦此書爲第一也③。

　　同時有王壬秋闓運亦爲墨子注④，鮮所發明，而輕議盧畢所校，斥爲“淺率陋略”，徒自增其妄而已。惟對於經説四篇，頗有新解，是其一節之長。他又將大取篇分出一半，別自爲篇，名爲語經，可謂大膽已極。要之壬秋頗有小慧而學無本原。學問已成的人，讀他的書，有時可以助理解，初學則以不讀爲妙。鄭叔問（文焯）有墨子故十五卷，未刻。⑤

―――――――――

①上　原作“主”，民志本同，據稿本、雜誌本、文庫本改。

②通　原作“括”，民志本作“話”，據稿本、雜誌本、文庫本改。

③渝本於“亦”後補一“以”字。

④闓運　原脱，雜誌本、民志本、文庫本同，據稿本補。

⑤自“鄭叔問”至“未刻”，原脱，民志本同，據稿本、雜誌本、文庫本補。按，雜誌本脱“鄭”字，“有”前衍一“未”字。

　　墨子七十一篇中，最宏深而最難讀者，莫如經上下、經說上下、大取、小取之六篇。晉魯勝曾有墨辯注①，惜久佚②。隋書經籍志已不著録，其叙僅見晉書隱逸傳。畢注於他篇雖多疏略，然尚有所發明③；獨此六篇，則自稱"不能句讀"。惟彼據經上篇有"讀此書旁行"一語，於篇末別爲新考定經上篇，分上下兩行橫列。最初發見此經舊本寫法，不能不算畢氏功勞。其後丁小雅杰、許周生宗彥，皆提出經說四篇特別研究，今皆不傳。見孫志祖讀書脞録 次則張皋文作墨子經說解二卷④，用魯勝"引說就經"之例，將四篇逐條拆開，各相比附，眉目朗然。這是張氏功勞。自畢秋帆與孫淵如函札往復，已發見此四篇多言名學。看畢注本經上篇後孫星衍跋語。而鄒特夫伯奇則言墨子中有算術，有光學，有重學，以告陳蘭甫而著其說於所著學計一得中。自是墨經内容之豐富，益爲學界所注視。孫氏聞詁，於他篇詮釋殆已十得八九；獨此四篇者⑤，所釋雖較孫張稍進步，然遺義及誤解仍極多。鄭叔問既注墨子全書，復爲墨經古微二卷。惜未刻，不可得見。⑥章太炎炳麟國故論衡中有原名、明見諸篇，始引西方名學及

①有　原作"爲"，雜誌本、民志本、文庫本同，據稿本改。
②久　原作"人"，民志本同，據稿本、雜誌本、文庫本改。
③然　原作"爲"，民志本同，據稿本、雜誌本、文庫本改。
④子　原脱，民志本同，據稿本、雜誌本、文庫本補。
⑤此　原脱，民志本同，據稿本、雜誌本、文庫本補。
⑥自"鄭叔問"至"不可得見"，原脱，民志本同，據稿本、雜誌本、文庫本補。

心理學解墨經,其精絕處往往驚心動魄。而胡適之適著中國哲學史大綱,惟墨辯一篇最精心結撰,發明實多①。適之又著小取篇新詁,亦主於以西方名學相引證。我自己也將十來年隨時劄記的寫定一編,名曰墨經校釋。其間武斷失解處誠不少,然亦像有一部分可供參考。其後有欒調甫著讀梁任公墨經校釋,雖寥寥僅十數條,然有卓識,明於條貫。其最大發明,在能辨墨學與惠施一派名學之異同。最近則章行嚴士釗常為討論墨經之短文,時有創獲。而伍非百著墨辯解故,從哲學科學上樹一新觀察點,將全部墨經為系統的組織。吾雖未細讀其書,然頗信其為斯學一大創作也。蓋最近數年間,墨經諸篇為研究墨學之中心,附庸蔚成大國。不久恐此諸篇將發揮無餘蘊,墨學全部復活了。②

3　管子

管子舊有尹知章注,誤題為房玄齡。其注頗淺陋。明劉績頗有糾正,亦得失參半。嘉慶初,王石臞、伯申父子初校此書,時與孫淵如商榷。淵如亦自有所校,而以稿屬洪筠軒頤煊。筠軒采孫王校,删其重複,附以己說,成管子義證八卷。嘉慶十七年成。其後石臞又續有所校,更采及洪書,成讀管子雜誌二十四卷,凡六百四十餘條。嘉慶二十四年成。在全

---

① 明　原作"揮",民志本作"與",據稿本、雜誌本、文庫本改。
② 稿本注曰:"十二日成。昨日入京,本日晚車歸,從夜九時至一時半成此。"

部讀書雜誌中,此種卷帙最浩博了。同光間則戴子高望的管子校正二十六卷,俞蔭甫的管子平議六卷,同時先後成書。這幾部校釋本都算很有價值①。有丁士涵者,陳碩甫門人,著管子案四卷。碩甫手定義例,且助其搜輯。但其書不見傳本,想未刻耶。但管子古文古訓太多,錯字錯簡亦不少;又其中關於理財一部分之文,尤多特別術語,索解爲難。今後若有好學之士,能采集以上各本,更悉心研究補其所未及,別成"管子集解",庶幾本書漸漸可讀了。

弟子職爲管子中一篇,清儒多提出專釋。莊葆琛述祖有集解,洪稚存亮吉有箋釋,王菉友筠有正音②,桂子白文燦有解詁,孫同元有弟子職注,見晚聞居士集③各一卷。

4　韓非子

韓非子未大經整理。現行最佳者爲吳山尊鼐之仿宋乾道本④。有顧澗蘋識誤三卷。此外則盧氏群書拾補所考證僅一卷,王氏讀書雜誌僅十四條,俞氏平議亦僅一卷,孫仲容札迻中若干條。此外則更無聞(?)。近王慧英先愼有韓非

---

①都　原作"部",民志本同,據稿本、雜誌本、文庫本改。
②筠　原脱,民志本同,據稿本、雜誌本、文庫本補。
③自"桂子白"至"居士集",原脱,民志本、文庫本同,據稿本補。按,雜誌本脱"孫同元有弟子職注見晚聞居士集"十四字;"孫同元有弟子職注一卷見晚聞居士集"原爲寫於頁邊之夾條,玆移入正文,並删"一卷"二字。
④山　原作"小",據稿本、雜誌本、民志本、文庫本改。

子集解二十卷①，薈集衆説，較稱善本。但比諸乃兄之荀子集解差得多了②，因此書先輩遺説可憑藉者不如荀子之多，而慧英學識又凡庸也③。所以這部書還希望有人重新整理纔好。嘗見日本人宮内鹿川所著韓非子講義，校勘譌錯者不少，但未注明所據以校者爲何本。他説別有韓非子考異一書，惜未得見。

5　老子　莊子　列子

這三部書清儒没有大用過工夫。盧氏拾補，老莊無有，列一卷；王氏雜誌，則老四條，莊三十五條，列無有；俞氏平議，則老列各一卷，莊三卷。其他專釋者殆不見。其校本稍可觀者，則：老子有畢秋帆之老子道德經考異二卷，用唐傅奕本校通行僞河上公注本，間下訓釋。列子有任幼植大椿、汪蘇潭繼培校張湛注本；有秦敦夫恩復校盧重玄注本④。莊子除明世德堂本外⑤，別無新校本。

莊子郭注，剽自向秀，實兩晉玄談之淵藪，後此治此學者罕能加其上。清儒於此種空談名理之業，既非所嗜，益非所長，故新注無足述者。王益吾亦有莊子集解，比諸所解荀

①慧英　原脱，民志本同，據稿本、雜誌本、文庫本補。按，稿本原作"王先慎"，墨筆圈去"先慎"，改"慧英"，下注"先慎"小字。
②得　原脱，雜誌本、民志本、文庫本同，據稿本補。
③慧英　原作"先慎"，民志本同，據稿本、雜誌本、文庫本改。
④玄　原作"元"，係避清聖祖康熙帝玄燁諱，今予回改。
⑤外　原脱，雜誌本、民志本、文庫本同，據稿本補。

子相去霄壤了。郭孟純慶藩的莊子集釋，用注疏體，具録郭注及陸氏經典釋文，而搜集晉唐人逸注及清儒盧王諸家之是正文字者，間附案語以爲之疏，在現行莊子諸注釋書中算最好了。馬通伯（其昶）的莊子故，亦頗簡明。

章太炎的齊物論釋，是他生平極用心的著作。專引佛家法相宗學説比附莊旨，可謂石破天驚。至於是否即莊子原意，只好憑各人領會罷。

6　晏子春秋

此書依我看純屬僞書，沒有費力校釋的價值。但清儒多信爲真①。盧王俞各有校釋。王二卷，俞一卷。畢氏經訓堂本依明沈啓南本重校，又從太平御覽補輯末章所缺。秋帆自爲音義二卷，用力頗勤。就本書論，也算善本了。

7　吕氏春秋

吕氏春秋有漢高誘注。先秦諸子中注家，此其最古。現行最善者爲畢氏經訓堂本，蓋據元大字本精校，盧抱經實董其事。此後梁曜北玉繩有吕子校補二卷，陳觀樓昌齊有吕氏春秋正誤二卷，俞蔭甫有吕氏春秋平議三卷，王氏雜誌亦有三十八條②皆出畢本後。此書還狠有整理餘地，我盼望有一

---

①儒　原作“儘”，據稿本、雜誌本、民志本、文庫本改。
②亦　原脱，雜誌本、民志本、文庫本同，據稿本補。

部新的"呂氏春秋集解"出來。

以上幾部子書——都是漢書藝文志諸子略所著錄的——就清儒整理成績之高下我所認的爲次第。其他没有經過什麼校釋工夫者——如平津館本之商君書，守山閣本之慎子、尹文子、公孫龍子等，雖間附有校勘記或輯佚文，但其細已甚，故不論列。又久佚重輯之本——如尸子等，歸入輯佚條。又確知其爲僞書——如鬼谷子、關尹子等，雖有校釋，亦從屏棄。

＊　　　＊　　　＊　　　＊　　　＊

諸子略以外之先秦古書①，曾經整理者如下：

8　逸周書

逸周書七十一篇見漢志，或以爲孔子删書所餘者。信否且勿論，要之總算先秦一部古書，殆不容疑。舊注爲晉孔晁著，亦算得一部古注。清乾嘉間校理此書者有惠定宇、沈果堂彤、趙敬夫曦明、張芑田坦、段茂堂、沈朗仲景熊、梁曜北、梁處素履繩、陳省衷雷等。俱見盧本校目。而盧抱經集諸家説寫定重刻，即抱經堂本是。其後王石臞、洪筠軒各有所釋。讀逸周書雜誌四卷居王書之首。道光間，則陳逢衡著逸周書補注二十四卷②，道光五年刻成。朱亮甫右曾著周書集訓校釋十卷。

①略　原作"路"，民志本同，據稿本、雜誌本、文庫本改。
②稿本於"陳"後空兩字。

道光二十六年成。陳著翔實明暢,可爲此書最善讀本。朱著稍
晚出,蓋未見陳著,但亦有所發明。又有丁宗洛逸周書管箋十六
卷,未見。丁與朱同治此書,見朱自序。

9　國語

國語韋昭注爲漢注古書之一。現行者以士禮居仿宋刻
本爲最善,由黃蕘圃、顧澗蘋合校,附校勘記。其專門校注
之書,則汪小米遠孫有國語三君注輯存四卷①、國語考異四
卷、國語發正二十一卷,有洪稚存亮吉國語韋注疏十六卷。
此諸書於本文及韋注殆已疏證無遺義。② 昔人稱國語爲"春
秋外傳",而清儒整理之勤,實視左傳所謂内傳有過之無不及
也。若有人薈萃諸家作一新的"國語集解",便更好了。

10　戰國策

戰國策高誘注,價值等於韋注國語。士禮居仿宋本,亦
黃顧合校,有校勘記,與國語可稱"姊妹書"。校而兼釋者,
則有王石臞讀戰國策雜誌三卷。

戰國爲我國文化史極重要時代,而史料最缺乏,所存惟
國策一書,又半屬"縱橫家言",難據爲信史,學者所最苦痛
也。於是有將此書爲局部分析的研究者,則程春海恩澤國策

---

①汪　原作"注",據稿本、雜誌本、文庫本改。
②自"有洪稚存"至"及韋注殆",原脫,民志本同,據稿本、雜誌本、文庫本
　補。

地名考二十卷①，極博洽翔實。張翰風（琦）的戰國策釋地二卷，目的亦同程書，但遠不逮其博贍。而林鑑塘春溥之戰國紀年六卷，考證詳慎，校正通鑑之誤不少。林氏竹柏山房十五種中②，此書最有價值。

11　竹書紀年及穆天子傳（互見辨偽、輯佚兩章）

竹書紀年乃晉太康間在汲郡今河南汲縣魏安釐王冢中所得。當時學者荀勖、束晳、王接、和嶠、衛恒、王庭堅、摯虞、謝衡相與討論辨難，學界起一極有趣味之波瀾③。其始末具見晉書束晳、王接、衛恒諸傳，及杜預左傳後序、和嶠穆天子傳序。但其書已佚於兩宋之際。今本紀年二卷，乃元明人蒐輯，復雜采史記、通鑑外紀、路史諸書而成。清儒嗜古，研究此書者極盛。大約可分四派④：一，並汲冢原書亦指爲晉人僞撰者。錢大昕、王鳴盛等。二，並今本亦信爲真者。徐文靖等。三，以古本爲真、今本爲僞者。郝懿行、章學誠、朱右曾、王國維等。四，雖不認今本爲真，然認爲全部皆從古本輯出者。洪頤煊、陳逢衡、林春溥等。我箇人的意見，則完全主張第三派。

關於此書的著述，據我所知者，有徐位山文靖之竹書紀年統箋，有孫晴川之騄之考定竹書紀年，有董塈之豐垣之竹書

---

①恩　原作“思”，民志本同，據稿本、雜誌本、文庫本改。
②五　原作“一”，雜誌本、民志本、文庫本同，稿本原作“五”，塗去，旁改作“一”，茲據林氏原書書名改。
③界　原作“者”，雜誌本、民志本、文庫本同，據稿本改。
④原於“可”後衍一“以”字，雜誌本、民志本、文庫本同，據稿本刪。

紀年辨證，有雷瞻叔學淇之考訂竹書紀年、竹書紀年義證，有洪筠軒之校正竹書紀年，有武授堂億之竹書紀年補注，有郝蘭皋之竹書紀年校正，有陳逢衡之竹書紀年集證①，集證凡例中稱張宗泰有校補紀年，陳詩有紀年集注，趙紹祖有紀年校補，韓怡有紀年辨正，鄭環有竹書考證，皆未見。有朱亮甫之汲冢紀年存真，有林鑑塘竹書紀年補證，有董覺軒沛之竹書紀年拾遺，有王靜安國維之古本竹書紀年輯校、今本竹書紀年疏證。我所曾讀者僅徐洪陳林王五家②。徐氏統箋爲治斯學之嚆矢，然書成於康熙間，考證學未興，故所箋駁雜無義法，徒爲僞書助燄。洪氏校正，林氏補證，皆頗絜淨，而識斷尚欠精擇。陳氏集證積十年之功乃成，浩博詳贍。書凡五十卷。卷首集説一篇，叙原書來歷及前人批評③，搜羅至博，足爲治此學之最好資料。惟調停古今本，時復進退失據。王氏輯校、疏證二書最晚出，最謹嚴，但未及疏注。學者據王著以求汲冢真面目，據陳著以解釋此書内容，則這書可以全部弄明白了。

　　穆天子傳與紀年同出汲冢，其真僞有連帶關係，信古本紀年者則亦信之。其書有郭璞注④，洪筠軒嘗據諸本精校，

---

① 稿本於"陳"後空兩字。　集　原作"箋"，民志本同，據稿本、雜誌本、文庫本改。
② 僅　原脱，雜誌本、民志本、文庫本同，據稿本補。
③ 書　原脱，雜誌本、民志本同，據稿本補。按，文庫本此處作"叙述來歷"。
④ 有　原作"出"，雜誌本、民志本、文庫本同，據稿本改。

自是此書始可讀。而丁益甫謙作穆天子傳地理考證,篤信歐洲少數學者所倡中國人種西來之説,而援本傳爲證。其所比附往往新奇可喜。是否真相,則更俟論定耳。①

12　山海經

山海經有漢郡縣名,其書或出漢人手,最少亦經漢人竄附蓋無可疑。然其中大部分含神話性質,蓋自先秦傳來。應認爲我族最古之半小説體的地理書。書有郭璞注,與所注爾雅同爲後世所重。清儒初治此者,有吳志伊任臣山海經廣注,然濫引路史及六朝唐宋人詩文以至晚明惡劣類書,殊無義法。乾隆末畢秋帆始爲山海經新校正②,一考正篇目,二考正文字,三考正山名水道。自言歷五年乃成,蓋其生平得意之作。有孫淵如後序,自言曾爲山海經音義二卷③,見畢書乃自毀其稿。其後郝蘭皋爲山海經箋疏,與其爾雅義疏,同爲郭氏功臣④。

13　孫子　吳子　司馬法

右三書爲最古之兵家言,漢志以冠兵書略。今傳本惟

---

①稿本此處有浮簽一紙,上列"陳逢衡穆天子傳注補正六卷"一條。
②新校正　原作"所秋注",民志本同,稿本、雜誌本、文庫本作"新校注",渝本作"作校注",據畢氏原書書名改。
③二卷　原脱,民志本同,據稿本、雜誌本、文庫本補。
④氏　原作"注",雜誌本、民志本、文庫本同,據稿本改。

孫子尚可信，餘二書恐出漢人依託，但亦一古籍矣。孫淵如有精校本，刻於平津館。其自序言屬顧澗蘋作音義，未知成否。

14　周髀算經

此書爲最古之算學書。是否必出先秦，則不敢斷言。戴東原有精校本，爲戴校算經十書之首。

15　黄帝内經素問

此書爲最古之醫學書。殆出漢人手，而清儒皆以爲先秦舊籍。錢錫之熙祚有精校本，胡荄甫澍又有内經校義。

*　　*　　*　　*　　*

以下叙述清儒對於漢以後要籍之校釋事業。

16　淮南子

淮南鴻烈爲西漢道家言之淵府，其書博大而有條貫，漢人著述中第一流也。有東漢高誘注，亦注家最善者；許慎亦嘗注之，今剗入高注本①。清儒首治此書者爲莊伯鴻逵吉，當乾隆末用道藏本校俗本，而以案語申己見。雖名校，實兼注也。浙刻二十二子所采即此本。自莊書出，而誦習本書者認爲唯

---

①今剗入高注本　稿本、雜誌本、民志本、文庫本作"但久佚"。

一之善本蓋百餘年，然同時盧抱經已別有拾校①。嘉慶間則王石臞、伯申父子之讀淮南內篇雜志二十二卷出，亦以道藏本爲主，參以群書所引，訂正俗本九百餘條。書既成，而顧澗蘋以所得宋本新校各條示之，伯申復輯爲補遺一卷②。同時陳觀樓昌齊著淮南子正誤十二卷，石臞亟稱之，見石臞集中賜書樓集序。但雜志中似未徵引，殆書成後乃見陳著耶？③此書在賜書樓叢書中，吾未見。又胡澍有淮南子校義，亦未見。又劉端臨台拱、王南陔紹蘭亦有斷片的發明。在晚清則有俞蔭甫淮南內篇平議四卷，有陶子珍方琦淮南許注異同詁若干卷，而孫仲容亦間有札記。經諸家校理之後，書中微文闕義蓋已什得八九④。最近則劉叔雅文典著淮南鴻烈集解二十一卷，民國十三年刻成⑤。博采先輩之説，劉端臨、陳觀樓、胡荄甫之書皆未見徵引。參以己所心得，又從御覽、選注等書采輯佚文佚注甚備，價值足與王氏荀子集解相埒。

淮南單篇之訓釋，則有錢溉亭塘之淮南天文訓補注，以高誘不通天文學，所注多疏舛，故補正之。⑥

---

①已　原脱，雜誌本、民志本、文庫本同，據稿本補。

②復　原作“得”，雜誌本、民志本、文庫本同，據稿本改。

③自“但雜誌中”至“見陳著耶”，原脱，民志本同，據稿本、雜誌本、文庫本補。

④闕　原作“闚”，民志本同，雜誌本、文庫本作“奧”，據稿本改。

⑤三　原脱，民志本同，據稿本、雜誌本、文庫本補。

⑥稿本注曰：“十三日成。是日在君、厚生來，共晚飯。休息約二三小時。”

17　尚書大傳（互見輯佚章）

尚書大傳爲漢初第一位經師伏生所著，而漢末第一位經師鄭玄爲之注。固宜爲治經者所重。然其書自宋時已殘缺，至明遂亡。清儒先後蒐輯，則有仁和孫氏之駶本，德州盧氏見曾本，曲阜孔氏廣林本①。孔本較善，然譌漏猶不免。嘉道間，陳左海壽祺更輯校爲三卷②，附辨譌一卷，又加案語甚多。此書始漸可讀。光緒間，皮鹿門錫瑞尚書大傳疏證七卷，所輯又增於陳氏。而其疏釋專采西漢今文經説，家法謹嚴。③

18　韓詩外傳

韓氏爲西漢今文三家詩之一。其詩内傳四卷，詩故三十六卷，詩説四十一卷，久亡。存者惟外傳六卷。乾隆前通行本以毛刻最善，然譌脱亦不少。盧抱經曾有校本，未泐專書。其門人趙億孫懷玉於乾隆五十二年成新校本；明年周霽原廷寀復采趙書附以己意爲校注本④；吳棠彙合趙周二本刻

---

① 林　原作"森"，雜誌本、民志本、文庫本同，據稿本改。
② 三　原作"二"，民志本同，據稿本、雜誌本、文庫本改。
③ 稿本此處有浮簽一紙，上列"王壬秋尚書大傳七卷"一條。按，王氏書名當作"尚書大傳補注"。
④ 寀　原作"采"，雜誌本、民志本、文庫本同，據稿本改。　采趙書附以己意爲　原作"有"，據稿本、雜誌本、民志本、文庫本改。

行①，此書益易讀了②。

19　春秋繁露

董子春秋繁露爲西漢儒家言第一要籍，不獨公羊學之
寶典而已。其書宋時已有四刻，多寡不同；樓鑰校正，始爲
定本。然明代所翻樓本，又訛脱百出。乾隆開四庫館乃取
永樂大典中樓本詳校。補一千一百餘字，删一百十餘字，改定一千
八百二十餘字③。提要所謂："海内不見完本三四百年。……
神明焕然，頓還舊觀④。雖曰習見之書，實則絶無僅有之本
也。"三十八年校定進。越十二年盧抱經依聚珍板所刻四庫本
重校，間下案釋，是爲抱經堂本。浙刻二十二子采此本。繁露正
文，此爲最善本了。原書向無專注，嘉慶間二十年凌曉樓曙創
爲春秋繁露注十七卷。曉樓傳莊劉之學，諳熟公羊家法，故
所注獨出冠時，與段氏説文同功矣。畿輔叢書所刻凌注本，每卷
有張駒賢校正，所校將二百條，亦凌氏功臣也。其後魏默深源有董子
春秋發微七卷，原書未見，古微堂集有序及目録。吾師康長素先
生有春秋董氏學八卷，皆析擘原書，分類以釋微言大義，非

---

①稿本、雜誌本、民志本、文庫本無"吳棠彙合趙周二本刻行"十字。

②益　原作"遂"，據稿本、雜誌本、民志本、文庫本改。

③定　原作"字"，雜誌本、民志本、文庫本同，據稿本改。按，此三句四庫全
　書總目提要作"補一千一百二十一字，删一百二十一字，改定一千八百二十
　九字"。

④舊觀　四庫全書總目提要作"舊笈"。

箋注體。最近則蘇厚庵與著春秋繁露義證十七卷，精審又駕凌注之上了①。

20　列女傳　附新序　説苑

劉向列女傳爲現存最古之傳記書。清代爲之注者有王照圓郝懿行妻、梁端汪遠孫妻兩家，而王石臞、伯申父子及王南陔亦各有條校。

劉向新序、説苑，今所行皆舊本。陳左海各有新校本，未刊。

21　法言　太玄

揚雄這兩部書，本没有什麽價值。但因屬西漢人書，所以"過而存之"。法言李軌注，有徐新田養原校本。而俞氏諸子平議，兩書亦各占一卷。

22　潛夫論　鹽鐵論　附論衡

王符潛夫論，俗本譌奪至不可讀。汪蘇潭繼培據元刻及他書所引校正甚多。又依采經書，疏證事辭，爲潛夫論箋十卷。此書自是始可讀。

桓寬鹽鐵論，專記漢代民獻議政一場公案，昭帝始元六年，詔丞相、御史大夫與所舉賢良文學語，問民間所疾苦。賢良文學請罷鹽鐵

---

①駕　原作"析"，民志本同，據稿本、雜誌本、文庫本改。

酒榷。昭帝從之。此書即記當時代表政府之丞相等與代表民意之賢良等兩造辨論語。實歷史上最有關係最有趣味的一部書。今通行者明張氏本，篇第字句，割裂增易不少。盧抱經嘗以永樂大典本及他本是正若干條。其後陽城張氏有重刻本，顧澗蘋爲作考證三卷。今本題張敦仁著。實顧代作，見思適齋集九。汪蘇潭箋潛夫後，擬續治此書，未成而卒。見潛夫論箋王紹蘭序。王益吾覈刻張本，將盧顧所校，散入正文；又以所自校，別爲小識一卷。而俞蔭甫、孫仲容亦各有所校。自是此書漸可讀。最近門人楊遇夫樹達創爲鹽鐵論校注若干卷，算是本書空前作品了。

　　王充論衡，實漢代批評哲學第一奇書。盧王皆未校及。俞蔭甫、孫仲容所校約數十條。蔣生沐光煦從元刻本校補今本脫文三百餘字。但全書應加董治之處尚不少。我狠盼好學之士能做這件工作。

23　白虎通義　五經異義　附風俗通

　　東漢章帝建初四年，詔諸儒會白虎觀講議五經同異，帝親稱制臨決。實學術上一種公開討論。白虎通義即記其討論結果也。此書舊惟漢魏叢書本最通行。乾隆間，莊葆琛述祖始有校本①，且釐定目錄，蒐輯闕文；盧抱經續校定，爲今抱經堂本。卷首列舊校名氏，除葆琛外，尚有趙曦明、秦鱣、梁同書、孫

----

①述祖　原脫，雜誌本、民志本、文庫本同，據稿本補。

志祖、周廣業、吳騫、朱型、梁履繩、汪繩祖等。道光間，陳卓人<u>立</u>著<u>白虎通疏證</u>十二卷①。卓人本受公羊學及禮學於凌曉樓。此書實足與凌注繁露並美。

<u>五經異義</u>爲<u>許慎</u>撰、<u>鄭玄</u>駁，東漢兩大經師精力所集也。隋志著録十卷。宋時已佚。清四庫館始有輯本，次則<u>莊葆琛</u>、<u>錢晦之</u><u>大昭</u>、<u>孔叢伯</u><u>廣林</u>續輯②。最後則<u>陳左海</u>續輯，詳爲箋注，成<u>五經異義疏證</u>三卷。此書遂復活。

<u>應劭風俗通義</u>，亦漢人一名著。清儒整理尚少，惟盧氏群書拾補中有條校及補遺。其後<u>張介侯</u><u>澍</u>則有補<u>風俗通姓氏</u>篇一卷。我盼望有人對於此書再做一番工作。

24　越絶書　華陽國志

漢<u>袁康越絶書</u>，有價值的記載頗不少，例如分古代所用兵器爲用石、用銅、用鐵三時代。惜刻本譌舛極多。<u>盧抱經</u>有校本，未刻。其略僅見<u>孫仲容</u>籀<u>蒿</u>述林中③。

<u>晉常璩華陽國志</u>，爲方志之祖。其書有義法，有條貫，卓然著作之林。惟通行<u>明</u>刻本缺兩卷，他刻雖補足，而譌舛殆不可讀。<u>嘉慶</u>間<u>廖氏</u>刻本，乃<u>顧澗蘋</u>據宋<u>元豐呂氏</u>、<u>嘉泰李氏</u>兩本精校，自此始有善本。

①立　原脱，民志本同，據稿本、雜誌本、文庫本補。　疏證　原作"證疏"，雜誌本、民志本同，據稿本、文庫本乙。
②林　原作"森"，雜誌本、民志本、文庫本同，據稿本改。
③蒿　原作"膏"，據稿本、雜誌本、民志本、文庫本改。

25　抱朴子

以漢以後方士家言附會先秦道家,始於晉葛洪抱朴子。實學術嬗變一關鍵也。此書乾隆前無善本。自孫淵如據道藏本精校,盧抱經、顧澗蘋復參合諸本助之,重刻平津館本,自是此書可讀。

26　水經注

漢桑欽水經北魏酈道元注,爲現存最古之地理書。乾隆以前,惟明朱謀瑋箋稱最善,顧亭林所謂"有明一部書"也。然而譌舛已不一而足。後項絪覆刻,掩爲己有,又多刪削,書愈不可讀。趙戴等皆校朱書,然楊星吾謂其皆未見朱氏原本。入清,考古學勃興,此書大爲世所重。據趙東潛所述,則有錢遵王曾、黃梨洲、孫潛夫潛、顧亭林、顧景范、閻百詩、黃子鴻儀、劉繼莊、胡朏明、姜西溟宸英、何義門焯、沈繹旃炳巽、杭大宗、齊次風召南諸本。內中二顧閻胡,皆於自著書中徵引詮解,並非專校原書。梨洲則刪去注文中無豫水經者,欲復唐李氏刪水經十卷之舊。又自爲今水經,蓋有所不慊於酈氏。子鴻則依酈注,每卷各寫一圖,是爲作圖之始。繼莊則欲作水經注疏而未就,發其義例於廣陽雜記中。自餘諸家,皆依通行朱本各自簽校。此乾隆以前斯學大略形勢也。

乾隆中葉,趙東潛一清、戴東原震、全謝山祖望同時治此書,其著作先後發表。東原在四庫館,實手校此書,校成首由聚珍板印行。自是酈氏本來面目，釐然大明，學者稱快。然而三家精詣，同符者十而七八，於是發生蹈襲問題——即著述家道德問題。三家子弟及鄉里後學各有所祖①，成爲近百年來學界一樁公案，至今未決。今略述其真相如下：

謝山自其先代三世治此書，有雙韭山房舊校本。謝山曾七度手校，集中有五校本題詞，自訂雙韭山房書目有七校水經注四十卷②，趙本卷首亦引全氏七校本。蓋全部於乾隆十七年在粵寫定。然卒後遺著散佚，將越百年，其同里後學王薲軒梓村始釐正其稿③。又數十年至光緒十四年，薛叔耘福成徇董覺軒沛之請始刻之④，今寧波崇實書院本是也。故全書最先成而最晚出。

東潛爲趙谷林子，梨洲再傳，其學蓋有所受。又與謝山爲摯友，日夕商榷。其書成於乾隆十九年，有自序。四庫館開，采以進，被著錄，然未有刻本行世。乾隆五十一年，畢秋帆從東潛子載元索得原稿，刊之於開封，趙書始顯。

東原治此書，始於乾隆三十年，至三十七年刊於浙東，未及四之一，而被召入四庫館。在館中據永樂大典本校此書，明年成，以聚珍板印行；復自理舊業，成書四十卷，以三十

①祖　原作"祖"，雜誌本、民志本、文庫本同，據稿本改。
②雙　原作"變"，民志本同，據稿本、雜誌本、文庫本改。
③梓村　原脱，民志本同，據稿本補。按，雜誌本、文庫本有"梓"字，無"村"字。
④稿本"始"字在"徇"字前。

九年刊行，即孔氏微波榭本是也。故戴書最晚成，而最先出。

　　因此糾纏出許多問題。其一，爲趙戴間問題①。盧抱經謂梁曜北、處素兄弟校刊趙書，參取東原書爲之。梁氏兄弟，仁和人，爲東潛同里後輩。畢刊趙書，由彼校定。東原弟子段茂堂因移書曜北詰問。看經韻樓集與梁曜北書②。梁氏清白士集中未有答書，不知是否慚伏？然張石舟、魏默深，則謂趙書未刊以前，先收入四庫全書，今刊本與四庫本無二，明非梁氏勸戴改作，實爲戴在四庫館先睹預竊之明證。看徐時棟煙嶼樓集"記杭董浦"篇③，又周壽昌思益堂日札卷四，又薛刻全校本董沛著例言，又楊守敬著水經注疏要刪凡例。但據段茂堂説，戴未入四庫館以前，曾以所著示紀曉嵐、錢竹汀、姚姬傳及茂堂，皆錄有副本。看段著東原年譜。似此，則戴非勸趙又甚明。

　　其二，爲趙全間問題④。趙全本至交，相約共治此學。全爲趙書作序，趙書引全説不一而足。兩書同符什九，本無嫌疑。然張石舟則謂東潛子宦於鄂，畢秋帆時爲鄂督索觀舊稿時，以鉅資購謝山本以應。看全本例言。此説若信，則現行趙本實勸全。而林頤山則斥現行全本爲僞書⑤，謂不

①間　原脱，雜誌本、民志本、文庫本同，據稿本補。

②樓　原作"權"，民志本同，據稿本、雜誌本、文庫本改。

③杭　原作"抗"，民志本同，據稿本、雜誌本、文庫本改。

④爲趙全間　原脱"爲趙"、"間"三字，民志本同，雜誌本、文庫本脱"間"字，據稿本補。

⑤書　原作"出"，雜誌本、民志本、文庫本同，據稿本改。

惟襲趙，兼又襲戴，疑出王簏軒輩手。看王先謙合校本序録及楊氏注疏要删凡例。

　　吾今試平亭此獄：三君皆好學深思，治此書各數十年，所根據資料又大略相同，東原謂從永樂大典本校正。據後人所考證，則戴本與大典不合者正多，然則其精思獨得，非盡有依據也。謝山首與李穆堂鈔大典，然所鈔僅及平韻。水經注收入上聲"水"字，已在萬一千卷以外①，故謝山不及見。東潛未入翰林，更無從見矣。故大典本非三家所據。則閉門造車，出門合轍，並非不可能之事。東原覃精既久，入館後睹趙著先得我心，即便采用，當屬事實。其所校本屬官書，不一一稱引趙名，亦體例宜爾。此不足爲戴病也。趙氏子弟承制府垂盼，欲益榮其親；曜北兄弟以同里後學董其事，亦欲令趙書盡美無復加。趙全本世交，則購采全稿潤益之；時戴本既出，則亦從而撍采。凡此恐皆屬事實。全氏本爲斯學開山之祖，然趙戴本既盛行，全本乃黤没百餘年，其同里後學王董輩深爲不平。及得遺稿，亦欲表章之使盡美，其間不免采彼兩本以附益其所未備。恐亦屬事實。要而論之，三家書皆不免互相勦，而皆不足爲深病。三家門下，各尊其先輩，務欲使天下之美盡歸於我所崇敬之人，攘臂迭爭，甚無謂也。

　　右所記繁而不殺，誠非本書篇幅所許。但此事實清代學界一大公案②，可以見一時風氣之小影，亦治史者所宜知。

---

①已　　原作"是"，雜誌本、民志本、文庫本同，據稿本改。

②界　　原脱，民志本同，據稿本、雜誌本、文庫本補。

故論列如右。

以下略評三家特點：

戴氏治學，精銳無前，最能發明原則，以我馭書。水經注舊本，經注混淆不可讀。戴氏發見經注分別三例：一、經文首云"某水所出"，以下不更舉水名，注則詳及所納群川，更端屢舉；二、各水所經州縣，經但云"某縣"，注則年代既更，舊縣或湮或移，故常稱"某故城"；三、經例云"過"，注例云"逕"。看段氏東原年譜。此三例戴氏獨創①，發蒙振落。其他小節，或襲趙氏，不足爲輕重。

全趙比肩共學②，所得原不以自私，故從同者滋多。趙本博引清初諸説，辨證最詳晰，非戴所及。且凡引他説皆著所出，體例亦最嚴③。全氏分別注有大小——注中有注，是其特識。餘與趙氏同之。

三家以前諸校本，吾皆未見。惟謝山最服沈繹旃，謂"其校定此書幾三十載，最能抉摘善長（酈道元）之疏漏"④。五校本題詞 當是最佳之作。

以後諸校本，則畢秋帆、孫淵如各有成書，然兩君皆非地學專家，似無足以增益三家者。道咸以後則有沈欽韓文起

①戴　原作"載"，據稿本、雜誌本、民志本、文庫本改。　原於"氏"後衍一"所"字，雜誌本、民志本、文庫本同，據稿本删。

②比　原作"此"，民志本同，據稿本、雜誌本、文庫本改。

③最　原脱，民志本同，據稿本、雜誌本、文庫本補。

④漏　原作"略"，雜誌本、民志本、文庫本同，據稿本改。

著水經注疏證①、汪梅村士鐸著水經注提綱、水經注釋文，皆未刊，不審內容如何②。汪復有水經注圖③，胡文忠爲刻之，則續黃子鴻之緒而補其逸也。

陳蘭甫先生澧以酈氏當時，滇黔之地淪於爨謝，故注記東北諸水詳而確，西南則略而譌，乃爲水經注西南諸水考補而糾之。在本書諸家著作中最爲別裁。但先生於西南諸水亦未經實測，恐不能多優於酈氏也。

王益吾先謙爲合校本④，以聚珍板（即戴本）及趙本爲主，參以諸家。雖無新發明，而最便學者。王氏所著書大率如此。但進孫淵如絀全，不無遺議。

最後有楊星吾守敬爲水經注疏八十卷。以無力全刻，乃節爲要刪若干卷。其書頗爲朱謀㙫訟直，而不肯作趙戴輿臺，謂："此書爲酈氏原誤者十之一二，爲傳刻之誤者十之四五，爲趙戴改訂反誤者亦十之二三⑤。"凡例語 此亦乾嘉以來一反動也。

吾向未治此學，不敢以門外漢評各家得失，但述此學經過狀況如右。治之者多，故敘述不避詞費。惟此書值得如此用功與否，實一問題。以吾觀之，地理不經實測，總是紙上空談。清儒併力治水經注，適以表現清代地學內容之貧乏而已。

──────────

① 著　原脱，民志本同，據稿本、雜誌本、文庫本補。
② 如何　稿本作"何如"。
③ 經注　原作"注經"，民志本同，據稿本、雜誌本、文庫本乙。
④ 先謙　原脱，雜誌本、民志本、文庫本同，據稿本補。
⑤ 反　原作"及"，民志本同，據稿本、雜誌本、文庫本改。

27　顏氏家訓

隋顏之推家訓,爲現存六朝人著述最有價值者。舊本
譌脫不少。乾隆間趙敬夫曦明爲之注,而盧抱經校補之。自
是此書有善本。

28　經典釋文

唐陸德明經典釋文,爲治訓詁音韻者所宗。而除散附
諸經注疏之外①,單行本殆絶。盧抱經將通志堂經解本細校
重雕,附考證三十卷。自是此書有善本②。

29　大唐西域記　慈恩法師傳

唐僧玄奘歸自印度③,綜其行歷著大唐西域記十二卷,
其弟子彥悰爲之箋。慧立亦奘弟子,爲奘作傳,曰大唐慈恩
寺三藏法師傳十卷④。此二書實世界的著作,近今歐洲各國
咸有譯注,而本國治之者闕如。最近乃有丁益甫謙著大唐西
域記地理考證⑤,引據各史外國傳,旁采西人地理家言,實此

①附　原作“在”,雜誌本、民志本、文庫本同,據稿本改。
②自　原作“此”,民志本同,據稿本、雜誌本、文庫本改。
③玄　原作“元”,係避清聖祖康熙帝玄燁諱,今予回改。
④寺三藏　原脫,雜誌本、民志本、文庫本同,據稿本補。
⑤乃　原脫,雜誌本、民志本、文庫本同,據稿本補。　　地理　原脫,稿本、
　民志本、文庫本同,據丁氏原書書名補。

書之篳路藍縷也。慈恩傳則有最近支那內學院所刻精校本,除校字外,頗引他書紀載有異同者校出若干條。在現行本中總算精善。但此二書之整理,尚有待於將來。

30　困學紀聞

宋王應麟困學紀聞[①],爲清代考證學先導,故清儒甚重之。閻百詩、何義門、全謝山皆爲作注[②],而翁載青元圻集其大成。一宋人書而注之者四家[③],其尊尚幾等古子矣。[④]

　　　＊　　　＊　　　＊　　　＊　　　＊

右所舉三十幾種書,專注重校勘的成績,而注釋則其副產物[⑤]。書以屬於秦漢以前子部者爲多,而古史傳之類間附焉。不及群經者,經書累代承習者衆,訛錯較少。其有異文校讐,率附見諸家注疏中,不爲專業也。諸史之刊誤糾謬補遺等,屬於吾所謂第四種校勘。別於史學章述其成績,此不更贅。

其他古書曾經各家校勘而未有重刻本者,不能具舉。今將幾部最精善之校勘家著作,列其所校書目供參考[⑥]:

----

①王　原作“士”,民志本同,據稿本、雜誌本、文庫本改。

②閻百詩何義門　稿本作“惠定宇”,並有一夾條曰:“困學紀聞,惠定宇似未有注本,而何義門、閻百詩則有之,已補入。未悉對否?”

③四　稿本作“三”。參見上一條。

④稿本注曰:“十四日成。閣筆時四點鐘了。”

⑤物　原作“也”,雜誌本、民志本、文庫本同,據稿本改。

⑥稿本此下只列盧氏、王氏、蔣氏、俞氏、孫氏書名,其後用省略號表示。又,稿本於王氏後有“洪筠軒”一條,然未具書名。

盧抱經群書拾補：五經正義表，易經注疏，周易略例，尚書注疏，春秋左傳注疏，禮記注疏，儀禮注疏，呂氏讀詩記，史記惠景間侯者年表，續漢書志注補[①]，晉書，魏書，宋史孝宗紀，金史，資治通鑑序，文獻通考經籍[②]，史通，新唐書糾繆，山海經圖讚，水經序，鹽鐵論，新序，說苑，申鑑，列子張湛注，韓非子，晏子春秋，風俗通義，劉晝新論[③]，潛虛，春渚紀聞，嘯堂集古錄，鮑照集，韋蘇州集，元微之集，白氏長慶集[④]，林和靖集。

王石臞讀書雜志：逸周書，戰國策，史記，漢書，管子，晏子春秋，墨子，荀子，淮南內篇，漢隸拾遺，後漢書，老子，莊子，呂氏春秋，韓子，法言，楚辭，文選。

蔣生沐斠補隅錄：尚書全解，爾雅，續通鑑，東漢會要，吳越春秋，錢塘遺事，宣和奉使高麗圖經，管子，荀子，意林，酉陽雜俎，唐摭言，蘆浦筆記，陳後山集。

俞蔭甫諸子平議、讀書餘錄：管子，晏子春秋，老子，墨子，荀子，列子，莊子，商子，韓非子，呂氏春秋，董子春秋繁露，賈子，淮南內經，楊子太玄經，楊子法言，內經素問，鬼谷子，新語，說苑。

---

①續　原作“讀”，民志本同，據雜誌本、文庫本改。
②考　原作“孝”，據雜誌本、民志本、文庫本改。
③晝　原作“書”，民志本、文庫本同，據雜誌本改。
④氏　原脫，雜誌本、民志本、文庫本同，據盧氏原書書名補。

孫仲容札迻：易乾鑿度鄭康成注，易稽覽圖鄭注，易通
卦驗鄭注，易是類謀某氏注，易坤靈圖鄭注，易乾元
序制記鄭注，韓詩外傳，春秋繁露，春秋釋例，急就篇
顏師古注，方言郭璞注①，釋名，戰國策高誘鮑彪注，
越絶書，吳越春秋徐天祜注，漢舊儀，列女傳，山海經
郭璞注，山海經圖讚，水經酈道元注，管子尹知章注，
晏子春秋，老子河上公王弼注，文子徐靈府注，鄧析
子②，列子張湛盧重玄注③，商子，莊子郭象注，尹文
子，鶡冠子陸佃注，公孫龍子謝希深注，鬼谷子陶弘
景注④，荀子楊倞注，呂氏春秋高誘注，韓非子，燕丹
子，新語，賈子新書，淮南子許慎高誘注，鹽鐵論，新
序，説苑，法言李軌注，太玄經范望注，潛夫論，論
衡⑤，白虎通德論，風俗通義，獨斷，申鑑，中論，抱朴
子，金樓子，新論袁孝政注，六韜，孫子曹操注，吳子，
司馬法，尉繚子，三略，素問王冰注，周髀算經趙爽甄
鸞李淳風注，孫子算經，術數記遺甄鸞注，夏侯陽算
經，易林，周易參同契，穆天子傳郭璞注，漢武帝内
傳，列仙傳，西京雜記，南方草木狀，竹譜，楚辭王逸

---

① 璞　原作“璩”，後“山海經”條同，民志本同，據雜誌本、文庫本改。
② 鄧　原作“鄭”，民志本同，據雜誌本、文庫本改。
③ 玄　原作“元”，係避清聖祖康熙帝玄燁諱，今予回改。
④ 弘　原作“宏”，係避清高宗乾隆帝弘曆諱，今予回改。
⑤ 論衡　原脱，雜誌本、民志本、文庫本同，據孫氏原書書名補。

注，蔡中郎集，琴操，文心雕龍。

晚清"先秦諸子學"之復活，實爲思想解放一大關鍵。此種結果，原爲乾嘉派學者所不及料。然非經諸君下一番極乾燥極麻煩的校勘工夫，則如墨子、管子一類書，並文句亦不能索解，遑論其中所含義理？所以清儒這部分工作，我們不能不竭誠感謝。現在這部分工作已經做得差不多了。以後進一步研究諸家學術內容，求出我國文化淵源流別之所出所演，發揮其精詣，而批評其長短得失，便是我們後輩的責任。

　　＊　　＊　　＊　　＊　　＊

　　＊　　＊　　＊　　＊　　＊

四　辨僞書

無論做那門學問，總須以別僞求真爲基本工作。因爲所憑藉的資料若屬虛僞，則研究出來的結果當然也隨而虛僞，研究的工作便算白費了。中國舊學，什有九是書本上學問，而中國僞書又極多。所以辨僞書爲整理舊學裏頭很重要的一件事。

中國僞書何以如此其多呢？僞書種類和作僞動機到底有多少種呢？請先説説：

"好古"爲中國人特性之一，什麼事都覺得今人不及古人。因此出口動筆，都喜歡借古人以自重。此實爲僞書發達之總原因。歷代以來，零碎間作之僞書不少，而大批製造

者則有六箇時期：其一，<u>戰國</u>之末，百家各自立説，而託之於
古以爲重。<u>孟子</u>所謂"有爲<u>神農</u>之言者<u>許行</u>"，何獨<u>許行</u>？
諸家皆然。其始不過稱引古人之説，其徒變本加厲，則或專
造一書而題爲古人所著以張其學。<u>漢書藝文志</u>所列古書，
多有注"六國時人依託"者，此類是也。其二，<u>西漢</u>之初，經
<u>秦</u>火後，書頗散亡。<u>漢</u>廷"廣開獻書之路"，<u>史記儒林傳</u>語 懸賞
格以從事收集。希望得賞的人有時便作僞以獻①。<u>漢書</u>所
注"後人依託"者，此類是也。<u>隋唐</u>以後，此種事實亦常有。其三，
<u>西漢</u>之末，其時經師勢力極大，朝政國故，皆引經義爲程式。
<u>王莽</u>謀篡，<u>劉歆</u>助之，他們做這種壞事，然而腦筋裏頭又常
常印上"事必師古"這句話。所以利用<u>劉歆</u>校"中祕書"的地
位，贋造或竄亂許多古書以爲後援。所謂經學今古文之爭，
便從此起。其四，<u>魏晉</u>之交，<u>王肅</u>注經，務與<u>鄭康成</u>立異爭
名，爭之不勝，則僞造若干部古書爲後盾。其五，<u>兩晉至六
朝</u>，佛教輸入，道士輩起而與之角，把古來許多名人都拉入
道家，更造些怪誕不經的書嫁名古人，編入他的"道藏"，和
"佛藏"對抗。其六，<u>明</u>中葉以後，學子漸厭空疏之習，有志
復古而未得正路，徒以雜博相尚。於是<u>楊慎</u>、<u>豐坊</u>之流，利
用社會心理，造許多遠古之書以嘩世取名。自餘各朝代雖
都有僞書②，然不如這六箇時期之盛。大抵<u>宋元</u>間僞書較

---

①僞　原作"譌"，據稿本、雜誌本、民志本、文庫本改。
②雖　原脱，雜誌本、民志本、文庫本同，據稿本補。

少，自然不是絕無。因爲他們喜歡自出見解，不甚借古人爲重。其中如太極圖之類，性質雖像僞書，但他們説是自己推究出來，並不説從那部書上有傳下來伏羲寫定的圖。唐代僞佛典甚多，僞儒書較少，因爲當時佛學占學界最重要位置。

　　古今僞書，其性質可分爲下列各類：（一）古書中偶見此書名，其書曾否存在渺無可考，而後人依名僞造者。例如隋劉炫之僞三墳，元吾衍之僞晉乘、楚檮杌，此等作僞最笨，最容易發現。（二）本有其書，但已經亡佚①，而後人竊名僞造者。例如漢志"孔子家語二十七篇"，顏師古曰："非今所有家語。"僞書中此類最多，最不易辨。（三）古並無其書，而後人嫁名僞造者。例如隋張弧僞子夏易傳，明豐坊僞子貢詩傳之類。（四）僞中出僞者。例如列禦寇本莊子寓言中人物，漢志有列子八篇，已屬周末或漢初人僞撰，而今存之列子，又屬晉張湛僞撰，並非漢舊。僞書中此類亦不少，子部尤多。（五）真書中雜入僞文者。例如韓非子不僞，而初見秦篇決僞；史記不僞，而武帝紀決僞；論語不僞，而"佛肸"、"公山弗擾"等章決僞；左傳不僞，而"其處者爲劉氏"等句必僞。古書中如此者極多，極不易辨。（六）書不僞而書名僞者。例如左傳確爲先秦書，然標題爲春秋左氏傳認爲解釋春秋之書則僞。（七）書不僞而撰人姓名僞者。例如管子、商君書確爲先秦書，但指爲管仲、商鞅所作則僞。（八）原書

---

①亡　原作"久"，雜誌本、民志本、文庫本同，據稿本改。

本無作者姓名年代，而後人妄推定爲某時某人作品，因以成僞或陷於時代錯誤者。例如周髀本一部古書，指爲周公作則僞；素問本一部古書，指爲黃帝作則僞。此類書亦甚多，不易辨別。（九）書雖不全僞，然確非原本者。例如今本竹書紀年，汲冢遺文多在其中，然指爲即汲冢本則僞。（十）僞書中含有真書者。例如孔叢子確爲晉人僞作，然其中小爾雅一篇則爲漢志舊本。

辨僞的工作由來已久[1]，漢書藝文志明注"依託"者七，"似依託"者三，"增加"者一。隋僧法經著衆經目録，別立"疑僞"一門。此皆有感於僞書之不可不辨，可惜怎樣辨法未得他們説明。宋人疑古最勇，如司馬光之疑孟子，歐陽修之疑易十翼，疑周禮、儀禮，朱熹之疑周禮，疑古文尚書，鄭樵之疑詩序，疑左傳，……皆爲後世辨僞學先河[2]。其他如郡齋讀書志、直齋書録解題等，指斥僞書亦不少。晚明胡應麟著四部正譌，始專以辨僞爲業。入清而此學益盛[3]。[4]

清儒辨僞工作之可貴者，不在其所辨出之成績，而在其能發明辨僞方法而善於運用。對於古書發生問題，清儒不如宋儒之多而勇，然而解決問題，宋儒不如清儒之慎而密。

---

[1]來　原作"求"，據稿本、雜誌本、民志本、文庫本改。

[2]……　原脱，民志本同，據稿本、雜誌本、文庫本補。

[3]學　稿本作"業"。

[4]稿本注曰："十五日成。本日百里由京來，約在君共談共飯，掇筆頗久。夜一時已甚倦，便睡去。"

宋儒多輕蔑古書，其辨僞動機往往由主觀的一時衝動。清儒多尊重古書，其辨僞程序常用客觀的細密檢查。檢查的重要方法如下：

（一）從著錄傳授上檢查。古書流傳有緒，其有名的著作，在各史經籍志中都有著錄，或從別書記載他的淵源。若突然發現一部書，向來無人經見，其中定有蹊蹺。如先秦書不見漢書藝文志，漢人書不見隋書經籍志，唐以前不見崇文總目，便十有九靠不住。試舉其例：

（例一）古三墳、晉乘、楚檮杌，除左傳、孟子一見其名外，漢隋等志從未見過，亦未有人徵引過。隋和元時候忽然出現，不問而知爲僞。

（例二）東晉古文尚書和漢書藝文志所載的篇數及他書所載的篇名，都不同，故知非原本。

（例三）如毛詩序，史記漢書兩儒林傳、漢書藝文志皆未言及，故可決爲西漢前所無。

（例四）隋書經籍志明言“魯詩亡”。明末忽出現申培詩說，當然是僞。

（二）從本書所載事蹟、制度或所引書上檢查。書中事實文句①，只有後人徵引前人，不會前人徵引後人，這是顯而易見的。犯這類毛病的書當然是靠不住。試舉其例：

（例一）管子記毛嬙、西施，商君書記長平之役，是管

---

①原於“中”後衍一“與”字，民志本同，雜誌本、文庫本作“的”，據稿本刪。

仲、商鞅萬看不見的事。故知兩書決非管商作，最少亦有一部分由後人竄亂①。

（例二）史記載元帝、成帝時事，司馬遷無論如何長壽，決不能見。故知史記有一部分靠不住。

（例三）左傳記智伯事，可見作者決非與孔子同時②。

（例四）月令有"太尉"官名，可見是秦人作，決非出周公。

（例五）山海經有漢郡縣名，可見決非出伯益。

（例六）易林引左傳，左傳自東漢始傳布，可見作者決非西漢的焦延壽③。

（三）從文體及文句上檢查。文體各時代不同，稍多讀古書的人，一望便知。這種檢查法雖不必有枝節證據，然而不會錯的。試舉其例：

（例一）黃帝素問長篇大段的講醫理，不獨三代以前，即春秋間亦無此文體，用論語、老子等書便可作反證。故此書年代可定爲漢，最早亦不過戰國末。

（例二）尚書二十八篇佶屈聱牙，而古文尚書二十五篇文從字順，什九用偶句，全屬晉人文體。不獨非三代前所有④，並非漢以前所有。

---

① 由　原作"爲"，雜誌本、民志本、文庫本同，據稿本改。
② 見　原作"知"，雜誌本、民志本、文庫本同，據稿本改。
③ 見　原作"知"，雜誌本、民志本、文庫本同，據稿本改。
④ 非　原脫，民志本同，據稿本、雜誌本、文庫本補。

(例三)現引關尹子，全屬唐人翻譯佛理文體，不獨非
　　　與老聃同時之關尹所能做，又不獨非劉歆校定七
　　　略以前的人所能做，乃至並不是六朝以前人所
　　　能做。

(四)從思想淵源上檢查。各時代有各時代的思想，治
學術史的人自然會看出，作僞的瞞不過明眼人。試舉其例：

(例一)管子裏頭有駁"兼愛"、駁"寢兵"之説，非墨
　　　翟、宋鈃以後，不會發生這種問題。故知這書決
　　　非春秋初年管仲所作。

(例二)列子裏頭有"西方之聖人"等語，其中和佛教
　　　教理相同者甚多。故知決爲佛教輸入後作品，決
　　　非莊子以前的列禦寇所作。

(例三)大乘起信論，舊題馬鳴菩薩造。其書全屬和
　　　會龍樹、世親兩派學説，和藏中馬鳴別的著述思
　　　想不同，故知決非龍樹以前之馬鳴所造①。

(例四)楞嚴經雜入中國五行説及神仙家甚多，故知
　　　決非印度人著作。

(例五)近人輯黃梨洲遺著内有鄭成功傳一書，稱清兵
　　　爲"大兵"，指鄭氏爲"畔逆"，與梨洲思想根本不相
　　　容，故知爲後人影射梨洲的臺灣鄭氏始末而作。

(五)從作僞家所憑藉的原料上檢查。造僞書的人，勢

---

①之　原脱，雜誌本、民志本、文庫本同，據稿本補。

不能一箇一箇字憑空創造。況且他既依託某人，必多采某人之説以求取信。然而割裂掎撦，狠難"滅盡針線迹"，不知不覺會露出馬脚來，善於辨僞的人自能看出。試舉其例：

（例一）古文尚書把荀子引道經的"人心之危，道心之微"和論語的"允執其中"連湊起來，造成所謂"十六字心傳"。但意義毫不聯屬。

（例二）毛詩序鈔襲樂記和論語的話，斷續支離，完全不通。

（六）從原書佚文佚説的反證上檢查。已佚的書，後人僞造，若從別的書發現所引原書佚文爲今本所無，便知今本靠不住。試舉其例：

（例一）晉書束晢、王接、摯虞等傳言竹書紀年有"太甲殺伊尹、文丁殺季歷"等事，當時成爲學界討論一問題。今本無之。可知今本決非汲冢之舊。

（例二）司馬遷從孔安國問故，史記釋尚書皆用孔義。東晉晚出古文尚書孔傳，文字和釋義都不同史記，故知決非安國作。

（例三）崔鴻十六國春秋，其體例略見魏書及史通。明代所出本與彼不符，便靠不住。

以上所述各種檢查真僞的方法，雖未完備，重要的大率在此。舉例皆隨手拈起[1]，亂雜不倫，讀者諒之。清儒辨僞書，多半

---

[1]手　原作"注"，民志本同，據稿本、雜誌本、文庫本改。

用這些方法，嚴密調查，方下斷語。其中武斷的當然也不少。他們的態度比宋儒穩健多了，所以結果也較良好。

有一事應該特別注意：辨僞書的風氣，清初狠盛，清末也狠盛，獨乾嘉全盛時代，做這種工作的人較少。乾嘉諸老好古甚篤，不肯輕易懷疑。他們專用綿密工夫在一部書之中，不甚提起眼光超覽一部書之外。他們長處在此，短處也在此。

清初最勇於疑古的人應推姚立方際恒。他著有尚書通論辨僞古文，有禮經通論辨周禮和禮記的一部分，有詩經通論辨毛序。其專爲辨僞而作的，則有：

　　古今僞書考

這書從孔子的易繫辭傳開起刀來，把許多僞書殺得落花流水。其所列書目如下：

易傳（即十翼）　子夏易傳　關朗周易　麻衣正易心法　焦氏易林　易乾鑿度　古文尚書　尚書漢孔氏傳　古三墳書　詩序　子貢詩傳　申培詩説　周禮　大戴禮①　孝經　忠經　孔子家語　小爾雅　家禮儀節（以上經部）　竹書紀年　汲冢周書　穆天子傳　晉史乘②　楚檮杌　漢武故事　飛燕外傳　西京雜記　天禄閣外史　元經　十六國春秋　隆平集　致

---

①禮　原作“記”，雜誌本、民志本、文庫本同，據稿本改。
②晉史乘　原作“晉乘書”，民志本同，雜誌本、文庫本作“晉乘”，據稿本改。

身録(以上史部)　鬻子　關尹子　子華子　亢倉子
晏子春秋　鬼谷子　尹文子　公孫龍子　商子　鶡
冠子　慎子　於陵子　孔叢子　文中子　六韜　司
馬法　吳子　尉繚子　李衞公問對　素書　心書
風后握奇經　周髀算經　石申星經　續葬書　撥沙
録　黃帝素問　神異經　十洲記　列仙傳　洞冥記
靈樞經　神農本草　秦越人難經　脈訣　博物志
杜律虞注(以上子部①)

以上認爲全部僞作者。

儀禮　禮記　三禮考注　文子　莊子　列子　管子
賈誼新書　傷寒論　金匱玉函經

以上認爲眞書雜以僞者。

爾雅　韻書　山海經　水經　陰符經　越絕書　吳
越春秋

以上認爲書非僞而撰人名氏僞者②。

春秋繁露　東坡志林

以上認爲書不僞而書名僞者。

國語　孫子　劉子新論　化書

以上認爲未能定其著書之人者。

立方這部書,體例頗凌雜,重要的書和不重要的書夾在一起。

---

①部　稿本作“類”。
②書　原脱,民志本同,據稿本、雜誌本、文庫本補。

篇帙亦太簡單，未能盡其辭，所判斷亦不必盡當①。但他所認爲有問題的書，我們總有點不敢輕信罷了。此後專爲辨證一部或幾部僞書著爲專篇者，則有：

閻百詩的尚書古文疏證②，惠定宇的古文尚書考。

萬充宗斯大的周官辨非。

孫頤谷志祖的家語疏證③。

劉申受逢禄的左氏春秋疏證。

康長素先生的新學僞經考。

王靜安國維的今本竹書紀年疏證。

崔觶甫適的史記探原。

閻惠兩家書，專辨東晉僞古文尚書及僞孔安國傳。後來這類書還狠多④，有點近於"打死老虎"，不多舉了。萬書辨周禮非周公作，多從制度與古書不合方面立論。孫書辨家語爲王肅所僞撰。他還有一部孔叢子疏證，和這部書是"姊妹書"⑤，但未著成。劉書守西漢博士"左氏不傳春秋"之

---

①判　原脱，民志本同，據稿本、雜誌本、文庫本補。

②尚書古文疏證　原作"古文尚書疏證"，稿本、雜誌本、民志本、文庫本同，據閻氏原書書名乙。

③此條後原有"范家相的家語辨僞"一條，似非任公原文，且後亦未提及范氏此書，據稿本、雜誌本、民志本、文庫本刪。

④原於"來"後衍一"像"字，雜誌本、民志本、文庫本同，稿本墨筆塗去，據刪。

⑤部　原脱，雜誌本、民志本、文庫本同，據稿本補。

説，謂<u>左傳</u>解經部分皆<u>劉歆</u>僞增①。<u>康</u>先生書總結<u>兩漢</u>今古文公案，對於<u>劉歆</u>所提倡的<u>周官</u>、<u>左傳</u>、<u>毛詩</u>、<u>逸禮</u>、<u>古文尚書</u>非_{東晉晚出者}、<u>爾雅</u>等書皆認爲僞。<u>王</u>書專辨<u>明</u>人補撰之<u>竹書紀年</u>，用<u>閻</u>惠<u>孫</u>之法一一指出其剽竊湊附之贓證。<u>崔</u>書則宗<u>康</u>先生説，謂<u>史記</u>有一部分爲<u>劉歆</u>所竄亂，一一指明疑點。<u>清</u>儒專爲辨僞而作的書，我所記憶者只此數部，餘容續訪。

其非專爲辨僞而著書而書中多辨僞之辭者②，則有：<u>魏默深</u>詩古微之辨<u>毛詩</u>，<u>邵位西</u>懿_辰<u>禮經通論</u>之辨<u>逸禮</u>，<u>方鴻濛</u>玉潤<u>詩經原始</u>之辨<u>詩序</u>等。而其尤嚴正簡絜者，則：

　　<u>崔東壁</u>述的考信錄。

此書雖非爲辨僞而作，但他對於先秦的書除<u>詩書易論語</u>外，幾乎都懷疑，連<u>論語</u>也有一部分不相信。他的勇氣真可佩服。此外諸家筆記文集中辨僞的著作不少，不能盡録。

<u>四庫</u>著録之書，提要明斥其僞或疑其僞者，則如下：_{次序依原書}

　　<u>子夏易傳</u>　全僞
　　<u>古文尚書及孔安國傳</u>　全僞
　　<u>尚書大傳</u>　疑非<u>伏生</u>著

---

①增　原作“撰”，<u>民志</u>本同，據稿本、雜誌本、文庫本改。
②爲　原脱，<u>民志</u>本同，據稿本、雜誌本、文庫本補。

詩序　疑撰人

古文孝經孔安國傳　全僞

方言　疑撰人

竹書紀年　今本僞，古本未定

晏子春秋　疑撰人及年代

孔子家語　斷爲王肅依託

孔叢子　同上

陸賈新語　斷爲後人纂集①

王通文中子中說②　疑其書並疑其人

風后握奇經　全僞

太公六韜　全僞

司馬穰苴司馬法　疑僞

黃石公三略及素書　全僞

管子　疑非管仲作

商子　疑非商鞅作

黃帝素問　斷爲周秦間人作

靈樞經　疑唐王冰依託

黃帝宅經　全僞

郭璞葬書　全僞

鬻子　全僞

①纂　原作"篡"，據稿本、雜誌本、民志本、文庫本改。
②中說　"中"字原脫，民志本同，據稿本、雜誌本、文庫本補。

墨子　疑非墨翟作

子華子　全僞

鬼谷子　全僞

劉歆西京雜記　斷爲梁吳均依託

山海經　斷爲非夏禹、伯益所作

東方朔神異經及海内十洲記　全僞

班固漢武故事及武帝内傳　全僞

干寶搜神記　陶潛搜神後記　全僞

張華博物志　全僞

任昉述異記　全僞

黃帝陰符經　全僞

河上公老子注　全僞

關尹子　全僞①

列子　疑撰人

劉向列仙傳②　全僞

　　四庫提要爲官書，間不免敷衍門面；且成書在乾隆中葉，許多問題或未發生，或未解決。總之提要所認爲眞的未必便眞，所指爲僞的一定是僞，我敢斷言。

　　今將重要之僞書已定案、未定案、全部僞、部分僞、人名僞、書名僞等分別總括列表如下。所錄限於漢以前書或託名漢以

① 此條原在"河上公老子注"條之前，雜誌本、民志本、文庫本同，據稿本乙。

② 仙　原作"女"，雜誌本、民志本、文庫本同，據稿本改。

前書者。其術數方伎等書,雖託名漢以前者亦不録。作僞之人在六朝以後者亦不録①。其未定案者,則間附鄙見②。

(甲)全部僞絶對決定者:

古文尚書及孔安國傳。問題起自宋代,到清初完全解決。公認爲魏王肅僞撰。

古文孝經孔安國傳。僞撰人未定。

孔子家語及孔叢子。乾隆中葉問題完全解決,公認爲魏王肅僞撰。

陰符經、六韜。漢以後人僞撰。

鶡子、關尹子、子華子、文子、亢倉子、鶡冠子、鬼谷子、於陵子、尉繚子。各書著録漢書藝文志者已不可盡信。今本又非漢志之舊。大率晉至唐所陸續依託。

老子的河上公注。晉以後人僞撰。

陸賈新語、賈誼新書。晉以後人僞撰。

(乙)全部僞大略決定者:

周禮。此書問題最大。從初出現到今日二千年,爭論不決。據現在趨勢,則不認爲周公制作者居多。大概此趨勢愈往後愈明瞭。應認爲漢劉歆雜采戰國政書附以己意僞撰。

孝經。春秋時無"經"之名。大約漢人所撰,託諸孔子、曾子。

晏子春秋。大約西漢人僞撰。

---

①作僞之人在六朝以後者亦不録　原脱,雜誌本、民志本、文庫本同,據稿本補。

②則　原脱,雜誌本、民志本、文庫本同,據稿本補。

列子。此問題發生不久。但多數學者已漸漸公認爲晉張湛所
偽撰。

吳子、司馬法。大約西漢人偽撰。

毛詩序。此亦宋以來宿題。撰人名氏擬議蠭起。今多數學者
漸認爲後漢衛宏撰，與孔子、子夏、毛公無涉。

(丙)全部偽否未決定者：

尚書百篇序。是否伏生、孔安國時已有？何人所作？完全
未決。

古本竹書紀年及穆天子傳。今本紀年之偽不待言[①]，但有
多人謂晉太康汲郡發冢事根本靠不住[②]。如此則此兩書純屬
晉人偽撰[③]。但我頗信其真。

逸周書。有人指爲偽，但清儒信爲真者居多。我雖不認爲周初
書，但謂非漢以後人撰。其中或有一部分附益則不可知。

申子、尸子、慎子、尹文子、公孫龍子。此五書已佚，今存
者或不全，或由近人輯出。原書是否本人所作，抑秦漢以後人
依託，問題未決。

(丁)部分偽絕對決定者：

老子中“夫佳兵者不祥”一節。無舊注，是知後人加入。

墨子中親士、修身、所染三篇。後人采儒家言掩飾其書。

莊子外篇、雜篇之一部分。內篇爲莊生自作，無問題；外篇

---

①今　原作“古”，民志本同，據稿本、雜誌本、文庫本改。
②多　原脱，雜誌本、民志本、文庫本同，據稿本補。
③偽撰　原作“撰偽”，民志本同，據稿本、雜誌本、文庫本乙。

則後人僞續者甚多；雜篇亦間有。

韓非子中初見秦篇。由戰國策混入。

史記中記昭宣元成以後之文句。褚少孫至劉歆等多人續入。

楚辭中之屈原大招。漢人摹仿招魂而作。

(戊)部分僞未決定者：

今文尚書二十八篇中之虞夏書。二十八篇爲孔子時所有，蓋無疑。但虞夏書是否爲虞夏時書則大有問題，恐是周初或春秋時人所依託。

左傳中釋經語。今文學家不承認左氏爲解釋春秋之書，謂此部分皆漢人僞託。

論語二十篇中後五篇。有人謂漢張禹所竄亂。

史記中一部分。有人謂劉歆竄改。

荀子、韓非子之各一部分。有人謂後人誤編。

禮記及大戴禮記之一部分。有人指爲漢人僞撰。然兩書本題“七十子後學者所記”，其範圍包及漢儒。有漢人作不能謂爲作僞。

(己)撰人名氏及時代錯誤者：

易象傳、象傳、繫辭、文言、説卦、序卦、雜卦①。相傳爲孔子作，有人攻其非。但原書並未題爲孔子作②，不得遂爲後人依託孔子。

---

① 雜　原作“離”，雜誌本、民志本、文庫本同，據稿本改。
② 書　原脱，民志本、文庫本同，據稿本、雜誌本補。

儀禮。相傳爲周公作，亦後人臆推。大抵應爲西周末、春秋初之書①。

爾雅、小爾雅。後人指爲周公作，純屬臆推。大抵爲西漢人最集詁訓之書②。

管子、商君書。漢書藝文志題爲管仲、商鞅作，乃漢人誤推。大抵屬戰國末年法家者流所編集。

孫子十三篇。舊題孫武作，不可信。當是孫臏或戰國末年人書。

尚書大傳。舊題伏生作，是否未定。總是西漢經生所著。

山海經。或言大禹作、伯益作，當然不可信。大約是漢代相傳一部古書。

各種緯書。自易乾鑿度以下二十餘種，漢儒或指爲孔子作，當然不可信。大約是戰國末年傳下來古代神話書。

周髀算經。相傳周公或商高作，當然不可信。大約是周末或漢初相傳古算書。

素問、難經。相傳黃帝、秦越人作，當然不可信。大約是秦漢間的醫書。

越絕書。舊題子貢作③。據原書末篇叙詞用隱語自著其名，已知作者爲會稽袁康，後漢人。

　　以上各書之真僞及年代，或屬前代留下來的宿題，或屬清儒發生的新題。清儒經三百年多少人研究討論的結果，

---

①書　原作"作"，民志本同，據稿本、雜誌本、文庫本改。
②詁訓　原作"訓詁"，雜誌本、民志本、文庫本同，據稿本乙。
③子　原脫，民志本同，據稿本、雜誌本、文庫本補。

已經解決的十之三四，尚未解決的十之六七。但解決問題，固然是學術上一種成績；提出問題，也算一種成績。清儒在這部分所做的工作也算可觀了。

“求真”爲學者的責任。把古書真僞及年代辨析清楚，尤爲歷史學之第一級根據。我盼望我們還繼續清儒未完的工作。①

＊　　＊　　＊　　＊　　＊

辨僞書的工作，還有一部分爲清儒所未嘗注意者：七千卷的佛藏，其中僞書不少。自僧祐出三藏記集②、法經衆經目録以來，已別立僞妄、疑似兩部嚴爲沙汰，而贋品流傳，有加無已。即如佛教徒人人共讀之大佛頂首楞嚴經及大乘起信論，據我們子細研究，完全是隋唐間中國人僞作，其他類此者尚不少。恨未有如閻百詩、孫頤谷其人者一一爲之疏通證明也。

＊　　＊　　＊　　＊　　＊
＊　　＊　　＊　　＊　　＊

五　輯佚書

書籍遞嬗散亡，好學之士，每讀前代著録，按索不獲，深致慨惜，於是乎有輯佚之業。最初從事於此者爲宋之王應

---

①稿本注曰：“十六日成，三時睡。”

②出　原脱，稿本、雜誌本、民志本、文庫本同，據原書書名補。　　記集　原作“集記”，稿本、雜誌本、民志本、文庫本同，據原書書名乙。

麟，輯有三家詩考、周易鄭氏注各一卷，附刻玉海中，傳於今。明中葉後，文士喜摭拾僻書奇字以炫博，至有造僞書以欺人者。時則有孫愨輯古微書，專搜羅緯書佚文，然而範圍既隘，體例亦復未善。入清而此學遂成專門之業。

輯佚之舉，本起於漢學家之治經。惠定宇不喜王韓易注而從事漢易，於是有易漢學八卷之作。從唐李鼎祚周易集解中①，刺取孟京干鄭荀虞諸家舊注，分家疏解。後又擴充爲九經古義十六卷，將諸經漢人佚注益加網羅。惠氏弟子余仲林蕭客用其師法，輯古經解鉤沈三十卷②，所收益富。此實輯佚之嚆矢。然未嘗別標所輯原書名，體例仍近自著。

永樂大典者，古今最拙劣之類書也。其書以洪武韻目按字分編，每一字下往往將古書中凡用該字作書名之頭一字者全部錄入，例如一東韻下之"東"字門，則將當時所存之東觀漢記全部錄入。而各書之一部分亦常分隸人名地名等各字之下。其體例固極蕪雜可笑，然稀見之古書賴以保存者頗不少。其書本貯內府，康熙間因編官書，移置翰林院供參考。此後蛛網塵封，無人過問者數十年。此書爲明成祖命胡廣、王洪等所編。計二萬二千八百七十七卷③，目錄六十卷，裝一萬一千九十五冊。清

①解　原作"集"，民志本同，據稿本、雜誌本、文庫本改。
②鉤　原作"鈎"，民志本同，據稿本、雜誌本改。按，書名文庫本作"古鈎經解沈"。
③二萬　原作"六萬"，民志本同，據稿本、雜誌本、文庫本改。

乾嘉間存九千八百八十一册，直至清末猶貯翰林院。義和團之亂，爲八國
聯軍瓜分以盡。除當時踐踏毀失外，現存歐美日本各國圖書館中，每館或
百數十册、或一兩册不等。雍乾之交，李穆堂、全謝山同在翰林，
發見此中祕籍甚多，相約鈔輯。兩君皆貧士，所鈔無幾，時范
氏天一閣、馬氏小玲瓏山館亦託全氏代鈔。而此書廢物利用的價
值，漸爲學界所認識。乾隆三十八年，朱笥河筠奏請開四庫
館，即以輯大典佚書爲言。故四庫全書之編纂，其動機實自
輯佚始也。館既開，即首循此計畫以進行。先後從大典輯
出之書，著録及存目合計凡三百八十五種①，四千九百四十
六卷②。其部屬如下：

　　　經部六十六種
　　　史部四十一種
　　　子部一百零三種
　　　集部一百七十五種③

---

① 八　原作"七"，民志本同，據稿本、雜誌本、文庫本改。

② 四十　"四"原作"二"，稿本、雜誌本、民志本、文庫本同，據四庫全書總
　　目提要改。

③ 稿本無史部、子部、集部三條，於經部後有"易類一七種，書類一一種，詩
　　類五種，禮類七種，春秋類一四種，孝經類一種，四書類二種，樂類三種，
　　小學類二種，合計"諸行，并列"著録"、"存目"兩行。按，任公所列經部總
　　數爲六十二種，與前述六十六種有差。法式善曾入館修書，其陶廬雜録
　　卷四著録經部爲八十種；嘉慶間孫馮翼據四庫全書總目提要，作四庫全
　　書輯永樂大典本書目，得六十九種。今核諸四庫全書總目提要，經部輯
　　自永樂大典者凡八十二種：易類二十六種，書類十三種，詩類五種，禮類
　　九種，春秋類十九種，孝經類一種，四書類二種，樂類三種，小學類四種。

　　觀右表所列，則當時纂輯大典之成績實可驚！以卷帙論，最浩博者如李燾續資治通鑑長編之五百二十卷、薛居正五代史之百五十卷、郝經續後漢書之九十卷、王珪華陽集之七十卷、宋祁景文集之六十五卷……其餘二三十卷以上之書，尚不下數十種。其中於學術界有重要關係者頗不少，例如東漢班固、劉珍等之東觀漢記①，元代已佚，其書爲范蔚宗所不采而足以補後漢書闕失者頗不少。今輯得二十四卷，可以存最古的官修史書之面目。又如五代史自歐書出後，薛書寖微，遂至全佚。然歐史摹仿春秋筆法，文務簡奧，重要事實多從刊落。今重哀薛史，然後此一期之史蹟稍得完備。又如漢至元古數學書——九章算術、孫子算經，晉劉徽海島算經、五曹算經、夏侯陽算經，北周甄鸞五經算術，宋秦九韶數學九章，元李冶益古演段等②，皆久佚。四庫館從大典輯出，用聚珍板刊布，喚起學者研究算術之興味實非淺尠。……亦有其書雖存③，而篇章殘缺，據大典葺而補之，例如春秋繁露④；或其書雖全，而譌脫不可讀，據大典讐而正之，例如水經注。凡此之類，皆纂輯大典所生之良結果也。

---

①原於"東"後衍一"漢"字，民志本同，據稿本、雜誌本、文庫本删。

②冶　原作"治"，民志本同，據稿本、雜誌本、文庫本改。

③……　原脱，雜誌本、民志本、文庫本同，據稿本補。

④春秋繁露　民志本同，稿本作四字空格，雜誌本、文庫本作"帝王經世圖譜"。

纂輯大典所費工力，有極簡易者，有極繁難者。極簡易者，例如續通鑑長編五百餘卷，全在“宋”字條下，不過一鈔胥迻録之勞，只能謂之鈔書，不能謂之輯書。極繁難者，例如五代史散在各條，篇第凌亂，蒐集既備，佐以他書，苦心排比，乃克成編。提要云：“臣等謹就永樂大典各韻中所引薛史，甄録條繫，排纂先後，檢其篇第，尚得十之八九。又考宋人書之徵引薛史者，每條采録，以補其闕，遂得依原本卷數勒成一編。”非得邵二雲輩深通著述家法而赴以精心果力，不能蕆事。薛史編輯，全出二雲手，見阮元國史儒林傳稿。此種工作，遂爲後此輯佚家模範。

永樂大典所收者，明初現存書而已。然古書多佚自宋元，非大典中所能搜得。且大典往往全書連載，迻鈔較易。舍此以外，求如此便於撮纂者，更無第二部。清儒好古成狂，不肯以此自甘，於是更爲向上一步之輯佚。

向上一步之輯佚，乃欲將漢書藝文志、隋書經籍志中曾經著録而今已佚者次第輯出。其所憑藉之重要資料，則有如下諸類：

一、以唐宋間類書爲總資料。——如北堂書鈔、藝文類聚、初學記、白帖、太平御覽①、冊府元龜、山堂考索、玉海等。

二、以漢人子史書及漢人經注爲輯周秦古書之資料。——例如史記、漢書、春秋繁露、論衡等所引古

---

① 太　原作“大”，民志本同，據稿本、雜誌本、文庫本改。

子家説，鄭康成諸經注、韋昭國語注所引緯書及古
系譜等。

三、以唐人義疏等書爲輯漢人經説之資料。——例如
從周易集解輯漢諸家易注，從孔賈諸疏輯尚書馬鄭
注、左氏賈服注等。

四、以六朝唐人史注爲輯逸史之資料[①]。——例如裴松
之三國志注、裴駰以下史記注、顏師古漢書注、李賢
後漢書注、李善文選注等。

五、以各史傳注及各古選本各金石刻爲輯遺文之資
料。——古選本如文選、文苑英華等。

其在經部，則現行十三經注疏中其注爲魏晉以後人作者，清
儒厭惡之，務輯漢注以補其闕。

易注，排斥王弼，宗鄭玄[②]、虞翻等。自惠氏輯著易漢學
之後，有孫淵如輯孫氏周易集解十卷，續李鼎祚。有盧雅雨見
曾輯鄭氏易注十卷，有丁升衢杰輯周易鄭注十二卷，有張皋
文輯周易虞氏義九卷、鄭氏義二卷、荀氏九家義一卷、易義
別録十四卷，孟喜、姚信、翟子玄[③]、蜀才、京房、陸績、干寶、馬融、宋
衷、劉表、王肅、董遇、王廙、劉瓛、子夏。有孫步升堂輯漢魏二十一
家易注三十三卷。子夏、鄭玄、陸績、孟喜、京房、馬融、荀爽、劉表、宋
衷、董遇[④]、虞翻、王肅、姚信、王廙、張璠、向秀、干寶、蜀才、翟玄[⑤]、九家

①逸史　原作"逸文"，民志本同，據稿本、雜誌本、文庫本改。
②③⑤玄　原作"元"，係避清聖祖康熙帝玄燁諱，今予回改。
④董遇　原脱，稿本、雜誌本、民志本、文庫本同，據孫氏原書内容補。

集注、劉璣。尚有馬竹吾國翰所輯家數太多，不具錄。

尚書注，排斥僞孔傳，推崇馬融、鄭玄，漸及於西漢今文。江艮庭之集注音疏①，王西莊之後案，孫淵如之今古文注疏②，前經學章有專論。其大部分功力皆在輯馬鄭注也③。而淵如於全疏外，復輯有尚書馬鄭注十卷。馬竹吾亦輯尚書馬氏傳四卷。今文學方面，則有陳樸園喬樅輯今文尚書經説考三十二卷④、歐陽夏侯遺説考二卷，馬竹吾則輯尚書歐陽、大夏侯、小夏侯章句各一卷。而尚書大傳輯者亦數家。
看前校勘章

詩注，毛傳、鄭箋皆完，待輯者少。惟今文之魯齊韓三家，師説久佚。則有馬竹吾輯魯詩故三卷、齊詩傳二卷，有邵二雲輯韓詩内傳一卷，宋綿初韓詩内傳徵四卷，有嚴鐵橋可均輯韓詩二十一卷⑤，有馬竹吾輯韓詩故、韓詩薛君章句各二卷，韓詩内傳、韓詩説各一卷，有馮雲伯登府三家詩異文疏證六卷，有陳左海輯三家詩遺説考十五卷，其子樸園輯四家詩異文考五卷，著齊詩翼氏學疏證二卷。

三禮皆鄭注，精博無遺憾，故可補者希。然周禮之鄭

---

①江　原作“汀”，民志本同，據稿本、雜誌本、文庫本改。
②文　原脱，雜誌本、民志本、文庫本同，據稿本補。
③力　原作“臣”，民志本同，據稿本、雜誌本、文庫本改。
④輯　原脱，民志本同，據稿本、雜誌本、文庫本補。
⑤二十一　原作“二十”，民志本同，據稿本補。按，雜誌本、文庫本作“十一”。

興、鄭衆、杜子春、賈逵、馬融、王肅諸注，儀禮之馬融、王肅諸注，禮記之馬融、盧植、王肅諸注，馬竹吾亦各輯爲一卷。又有丁儉卿晏之佚禮抉微①，則輯西漢末所出儀禮逸篇之文。

　　春秋三傳注，公羊宗何氏，別無問題。穀梁范甯注，頗爲清儒所不滿，故邵二雲輯穀梁古注。未刊。左傳則排斥杜預，上宗賈逵、服虔，故馬宗璉有賈服注輯②，未見。李貽德有春秋左傳賈服注輯述二十卷③，臧壽恭有春秋左氏古義六卷。

　　論語、孝經、爾雅今注疏本所用皆魏晉人注。故宋于庭翔鳳輯論語鄭注十卷，劉申受逢禄輯論語述何二卷，鄭子尹珍輯論語三十七家注四卷；臧在東庸、嚴鐵橋各輯孝經鄭氏注一卷；在東又輯爾雅漢注三卷，黃右原奭輯爾雅古義十二卷。

　　緯書自明人古微書所輯已不少④，清儒更增輯之，最備者爲趙在翰所輯七緯三十八卷。玉函山房、漢學堂兩叢書皆有專輯。

----

①抉　原作"扶"，雜誌本、民志本、文庫本同，據稿本改。
②璉　原作"槤"，稿本、雜誌本、民志本、文庫本同，據馬其昶桐城耆舊傳卷十改。
③二十　原作"十二"，稿本、雜誌本、民志本、文庫本同，據李氏原書卷數乙。
④緯　原作"輯"，民志本同，據稿本、雜誌本、文庫本改。

清儒最尊鄭康成，競輯其遺著。黃右原輯高密遺書十四種。六藝論，易注，尚書注，尚書大傳注①，毛詩譜，箴膏肓、起廢疾、發墨守，喪服變除，駁五經異義，答臨孝存周禮難，三禮目録，魯禮禘袷義②，論語注，鄭志，鄭記。

　　孔叢伯廣林輯通德遺書十七種③。箴膏肓④、起廢疾、發墨守分爲三種，增尚書中侯注⑤、論語弟子篇二種，無鄭志、鄭記。餘目同黃輯。袁鈞輯有鄭氏佚書二十一種。增尚書五行傳注、尚書略説注二種，有鄭志、鄭記。餘目同孔輯。而陳仲魚鱣又別輯六藝論，錢東垣、王復等又先後別輯鄭志。其尚書大傳注、駁五經異義，有多數輯本，已詳前。

　　以上經部。

史部書輯佚之目的物⑥，一爲古史，一爲兩晉六朝人所著史。

　　古史中以世本及竹書紀年爲主要品。

世本爲司馬遷所據以作史記者⑦。漢書藝文志著録十五卷，其書蓋佚於宋元之交。因鄭樵、王應麟尚及徵引。清儒先

---

① 大　原作"左"，雜誌本、民志本、文庫本同，據稿本改。
② 禮　原脱，稿本、雜誌本、民志本、文庫本同，據黃氏原書書名補。　　袷　原作"袷"，民志本、文庫本同，據稿本、雜誌本改。
③ 林　原作"森"，雜誌本、民志本、文庫本同，據稿本改。
④ 肓　原作"盲"，據稿本、雜誌本、民志本、文庫本改。
⑤ 侯　原作"候"，稿本、民志本同，據雜誌本、文庫本改。
⑥ 佚　原脱，民志本同，據稿本、雜誌本、文庫本補。
⑦ 據　原作"校"，民志本同，據稿本、雜誌本、文庫本改。

後輯者有錢大昭、孫馮翼、洪飴孫、雷學淇、秦嘉謨、茆泮林、張澍
七家。秦本最豐，凡十卷；餘家皆二卷或一卷。然秦將史記
世家及左傳杜注、國語韋注凡涉及世系之文皆歸諸世本①，
原書既無明文，似太涉汎濫。茆張兩家，似最翔實。秦嘉謨輯
本乃盜竊洪孟慈（飴孫）者，見洪用懃授經堂未刊書目。

　　汲冢竹書紀年亦出司馬遷前，而爲遷所未見②，在史部
中實爲鴻寶。明以來刻本既出偽撰，故清儒亟欲求其真。
先後輯出者有洪頤煊、陳逢衡、張宗泰、林春溥、朱右曾、王國維諸
家，王輯最後最善。

　　史家著作，以兩晉六朝爲最盛，而其書百不存一，學者
憾焉。清儒乃發憤從事蒐輯。其用力最勤者爲章逢之宗
源，著有隋書經籍志考證。今所存者僅有史部③，爲書十三
卷。餘三部不知已成否。書名雖似踵襲王應麟之漢書藝文志
考證，而内容不同。彼將隋志著録各書，每書詳考作者履
歷及著述始末與夫後人對於此書之批評。除現存書外，其
餘有佚文散見群籍者皆備輯之。所輯共　　千　　百
十　　種④。雖皆屬片鱗殘甲，亦可謂宏博也已。

　　其後則有姚氏之駰輯八家後漢書，東觀、謝承、薛瑩、張璠、華

---

①諸　原作“於”，據稿本、雜誌本、文庫本改。按，民志本作“皆”。
②所　原脱，民志本同，據稿本、雜誌本、文庫本補。
③有　原脱，民志本同，據稿本、雜誌本、文庫本補。
④所輯共千百十種　原脱，雜誌本、民志本、文庫本同，據稿本補。按，稿
　本眉批曰：“查種數。”

嶠、謝沈、袁山松、司馬彪。**汪氏文臺**輯七家後漢書，謝承、薛瑩、司馬彪、華嶠、謝沈、袁山松、張璠，及失名氏一種。有**湯氏球輯兩家漢晉春秋**①、習鑿齒、杜延業。**兩家晉陽秋**、孫盛、檀道鸞。**五家晉紀**、干寶、陸機、曹嘉之、鄧粲、劉謙之。**十家晉書**、臧榮緒、王隱、虞預、朱鳳、謝靈運、蕭子雲、蕭子顯、沈約②、何法盛及晉諸公別傳。**十八家霸史**。蕭方等三十國春秋、武敏之三十國春秋③、常璩蜀李書、和苞漢趙記、田融趙書、吳篤趙書、王度二石傳、范亨燕書④、車頻秦書、王景暉南燕書、裴景仁秦記、姚和都後秦記、張諮涼記、喻歸西河記、段龜龍涼記、劉昞燉煌實錄、張詮南燕書、高閭燕志。而**張介侯澍**以甘肅人特注意甘涼掌故⑤，專輯鄉邦遺籍，所輯有趙岐三輔決錄、失名三輔故事、辛氏三秦記、楊孚涼州異物志、張諮涼州記、失名西河舊事、喻歸西河記、失名沙州記。皆**兩晉六朝**史籍碎金也。

　　地理類書則有**畢秋帆**輯王隱晉書地道記、太康三年地志，有**張介侯**輯闞駰十三州志。政書類則有**孫淵如**輯漢官六種⑥。漢官及王隆漢官解詁⑦、衛宏漢舊儀及補遺、應劭漢官儀、蔡質漢官典職儀式

---

① 有　原脱，雜誌本、民志本、文庫本同，據稿本補。
② 沈　原作"史"，稿本、雜誌本、民志本、文庫本同，據隋書經籍志改。
③ 武　原作"式"，雜誌本、民志本、文庫本同，據稿本改。
④ 亨　原作"享"，民志本同，據稿本、雜誌本、文庫本改。
⑤ 人　原作"之"，民志本同，據稿本、雜誌本、文庫本改。
⑥ 種　原作"卷"，稿本、雜誌本、民志本、文庫本同，據孫氏原書書名改。
⑦ 漢官及王隆漢官解詁　原作"王隆漢官及漢官解詁"，稿本、雜誌本、民志本、文庫本同。按，孫淵如漢官六種十卷，第一漢官，一卷，不題撰人；第二漢官解詁，序目謂"隋書：漢官解詁三篇，新汲令王隆撰，胡廣注。……今以隆書爲正文，列廣注於下"，據乙。

選用、丁孚漢儀。譜録則有錢東垣輯王堯臣崇文總目等。

以上史部。①

子部書有唐馬總意林所鈔漢以前古子其書爲今已佚者，加以各種類書各種經注等所徵引，時可資采摭，然所輯不多。稍可觀者如嚴可均輯申子，章宗源、任兆麟輯尸子，章宗源輯燕丹子，嚴可均輯補商子、慎子，張澍輯補司馬法，茆泮林輯計然萬物録，孫馮翼、茆泮林輯淮南萬畢術等。馬氏國翰玉函山房叢書所輯漢志中先秦佚子②，則儒家十五種，漆雕子、宓子、景子、世子、魏文侯書、李克書、公孫尼子、内業、讕言、寧子、王孫子、董子(董無心)、徐子、魯連子、虞氏春秋。農家三種，神農書、野老書③、范子計然。道家書七種，伊尹書、辛甲書、公子牟子④、田子、老萊子、黔婁子、鄭長者書。法家一種，申子。名家一種，惠子。墨家五種⑤，史佚書、田俅子、隨巢子、胡非子、纏子。縱橫家二種。蘇子、闕子。黃氏奭子史鈎沈中之周秦部分亦有五種。六韜、李悝法經、范子計然、神農本草經、淮南萬畢術。黃氏以周輯逸子未刊。其序見儆季雜著。之周秦部分亦有六種。太公金匱、魯連子、范子計然、隨巢子、王孫子、申子。

現存各子書輯其佚文者，則有孫仲容之於墨子、王石臞

①稿本注曰：“十七日成。二時半睡。”

②中　原脱，雜誌本、民志本、文庫本同，據稿本補。

③書　原脱，稿本、雜誌本、民志本、文庫本同，據馬氏原書書名改。

④公子牟子　原作“公孫牟子”，稿本、雜誌本、民志本、文庫本同，據馬氏原書書名改。

⑤墨　原作“黑”，據稿本、雜誌本、民志本、文庫本改。

之於荀子①、王先慎之於韓非子等②。孟子外書，林春溥有輯本③。但此書趙岐已明辨爲僞託。

現存古子輯其佚注者，則有孫馮冀輯司馬彪莊子注、許慎淮南子注等。

以吾所見，輯子部書尚有一妙法。蓋先秦百家言，多散見同時人所著書，例如從孟子、墨子書中輯告子學説，從孟子、荀子、莊子輯宋鈃學説，從莊子書中輯惠施、公孫龍學説，從孟子、荀子、戰國策書中輯陳仲學説，從孟子書中輯許行、白圭學説……，諸如此類，可輯出者不少。惜清儒尚未有人從事於此也④。

以上子部。

集部之名，起於六朝，故考古者無所用其輯⑤。然搜集遺文，其工作之繁重亦正相等。晚明張溥之漢魏百三家集，事實上什九皆由裒輯而成，亦可謂之輯佚。但其書不注明出處，又各家皆題爲“某人集”，而其人或本無集，其集名或並不見前代著録，任意錫名，非著述之體也。清康熙間官修全唐文、全唐詩、全金詩，其性質實爲輯佚。與唐文粹、宋文鑑等書性質不同。彼乃選本，立一標準以爲去取。此乃輯本，見一篇收一篇，

①王石臞　雜誌本、民志本、文庫本同，稿本作三字空格。
②王先慎　民志本同，稿本作三字空格，雜誌本、文庫本作“王慧英”。
③輯　原作“注”，據稿本、雜誌本、民志本、文庫本改。
④於　原作“如”，民志本同，據稿本、雜誌本、文庫本改。
⑤輯　原於此處空缺一格，民志本同，據稿本、雜誌本、文庫本補。

務取其備。集部輯佚，實昉於此。

張月霄_{金吾}輯金文最百二十卷①，凡費十二年始成。李雨村_{調元}輯全五代詩一百卷，某氏輯全遼詩若干卷②，其書未見，其名偶忘。繆小山輯遼文存六卷。其工作皆頗艱辛③。其最有價值者有嚴鐵橋之全上古三代兩漢三國兩晉六朝文七百四十六卷，凡經、史、子、傳記、專集、注釋書、類書、舊選本、釋道藏、金石文中六朝以前之文④，凡三千四百九十七家，自完篇以至零章斷句，搜輯略備。每家各爲小傳，冠於其文之前，可謂藝林淵海也已。吳山尊日記謂此書實孫淵如輯而鐵橋攘之。吾謂鐵橋決非攘書者。況淵如貴人，鐵橋寒士，鐵橋依淵如幕府，以所著贈名淵如則有之耳。張紹南作淵如年譜，謂晚年與鐵橋同輯此書⑤。或淵如發起，且以藏書資鐵橋，斯可信也。（楊星吾晦明軒稿論此案與吾意略同。）

劉孟瞻_{文淇}揚州文徵、鄧湘皋_{顯鶴}沅湘耆舊集……等，性質亦爲輯佚，蓋對於一地方人之著作搜采求備也。此類書甚多，當於方志章別論之。

　　　以上集部。

嘉道以後，輯佚家甚多，其專以此爲業而所輯以多爲貴者，莫如黃右原_奭、馬竹吾_{國翰}兩家。今舉其輯出種數：

---

①霄　原作"宵"，民志本同，據稿本、雜誌本、文庫本改。
②"全遼詩"疑係"全金詩"之訛。按，全金詩爲康熙年間郭元釪所編，有康熙五十年序刻本，後收入四庫全書。
③皆　原脫，雜誌本、民志本、文庫本同，據稿本補。
④中　原脫，民志本同，據稿本、雜誌本、文庫本補。
⑤同　原作"回"，民志本同，據稿本、雜誌本、文庫本改。

黃氏漢學堂叢書：

　　經解八十五種①

　　通緯五十六種

　　子史鉤沈七十四種

馬氏玉函山房輯佚書：

　　經部四百三十三種(內緯書四十種)②

　　史部八種

---

① 五　原作"六"，雜誌本、民志本、文庫本同，據黃氏原書種數改。按，稿本此處三條數字皆空缺。

② 四百三十三種　原作"四百四十四種"，稿本、雜誌本、民志本、文庫本同。按，玉函山房輯佚書原爲馬氏於隴州任上隨得隨刊，及身未畢其功，亦未列總目。馬氏殁後，版歸其婿章丘李氏。後山東巡撫丁寶楨命取李氏藏板，校訂補殘及斷爛者，經濼源書院山長匡源校理，並編總目冠於卷首，於同治十三年完成，由濟南皇華館書局補刊印行。後又有光緒九年長沙嫏嬛館補校本、十年楚南湘遠堂重刊本、十年章丘李氏據馬氏刊板重印本、十五年章丘李氏重校刻本等。今檢皇華館、嫏嬛館、湘遠堂三本卷首總目：皇華館本之總目僅列類目，每類之首另列類之細目；嫏嬛館、湘遠堂二本總目之類下，含有細目，且每類之首亦另列類之細目。皇華館本細目列經編四百三十六種，條下未注"原闕"與否，後補九種，核諸正文，闕者二十一種，得四百二十四種；嫏嬛館本細目列經編四百三十六種，注"原闕"者二十一種，後補十八種，合四百三十三種；湘遠堂本將後補者移置前各類之末，細目列四百五十四種，注"原闕"者二十種，計四百三十四種。嫏嬛館本通禮類細目禮論鈔略下注"原闕"，而湘遠堂本"原闕"二字注於禮論鈔下，核諸正文，當從湘遠堂本；又論語類細目安昌侯論語下，嫏嬛館本注"原闕"，湘遠堂本未注，核諸正文，實未收此書，故當從嫏嬛館本。是知"原闕"者二十一種，則玉函山房輯佚書所輯經編書總計爲四百三十三種。據改。

　　　　子部一百七十二種①

右兩家所輯雖富，但其細已甚，往往有三兩條數十字爲一種者②。且其中有一部分爲前人所輯，轉錄而已，不甚足貴。馬氏書每種之首冠以一簡短之提要，説明本書來歷及存佚沿革，頗可觀。

　　鑑定輯佚書優劣之標準有四：——（一）佚文出自何書，必須注明，數書同引，則舉其最先者。能確遵此例者優，否者劣。（二）既輯一書，則必求備。所輯佚文多者優，少者劣，例如尚書大傳，陳輯優於盧孔輯。（三）既須求備，又須求真。若貪多而誤認他書爲本書佚文則劣，例如秦輯世本，劣於茆張輯。（四）原書篇第有可整理者，極力整理。求還其本來面目③，雜亂排列者劣，例如邵二雲輯舊五代史④，功等新編，故最優。——此外更當視原書價值何如。若尋常一俚書或一僞書，蒐輯雖備，亦無益費精神耳⑤。

　　總而論之，清儒所做輯佚事業甚勤苦，其成績可供後此專家研究資料者亦不少，然畢竟一鈔書匠之能事耳。末流以此相矜尚，治經者現成的三禮鄭注不讀，而專講些什麽尚書、論語鄭注；治史者現成之後漢書、三國志不讀，而專講些

---

①二　原作“八”，稿本、雜誌本、民志本、文庫本同，據馬氏原書種數改。
②三兩　原作“兩三”，雜誌本、民志本、文庫本同，據稿本乙。
③原於“其”後衍一“書”字，雜誌本、民志本、文庫本同，據稿本刪。
④舊　原脱，雜誌本、民志本、文庫本同，據稿本補。
⑤耳　原作“也”，民志本同，據稿本、雜誌本、文庫本改。

什麼<u>謝承</u>、<u>華嶠</u>、<u>臧榮緒</u>、<u>何法盛</u>；治諸子者現成幾部子書不讀，而專講些什麼佚文和什麼僞妄的<u>鬻子</u>、<u>燕丹子</u>。若此之徒，真可謂本末倒置①，大惑不解！善夫<u>章實齋</u>之言曰：“……今之俗儒，……逐於時趨，誤以擘績補苴謂足盡天地之能事。幸而生後世也！如生<u>秦</u>火未毀以前，典籍具存，無事補輯，彼將無所用其學矣。”<u>文史通義博約中篇</u>②

---

①可謂　原作“未可”，<u>民志</u>本作“可未”，據稿本、<u>雜誌</u>本、<u>文庫</u>本改。
②稿本注曰：“十八日午續完本講。”

第十五講　清代學者整理舊學之總成績(三)
——史學　方志學　地理學①　譜牒學

六　史學

　　清代史學，開拓於黃梨洲、萬季野，而昌明於章實齋。吾別有專篇論之。看第五講、第八講、第十二講。但梨洲、季野在草創時代，其方法不盡適用於後輩。實齋才識絶倫，大聲不入里耳，故不爲時流宗尚。三君之學不盛行於清代，清代史學界之恥也。清代一般史學家思想及其用力所在，王西莊之十七史商榷序最足以代表之②。今節錄如下：

　　　　……大抵史家所記典制，有得有失，讀史者不必橫

---

① 地理學　原脱，據正文補。
② 表　原脱，民志本同，據稿本、雜誌本、文庫本補。

生意見、馳騁議論以明法戒也。但當考其典制之實，俾數千百年建置沿革瞭如指掌，而或宜法或宜戒，待人之自擇焉可耳。其事蹟則有美有惡，讀史者亦不必强立文法擅加與奪以爲褒貶也；但當考其事績之實①，年經事緯，部居州次，紀載之異同，見聞之離合，一一條析無疑，而若者可褒若者可貶，聽諸天下之公論焉可矣。……

　　讀史之法與讀經小異而大同。……治經斷不敢駁經；而史則雖子長、孟堅，苟有所失，無妨箴而砭之。此其異也。……

　　大抵自宋以後所謂史家，——除司馬光、鄭樵、袁樞有別裁特識外，率歸於三派。其一派則如胡安國、歐陽修之徒，務爲簡單奧隱之文詞，行其黥刻隘激之"褒貶"；其一派則蘇洵、蘇軾父子之徒，效縱橫家言，任意雌黃史蹟，以爲帖括之用。又其一派則如羅泌之徒之述古，李燾之徒之説今，惟侈浩博，不復審擇事實。此三派中分史學界七百餘年，入清乃起反動。

　　清初史學，第一派殆已絕跡。第二派則侯朝宗方域、魏叔子禧等扇其焰，所謂"古文家"、"理學家"從而和之；其間如王船山算是最切實的，然習氣尚在所不免。第三派則馬宛斯驌、吳志伊任臣及毛西河、朱竹垞輩，其著述專務内容之繁博以眩流俗，而事實正確之審查不甚厝意。雖然，自亭林、

①當　原作"由"，據稿本、雜誌本、民志本、文庫本改。

梨洲諸先覺之倡導，風氣固趨健實矣。

乾嘉間學者力矯其弊，其方向及工作則略如王西莊所云云。大抵校勘前史文句之譌舛，其一也；訂正其所載事實之矛盾錯誤，其二也；補其遺闕，其三也；整齊其事實使有條理易省覽，其四也。其著述門類雖多，精神率皆歸於此四者。總而論之，清儒所高唱之"實事求是"主義，比較的尚能應用於史學界。雖其所謂"實事"者或毛舉細故，無足重輕，此則視乎各人才識何如。至於其一般用力方法，不可不謂比前代有進步也。

今就各家所業略分類，以論其得失：

＊　　　＊　　　＊　　　＊　　　＊

（甲）明史之述作 附清史史料

清初史學之發展，實由少數學者之有志創修明史。而明史館之開設，亦間接助之。其志修明史者，首屈指亭林、梨洲，然以畢生精力赴之者，則潘力田、萬季野、戴南山。

自唐以後，各史皆成於官局衆修之手。是以矛盾百出，蕪穢而不可理。劉子玄①、鄭漁仲已痛論其失，而卒莫之能改。累代學者亦莫敢以此自任。逮清初而忽有潘萬戴三君先後發大心，負荷斯業，雖其功皆不就，不可謂非豪傑之士也。錢牧齋亦有志自撰明史。其人不足道，但亦略有史才。然書既無

---

①玄　原作"元"，係避清聖祖康熙帝玄燁諱，今予回改。

成，可不復論。①

　　三家之中，潘萬學風大略相同，專注重審查史實。蓋明代向無國史，不如清代國史館之能舉其職，遞續修纂。只有一部實錄，既爲外間所罕見，且有遺缺。缺建文、天啓、崇禎三朝。而士習甚囂，黨同伐異，野史如鯽，各從所好惡以顛倒事實，故明史號稱難理。潘力田發心作史，其下手工夫即在攻此盤錯。其弟次耕序其國史考異云：“亡兄博極群書，長於考訂。謂著書之法，莫善於司馬溫公，其爲通鑑也，先成長編，別著考異，故少牴牾。……於是博訪有明一代之書，以實錄爲綱領；若志乘，若文集，若墓銘家傳，凡有關史事者一切鈔撮薈萃，以類相從，稽其異同，核其虛實。……去取出入，皆有明徵。不徇單辭，不逞臆見。信以傳信，疑以傳疑。……”遂初堂集卷六 又序其松陵文獻曰：“亡兄與吳先生（炎）草創明史，先作長編，聚一代之書而分割之，或以事類，或以人類。條分件繫，彙群言而駢列之，異同自出。參伍鈎稽，歸於至當，然後筆之於書。”同上卷七 力田治史方法，其健實如此。故顧亭林極相推挹，盡以己所藏書所著稿畀之。其書垂成而遭“南潯史獄”之難。既失此書，復失此人，實清代史學界第一不幸事也。遺著幸存者僅國史考異之一部分原書三十餘卷，僅

---

① 自“錢牧齋”至“可不復論”　稿本、民志本同。稿本浮簽曰：“擬改：錢牧齋亦撰有明史二百五十卷，其人不足道，但亦略有史才。然書既不傳，可不復論。”雜誌本、文庫本同浮簽。

存六卷。及松陵文獻,讀之猶可見其史才之一斑①。

季野學術,已具第八講,此不多述。彼爲今本明史關係最深之人,學者類能知之。但吾以爲:明史長處,季野實尸其功;明史短處,季野不任其咎。季野主要工作②,在考證事實以求真是。對於當時史館原稿既隨時糾正,復自撰史稿五百卷。自言:"吾所取者或有可損,而所不取者必非其事與言之真而不可益。"故明史叙事翔實,不能不謂季野詒謀之善。雖然,史稿爲王鴻緒所攘,竄改不知凡幾。魏默深有書王橫雲明史稿後,辨證頗詳。後此采王稿成書,已不能謂爲萬氏之舊。且季野最反對官局分修制度③,而史館沿舊制卒不可革,季野雖負重望,豈能令分纂者悉如其意?況季野卒於康熙四十一年,明史成於乾隆四年,相距幾四十年,中間史館廢弛已久;張廷玉等草草奏進時④,館中幾無一知名之士,則其筆削失當之處,亦概可想。故季野雖視潘戴爲幸,然仍不幸也。最不幸者是明史稿不傳。然明史能有相當價值,微季野之力固不及此也。

戴南山罹奇冤以死,與潘力田同,而著作之無傳於後視力田尤甚。大抵南山考證史蹟之懇摯,或不如力田、季野,此亦比較之辭耳。觀集中與余生書(即南山致禍之由者),其搜查史料之勤

---

①猶　原脱,雜誌本、民志本、文庫本同,據稿本補。
②工　原作"功",民志本同,據稿本、雜誌本、文庫本改。
③修　原作"條",民志本同,據稿本、雜誌本、文庫本改。
④等　原脱,民志本同,據稿本、雜誌本、文庫本補。

慎尚可見。且彼亦與季野有交期。特其精力不甚費於考證耳。而史識、史才，實一時無兩。其遺集中史論、左氏辨等篇，持論往往與章實齋暗合。彼生當明史館久開之後，而不慊於史館諸公之所爲，常欲以獨力私撰明史；又嘗與季野及劉繼莊①、蔡瞻岷約偕隱舊京共泐一史。然而中年飢驅潦倒，晚獲一第，卒以史事罷大僇，可哀也。其史雖一字未成，然集中有遺文數篇，足覘史才之特絕：其孑遺録一篇，以桐城一縣被賊始末爲骨幹，而晚明流寇全部形勢乃至明之所以亡者具見焉，而又未嘗離桐而有枝溢之辭；其楊劉二王合傳②，以楊畏知、劉廷傑③、王運開、運宏四人爲骨幹④，寥寥二千餘言，而晚明四川雲南形勢若指諸掌；其左忠毅公傳，以左光斗爲骨幹，而明末黨禍來歷及其所生影響與夫全案重要關係人面目皆具見。蓋南山之於文章有天才，善於組織，最能駕馭資料而熔冶之；有極濃摯之情感⑤，而寄之於所記之事，不著議論。且蘊且洩，恰如其分，使讀者移情而不自知。以吾所見，其組織力不讓章實齋，而情感力或尚非實齋所逮。有清一代史家作者之林，吾所頫首，此兩人而已。

---

①嘗　原作“常”，雜誌本、民志本、文庫本同，據稿本改。

②王　原作“士”，民志本作“土”，據稿本、雜誌本、文庫本改。

③“劉廷傑”當作“劉廷標”。按，戴名世集王樹民校曰：“案明史卷二九五忠義傳作‘劉廷標’。”

④宏　明史卷二九五忠義傳作“閎”。

⑤極　原脱，雜誌本、民志本、文庫本同，據稿本補。

　　潘萬戴之外有應附記者一人，曰傅掌雷維鱗①。其人爲順治初年翰林，當明史館未開以前，獨力私撰明書一百七十一卷。書雖平庸不足稱，顧不能不嘉其志。雖然，三君之書或不成，或不傳，而惟傅書巋然存②，適以重吾曹悲也。③

　　明清鼎革之交一段歷史，在全部中國史上實有重大的意義。當時隨筆類之野史甚多，雖屢經清廷禁毀，現存者尚百數十種。不能遍舉④。其用著述體稍經組織而其書有永久的價值者，則有吳梅村偉業之鹿樵紀聞，專記流寇始末；其書爲鄒漪所盜改⑤，更名綏寇紀略，竄亂原文顛倒事實處不少。有王船山之永曆實錄，紀永曆帝十五年間事蹟，有紀有傳；有戴耘野笠之寇事編年、殉國彙編，實潘力田明史長編之一部；耘野與亭林、力田爲至友。力田修明史，耘野爲擔任晚明部分，此諸書即其稿。見潘次耕寇事編年序。有黃梨洲之行朝錄，於浙閩事言之較詳；有萬季野之南疆逸史，有溫睿臨之南疆繹史，皆半編年體；有計用賓六奇之明季北略、明季南略，用紀事本末體，組織頗善；有邵念魯廷采之東南紀事、西南紀事，蓋以所聞於黃梨洲者重加甄補，成爲有系統的著述，於當時此類作品中稱甚善云⑥。嘉

---

①鱗　原作"麟"，民志本同，據稿本、雜誌本、文庫本改。

②傅　原作"傳"，民志本同，據稿本、雜誌本、文庫本改。

③稿本注曰："十八日成。十二時睡。"

④不能遍舉　原脱，雜誌本、民志本、文庫本同，據稿本補。

⑤鄒　原作"鄭"，民志本同，據稿本、雜誌本、文庫本改。

⑥原於"類"後衍一"著"字，雜誌本、民志本、文庫本同，據稿本删。

道以降，文網漸寬，此類著述，本可自由，然時代既隔，資料之搜集審查皆頗不易①，惟徐亦才孟之小腆紀年、小腆紀傳最稱簡潔。戴子高望嘗欲作續明史，成傳數篇，惜不永年，未竟其業。錢映江綺著南明書三十六卷，據譚復堂云已成，不審有刻本否，亦不知內容何如。

　　官修明史自康熙十八年開館，至乾隆四年成書，凡經六十四年。其中大部分率皆康熙五十年以前所成，以後稍爲補綴而已。關於此書之編纂，最主要人物爲萬季野，盡人皆知。而大儒黃梨洲、顧亭林，於義例皆有所商榷。而最初董其事者爲葉訒庵及徐健庵、立齋兄弟，頗能網羅人才，故一時績學能文之士，如朱竹垞、毛西河、潘次耕、吳志伊、施愚山、汪堯峰、黃子鴻、王崑繩、湯荊峴、萬貞一……等咸在纂修之列②，或間接參定。明史初稿某部分出某人手，可考出者，如太祖本紀、高文昭章睿景純七朝后妃傳至江東李文進、龍大有列傳四十七篇出湯荊峴③；成祖本紀出朱竹垞；地理志出徐健庵；食貨志出潘次耕；曆志出吳志伊、湯荊峴；藝文志出尤西堂；太祖十三公主至曹吉祥傳一百二十九篇出汪堯峰④；熊廷弼、袁崇煥、李自成、張獻忠諸傳出萬季野；流賊、土司、外國諸傳出毛西河。……此類故實，散見諸家文集筆記中者不少。吾

---

①頗　原脱，雜誌本、民志本、文庫本同，據稿本補。
②列　原作"例"，民志本同，據稿本、雜誌本、文庫本改。
③稿本無"高文昭章睿景純七朝后妃傳至江東李文進龍大有列傳四十七篇"二十七字。
④太祖十三公主至曹吉祥傳一百二十九篇　稿本作"后妃諸王及開國功臣各傳"。

夙思搜集彙列之，惜所得尚希耳。一時流風所播，助長學者社會
對於史學之興味亦非淺尠也。

　　史學以記述現代爲最重。故清人關於清史方面之著
作，爲吾儕所最樂聞，而不幸茲事乃大令吾儕失望：治明史
者常厭野史之多，治清史者常感野史之少。除官修之國史、
實録、方略外，民間私著卷帙最富者，爲蔣氏良騏①、王氏先謙
之兩部東華録，實不過鈔節實録而成。欲求如明王世貞之
弇州乙部稿……等稍帶研究性質者且不可得，進而求如宋
王偁之東都事略……等斐然述作者更無論矣。其局部的紀
事本末之部，最著者有魏默深源之聖武記、王壬秋闓運之湘軍
志等。默深觀察力頗鋭敏，組織力頗精能，其書記載雖間有
失實處，固不失爲一傑作。壬秋文人，缺乏史德，往往以愛
憎顛倒事實。郭筠仙、意城兄弟嘗逐條簽駁。其家子弟彙刻之，名曰
湘軍志平議。要之壬秋此書文采可觀，其内容則反不如王定安湘軍記之
翔實也。其足備表志一部分資料者，如祁鶴皋韻士之皇朝藩
部要略，對於蒙古部落封襲建置頗詳原委；如程善夫慶餘之
皇朝經籍志、皇朝碑版録、八卿表、督撫提鎮年表等，當屬佳
構。存否未審。見戴子高所作程墓表。此外可稱著作者，以吾
固陋，乃未之有聞。其人物傳記之部，最著者有錢東生林之
文獻徵存録、李次青元度之國朝先正事略等。錢書限於學者
及文學家，頗有條貫；李書涉全部，自具別裁，而儉陋在所不

---

① 騏　原作"驥"，雜誌本、民志本、文庫本同，據稿本改。

免。其部分的人物，則阮芸臺之疇人傳，羅茗香士琳、諸可寶之續疇人傳，皆極佳①；董兆熊之明遺民錄、張南山維屏之國朝詩人徵略等頗可觀；至於碑傳集錢儀吉編、續碑傳集繆荃孫編、國朝耆獻類徵李桓編等書，鈔撮碑誌家傳，只算類書，不算著述。李書尤蕪雜，但亦較豐富。至如筆記一類書，宋明人所著現存者，什之五六皆記當時事蹟，清人筆記有價值者，則什有九屬於考古方面。求其記述親見親聞之大事，稍具條理本末如吳仲倫德旋聞見錄、薛叔耘福成庸庵筆記之類，蓋不一二覯。昭槤嘯亭雜錄、姚元之竹葉亭筆記、陳康祺郎潛紀聞……之類，雖皆記當時事，然全屬官場瑣末掌故，足資史料者甚少。故清人不獨無清史專書，並其留詒吾曹之史料書亦極貧乏。以吾箇人的經驗，治清史最感困難者，例如滿洲入關以前及入關初年之宮廷事蹟與夫旗人殘暴狀況，實錄經屢次竄改，諱莫如深。孟莼生心史叢刊記累朝改實錄事頗詳。又如順治康熙間吏治腐敗，民生彫敝，吾儕雖於各書中偶見其斷片，但終無由知其全部真相，而據官書所紀載②，則其時正乃黃金時代③。又如咸同之亂，吾儕耳目所稔，皆曾胡輩之豐功偉烈，至洪楊方面人物制度之真相，乃無一書紀述。又如自戊戌政變、

---

①自"阮芸臺"至"皆極佳"，原脫，民志本同，據稿本、雜誌本、文庫本補。按，原於"則"後衍一"如"字，民志本同，據稿本、雜誌本、文庫本刪。又續疇人傳，羅氏撰，諸氏所撰者名疇人傳三編。

②所　原脫，雜誌本、民志本、文庫本同，據稿本補。

③正乃　原作"乃正"，民志本同，據稿本、雜誌本、文庫本乙。

義和團，以至辛亥革命，雖時代密邇，口碑間存，然而求一卷首末完備年月正確之載記，亦杳不可得。……竊計自漢晉以來二千年，私家史料之缺乏，未有甚於清代者。蓋緣順康雍乾間文網太密，史獄屢起，"禁書"及"違礙書"什九屬史部①，學者咸有戒心。乾嘉以後，上流人才，集精力於考古，以現代事實爲不足研究②。此種學風及其心理，遺傳及於後輩，專喜搰揟殘編，不思創垂今錄。他不具論③，即如我自己，便是遺傳中毒的一箇人。我於現代事實，所知者不爲少，何故總不肯記載以詒後人？吾亦常以此自責④，而終不能奪其考古之興味⑤。故知學風之先天的支配，甚可畏也。嗚呼！此則乾嘉學派之罪也。

　　　　　＊　　　＊　　　＊　　　＊　　　＊

(乙)上古史之研究

　　史記起唐虞三代，而實蹟可詳記者實斷自春秋而取材於左氏。通鑑則託始戰國，而左傳下距戰國策既百三十三年，中間一無史籍。戰國策又皆斷片紀載，不著事實發生年代。於是治史學者當然發生兩問題：一、春秋以前或秦漢以前史蹟問題；一、春秋戰國間缺漏的史蹟及戰國史蹟年代

①違　原作"適"，民志本同，據稿本、雜誌本、文庫本改。
②原於"事"後衍一"蹟"字，民志本同，據稿本、雜誌本、文庫本刪。
③原於"不"後衍一"要"字，民志本同，據稿本、雜誌本、文庫本刪。
④亦　原脫，雜誌本、民志本、文庫本同，據稿本補。
⑤味　原作"昧"，據稿本、雜誌本、文庫本改。

問題。

第一問題之研究，前此則有蜀漢譙周古史考、晉皇甫謐帝王世紀、皆佚。宋胡宏皇王大紀、呂祖謙大事記、羅泌路史、金履祥通鑑前編等，清初治此者則有馬宛斯驌、李鷹青鏛①。宛斯之書曰繹史，百十六卷，仿袁樞紀事本末體，蓋畢生精力所萃。搜羅資料最宏博，顧亭林亟稱之，時人號曰"馬三代"。鷹青之書曰尚史，七十卷，仿正史紀傳體，世系圖一卷，本紀五卷，世家十三卷，列傳三十四卷，繫四卷，志十卷，年表十卷，序傳一卷。博贍稍遜馬書。李爲鐵嶺人，關東唯一學者。聞奉天當局以重價得其原稿，正付刻云。② 此兩書固不愧著作之林。但太史公固云："百家言黃帝，其言不雅馴，搢紳先生難言之。"宛斯輩欲知孔子所不敢知，雜引漢代讖緯神話，泛濫及魏晉以後附會之說，益博則愈益其蕪穢耳。然馬書以事類編，甚便學者③。李映碧清爲作序，稱其特長有四：一、體製之別創，二、譜牒之咸具，三、紀述之麌舛，四、論次之最覈。後兩事吾未敢輕許，但其體製別創確有足多者。彼蓋稍具文化史的雛形④，視魏晉以後史家專詳朝廷政令者蓋有間矣。宛斯復有左傳事緯，用紀事本末治左傳。而高江村士奇之左傳紀事本末，分國編次，則復左氏國語之舊矣。此外則顧復初春秋大

---

①青　原作"清"，據稿本、雜誌本、民志本、文庫本改。
②自"聞奉天"至"付刻云"，原脫，據稿本、雜誌本、民志本、文庫本補。
③甚便　原作"便其"，民志本作"便甚"，據稿本、雜誌本、文庫本改。
④彼蓋　原作"蓋彼"，民志本同，據稿本、雜誌本、文庫本乙。

事表①,爲治春秋時代史最善之書,已詳經學章,不復述。

嘉慶間,則有從別的方嚮——和馬宛斯正相反的方法以研究古史者,曰崔東壁述,其書曰考信録。考信録提要二卷,補上古考信録二卷,唐虞考信録四卷,夏商考信録各二卷,豐鎬考信録八卷②,洙泗考信録四卷,豐鎬別録、洙泗餘録各三卷,孟子事實録③、考信附録、考古續説各二卷④。太史公謂⑤:"載籍極博猶考信於六藝。"東壁墨守斯義,因取以名其書。經書以外,隻字不信。論語、左傳,尚擇而後從,史記以下更不必論。彼用此種極嚴正態度以治古史,於是自漢以來古史之雲霧撥開什之八九。其書爲好博的漢學家所不喜,然考證方法之嚴密犀利,實不讓戴錢段王,可謂豪傑之士也。

研究第二問題者,嘉道間有林鑑塘春溥著戰國紀年六卷,同光間有黃薇香式三著周季編略九卷。兩書性質體裁略同,黃書晚出較優。

第二問題,在現存資料範圍内,所能做的工作不過如此,不復論。第一問題中春秋前史蹟之部分,崔東壁所用方法,自優勝於馬宛斯。雖然,猶有進:蓋"考信六藝",固視輕信"不雅馴之百家"爲較有根據。然六藝亦强半春秋前後作

---

①復初　稿本作"宛溪"。按,宛溪爲顧祖禹號。
②自"四卷"至"豐鎬考信録",原脱,民志本同,據稿本、雜誌本、文庫本補。
③事　原脱,民志本同,據稿本、雜誌本、文庫本補。
④古　原作"信",雜誌本、民志本、文庫本同,據稿本改。
⑤太　原作"大",據稿本、雜誌本、民志本、文庫本改。

品，爲仲尼之徒所誦法；仲尼固自言"夏殷無徵"，則自周以前之史蹟，依然在茫昧中。六藝果能予吾儕以確實保障否耶？要之中國何時始有史[1]，有史以前文化狀況如何，非待采掘金石之學大興，不能得正當之解答。此則不能責備清儒，在我輩今後之努力耳。[2]

＊　　　＊　　　＊　　　＊　　　＊

（丙）舊史之補作或改作

現存正史類之二十四史，除史記、兩漢及明史外，自餘不滿人意者頗多。編年類司馬通鑑止於五代，有待賡續。此外偏霸藩屬諸史，亦時需補葺。清儒頗有從事於此者。

陳壽三國志精核謹嚴，夙稱良史，但其不滿人意者三點：一、行文太簡，事實多遺；二、無表志[3]；三、以魏爲正統。宋以後學者對於第三點抨擊最力，故謀改作者紛紛。宋蕭常、元郝經兩家之續後漢書，即斯志也。清則咸同間有湯承烈著季漢書若干卷，吾未見其書。據莫邵亭友芝稱其用力尤在表志，凡七易稿乃成。爭正統爲舊史家僻見，誠不足道。若得佳表志，則其書足觀矣。

晉書爲唐貞觀間官修。官書出而十八家舊史盡廢，劉

---

① 始　原作"代"，雜誌本、民志本、文庫本同，據稿本改。
② 稿本注曰："十九日成。昨夜枕上閱黃莘田之游俄記，達旦乃寢。午約莘田飯，故所成較少。一時寢。"
③ 表志　原作"志表"，雜誌本、民志本同，據稿本、文庫本乙。

子玄嘗慨歎之①。其書喜采小說，而大事往往闕遺，繁簡實不得宜。嘉慶間周保緒濟著晉略六十卷，仿魚豢魏略爲編年體也。丁儉卿晏謂其“一生精力畢萃於斯，體例精深，因而實創”。魏默深謂其“以寓平生經世之學，遐識渺慮，非徒考訂筆力過人”，據此則其書當甚有價值。乾隆間有郭倫著晉紀六十八卷，爲紀傳體。

　　魏收魏書，夙稱穢史，蕪累不可悉指。其於東西魏分裂之後，以東爲正，以西爲僞，尤不愜人心，故司馬通鑑不從之。乾隆末謝蘊山啓昆著西魏書二十四卷，糾正收書之一部分。南北朝正統之爭本已無聊，況於偏霸垂亡之元魏爲辨其孰正孰僭，是亦不可以已耶？然蘊山實頗具史才，此書於西魏二十餘年間史料采摭殆無遺漏，結構亦謹嚴有法，固自可稱。

　　今二十四史中，宋書、南齊書、梁書、陳書、北魏書、北齊書、北周書之與南史、北史，舊唐書之與新唐書，舊五代史之與新五代史，皆同一時代而有兩家之著作，文之重複者什而八九。兩家各有短長，故官書並存而不廢。然爲讀者計，非惟艱於省覽，抑且苦於別擇矣。於是校合刪定之本，頗爲學界所渴需。清初有李映碧清著南北史合鈔□卷②，刪宋齊梁陳魏齊周隋八書隸諸南北二史而夾注其下。其書盛爲當時所推服，與顧氏方輿紀要、馬氏繹史稱爲海內三奇書。實則

---

①玄　原作“元”，係避清聖祖康熙帝玄燁諱，今予回改。
②碧　原作“璧”，後兩處同，民志本作“壁”，據稿本、雜誌本、文庫本改。
　　合鈔　四庫全書總目提要作“合注”，一百九十一卷。

功僅鈔撮，非惟不足比顧①，並不足比馬也。映碧復鈔馬令、陸游兩家之南唐書爲一書②。康雍之交，有沈東甫炳震著新舊唐書合鈔二百六十卷。其名雖襲映碧，而體例較進步。彼於兩書異同，經考訂審擇乃折衷於一。其方鎮表及宰相世系表，正譌補闕，幾等於新撰，全謝山謂“可援王氏漢書藝文志考證之例孤行於世”者也。鮚埼亭集沈東甫墓誌銘 要之此二書雖不能謂爲舊史之改造，然删合剪裁，用力甚勤，於學者亦甚便。

五代史自歐書行而薛書殆廢，自四庫輯佚然後兩本乃並行。歐仿春秋筆法，簡而無當；薛書稍詳，而蕪累挂漏亦不少。要之其時宇內分裂，實不能以統一時代之史體爲衡。薛歐皆以汴京稱尊者爲骨幹，而諸鎮多從闕略，此其通蔽也。清初吳志伊任臣著十國春秋百十四卷。吳十四卷，南唐二十卷，前蜀十三卷，後蜀十卷，南漢九卷，楚十卷，吳越十三卷，閩十卷，荆南四卷，北漢五卷，十國紀元世系表各一卷③，地理表二卷④，藩鎮表、百官表各一卷。以史家義法論，彼時代之史，實應以各方鎮醜夷平列爲最宜。實則宜將梁唐晉漢周並夷之爲十五國。吳氏尚一間未達也。吳氏義例，實有爲薛歐所不及處⑤。然其書徒侈擴摭之富，都無別擇，其所載故事又不注出處，蓋初期學者著述

----

①惟　原作“爲”，民志本同，據稿本、雜誌本、文庫本改。

②一書　“書”字原脱，民志本同，據稿本、雜誌本、文庫本補。

③各　原作“合”，稿本、雜誌本、民志本、文庫本同，據吳氏原書卷數改。

④表　原作“志”，稿本、雜誌本、民志本、文庫本同，據吳氏原書篇名改。

⑤爲　原作“無”，據稿本、雜誌本、文庫本改。

體例多缺謹嚴，又不獨吳氏矣①。道咸間，粵人吳蘭修著南漢紀②，梁廷枬著南漢書，皆足補吳書所未備，而考核更精審。③

嘉慶間，陳仲魚鱣著續唐書七十卷以代五代史。其意蓋不欲帝朱溫，而以後唐李克用直接唐昭宗；後唐亡後，則以南唐續之。其自作此書，則將以處於劉歐兩唐書與馬、陸兩南唐書之間。此與湯氏季漢書、謝氏西魏書同一見解。爲古來大小民賊爭正統閏位，已屬無聊，況克用朱邪小夷，又與朱溫何別？徒浪費筆墨耳！然亦由薛歐妄宗汴京稱尊者而造爲“五代”一名稱④，有以惹起反動也。有李旦華（憲吉）著後唐書，內容略同。未刻。

元人所修三史，宋遼金。在諸史中稱爲下乘。内中金史因史官之舊⑤，較爲潔淨。金人頗知注重文獻，史官能舉其職。元好問、劉祁等私家著述亦豐，故金史有所依據。宋遼二史，蕪穢漏略特甚。遼地偏祚短，且勿論。宋爲華族文化嫡裔，而無良史，實士夫之恥也。宋史中北宋部分本已冗蕪，南宋部

---

① 又　原脱，民志本同，據稿本、雜誌本、文庫本補。
② 南　原脱，稿本、雜誌本、民志本、文庫本同，據吳氏原書書名補。
③ 稿本有一夾條，錄於此：“吳蘭修撰漢紀五卷，李兆洛跋云：‘體雖約少，亦茍袁兩漢之儔。吳志伊十國春秋則又徒稗販，都無別擇。’江藩跋則云：‘吳任臣十國春秋，擯拾甚富，所載故事，不注出於何書，讀者病之。此書仿前後漢紀之例，各注書名以矯其失。至於輿地沿革，考覈精詳，尤非任臣所能及矣。’”
④ 由　原作“猶”，民志本同，據稿本、雜誌本、文庫本改。
⑤ 史官　原作“官修”，雜誌本、民志本、文庫本同，據稿本改。

分尤甚。錢竹汀云:"宋史述南渡七朝事,叢冗無法,不如前九朝之完善①;寧宗以後四朝,又不如高孝光三朝之詳明②。"識者早認爲有改造之必要。明末,大詞曲家湯玉茗顯祖曾草定體例,鈎乙原書,略具端緒。見王阮亭分甘餘話及梁曜北瞥記 清初潘□□昭度得玉茗舊本③,因而擴之,殆將成書,見梁茞林退庵隨筆 但今皆不傳。乾隆末邵二雲發憤重編宋志,錢竹汀、章實齋實參與其義例,以舊史南宋部分最蒙詬病,乃先仿王偁東都事略,著南都事略,而宋志草創之稿亦不少。見章實齋文集邵與桐別傳然二雲體弱多病,僅得中壽,卒年五十四。兩書俱未成,即遺稿鱗爪,今亦不得見。又章實齋治史,別有通裁,常欲"仍紀傳之體④,而參(紀事)本末之法,增圖譜之例,而删書志之名";以爲載諸空言,不如見諸實事,故"思自以義例撰述一書,以明所著之非虛語⑤;因擇諸史之所宜致功者,莫如趙宋一代之書"。文集與邵二雲論修宋史書 是實齋固刻意創作斯業,然其書亦無成。以亟須改造之宋史,曾經多人從事,其中更有史學大家如二雲、實齋其人者,然而此書始終未得整理之

①前　原脱,雜誌本、民志本、文庫本同,據稿本補。
②光　原脱,稿本、雜誌本、民志本、文庫本同,據錢氏原文補。
③稿本眉批:"其人官巡撫,能查其號否?"按,"潘"後原爲兩空格,雜誌本、民志本、文庫本删之。據熊明遇文直行書文選卷一北山津梁道路記"潘公諱曾紘,別號昭度,浙江烏程人",則昭度爲號,非名也。
④"仍　原作"仍'",據稿本、雜誌本、民志本、文庫本乙。
⑤明　原作"名",雜誌本、民志本、文庫本同,據稿本改。

結果，並前輩工作之痕跡亦不留於後，不得不爲學術界痛惜也。朱記榮國朝未刊遺書志略載有吳縣陳黃中宋史稿二百十九卷

　　元史之不堪，更甚於元修之史。蓋明洪武元年宋景濂之奉敕撰元史，二月開局，八月成書；二次重修，亦僅閱六月。潦草一至於此！雖鈔胥迻録成文，尚虞不給；況元代國史，本無完本，而華蒙異語，扞格滋多者耶？故或以開國元勳而無傳，並名氏亦不見。或一人而兩傳、三傳；其刑法、食貨、百官諸志，皆直鈔案牘，一無剪裁；於諸史中，最爲荒穢。清儒發憤勘治，代有其人。康熙間則邵戒三遠平著元史類編四十二卷，然僅就原書重編一過，新增資料甚少，體例亦多貽笑大方。乾隆間則錢竹汀銳意重修，先爲元史考異十五卷，然新史正文僅成氏族表、經籍志兩篇。竹汀學術，方面甚多，不能專力於此，無足怪也。據鄭叔問國朝未刊遺書目，言竹汀已成元史稿一百卷。嘉慶間則汪龍莊輝祖著元史本證五十卷，分證誤、證遺、證名三部分，竹汀謂其"自攄新得，實事求是，有大醇而無小疵"。原書卷首錢序推挹可謂至矣。右三家者，除竹汀所補表志外，餘皆就原書拾遺匡謬；其對於全部之改作，則皆志焉而未之逮。大抵元史之缺憾，其一固在史法之蕪穢，其一尤在初期事實之闕漏。蒙古人未入中國，先定歐西，太祖、太宗、定宗、憲宗四朝，西征中亞細亞全部以迄印度，北征西伯利亞以迄中歐。及世祖奠鼎燕京，其勢已鄰弩末。前四朝事蹟，實含有世界性，爲元史最主要之部分，而官修元史，概付闕如。固由史官荒率，抑亦可憑藉之資料太

闕乏也。乾隆間自永樂大典中發見元祕史及皇元聖武親征錄，所記皆開國及太祖時事，兩書出而"元史學"起一革命。錢竹汀得此兩書，錄存副本，其所以能從事於考證元史者蓋以此①。其後張石洲穆將親征錄校正，李仲約文田爲元祕史作注，於是治元史者興味驟增。雖然，元時之修國史，其重心不在北京史館，而在西域宗藩。有波斯人拉施特者承親王合贊之命著蒙古全史，寫以波斯文，實爲元史第一瓌寶，而中國人夙未之見。至光緒間洪文卿鈞使俄，得其鈔本，譯出一部分，而"元史學"又起第二次革命。蓋自道咸以降，此學漸成顯學矣。近百年間，從事改造元史渺有成書者凡四家②：

> 一、魏默深源元史新編九十卷③。道光間著成，光緒三十一年刻。④
>
> 二、洪文卿鈞元史譯文證補三十卷。光緒間著成，光緒二十六年刻。
>
> 三、屠敬山寄蒙兀兒史記，卷數未定。光緒、宣統間隨著隨刻。

---

① 於　原脱，據稿本、雜誌本、民志本、文庫本補。

② 有　原脱，民志本同，據稿本、雜誌本、文庫本補。

③ 元史新編　原作"新元史"，稿本、雜誌本、民志本、文庫本同，據魏氏原書書名改。

④ 按，元史新編九十五卷，成於咸豐三年，六年魏氏以擬進呈元史新編表托浙江巡撫何桂清奏進。後經鄒代過、歐陽俌校訂，於光緒三十一年由邵陽魏氏愼微堂付梓。

四、柯鳳蓀_{劭忞}新元史二百五十七卷①。民國十一年刻。

吾於此學純屬門外漢，絶無批評諸書長短得失之資格。惟據耳食所得，則魏著訛舛武斷之處仍不少，蓋創始之難也。但舍事蹟内容而論著作體例，則吾於魏著不能不深服。彼一變舊史"一人一傳"之形式，而傳以類從。其傳名及篇目次第爲：……太祖平服各國、太宗憲宗兩朝平服各國、中統以後屢朝平服叛藩、勳戚、開國四傑、開國四先鋒二部長、誓渾河功臣、開國武臣、開國相臣、開國文臣、平金功臣、平蜀功臣、平宋功臣、世祖相臣……治曆治水漕運諸臣、平叛藩諸臣、平南夷東夷諸臣②、中葉相臣……等。但觀其篇目，即可見其組織之獨具別裁。章實齋所謂"傳事與傳人相兼"③，司馬遷以後未或行之也。故吾謂魏著無論内容罅漏多至何等，然固屬史家創作，在斯界永留不朽之價值矣。洪著據海外祕笈以補證舊史，其所勘定之部分又不多，以理度之，固宜精絶。屠著自爲史文而自注之，其注純屬通鑑考異的性質，而詳博特甚。凡駁正一説，必博徵群籍，説明所以棄彼取此之由。以著作體例言，可謂極矜慎極磊落者也。惜所成者多屬蒙古未入中國以前之一部分，而其他尚付闕如。柯著最晚出，參考拉施特舊史之洪譯本，元祕史之李注

---

① 劭　原作"紹"，據稿本、雜誌本、民志本、文庫本改。
② 南夷東夷　原作"東夷南夷"，稿本、雜誌本、民志本、文庫本同，據魏氏原書篇名乙。
③ 實　原作"石"，據稿本、雜誌本、民志本、文庫本改。

及經世大典、元典章等書，資料豐富，固宜爲諸家冠。① 然篇首無一字之序，無半行之凡例，令人不能得其著書宗旨及所以異於前人者在何處。篇中篇末又無一字之考異或案語，不知其改正舊史者爲某部分，何故改正，所根據者何書。著作家作此態度，吾未之前聞。吾嘗舉此書價值問素治此學之陳援庵垣②，則其所予批評③，似仍多不慊④，吾無以判其然否。最近柯以此書得日本博士。⑤

右所舉皆不滿於舊史而改作者。其藩屬敵國外國之史，應補作者頗多，惜少從事者。以吾所知有洪北江西夏國志十六卷，未刻。而黃公度遵憲之日本國志四十卷，在舊體史中實爲創作。

温公通鑑，絶筆五代。廣而續之者，在宋則有李燾，迄於北宋；在明則陳桱、王宗沐、薛應旂，皆迄元末。然明人三家，於遼金正史束而不觀，僅據宋人紀事之書⑥，略及遼金繼

---

① 自“惜所成者”至“爲諸家冠”，原作“柯著彪然大帙”，民志本同，據稿本、雜誌本、文庫本補。按，稿本墨筆塗去“柯著彪然大帙”六字，旁書前述文字。
② 價值　原作“記載事實是否正確以”，民志本同，據稿本、雜誌本、文庫本改。按，稿本先作“此書價值以”，墨筆塗去，改作“此書記載事實是否正確以價值”，又塗去“記載事實是否正確以”九字。
③ 予　原作“序”，雜誌本、民志本、文庫本同，據稿本改。
④ 仍多不慊　原作“更下魏著一等也”，民志本同，據稿本、雜誌本、文庫本改。按，稿本墨筆塗去“更下魏著一等也”七字，旁書前述文字。
⑤ 稿本注曰：“二十日成。二時半睡。”
⑥ 書　原作“事”，民志本同，據稿本、雜誌本、文庫本改。

世年月，荒陋殊甚。清初徐健庵著資治通鑑後編百八十四卷，襄其事者爲萬季野、閻百詩、胡東樵等，四庫著録，許其善述。然關於北宋事蹟，則李燾長編足本之在永樂大典者未出；關於南宋事蹟，則李心傳繫年要録亦未出；元代則文集説部散於大典中者，亦多逸而未見。徐著在此種資料貧乏狀態之下，勢難完善，且於遼金事太不屑意，亦與明人等，而宋嘉定後、元至順前，亦太荒略。故全部改作，實爲學界極迫切之要求。

至乾隆末然後畢秋帆沅續資治通鑑二百二十卷出現。此書由秋帆屬幕中僚友編訂，凡閲二十年，最後經邵二雲校定。章實齋邵與桐別傳云："畢公以二十年功，屬賓客續宋元通鑑，大率就徐氏本損益①，無大殊異。……君出緒餘爲之覆審，其書即大改觀。……畢公大悦，謂逈出諸家續鑑上。"可見書實成於邵手。而章實齋實參與其義例。實齋有代秋帆致錢竹汀論續鑑書，見本集。函中指摘陳王薛徐諸家缺失，及本書所據資料、所用方法，甚詳覈。可見章氏與此書關係極深。其書，"宋事，據二李（燾、心傳）而推廣之②，遼金二史所載大事無一遺落，又據旁籍以補其逸。元事，多引文集，而説部則慎擇其可徵信者。仍用司馬氏例，折衷諸説異同，明其去取之故，以爲考異。……"章代畢致錢書中語 蓋自此書出而諸家續鑑可廢矣③。

---

①氏　原脱，民志本同，據稿本、雜誌本、文庫本補。
②（ ）　原脱，雜誌本、文庫本同，據稿本、民志本補。
③續　原作"讀"，民志本同，據稿本、雜誌本、渝本改。

　　自宋袁樞作通鑑紀事本末，爲史界創一新體[1]，明陳邦瞻依其例以治宋史、元史。清初則有谷廣虞應泰著明史紀事本末八十卷[2]，其書成於官修明史以前，采輯及組織皆頗費苦心。姚立方謂此書爲海昌談孺木（遷）所作，其各篇附論則陸麗京（圻）作。鄭芷畦述朱竹垞言，謂此書爲徐倬作。雖皆屬疑案，然其書出谷氏者甚少，蓋可斷言。葉廷琯鷗波漁話辨證此事最平允。而馬宛斯有左傳事緯，高江村士奇有左傳紀事本末，皆屬此類書。

＊　　＊　　＊　　＊　　＊

（丁）補各史表志

　　表志爲史之筋幹[3]，而諸史多缺，或雖有而其目不備。如藝文僅漢隋唐宋明五史有之，餘皆闕如；三國六朝海宇分裂，疆域離合，最難董理，而諸史無一注意及此者，甚可怪也。宋錢文子有補漢兵志一卷[4]；熊方有補後漢書年表若干卷，實爲補表志之祖。清儒有事於此者頗多，其書皆極有價值。據吾所知見者列目如下：

　　歷代史表五十九卷。鄞縣萬斯同季野著。

---

①界　原作“世”，民志本同，據稿本、雜誌本、文庫本改。按，渝本作“部”。

②泰　原作“谷”，民志本同，據稿本、雜誌本、文庫本改。

③史之　原作“之史”，民志本同，據稿本、雜誌本、文庫本乙。

④錢文子　原作“陳子文”，稿本、雜誌本、民志本、文庫本同。按，補漢兵志署“白石先生錢氏撰”。陳元粹補漢兵志序：“漢兵志，永嘉白石先生往爲大都授時所著。……先生名文子，字文季，世居樂邑白石山下，因自號白石山人云。”據改。

此書從漢起至五代止，獨無西漢及唐，以漢書、新唐書原有表也。
所表皆以人爲主，内方鎮年表各篇最好①。惟東漢於表人外別有
大事年表一篇，是其例外。

又季野尚有紀元彙考四卷、歷代宰輔彙考八卷，性質亦略同補表。

二十一史四譜五十四卷。歸安沈炳震東甫著。

四譜者，一紀元，二封爵，三宰執，四謚法。所譜自漢迄元。

歷代藝文志□卷。仁和杭世駿大宗著（未見）。②

歷代地理沿革表四十七卷。常熟陳芳績亮工著。

此書自漢至明分十二格，表示州郡縣沿革。

史目表二卷。陽湖洪飴孫孟慈著。

此書乃表各史篇目，甚便比觀。雖非補表，附録於此。

又歸安錢念劬（恂）亦有史目表一卷，但采洪著，稍有加減，非創
作也。

　　　以上總補。

史記律書、曆書、天官書正譌各一卷，漢書律曆志正譌二卷。嘉興王元啓宋賢著。③

史記天官書補目一卷。陽湖孫星衍淵如著。

楚漢諸侯疆域志三卷④。儀徵劉文淇孟瞻著。

兩漢人物志。⑤

---

①内　原脱，雜誌本、民志本、文庫本同，據稿本補。
②原於此條後衍"以上總補"一行，雜誌本、民志本、文庫本同，據稿本删。
③此條原脱，民志本同，據稿本、雜誌本、文庫本補。
④疆　原作"彊"，民志本同，據稿本、雜誌本、文庫本改。
⑤此條原脱，雜誌本、民志本、文庫本同，據稿本補。

以上補史記、漢書。

後漢書補表八卷。嘉定錢大昭晦之著。

此書因熊方舊著而補其闕、正其譌。爲諸侯王、王子侯、功臣侯、外戚恩澤侯、宦者侯、公卿,凡六表。

補續漢書藝文志一卷。嘉定錢大昭晦之著。

補後漢書藝文志四卷。番禺侯康君謨著。

後漢書三公年表一卷。金匱華湛恩孟超著。

以上補後漢書。

三國志補表六卷。常熟吳卓信頊儒著。

三國志補志十卷①。同上

右二書未刻。見朱記榮國朝未刊遺書志略②。

補三國疆域志二卷③。陽湖洪亮吉稚存著。

補三國藝文志四卷。番禺侯康君謨著。

三國職官表三卷。陽湖洪飴孫孟慈著。

三國紀年表一卷。錢唐周嘉猷兩塍著。

三國志郡縣表八卷。盱眙吳增謹著。(未見)④

三國郡縣表補正八卷。宜都楊守敬星吾著。(未見)

以上補三國志。

補晉兵志一卷。嘉興錢儀吉衎石著。

---

① 補志　原作"補表",民志本同,據稿本、雜誌本、文庫本改。
② 刊　原作"刻",雜誌本、民志本、文庫本同,據稿本改。
③ 疆　原作"彊",民志本同,據稿本、雜誌本、文庫本改。
④ 此條原脱,雜誌本、民志本、文庫本同,據稿本補。

補晉書藝文志四卷。常熟丁國鈞著①。

補晉書藝文志□卷②。番禺侯康君謨著。（未見）

補晉書經籍志四卷。錢塘吳士鑑著。

補晉書藝文志六卷③。萍鄉文廷式著。④

東晉疆域志四卷。陽湖洪亮吉稚存著。

十六國疆域志十六卷。同上

　　　　以上補晉書。

南北史表七卷。錢唐周嘉猷兩塍著。

　年表一卷，世系表五卷，帝王世系表一卷。

南北史補志十四卷。江寧汪士鐸梅村著。

　原書三十卷，今存十四卷。內天文志四卷，地理志四卷，五行志
　二卷，禮儀志四卷⑤，其輿服、樂律、刑法、職官、食貨、氏族、釋
　老、藝文八志佚於洪楊之亂。

東晉南北朝輿地表二十八卷⑥。嘉定徐文范仲圃著。

---

①丁國鈞　渝本同，稿本、雜誌本、民志本、文庫本作"丁辰"。按，稿本眉
　批曰："查。"又按，補晉書藝文志爲丁國鈞著，而其子丁辰作注刊行。丁
　辰另有補晉書藝文志刊誤一卷。

②補晉書藝文志□卷　雜誌本、民志本、文庫本同，稿本作"又"。

③六　原作"五"，據文氏原書卷數改。

④以上兩條，稿本、雜誌本、民志本、文庫本無。

⑤四　原作"三"，稿本、雜誌本、民志本、文庫本同，據江氏原書卷數改。

⑥目録後按曰："年表凡三百有六年，合卷首卷末，計十二卷（案綴言在卷
　末，今稿本已佚）；州郡表凡四卷（稿本羼入郡縣沿革表後，今別録出，仍
　分四卷）；郡縣沿革表凡六卷（今依稿本總目，分十二卷）；世系圖表附各
　國疆域，上下凡二卷（稿本已佚）；合計二十有四卷（今凡二（轉下頁注）

年表十二卷,州郡表四卷,郡縣沿革表六卷,世系圖表附各國疆域二卷。

十六國春秋世系表二卷。嘉興李旦華厚齋著。

補宋書刑法志、食貨志各一卷。棲霞郝懿行蘭皋著。

補宋、齊、梁、陳、魏、北齊、周各書藝文志各一卷。番禺侯康君謨著。(未見)

補梁書、陳書藝文志各一卷。武進湯洽名著①。(未見)

補梁疆域志四卷。陽湖洪齮孫子齡著。

　　　　以上補南北朝諸史。

唐書史臣表一卷。嘉定錢大昕竹汀著。

唐五代學士表一卷。同上

唐折衝府考四卷。仁和勞經原笙土著,其子格季言補輯。

唐折衝府考補一卷。上虞羅振玉叔蘊著。

　　此二書雖非純粹的補表志,而性質略同,附見於此。

唐藩鎮表。金匱華湛恩孟超著。(未見)(卷數未詳)

　　　　以上補唐書。

五代紀年表一卷。錢唐周嘉猷兩膝著。

補五代史藝文志一卷。江寧顧懷三著②。

（接上頁注）十有八卷)。"詳參二十五史補編該書末之説明。

① 名　原脱,稿本、雜誌本、民志本、文庫本同。國朝耆獻類徵初編卷四二三:"湯君名洽名,字誼卿,世爲武進人。……君所著有……梁書藝文志一卷,又補隋書藝文志一卷。"據補。

② 懷　原作"懷",稿本、雜誌本、民志本、文庫本同,據顧氏原書署名改。

以上補五代史。

宋史藝文志補一卷。上元倪燦著。

元史藝文志四卷。嘉定錢大昕竹汀著。

元史氏族表三卷。同上

宋學士年表一卷。同上

補遼金元三史藝文志一卷。上元倪燦著。

又一卷。江都金門詔著。

　　以上二書似不佳。

宋遼金元四史朔閏表二卷。嘉定錢大昕竹汀著。

　　　以上補宋、遼、金、元史。

此類書吾所知見者得以上若干種。當有未知者,容更補蒐①。清儒此項工作,在史學界極有價值。蓋讀史以表志為最要,作史亦以表志為最難。舊史所無之表志,而後人摭拾叢殘以補作則尤難。右諸書中,如錢衍石之補晉兵志,以極謹嚴蕭括之筆法,寥寥二三千言,另有自注。而一代兵制具見。如錢晦之之補續漢書藝文志、侯君謨之補三國藝文志……等,從本書各傳所記及他書所徵引辛勤搜剔,比隋經籍志所著錄增加數倍。而各書著作來歷及書中內容亦時復考證敘述,視隋志體例尤密。如洪北江、劉孟瞻之數種補疆域志,所述者為群雄割據、疆場屢遷的時代②,能苦心鈎稽,

---

①補蒐　原作"蒐補",民志本同,據稿本、雜誌本、文庫本乙。
②場　原作"場",雜誌本、民志本、文庫本同,據稿本改。

按年月以考其疆界，正其異名。如周兩塍之南北史世系表，仿唐書宰相世系表之意而擴大之，將六朝矜崇門第之階級的社會能表現其真相。如錢竹汀之元史藝文志及氏族表，可據之資料極貧乏，而能鈎索補綴，蔚爲大觀。……凡此皆清儒絕詣而成績永不可没者也。

　　此外有與補志性質相類者，則有錢衎石之三國志會要五卷①，已成未刻。晉會要、南北朝會要各若干卷；未成。楊晨之三國會要；有刻本。徐星伯松之宋會要五百卷②，宋中興禮書二百三十一卷，續禮書六十四卷③。俱未刻。

　　以上所舉，各史應補之表志，亦已十得四五。吾儕所最不滿意者，則食貨、刑法兩志補者甚寡。僅有一家。兩志皆最要而頗難作，食貨尤甚，豈清儒亦畏難耶？抑不甚注意及此耶？

　　舊史所無之表，吾認爲有創作之必要者，略舉如下：

　　一　外族交涉年表：諸外族侵入，於吾族歷史關係至鉅④，非用表分別表之，不能得其興衰之真相。例如匈奴年表，從冒頓起至劉淵、赫連之滅亡表之；鮮卑年表，從樹機能始至北齊、北周之滅亡表之；突厥年表，從初成部落至西突

---

①有　　原作"如"，雜誌本、民志本、文庫本同，據稿本改。
②五　　原脱，作空格，民志本同，據雜誌本、文庫本補。按，稿本作"□"，浮
　　　簽曰："徐星伯之宋會要輯本五百卷，劉翰怡刻之。見徐集。"
③禮　　原作"通"，雜誌本、民志本、文庫本同，據稿本改。
④歷　　原作"舊"，雜誌本、民志本、文庫本同，據稿本改。

厥滅亡表之；契丹年表，從初成部落至西遼滅亡表之；女真年表，從金初立國至清入關表之；蒙古年表，自成吉思以後歷元亡以後明清兩代之叛服、乃至今日役屬蘇維埃俄國之蹟皆表之。自餘各小種族之興仆，則或以總表表之。凡此皆斷代史所不能容，故舊史未有行之者，然實爲全史極重要脈絡，得此則助興味與省精力皆甚多，而爲之亦並不難。今後之學者宜致意也。羅叔蘊著高昌麴氏年表等即此意，惜題目太小、範圍太狹耳。

　　二　文化年表：舊史皆詳於政事而略於文化，故此方面之表絕無。今宜補者，例如學者生卒年表、文學家生卒年表、美術家生卒年表、佛教年表、重要書籍著作及存佚年表、重要建築物成立及破壞年表……等。此類表若成，爲治國史之助實不細。創作雖不甚易，然以清儒補表志之精神及方法赴之，資料尚非甚缺乏也。

　　三　大事月表：史記之表，以遠近爲疏密。三代則以世表，十二諸侯、六國及漢之侯王將相則以年表，秦楚之際則以月表。蓋當歷史起大變化之時①，事蹟所涉方面極多，非分月表之不能見其真相②。漢書以下二十三史，無復表月者矣。今對於舊史欲補此類表，資料甚難得，且太遠亦不必求詳。至如近代大事，例如明清之際月表、咸同軍興月表③、中日戰役月表、義和團事件月表、辛亥革命月表……

---

①時　原脱，民志本同，據稿本、雜誌本、文庫本補。
②之　原脱，雜誌本、民志本、文庫本同，據稿本補。
③同　原作“豐”，雜誌本、民志本、文庫本同，據稿本改。

等，皆因情形極複雜，方面極多，非分月且分各部分表之，不能明晰。吾儕在今日，尚易集資料。失此不爲，徒受後人責備而已。

吾因論述清儒補表志之功，感想所及，附記如右。類此者尚多，未遑遍舉也。要之清儒之補表志，實費極大之勞力，裨益吾儕者真不少。惜其眼光尚局於舊史所固有，未能盡其用耳。①

* * * * *

（戊）舊史之注釋及辨證

疏注前史之書，可分四大類：其一，解釋原書文句音義者，如裴駰之史記集解，顏師古、李賢之兩漢書注等是也。其二，補助原書遺佚或兼存異説者，如裴松之之三國志注等是也。其三，校勘原書文字上之錯舛者，如劉攽、吳仁傑之兩漢書刊誤等是也②。其四，糾正原書事實上之譌謬者，如吳縝之新唐書糾繆等是也。清儒此類著述中，四體皆有。有一書專主一體者，有一書兼用兩體或三體者。其書頗多，不能悉舉，舉其要者錯綜論列之。

清儒通釋諸史最知名者三書③，曰：

---

① 稿本注曰：“廿一日成。今日兩次客至，廢時不少。一時半睡。”
② 書　原脱，雜誌本、民志本、文庫本同，據稿本補。
③ 知　原作“著”，雜誌本、民志本、文庫本同，據稿本改。

廿二史考異一百卷附三史拾遺五卷①、諸史拾遺五

卷。嘉定錢大昕竹汀著。

十七史商榷一百卷。嘉定王鳴盛西莊著。

廿二史劄記三十六卷②。陽湖趙翼甌北著。

三書形式絕相類，內容卻不盡從同。同者一部分。錢書最詳於
校勘文字，解釋訓詁名物，糾正原書事實譌謬處亦時有。凡
所校考，令人渙然冰釋，比諸經部書，蓋王氏經義述聞之流
也。王書亦間校釋文句，然所重在典章故實。自序謂：“學
者每苦正史繁塞難讀，或遇典制茫昧，事蹟樛葛，地理職官
眼眯心瞀，試以予書置旁參閱，疏通而證明之，不覺如關開
節解，筋轉脈搖。……”誠哉然也。書末綴言二卷③，論史家
義例，亦殊簡當。趙書每史先敘其著述沿革，評其得失，時
亦校勘其牴牾，而大半論“古今風會之遞變政事之屢更有關
於治亂興衰之故者”。自序語 但彼與三蘇派之“帖括式史論”
截然不同：彼不喜專論一人之賢否、一事之是非，惟捉住一
時代之特別重要問題，羅列其資料而比論之，古人所謂“屬
辭比事”也。清代學者之一般評判，大抵最推重錢，王次之，
趙爲下。以余所見，錢書固清學之正宗，其校訂精覈處最有
功於原著者。若爲現代治史者得常識助興味計，則不如王

————————

① 廿二　原作“二十一”，雜誌本、民志本、文庫本同，稿本作“廿一”，據錢
氏原書書名改。

② 廿　原作“二十”，雜誌本、民志本、文庫本同，據稿本改。

③ 末　原作“未”，民志本同，據稿本、雜誌本、文庫本改。

趙。王書對於頭緒紛繁之事蹟及制度爲吾儕絶好的顧問，趙書能教吾儕以抽象的觀察史蹟之法。陋儒或以少談考據輕趙書，殊不知竹汀爲趙書作序，固極推許，謂爲"儒者有體有用之學"也。又有人謂趙書乃攘竊他人，非自作者。以趙本文士，且與其舊著之陔餘叢考不類也。然人之學固有進步，此書爲甌北晚作，何以見其不能？況明有竹汀之序耶？並時人亦不見有誰能作此類書者。或謂出章逢之（宗源）。以吾觀之，逢之善于輯佚耳，其識力尚不足以語此。

　　武英殿板二十四史每篇後所附考證，性質與錢氏考異略同。尚有杭大宗世駿諸史然疑、洪稚存亮吉四史發伏……等，洪筠軒頤煊諸史考異、李次白貽德十七史考異，亦踵錢例①。然其書未見②。

　　其各史分别疏證者，分隸於一總書之下——如錢竹汀之史記考異，即廿二史考異之一部分③；史記拾遺即三史拾遺之一部分——不再舉。則史記有錢獻之坫史記補注一百三十六卷，梁曜北玉繩史記志疑三十六卷，王石臞念孫讀史記雜誌六卷，崔觶甫適史記探原八卷……等。錢書當是鉅製，惜未刻，無從批評。王書體例，略同錢氏考異。梁書自序言："百三十篇中愆違疏略，觸處滋疑；加以非才刪續，使金鍮罔别，鏡璞不完，良可閔歎。……"書名"志疑"，實則刊誤糾謬什而八九也。崔書專辨

─────────

①原於"亦"前衍一"疑"字，據稿本、雜誌本、民志本、文庫本删。
②然其書未見　稿本、雜誌本、民志本、文庫本無此五字。
③廿二　原作"二十一"，雜誌本、民志本、文庫本同，稿本作"廿一"，據錢氏原書書名改。

後人續增竄亂之部分,欲廓清以還史公真相,故名曰"探原"。

史記爲第一部史書,其價值無俟頌揚。然去古既遠,博采書記,班彪所謂"一人之精,文重思煩,故其書刊落不盡,多不齊一",此實無容爲諱者。加以馮商、褚少孫以後,續者十餘家,孰爲本文,孰爲竄亂,實難辨別。又況傳習滋廣,傳寫譌舛,所在皆是。故各史中最難讀而亟須整理者莫如史記,清儒於此業去之尚遠也。然梁崔二書,固已略闢蠶叢。用此及二錢二王所校訂爲基礎,輔以諸家文集筆記中之所考辨,彙而分疏於正文之下別成一集校集注之書,庶爲後學省無數迷罔。是有望於今之君子。

漢書、後漢書有吳枚庵翌鳳漢書考證十六卷,未見。惠定宇後漢書補注二十四卷,侯君謨、沈銘彝各續補惠書一卷。錢晦之大昭漢書辨疑二十二卷、後漢書辨疑十一卷、續漢書辨疑九卷,王石臞讀漢書後漢書雜誌共十七卷,陳少章景雲兩漢訂誤五卷,沈文起欽韓兩漢書疏證共七十四卷,周荇農壽昌漢書注校補五十六卷、後漢書注補正八卷①,王益吾先謙漢書補注一百卷、後漢書集解九十卷、續漢書志集解三十卷②……等。諸書大率釋文、考異、訂誤兼用,而漢書則釋文方面更多,

---

①補　原作"校",雜誌本、民志本、文庫本同,據稿本改。

②後漢書集解九十卷續漢書志集解三十卷　稿本作"後漢書補注百二十卷續漢書志補注□卷",民志本作"後漢書補注百二十卷續漢書志補注三十卷",雜誌本、文庫本作"後漢書集解百二十卷續漢書志補注三十卷"。按,稿本眉批曰:"其卷依原書。"

因其文近古較難讀也。後漢書則考異方面較多，以諸家逸書謝承、華嶠、司馬彪等遺文漸出也。王益吾補注、集解最晚出①，集全清考訂之成，極便學者矣。

　　三國志有杭大宗三國志補注六卷，錢竹汀三國志辨疑三卷，潘眉三國志考證八卷，梁茝林章鉅三國志旁證三十卷，陳少章三國志舉正四卷，沈文起三國志裴注補訓故②、釋地理各八卷，侯君謨三國志補注一卷，周荇農三國志注證遺四卷……等。此書裴注全屬考異補逸性質③，諸家多廣其所補，沈則於其所不注意之訓故地理方面而補之也④。

　　馬班陳范四史最古而最善，有注釋之必要及價值，故從事者多，晉書以下則希矣。其間歐公之新五代史最有名而文句最簡⑤，事蹟遺漏者多⑥，故彭掌仍元瑞仿裴注三國例爲五代史記注七十四卷。吳胥石蘭庭亦有五代史記纂誤補四卷，纂誤爲宋吳縝撰。則糾歐之失也。而武授堂

---

①王益吾補注集解最晚出　　稿本、民志本作“王益吾兩補注最晚出”，雜誌本、文庫本作“王益吾書最晚出”。

②裴　　原脱，民志本同，據稿本、雜誌本、文庫本補。按，沈氏此書，清史列傳卷六十九謂“以裴氏三國志注專補其事迹，而典章名物闕焉，爲補訓故八卷、釋地理八卷”，趙之謙漢學師承續記作“三國志補訓詁八卷、釋地理八卷”，清史稿藝文志作“三國志補注十六卷”。

③注　　原脱，民志本同，據稿本、雜誌本、文庫本補。

④“補之”之“之”字原脱，作空格，據稿本、雜誌本、民志本、文庫本補。

⑤史　　原作“補”，民志本同，據稿本、雜誌本、文庫本改。

⑥原於“者”後衍一“最”字，據稿本、雜誌本、民志本、文庫本删。

億、唐春卿景崇亦先後以此例注歐之新唐書，武書似未成，唐書則成而未刻云①。其餘如洪稚存之宋書音義、杭大宗之北齊書疏證、劉恭甫壽曾之南史校議、趙紹祖之新舊唐書互證等②，瑣末點綴而已。

遼金元三史最爲世詬病。清儒治遼史者莫勤於厲樊榭鶚之遼史拾遺二十四卷，治金史者莫勤於施北研國祁之金史詳校十卷。其元史部分已詳前節，不再論列。惟李仲約文田之元秘史注十五卷，蓋得蒙古文原本對譯勘正而爲之注，雖非注正史③，附錄於此。

注校舊史用功最鉅而最有益者，厥惟表志等單篇之整理。蓋茲事屬專門之業，名爲校注，其難實等於自著也。最初業此者，則宋王應麟之漢書藝文志考證。清儒仿行者則如：

孫淵如史記天官書考證十卷。未刻。

梁曜北漢書人表考九卷。古今人表之注也。從古籍中搜羅諸人典故殆備，可稱爲三代前人名辭典。又翟文泉(云升)有校正古今人表④。

全謝山漢書地理志稽疑六卷⑤。又段茂堂有校本地理志。未刻。

---

①書則　原脱，民志本同，據稿本補。按，雜誌本、文庫本脱"則"字。

②舊　原脱，稿本、雜誌本、民志本、文庫本同，據趙氏原書書名補。

③注正　原作"正注"，民志本同，據稿本、雜誌本、文庫本乙。

④升　原作"叔"，民志本同，據稿本、雜誌本、文庫本改。　　今　原脱，民志本同，據稿本、雜誌本、文庫本補。

⑤六　原作空格，稿本、雜誌本、民志本、文庫本同，據全氏原書卷數補。

錢獻之_坫新斠注漢書地理志十六卷①，漢書十表注十
卷②。_{表注未刻。}

汪小米_{遠孫}漢書地理志校本二卷。

吳頊儒_{卓信}漢書地理志補注百零三卷。_{頊儒尚有漢三輔}
考二十四卷，亦地理志之附庸也。

楊星吾_{守敬}漢書地理志補校二卷③。

陳蘭甫漢書地理志水道圖説七卷。

洪筠軒漢志水道疏證四卷。

徐星伯_松漢書地理志集釋十六卷，漢書西域傳補注
二卷。

李恢垣_{光廷}漢西域圖考七卷。_{此書實注漢書西域傳也。}

李生甫_{賡芸}漢書藝文志考誤二卷。_{未刻。}

朱亮甫_{右曾}後漢書郡國志補校□卷④。_{未刻。錢晦之有}
後漢郡國令長考，實釋郡國志之一部分。

錢獻之續漢書律曆志補注二卷。_{未刻。}

畢秋帆晉書地理志新補正五卷⑤。

方愷新校晉書地理志一卷。

張石洲_穆延昌地形志□卷。_{此用延昌時爲標準補正魏書地}

---

①之　原作空格，據稿本、雜誌本、民志本、文庫本補。
②漢　原作“卷”，民志本同，據稿本、雜誌本、文庫本改。
③書　原脱，稿本、雜誌本、民志本、文庫本同，據楊氏原書書名補。
④稿本眉批曰：“卷無考，空格。”
⑤補　原作“校”，雜誌本、民志本、文庫本同，據稿本改。

形志也。

章逢之宗源隋書經籍志考證十三卷。此書雖注重輯佚，
　但各書出處，多所考證，亦不失爲注釋體。

楊星吾隋書地理志考證九卷①。

張登封宗泰新唐書天文志疏正□卷②。未刻。

沈東甫炳震校正唐書方鎮表、宰相世系表。此兩篇在新
　舊唐書合鈔中，但全部校補，重新組織。全謝山謂當提出別
　行，誠然。

又唐書宰相世系表訂譌十二卷。此書單行。

董覺軒沛唐書方鎮表考證二十卷。似未刻。

以上各史表志專篇之校注，與補志表同一功用，彼則補其所
無；此則就其有者，或釋其義例，或校其譌舛，或補其遺闕
也。顧最當注意者：右表所列，關於地理者什而八九，次則
經籍，次則天文、律曆皆各有一二，而食貨、刑法、樂、輿服等
乃絕無！即此一端，吾儕可以看出乾嘉學派的缺點：彼輩最
喜研究殭定的學問，不喜研究活變的學問。此固由來已久，
不能專歸咎於一時代之人，然而彼輩推波助瀾，亦與有罪
焉。彼輩所用方法極精密，所費工作極辛勤，惜其所研究之
對象不能副其價值。嗚呼！豈惟此一端而已矣？

　　　　＊　　＊　　＊　　＊　　＊

①書　原脱，稿本、雜誌本、民志本、文庫本同，據楊氏原書書名補。
②稿本眉批曰：“卷無考，空。”

（己）學術史之編著及其他

專史之作，有橫斷的，有縱斷的。橫斷的以時代爲界域，如二十四史之分朝代，即其一也。縱斷的以特種對象爲界域，如政治史、宗教史、教育史、文學史、美術史等類是也。中國舊惟有橫斷的專史而無縱斷的專史，實史界一大憾也。通典及資治通鑑，可勉強認作兩種方式之縱斷的政治史[1]。内中惟學術史一部門，至清代始發展。

舊史中之儒林傳、藝文志頗言各時代學術淵源流別，實學術史之雛形。然在正史中僅爲極微弱之附庸而已。唐宋以還，佛教大昌，於是有佛祖通載、傳燈録等書，謂爲宗教史也可，謂爲學術史也可。其後儒家漸漸仿效，於是有朱晦翁伊洛淵源録一類書。明代則如周汝登聖學宗傳……之類，作者紛出。然大率借以表揚自己一家之宗旨，乃以史昌學，非爲學作史。明以前形勢大略如此。

清初孫夏峰著理學宗傳，復指導其門人魏蓮陸一鼇著北學編[2]，湯荆峴斌著洛學編，學史規模漸具。及黃梨洲明儒學案六十二卷出，始有真正之學史，蓋讀之而明學全部得一縮影焉。然所叙限於理學一部分，例如王弇州、楊升庵……輩之學術，在明儒學案中即不得見。而又特詳於王學，蓋"以史昌學"

---

①認　原脱，民志本、文庫本同，據稿本補。按，雜誌本脱"强認"二字。
②一　原脱，民志本同，據稿本、雜誌本、文庫本補。

之成見仍未能盡脱。梨洲本更爲宋元學案,已成十數卷,而全謝山更續爲百卷。謝山本有"爲史學而治史學"的精神。此百卷本宋元學案,有宋各派學術——例如洛派、蜀派、關派、閩派、永嘉派,乃至王荆公、李屏山等派——面目皆見焉。洵初期學史之模範矣。

　　叙清代學術者,有江子屏藩之國朝漢學師承記八卷,國朝宋學淵源記三卷,有唐鏡海鑑之國朝學案小識十五卷①。子屏將漢學、宋學門户顯然區分,論者或病其隘執;然乾嘉以來學者事實上確各樹一幟,賤彼而貴我,子屏不過將當時社會心理照樣寫出,不足爲病也。二書中漢學編較佳,宋學編則漏略殊甚,蓋非其所喜也。然强分兩門,則各人所歸屬亦殊難得正確標準②,如梨洲、亭林編入漢學附録,於義何取耶?子屏主觀的成見太深,其言漢學,大抵右元和惠氏一派,言宋學則喜雜禪宗。觀師承記所附經師經義目録及淵源記之附記,可以見出③。好持主觀之人,實不宜於作學史,特其創始之功不可没耳。唐鏡海搜羅較博,而主觀抑更重。其書分立"傳道"、"翼道"、"守道"三案,第其高下,又别設"經學"、"心宗"兩案④,示排斥之意。蓋純屬講章家"爭道統"的見解,不足以語於史才明矣。聞道咸間有姚春木椿者,

---

① 鏡海　原作"海鏡",民志本同,據稿本、雜誌本、文庫本乙。
② 得　原脱,民志本同,據稿本、雜誌本、文庫本補。
③ 以　原脱,民志本同,據稿本、雜誌本、文庫本補。
④ 宗　原作"學",雜誌本、民志本、文庫本同,據稿本改。

亦曾著國朝學案，其書未成①，然其人乃第三四流古文家，非能知學者②，想更不足觀也。吾發心著清儒學案有年，常自以時地所處竊比梨洲之於故明③，深覺責無旁貸。所業既多，荏苒歲月，未知何時始踐夙願也。

學史之中，亦可分析爲專門，或專叙一地學風，或專叙一學派傳授分布。前者如北學編、洛學編等是，後者如邵念魯廷采之陽明王子及王門弟子傳、蕺山劉子及劉門弟子傳即其例。學派的專史，清代有兩名著：其一爲李穆堂紱之陸子學譜，貌象山之真；其二爲戴子高望之顏氏學記，表習齋之晦。可謂振裘挈領，心知其意者矣。

文學美術等宜有專史久矣，至竟闕然！無已，則姑舉其類似者數書：一、阮芸臺之疇人傳四十六卷，羅茗香士琳之續疇人傳六卷，諸可寶之疇人傳三編七卷，詳述歷代天算學淵源流別。二、張南山維屏之國朝詩人徵略六十卷，網羅有清一代詩家，各人先爲一極簡單之小傳，次以他人對於彼之論評，次乃標其名著之題目或摘其名句。道光前作者略具焉。三、卞永譽之式古堂書畫彙考三十卷，其畫考之

①未成　雜誌本、民志本、文庫本同，稿本作"不傳"。按，姚氏晚學齋文集卷十一國朝諸名人贊附語："椿中年後嘗欲輯國朝學案，因循未果，止成諸先生像贊。"沈曰富姚先生行狀："仿黄氏宗羲、全氏祖望兩家例，爲國朝學案一書，采掇甚繁，而未及成。"
②知　原作"治"，民志本同，據稿本、雜誌本、文庫本改。
③於　原脫，民志本同，據稿本、雜誌本、文庫本補。

部,首爲畫論_{卷一},次論收藏法_{卷二}①,次論前代記載名畫目録及評論之書_{卷三至七},次乃遍論<u>三國兩晉</u>迄<u>明</u>畫家_{卷八至三十}。頗有別裁,非等叢鈔,儼具畫史的組織,宜<u>潘次耕</u>亟賞之也。有<u>魯東山駿</u>宋元以來畫人姓氏録三十六卷,以韻編姓,實一部極博贍之畫家人名辭典。此數書者,即不遽稱爲文學史、美術史,最少亦算曾經精製之史料。惜乎類此者且不可多得也。

最近則有<u>王靜安國維</u>著宋元戲曲史,實空前創作。雖體例尚有可議處,然爲史界增重既無量矣。②

＊　　　＊　　　＊　　　＊　　　＊

(庚)史學家法之研究及結論

千年以來研治史家義法能心知其意者,<u>唐劉子玄</u>③、<u>宋鄭漁仲</u>與<u>清之章實齋</u><u>學誠</u>三人而已。兹事原非可以責望於多數人,故亦不必以少所發明爲諸儒詬病。顧吾曹所最痛惜者,以<u>清代</u>唯一之史學家<u>章實齋</u>④,生<u>乾嘉</u>極盛時代,而其學竟不能爲斯界衣被以別開生面⑤,致<u>有清</u>一代史學僅以摭

---

① 論　原作"爲",雜誌本、民志本、文庫本同,據稿本改。
② 稿本注曰:"廿二日成。本日起甚早,晚飯後假寐,似感寒。十二時入浴,就寢。"
③ 玄　原作"元",係避清聖祖康熙帝玄燁諱,今予回改。
④ 學　原脱,雜誌本、民志本、文庫本同,據稿本補。
⑤ 原於"斯"後衍一"學"字,雜誌本、民志本、文庫本同,據稿本删。

拾叢殘自足，誰之罪也。實齋學説，別爲專篇，兹不復贅。①

＊　　＊　　＊　　＊　　＊

＊　　＊　　＊　　＊　　＊

七　方志學

最古之史，實爲方志，如孟子所稱"晉乘、楚檮杌、魯春秋"，墨子所稱"周之春秋、宋之春秋、燕之春秋"，莊子所稱"百二十國寶書"，比附今著，則一府州縣志而已。惟封建與郡縣組織既殊，故體例靡得而援焉。自漢以降，幅員日恢，而分地紀載之著作亦孳乳寖多。其見於隋書經籍志者，則有下列各類：

一、圖經之屬　如冀幽齊三州圖經及羅含湘中山水記、劉澄之司州山川古今記……等。

二、政記之屬　如趙曄吳越春秋、常璩華陽國志、失名三輔故事……等。

三、人物傳之屬　如蘇林陳留耆舊傳、陳壽益都耆舊傳……等。

四、風土記之屬　如圈稱陳留風俗傳、萬震南州異物志，宗懍荆楚歲時記……等。

---

①稿本注曰："廿三日太戈爾北來，往車站接他，回來寫這幾行。忽然又做了亡友夏穗卿一篇，做成已兩點鐘，便睡覺去。明日入京，此稿暫閣。"

　　五、古蹟之屬　　如失名三輔黃圖、楊衒之洛陽伽藍記……等①。

　　六、譜牒之屬　　如冀州姓族譜、洪州、吉州、江州、袁州諸姓譜……等。

　　七、文徵之屬　　如宋明帝江左文章志……等。

自宋以後，薈萃以上各體成爲方志。方志之著述，最初者爲府志，繼則分析下達爲縣志，綜括上達爲省志。明以前方志，今四庫著錄者尚二十七種，存目亦數十。四庫例，宋元舊志全收，明則選擇綦嚴，僅收五種，清則惟收當時所有之省志而已。然道咸以後，學者蒐羅遺佚，四庫未收之宋元志續出重印者不少，以吾所見尚二十餘種。入清，則康熙十一年曾詔各郡縣分輯志書，而成者似不多，佳構尤希②。雍正七年因修大清一統志，需省志作資料，因嚴諭促修，限期蕆事。今四庫著錄自李衛等監修之畿輔通志起至鄂爾泰監修之貴州通志止，凡十六種，皆此次明詔之結果也。成書最速者爲廣東通志，在雍正八年；最遲者爲貴州通志③，在乾隆六年。旋復頒各省府州縣志六十年一修之令，雖奉行或力或不力④，然文化稍高之區，或長吏及士紳有賢而好事者，未嘗不以修志爲務。舊志未湮，新志踵起，計今所存，恐不下二三千種也。

----

①楊　原作“揚”，據稿本、雜誌本、民志本、文庫本改。

②佳　原作“住”，據稿本、雜誌本、民志本、文庫本改。

③者　原作“爲”，據稿本、雜誌本、民志本、文庫本改。

④後“或”字原脫，雜誌本、民志本、文庫本同，據稿本補。

　　方志中什之八九，皆由地方官奉行故事，開局衆修，位置冗員，鈔撮陳案，殊不足以語於著作之林。雖然，以吾儕今日治史者之所需要言之，則此二三千種十餘萬卷之方志，其間可寶之資料乃無盡藏！良著固可寶，即極惡俗者亦未宜厭棄。何則？以我國幅員之廣，各地方之社會組織，禮俗習慣，生民利病，樊然殽雜，各不相侔者甚夥。而疇昔史家所記述，專注重一姓興亡及所謂中央政府之囫圇畫一的施設，其不足以傳過去現在社會之真相明矣。又正以史文簡略之故，而吾儕所渴需之資料，乃摧剥而無復遺。猶幸有蕪雜不整之方志，保存“所謂良史者”所吐棄之原料於糞穢中，供吾儕披沙揀金之憑藉，而各地方分化發展之迹及其比較，明眼人遂可以從此中窺見消息，斯則方志之所以可貴也。

　　方志雖大半成於俗吏之手，然其間經名儒精心結撰或參訂商榷者亦甚多。吾家藏方志至少①，不能悉舉，顧以睹聞所及，則可稱者略如下：

　　　　康熙鄒平縣志。馬宛斯獨撰，顧亭林參與。

　　　　康熙濟陽縣志。張稷若獨撰。

　　　　康熙德州志。顧亭林參與。

　　　　康熙靈壽縣志。陸稼書爲知縣時獨撰。

---

①藏　原脱，雜誌本、民志本、文庫本同，據稿本補。

乾隆歷城縣志。周書昌(永年)、李南澗(文藻)合撰①。

乾隆諸城縣志。李南澗獨撰。

乾隆寧波府志。萬九沙(經)、全謝山參與。

乾隆太倉州志。王述庵(昶)獨撰。

乾隆鄞縣志。錢竹汀參與。

乾隆汾州府志、汾陽縣志。俱戴東原參與。

乾隆松江府志、邠州志②、三水縣志。俱孫淵如主撰。

乾隆偃師縣志、安陽縣志，嘉慶魯山縣志、寶豐縣志、
　郟縣志。俱武授堂(億)主撰。

乾隆西寧府志、烏程縣志、昌化縣志、平陽縣志。俱杭
　大宗(世駿)主撰。

乾隆廬州府志、江寧府志、六安州志。俱姚姬傳(鼐)
　主撰。

乾隆寧國府志、懷慶府志、延安府志、涇縣志、登封縣
　志、固始縣志、澄城縣志、淳化縣志、長武縣志。俱
　洪稚存主撰。

乾隆和州志、永清縣志、亳州志。俱章實齋獨撰。

乾隆天門縣志、石首縣志、廣濟縣志、常德府志、荆州
　府志。俱章實齋參與。

乾隆富順縣志。段茂堂爲知縣時獨撰。

乾隆朝邑縣志。錢獻之(坫)主撰。

---

①藻　原作"澡"，據稿本、雜誌本、民志本、文庫本改。
②邠　原作"汾"，民志本同，據稿本、雜誌本、文庫本改。

嘉慶廣西通志。謝蘊山（啓昆）爲巡撫時主撰。

嘉慶湖北通志。乾隆末畢秋帆爲總督時主撰，章實齋總其事。但今本已全非其舊。

嘉慶浙江通志，道光廣東通志。皆阮芸臺主撰。廣東志，陳觀樓（昌齊）、江子屏（藩）、謝里甫（蘭生）等總纂。

嘉慶安徽通志。陶雲汀（澍）主撰，陸祁孫（繼輅）總纂。

嘉慶揚州府志。伊墨卿（秉綬）倡修①，焦里堂、姚秋農（文田）、秦敦夫（恩復）、江子屏等協成。

嘉慶徽州府志。夏朗齋（鑾）、汪叔辰（龍）合撰，龔自珍參與。

嘉慶鳳臺縣志。李申耆（兆洛）爲知縣時獨撰。

嘉慶懷遠縣志。李申耆主撰，董晉卿（士錫）續成。

嘉慶禹州志、鄢陵縣志、河內縣志。洪幼懷（符孫）主撰②。

嘉慶長安縣志、咸寧縣志。董方立（祐誠）主撰。

嘉慶郟城縣志。陸祁孫主撰。

道光湖廣通志。林少穆（則徐）總裁，俞理初（正燮）總纂。

道光陝西通志。蔣子瀟（湘南）參與。

道光雷州府志、海康縣志。陳觀樓獨撰。

道光興文縣志、屏山縣志、大足縣志、瀘谿縣志。張介侯（澍）爲知縣時獨撰。

道光武岡府志、寶慶縣志。鄧湘皋（顯鶴）獨撰。

---

① 綬　原作"授"，民志本同，據稿本、雜誌本、文庫本改。

② 符　原作"苻"，稿本、民志本、文庫本同，據雜誌本改。按，孫星衍翰林院編修洪君傳："子飴孫、符孫、胙孫、齮孫，亦能讀父書，爲古學。"

道光南海縣志。吳荷屋(榮光)主撰①。

道光河內縣志、永定縣志、武陟縣志。方彥聞(履籛)主撰。

道光貴陽府志、大定府志、興義府志、安順府志。鄒叔績(漢勛)主撰②。

道光新會縣志。黃香石(培芳)、曾勉士(釗)合撰。

道光濟寧州志。許印林(瀚)獨撰。

道光涇原縣志。蔣子瀟主撰，刻本多改竄。

咸豐邳州志、清河縣志。魯通甫(一同)主撰。

咸豐遵義府志。莫子偲(友芝)③、鄭子尹(珍)合撰。

同治畿輔通志。李少荃(鴻章)監修，黃子壽(彭年)總纂。④

同治江西通志。董覺軒(沛)總纂。

同治蘇州府志⑤。馮林一(桂芬)主撰⑥。

同治南海縣志。鄒特夫(伯奇)、譚玉生(瑩)主撰。

同治番禺縣志。陳蘭甫主撰。

同治江寧府志。汪梅村(士鐸)主撰。

---

①榮　原作"樂"，民志本同，據稿本、雜誌本、文庫本改。
②績　原作"續"，民志本同，據稿本、文庫本改。按，雜誌本此條脫。
③莫　原作"黃"，據稿本、雜誌本、民志本、文庫本改。
④此條原脫，據稿本、雜誌本、民志本、文庫本補。按，後光緒山西通志前
　原有"光緒畿輔通志，黃子壽(彭年)總纂"一條，刪去。又按，雜誌本無
　"李少荃(鴻章)監修"五字。
⑤府　原作"通"，據稿本、雜誌本、民志本、文庫本改。
⑥馮　原作"馬"，民志本同，據稿本、雜誌本、文庫本改。

同治湖州府志、歸安縣志。陸存齋（心源）主撰。

同治南潯鎮志、烏程縣志。汪謝城（曰楨）主撰。[1]

同治鄞縣志、慈谿縣志。董覺軒、徐柳泉（時棟）合撰。

光緒山西通志。曾沅甫（國荃）總裁，王霞舉（軒）總纂。

光緒湖南通志。郭筠仙（嵩燾）、李次青（元度）總纂。

光緒安徽通志。何子貞（紹基）總纂。

光緒湘陰縣圖志。郭筠仙獨撰。

光緒湘潭縣志、衡陽縣志、桂陽州志[2]。俱王壬秋（闓運）
　　主撰。

光緒杭州府志、黃巖縣志、青田縣志、永嘉縣志、仙居
　　縣志、太平續志。俱王子莊（棻）主撰。

光緒紹興府志、會稽新志。俱李蒓客（慈銘）主撰。

光緒湖北通志、順天府志、荊州府志、昌平縣志。俱繆
　　小山（荃孫）主撰。

宣統新疆圖志。王晉卿（樹枏）總纂。

民國江陰縣志。繆小山主撰。

民國合川縣志。張親石（森楷）獨撰[3]。

以上諸志，皆出學者之手，斐然可列著作之林者。吾不過隨

---

①此條原脱，民志本同，據稿本、雜誌本、文庫本補。按，原“鎮”字誤作
　“縣”字；又烏程縣志刊於光緒七年。

②州　原作“縣”，雜誌本、民志本、文庫本同，據稿本改。按，核諸原書，衡
　陽、桂陽二志，當作同治衡陽縣志、同治桂陽直隸州志。

③張　原作“孫”，雜誌本、民志本、文庫本同，據稿本改。

舉所知及所記憶，罣漏蓋甚多。然亦可見乾嘉以降，學者日益重視斯業矣。

　　方志之通患在蕪雜。明中葉以後有起而矯之者，則如康海之武功縣志僅三卷，二萬餘言；韓邦靖之朝邑縣志僅二卷，五千七百餘言。自詫爲簡古。而不學之文士如王漁洋、宋牧仲輩震而異之，比諸馬班！耳食之徒，相率奉爲修志模楷，即四庫提要亦亟稱之。又如陸稼書之靈壽縣志，借之以昌明理學，而世人亦競譽爲方志之最良者。乾隆以前一般人士對於方志觀念之幼稚誤謬，可以想見矣。注意方志之編纂方法，實自乾隆中葉始。李南澗歷城、諸城兩志，全書皆纂集舊文，不自著一字，以求絶對的徵信。後此志家，多踵效之。謝蘊山之廣西通志，首著叙例二十三則，遍徵晉唐宋明諸舊志門類體製，舍短取長，説明所以因革之由。認修志爲著述大業，自蘊山始也。故其書爲省志模楷①，雖以阮芸臺之博通，恪遵不敢稍出入，繼此更無論。餘如焦里堂、李申耆集中，皆有專論修志體例之文，然其間能認識方志之真價值説明其真意義者，則莫如章實齋。

　　實齋以清代唯一之史學大師而不能得所藉手以獨撰一史，除著成一精深博大之文史通義及造端太宏未能卒業之史籍考外，其創作天才，悉表現於和州、亳州、永清三志及湖北通志稿中。“方志學”之成立，實自實齋始也。實齋關於

---

① 書　原作“志”，雜誌本、民志本同、文庫本同，據稿本改。

斯學之貢獻，首在改造方志之概念。前此言方志者，爲“圖
經”之概念所囿，以爲僅一地理書而止。實齋則謂方志乃周
官小史、外史之遺，其目的專以供國史取材，非深通史法不
能從事。概念擴大，内容自隨而擴大。彼乃著方志立三書
議①，謂：“凡欲經紀一方之文獻，必立三家之學：仿紀傳正史
之體而作志②，仿律令典例之體而作掌故，仿文選、文苑之體
而作文徵。三書相輔而行，缺一不可。”彼晚年應畢秋帆聘，總
鄂志局事，即實行其理想，分泐湖北通志、湖北掌故、湖北文徵
三書。彼又以爲志須繼續增修，而資料非隨時保存整理，則過
此將散失不可復復，於是倡議各州縣設立志科，使文獻得有所
典守而不墜，而國史取材，亦可以有成式而免參差蕪猥之患。
又晰言省志與府志、府志與縣志地位之差別，大旨謂府縣志爲
省志資料，省志爲國史資料，各自有其任務與其組織，省志非
拼合府縣志可成，府縣志非割裂省志可成。

　　實齋所改造之方志概念既與前不同，則其内容組織亦
隨之而異。今試將舊志中號稱最佳之謝氏廣西通志與實齋
所擬湖北三書稿，比較如下：

　　嘉慶廣西通志目録：

---

①方志立三書議　原作“方志書三”，民志本同，稿本、雜誌本、文庫本作“方
　志設立三書議”，據章氏原書篇名改。按，稿本初作“方志立三書議”，墨
　筆塗去，旁書“方志立三書議”，復於“志”“立”間右側補一“設”字。
②紀傳正史　原作“正史傳紀”，民志本同，稿本、雜誌本、文庫本作“正史
　紀傳”，據章氏原文乙。

訓典

四表｜
郡縣沿革
職官
選舉
封建

九略｜
興地——疆域圖、分野、氣候、户口、風俗、物産。
山川——山、川、水利。
關隘
建置——城池、廨署①、學校、壇廟、梁津。
經政——銓選、卹助經費、禄餉②、卹政、田賦、鹽法、榷税、積貯、祀典、土貢、學制、兵制、馬政、郵政、承審土司事件、口糧、監倉刑具、鼓鑄、陡河經費③、船政。
前事
藝文——經、史、子、集、傳記、事記、地記、雜記、志乘、奏疏、詩文。
金石
勝蹟——城址④、署宅、冢墓、寺觀。

---

① 署　原作"置"，民志本同，據稿本、雜誌本、文庫本改。
② 禄　原作"録"，民志本同，據稿本、雜誌本、文庫本改。
③ 陡　雜誌本、文庫本同，稿本、民志本作"徙"。按，嘉慶廣西通志卷首目錄作"陡"，卷一百七十八正文作"陡"。
④ 址　原作"池"，稿本、雜誌本、民志本、文庫本同，據嘉慶廣西通志改。

二錄 ─┤ 宦績
　　　└ 謫宦

六列傳 ─┤ 人物
　　　　├ 土司
　　　　├ 列女
　　　　├ 流寓
　　　　├ 仙釋
　　　　└ 諸蠻

湖北三書目錄：

湖北通志七十四篇
　二紀 ─┤ 皇言
　　　　└ 皇朝編年（附前代）
　三圖 ─┤ 方輿
　　　　├ 沿革
　　　　└ 水道
　五表 ─┤ 職官
　　　　├ 封建
　　　　├ 選舉
　　　　├ 族望
　　　　└ 人物
　六考 ─┤ 府縣
　　　　├ 輿地
　　　　├ 食貨
　　　　├ 水利
　　　　├ 藝文
　　　　└ 金石

四政略①　經濟　循績　捍禦　師儒

五十三傳(目多不載)

湖北掌故六十六篇

吏科——四目：官司員額、官司職掌、員缺繁簡、吏典事宜。

户科——十九目：賦役、倉庾、漕運、雜稅、牙行等。

禮科——十三目：祀典、儀注、科場、條例等。

兵科——十二目：將弁員額、兵丁技藝額數、武弁例馬等。

刑科——六目：里甲、編甲圖、囚糧衣食、三流道里表等。

工科——十二目：城工、塘汛、江防、銅鐵礦廠、工料價值表等②。

湖北文徵八集

甲集上下——裒録正史列傳。

乙集上下——裒録經濟策畫。

丙集上下——裒録詞章詩賦。

———————

①略　原脱，民志本同，據稿本、雜誌本、文庫本補。

②料　原作"科"，民志本同，據稿本、雜誌本、文庫本改。

〔丁集上下——裒録近人詩詞①。②

　　約而言之，向來作志者皆將“著述”與“著述資料”混爲一談。欲求簡潔斷制不失著述之體耶？則資料之割捨者必多。欲將重要資料悉予保存耶？則全書繁而不殺，必蕪穢而見厭。故康之武功，韓之朝邑，與汗牛充棟之俗志交譏，蓋此之由。實齋“三書”之法，其通志一部分，純爲“詞尚體要”、“成一家言”之著述；掌故、文徵兩部分，則專以保存著述所需之資料。既別有兩書以保存資料，故“純著述體”之通志，可以藟括閎深，文極簡而不虞遺闕。實齋所著方志辨體自述其湖北通志稿之著述義例，内一段云：“通志食貨考田賦一門，余取賦役全書布政使司總彙之册，登其款數，而采取明人及本朝人所著財賦利病奏議詳揭及士大夫私門論撰聯絡爲篇③，爲文不過四五千言，而讀者於十一府州數百年間財賦沿革弊利，洞如觀火。蓋有布政司以總大數，又有議論以明得失，故文簡而事理明也。舊志盡取各府州縣賦役全書，挨次排纂，書盈五六百紙……閲者連篇累卷，但見賦税錢穀之數，而數百年利病得失則茫然無可求。……”

　　其保存資料之書，又非徒堆積檔案謬夸繁富而已，加以別裁，組織而整理之，馭資料使適於用。湖北掌故中有賦役表一篇，方志辨體述其義例云：“志文既擷其總要，貫以議論，以存精華，仍取十

---

① 近　原作“集”，民志本同，據稿本、雜誌本、文庫本改。
② 稿本注曰：“五月四日成。入京凡十四日，昨夕始歸。在京未成一字，中間曾作印度與中國文化之親屬的關係一篇，爲歡迎泰谷爾也。夜二時就寢。”
③ 取　原作“用”，雜誌本、民志本、文庫本同，據稿本改。

一府州六十餘州縣賦役全書鉅帙七十餘册,總其款目以爲之經,分其細數以爲之緯,縱橫其格,排約爲賦役表。不過二卷之書,包括數十鉅册,略無遺脱。……"觀此可見掌故書體例一斑。實齋之意,欲將此種整理資料之方法,由學者悉心訂定後,著爲格式,頒下各州縣之"志科",隨時依式最録,則不必高才之人亦可從事①,而文獻散亡之患可以免。此誠保存史料之根本辦法,未經人道者也。

實齋所作州縣請立志科議云:"天下大計,始於州縣,則史事責成,亦當始於州縣之志。州縣有荒陋無稽之志,而無荒陋無稽之令史案牘。② ……故州縣之志,不可取辦於一時。平日當於諸典吏中特立志科③,僉典吏之稍明於文法者,以充其選。而且立爲成法,俾如法以紀載。……積數十年之久,則訪能文學而通史裁者,筆削以爲成書。……如是又積而又修之,於事不勞④,而功效已爲文史之儒所不能及。……⑤"

實齋之於史,蓋有天才,而學識又足以副之。其一生工作全費於手撰各志,隨處表現其創造精神。以視劉子玄⑥、鄭漁仲,成績則既過之矣。今和、亳、永清三志⑦,傳本既甚希,吾儕僅在文史通義外篇見其叙例;湖北通志則畢秋帆去職後,全局皆翻;嘉慶官本,章著痕跡,渺不復存,幸而遺書

---

①才　原作"材",雜誌本、民志本、文庫本同,據稿本改。

②荒陋無稽之志而無　原脱,民志本同,據稿本、雜誌本、文庫本補。

③典　原脱,雜誌本、民志本、文庫本同,據稿本補。

④事　原作"是",雜誌本、民志本、文庫本同,據稿本改。

⑤……　原脱,雜誌本、民志本、文庫本同,據稿本補。

⑥玄　原作"元",係避清聖祖康熙帝玄燁諱,今予回改。

⑦和亳永清三志　原作"和亳二志",據稿本、雜誌本、民志本、文庫本改。

中有檢存稿及未成稿數十篇，得以窺其崖略，然固已爲史界獨有千古之作品，不獨方志之聖而已。吾將別著章實齋之史學一書詳論之，此不能多及也。

吾於諸名志，見者甚少，不敢細下批評。大約省志中嘉道間之廣西謝志，浙江、廣東阮志，其價值久爲學界所公認。同光間之畿輔李志、山西曾志、湖南李志……等，率皆踵謝阮之舊，而忠實於所事，抑其次也。而宣統新疆袁志[1]，前無所承，體例亦多新創，卓然斯界後起之雄矣。各府州縣志，除章實齋諸作超群絕倫外，則董方立之長安、咸寧二志，論者推爲冠絕古今[2]；鄭子尹、莫子偲之遵義志，或謂爲府志中第一；而洪稚存之涇縣、淳化、長武，孫淵如之邠州、三水，武授堂之偃師、安陽，段茂堂之富順，錢獻之之朝邑，李申耆之鳳臺，陸祁孫之郟城，洪幼懷之鄢陵，鄒特夫、譚玉生之南海，陳蘭甫之番禺，董覺軒之鄞縣、慈谿，郭筠仙之湘陰，王壬秋之湘潭、桂陽，繆小山之江陰，皆其最表表者。比而校其門目分合增減之得失[3]，資料選擇排配之工拙，斯誠方志學中有趣且有益的事業，余有志焉而今病未能也。

昔人極論官修國史之弊，蓋謂領其事者皆垂老之顯宦，

---

①袁　原作"哀"，據稿本、雜誌本、文庫本改。
②古今　原作"今古"，雜誌本、民志本、文庫本同，據稿本乙。
③比而校　原作"而比較"，文庫本同，雜誌本、民志本作"比而較"，據稿本乙改。

不知學問爲何物，分纂人員猥濫，無所專責，雖有一二達識，不能盡其才。故以劉子玄之身具三長①，三入史館，而曾不得一藉手以表所學，徒發憤於史通，此其明效矣。方志地位，雖亞於國史，然編纂之形式，率沿唐後官局分修之舊，故得良著甚難，而省志尤甚。必如謝蘊山、阮芸臺之流，以學者而任封圻，又當承平之秋，吏事稀簡②，門生故吏通學者多，對於修志事自身有興味，手定義例，妙選人才分任而自總其成，故成績斐然也。然以乾隆末之湖北志局，以畢秋帆爲之總督③，而舉國以聽於章實齋，亦可謂理想的人選矣。全書已成未刻，畢忽去位，而局中一校對員陳熷者構煽其間，遂至片跡不存。若非實齋自錄有副本之一部分，則數年間努力之結果，皆灰飛燼滅矣。始末見章氏遺書中方志略例及各散篇。又如乾隆初年之浙江通志，其經籍一門出杭大宗手，而卒被局員排擠削去；大宗雖別錄單行，然今竟不可得見矣。看道古堂集兩浙經籍志序 州縣志規模較小，責任轉專，故得良著亦較易。或績學之長官親總其事，如陸稼書之在靈壽，段茂堂之在富順，李申耆之在鳳臺；或本邑耆宿負重望居林下，發心整理鄉邦文獻，如王述庵之於太倉，武授堂之於偃師、安陽，陸存齋之於歸安，鄧湘皋之於寶慶，繆小山之於江陰；又或爲長官者既物色得人，則隆其禮貌，專其委任，拱手

①玄　原作“元”，係避清聖祖康熙帝玄燁諱，今予回改。
②吏　原作“史”，民志本同，據稿本、雜誌本、文庫本改。
③之　原脫，雜誌本、民志本、文庫本同，據稿本補。

仰成，不予牽掣，如永清之得章實齋，長安、咸寧之得董方立。三者有一於此，斯佳志可成。雖然，猶有難焉。以郭筠仙之通才博學，官至督撫，歸老於鄉，自任本縣湘陰圖志總纂，書已告成，而爲藩司李桓所扼①，卒歷若干年，僅得以私貲付刻。始末見本書後序。蔣子瀟受聘修涇陽志，體例一仿實齋，及全書刻出，凡例仍其原文，而内容已竄改無完膚矣。見七經樓文集關中志乘條 夫方志之著述，非如哲學家文學家之可以閉户瞑目，騁其理想而遂有創獲也②。其最主要之工作在調查事實，搜集資料，斯固非一手一足之烈，而且非借助於有司或其他團體，則往往不能如意。故學者欲獨力任之，其事甚難，而一謀於衆，則情實糾紛，牽制百出。此所以雖區區一隅之志乘，而躊躇滿志者且不一二睹也。

雖然，以乾嘉以後諸名志與康雍以前各志相較，乃至與宋元明流傳之舊志相較，其進步既不可以道里計，則諸老之努力固未爲虛也。

官修之外，有私家著述性質略與方志同者。此類作品，體製較爲自由，故良著往往間出。其種别可略析如下：

一、純屬方志體例而避其名者：例如嘉慶初師荔扉範之滇繫③；實私撰之雲南通志。因舊通志極蕪略，且已七十年失修，乃獨力創此。又如劉端臨之揚州圖經，劉楚楨之寶

---

①藩司　原脱，據稿本、雜誌本、民志本、文庫本補。　扼　稿本作“阨”。
②騁　原脱，民志本同，據稿本、雜誌本、文庫本補。按，渝本補“運”字。
③扉　原作“扇”，民志本同，據稿本、雜誌本、文庫本改。

應圖經，兩書吾未見。疑實具體之州志、縣志。許石華之
海州文獻録。亦未見。劉伯山通義堂集有序，亟稱之。

二、專記一地方重要史蹟者：其體或爲編年，例如汪容
甫之廣陵通典，此書極佳，實一部有斷制之揚州史。董覺
軒之明州繫年要略。此書未見。當是一部好寧波史。或
爲紀事本末，例如馮嵩庵甦之滇考。此書甚佳，能言雲
南與中原離合之所由。

三、專記人物者：此即隋志中某某耆舊傳、某某先賢傳
之類，實占方志中重要部分。例如潘力田之松陵文
獻，此書爲極用心之作，詳其弟次耕所作序。劉伯山毓崧之
彭城獻徵録，馬通伯其昶之桐城耆舊傳，徐菊人世昌
之大清畿輔先哲傳等。

四、專記風俗軼聞者：此即隋志中風土記、異物志之類，
亦方志之一部。例如屈翁山大均之廣東新語，田綸
霞雯之黔書，吳摯甫汝綸之深州風土記等①。

五、不肯作全部志，而摘取志中應有之一篇爲己所研究
有得而特別泐成者：例如全謝山之四明族望表，實鄞
縣志中主要之創作。前此各方志無表族望者。謝山此篇
出，章實齋復大鼓吹之，同光後之方志，多有此門矣。孫仲容
之溫州經籍志，實將來作溫州志者所不能復加。此

①吳摯甫汝綸之深州風土記　原脱，據稿本、雜誌本、民志本、文庫本補。

書佳極，體裁仿朱氏經義考①，搜羅殆備。劉孟瞻之揚州水道記，林月亭伯桐之兩粵水經注，即揚州或兩廣志中水道篇之良著。陳靜庵述之補湖州府天文志，即府志之一部。

六、有參與志局事而不能行其志，因自出所見私寫定以別傳者：例如焦里堂之邗記②，伊墨卿修揚州圖經，里堂主其事。墨卿去官而局廢，里堂乃出所考證，私撰此書。吳山夫玉搢之山陽志遺等③。淮安府志志山陽事頗多漏略。山夫躬在志局心不慊焉，別爲此書。

七、有於一州縣內復析其一局部之地作專志者：例如張炎貞之烏青文獻，烏青爲蘇州一鎮④。炎貞爲潘力田學友，此書傲松陵文獻，三十年乃成。焦里堂之北湖小記。北湖爲揚州鄉村，里堂所居。此書凡六卷四十七篇，阮芸臺謂足覘史才。乃至如各名城志，例如朱竹垞之日下舊聞專記京師事。各名山志，例如徐霞客之雞谷山志，體例精審獨絶。等。

---

① 體裁　原脱，民志本同，據稿本補。按，雜誌本、文庫本作"體例"。
② 邗　原作"刊"，據稿本、雜誌本、民志本、文庫本改。
③ 搢　原作"縉"，民志本同，據稿本、雜誌本、文庫本改。
④ 烏青，實指烏鎮、青鎮。舊時二鎮以市河爲界，烏鎮屬湖州府烏程縣，青鎮屬嘉興府桐鄉縣。一九五〇年五月，烏青二鎮合併，稱烏鎮，屬桐鄉。按，烏青二鎮合稱烏青鎮，唐宋以來已有之矣；其志乘則有宋沈平之烏青記、明陳觀之烏青志、明李樂之重修烏青鎮志、清張園真之烏青文獻、清董世寧之烏青鎮志、民國盧學溥之烏青鎮志六種。任公謂"烏青"爲蘇州一鎮，不確。

　　凡此皆方志之支流與裔①，作者甚多，吾不過就所記憶，各舉一二種以爲例。此類書自宋以來已極發達。有清作者，雖無以遠過於前代，然其間固多佳構，或竟出正式方志上也。

　　以文徵列方志三書之一，此議雖創自章實齋，然一地方文徵之書②，發源既甚早。實齋文徵體例，與諸家所輯不盡從同。歷代集部所著録，若蘇州名賢詠、浙東酬唱集、河汾遺老詩、會稽掇英集、宛陵群英集，其最著名而範圍較廣者如元遺山之中州集，皆是也。然多屬選本，或專爲一時少數人酬唱之薈萃，含史學的意味蓋尚少。清代學者始好爲大規模的網羅遺佚③，而先着手於鄉邦。若胡文學之甬上耆舊詩三十卷，李鄴嗣補之爲若干卷，全祖望續之爲七十卷，又國朝部分四十卷；若沈季友之檇李詩繫四十二卷④；若張廷枚之姚江詩存若干卷；若汪森之粵西詩載二十五卷、粵西文載七十五卷；若費經虞及其子密之劍閣芳華集二十五卷；明代蜀人詩。此皆康雍以前所輯也。中葉以後，踵作滋繁。若盧見曾之江左詩徵，王豫之江蘇詩徵⑤，吳顥及其孫振棫之杭郡詩輯，吳允嘉之

———————————

①與裔　稿本、雜誌本、民志本、文庫本同，渝本作“與旁裔”，疑當作“餘裔”。
②方　原脱，民志本同，據稿本、雜誌本、文庫本補。
③始　原作“殆”，雜誌本、民志本、文庫本同，據稿本改。
④若　原脱，雜誌本、民志本、文庫本同，據稿本補。
⑤之　原脱，雜誌本、民志本、文庫本同，據稿本補。

武林耆舊集，阮元之淮海英靈集、輯揚州及南通州人作。兩浙輶軒録，督浙學時所輯。劉寶楠之寶應文徵①，溫汝适之粤東文海、粤東詩海，羅學鵬之廣東文獻②，鄭珍之播雅，輯貴州遵義府人詩。鄧顯鶴之資江耆舊集、沅湘耆舊集，夏退庵之海陵文徵、詩徵，沈艅翁之湖州詩摭，朱祖謀之湖州詞録……等，悉數之殆不下數十種，每種爲卷動百數十③。其宗旨皆在鈎沈蒐逸，以備爲貴。而於編中作者大率各繫以小傳，蓋徵文而徵獻之意亦寓焉。

　　亦有不用總集體而用筆記體，於最録遺文之外再加以風趣者。如戴璐之吴興詩話，朱振采之江西詩話，莫友芝之黔詩紀略……等。

　　亦有不限於鄉邦人所作，而凡文章有關鄉邦掌故皆最録之。如焦循之揚州足徵録……等④。

　　亦有簿録鄉邦人之著述，記其存佚爲之提要者。如孫詒讓之溫州經籍志，朱振采之豫章經籍志，廖平之井研藝文志……等。

　　更有大舉搜集鄉邦人著述彙而刻之者。如畿輔叢書、嶺南遺書、豫章叢書……等。別於論叢書章臚舉其目。

---

①之　原脱，雜誌本、民志本、文庫本同，據稿本補。
②羅學鵬之廣東文獻　民志本同，稿本、雜誌本、文庫本無。
③動　原作“殆”，雜誌本、民志本、文庫本同，據稿本改。
④循　原作“里堂”，民志本同，據稿本、雜誌本、文庫本改。　……　原脱，民志本同，據稿本、雜誌本、文庫本補。

凡此皆<u>章實齋</u>所謂方志三書之一也。語其形式，實等類書，除好古者偶一摩挲，更無他用。雖然，深探乎精神感召之微，則其效亦可得言。蓋以<u>中國</u>之大，一地方有一地方之特點，其受之於遺傳及環境者蓋深且遠；而愛鄉土之觀念，實亦人群團結進展之一要素。利用其恭敬桑梓的心理，示之以鄉先輩之人格及其學藝①，其鼓舞濬發，往往視逖遠者爲更有力，地方的學風之養成，實學界一堅實之基礎也。彼<u>全謝山</u>之極力提倡<u>浙東</u>學派，<u>李穆堂</u>之極力提倡<u>江右</u>學派，<u>鄧湘皋</u>之極力提倡<u>沅湘</u>學派，其直接影響於其鄉後輩者何若，間接影響於全國者何若，斯豈非明效大驗耶？詩文之徵，耆舊之錄，則亦其一工具而已。

＊　　＊　　＊　　＊　　＊

＊　　＊　　＊　　＊　　＊

八　地理學②

<u>中國</u>地理學，本爲歷史附庸。蓋自漢書創設地理志，而此學始漸發展也。其後衍爲方志之學，內容頗複雜③，具如

---

① 原於"鄉"後衍一"邦"字，雜誌本、民志本、文庫本同，據稿本刪。
② 稿本第八節爲"傳記及譜牒學"，雜誌本、民志本、文庫本同，而"地理學"爲下一講之第十一節，其眉批曰："將來成稿時，此章改列方志學之下。"據移此處，以下序號俱順延。
③ 複　原脱，據稿本補。

前章所述。現存之古地理書，如唐代之元和郡縣志、宋代之太平寰宇記、元豐九域志等，其性質可謂爲方志之集合體。蓋皆以當時郡縣爲骨幹，而分列境界、風俗、户口、姓氏、人物、土産等，後此明清一統志皆仿其例也。其專言水道之書，則有如水經注等；專言域外地理之書，則有如大唐西域記等。

　　晚明有一大地理學者，曰徐霞客弘祖①，所著霞客游記，成於崇禎十三年。一般人多以流連風景之書視之，不知霞客之游，志不在選勝而在探險也。潘次耕序之云②：“霞客之游，在中州者無大過人。其奇絶者，閩粵楚蜀滇黔，百蠻荒徼之區，皆往返再四。……先審視山脈如何去來③，水脈如何分合④，既得大勢後，一丘一壑，支搜節討。……沿溯瀾滄、金沙，窮南北盤江之源，實中土人創闢之事。……山川條理，臚列目前；土俗人情，關梁阨塞，時時著見。向來山經地志之誤，釐正無遺。然未嘗有怪迂侈大之語，欺人以所不知。……”遂初堂集卷七　蓋以科學精神研治地理，一切皆以實測爲基礎，如霞客者，真獨有千古矣。

　　清康熙間復有一實測的地理學家，曰南昌梁質人份⑤，

———————————

①弘　原作“宏”，係避清高宗乾隆帝弘曆諱，今予回改。
②原於“云”後衍一“云”字，據稿本删。
③視　原脱，據稿本補。
④脈　原作“勢”，據稿本改。
⑤份　原作“盼”，稿本同。按，魏禧門人梁份吳正名四十序注：“梁字質人。”據改。

著有西陲今略。劉繼莊記其事云：“梁質人留心邊事已久。遼人王定山爲河西靖逆侯張勇中軍，與質人相與甚深。質人因之，遍歷河西地，因得悉其山川險要，部落游牧，暨其强弱多寡離合之情，皆洞如觀火。著爲一書，凡數十卷，曰西陲今略。歷六年之久，寒暑無間，其書始成。余見其稿，果有用之奇書也。”廣陽雜記二 繼莊極心折此書，嘗於逆旅中費二十二日之工，晝夜不停，手錄其稿。余考質人蓋習與李恕谷游，好顏習齋之學者。見恕谷年譜 徐霞客爲西南探險家，質人亦西北探險家矣。惜其書久佚，並繼莊複寫本亦不可見，不獲與霞客游記同受吾曹激賞也。

　　航海探險家，則有同安陳資齋倫烱，所著書曰海國聞見錄。資齋以閩人，幼爲水手，其游蹤東極日本，西極波斯灣；中國沿海岸線，周歷不下數十次。後襲父廕，康熙末官至提督。其書雖僅兩卷，然於山川阨塞，道里遠近，砂礁島嶼之夷險，風雲氣候之變化，無不憑其實驗，纖悉備書。其論海防主要地點，曰旅順，曰膠澳，曰舟山，曰金廈二島，曰臺灣，曰虎門，曰欽州，至今淪没殆盡，夫誰識二百年前，固早有高掌遠蹠，目營而心注之者耶？噫！資齋之論渤海，謂登州、旅順，南北對峙，而以成山爲標準，是知膠威旅大失，而北洋門户撤矣。其論南海，謂金廈二島爲閩海咽喉，虎門、香山實粤東門户。廉多沙，欽多島，據天然之保障。海南孤露，地味瘠薄，不及臺灣澎湖，沃野千里，可以屏捍内地。是知臺灣、廣州灣之失而南屏壞矣。其論東海，謂定海爲南海之堂奥，乍浦濱於大海，東達漁山，北達洋山，某處水淺可以椗舶，某處水深可以通航。是知舟山爲中部最良之軍港矣。其遠見碩畫，大率類此。

　　以上三家，吾名之曰探險的實測的地理學者。其有本此精神而更努力於地理學觀念之全部改造者，則手鈔西陲今略之劉繼莊其人也。

　　繼莊之言曰："今之學者，率知古而不知今，縱使博極群書，亦祇算半箇學者。"廣陽雜記卷三葉十 其對於一切學術，皆以此爲評判之鵠。故同時顧景范、萬季野之地理學，彼雖表相當的推許，然終以"僅長於考古"少之。其自己理想的新地理學則略如下：

　　　　方輿之書，所紀者惟疆域、建置、沿革、山川、古跡、城池、形勢、風俗、職官、名宦、人物諸條耳。此皆人事，於人地之故，概乎未之有聞也。余意於疆域之前，別添數條：先以諸方之北極出地爲主，定簡平儀之度，製爲正切線表，而節氣之後先，日食之分杪，五星之凌犯占驗，皆可推求。以簡平儀正切線表爲一，則諸方之七十二候各各不同：如嶺南之梅，十月已開；湖南桃李，十二月已爛漫，無論梅矣；若吳下，梅則開於驚蟄，桃李放於清明，相去若此之殊也。……今於南北諸方，細考其氣候，取其確者，一候中不妨多存幾句，傳之後世，則天地相應之變遷可以求其微矣。余在衡久，見北風起，地即潮濕，變而爲雨，百不失一。詢之土人，云自來如此。始悟風水相逆而成雨。燕京吳下，水皆東南流，故必東南風而後雨；衡湘水北流，故須北風也。然則諸方山之背向①，水之分合，支流何向，川流何向，皆當案志而求，彙爲一則。則風土之背正剛柔暨陰陽燥濕之徵②，又可次第而求矣。諸土產此方所有他方所無者，別爲一則。而土音譜合俚音譜共爲一則。而其人性情風俗之微③，皆可案律而求之矣。然此非余一人所能成。余發其凡，觀厥成者望之後起之英耳。廣陽雜記卷三葉四十九

　　繼莊書除廣陽雜記五卷外，片紙無存，其地理書恐亦未成一字。然觀以上所論，則其注意於現代所謂地文學與人生地理學，蓋可概見。彼蓋不以記述地面上人爲的建置沿革爲滿足，進而探求"人地之故"——即人與地相互之關係，可謂絕識矣。繼莊好游，不讓霞客。鮚埼亭集有記劉繼莊遺事一則云："……萬先生(季野)與繼莊共在徐尚書(健庵)邸中，萬先生終朝危坐觀書，而繼莊好游，每日必出，或兼旬不返。歸而以所歷告之萬先生，萬先生亦以其所讀書證之，語畢復出。……"而所至皆用實地調查之功，雜記中所記氣候、地形、物產影響於人類生活之實例，得自親歷目驗者頗多，皆所謂"人地之故"也。今不具錄④。要之繼莊之地理學雖未有成書，然其爲斯學樹立嶄新的觀

————————

①原於"山"後衍一"川"字，據稿本刪。
②晴　原作"陽"，據劉氏原書改。
③性　原脱，據劉氏原書補。
④今不具錄　原脱，據稿本補。

念,視現代歐美學者蓋未遑多讓。惜乎清儒佞古成癖,風氣非一人能挽,而三百年來之大地理學家,竟僅以專長考古聞也。①

清儒之地理學,嚴格的論之,可稱爲"歷史的地理學"。蓋以便於讀史爲最終目的,而研究地理不過其一種工具,地理學僅以歷史學附庸之資格而存在耳。其間亦可略分三期:第一期爲順康間,好言山川形勢阨塞,含有經世致用的精神。第二期爲乾嘉間,專考郡縣沿革、水道變遷等,純粹的歷史地理矣。第三期爲道咸間,以考古的精神推及於邊徼,寖假更推及於域外,則初期致用之精神漸次復活。

顧亭林著天下郡國利病書及肇域志,實爲大規模的研究地理之嚆矢。其利病書自序云:"感四國之多虞,恥經生之寡術。於是歷覽二十一史以及天下郡縣志書,一代名公文集,及章奏文册之類,有得即錄。……"是其著述動機,全在致用。其方法則廣搜資料,研求各地狀況,實一種政治地理學也。惜其書僅屬長編性質,未成爲有系統的著述。且所集資料,皆求諸書本上,本已不甚正確;時過境遷,益爲芻狗。即使全部完整,亦適成其爲歷史的政治地理而已。

清代第一部之考古的地理書,端推顧景范祖禹之讀史方輿紀要百三十卷。景范著此書,二十九歲始屬稿,五十歲

①稿本注曰:"以上三葉廿七日成。是日何慧珍遠來,就閣時間頗久。又此次撰地理學,因資料搜集未完,率爾落筆,故結構屢變,頗感狼狽。二時半寢。"

成,二十餘年間,未嘗一日輟業。其書前九卷爲歷代州域形勢,後七卷爲山川源委及分野,餘百十四卷則各省府州縣分叙。每省首冠以總序一篇,論其地在歷史上關係最重要之諸點;次則叙其疆域沿革,山川險要,務使全省形勢瞭然。每府亦仿此,而所論更分析詳密。每縣則紀轄境内主要之山川關隘橋驛及故城等。全書如一長篇論文,其頂格寫者爲正文,低格寫者爲注,夾行寫者爲注中之注。體裁組織之嚴整明晰,古今著述中蓋罕其比。

景范與徐霞客異,其所親歷之地蓋甚少,然其所紀載,乃極翔實而正確,觀魏禧、熊開元兩序,可見其概。魏序云:"北平韓子孺時從余案上見此書,瞪目視余曰:'吾不敢他論,吾僑家雲南,出入黔蜀間者二十餘年,頗能知其山川道里。顧先生閉户宛溪,足不出吳會,而所論攻守奇正,荒僻幽仄之地,一一如目見而足履之者,豈不異哉!'……"熊序云:"余楚人,習聞三楚之要,莫如荆襄,又熟履其地,考往事得失,及令崇邑,知海外一區爲三吳保障。……罔非身履而知。今宛溪坐籌一室①,出入二十一史,凡形勢之險阨,道里之近遥,山水之源委,稱名之舛錯,正其訛,核其實,芟其蔓,振其綱。……"專憑書本上推勘考證,而能得爾許收穫,可謂異事。固由其用力精勤,抑亦有通識、能別裁之效也。然此種研究法,終不能無缺憾。故劉繼莊評之曰:"方輿紀要,誠千古絶作,然詳於古而略於今,以之讀史,固大資識力,而求今日之情形,尚須歷練也。"廣陽雜記二 景范自論其書,亦曰:"按之圖畫,索之典籍,亦舉一而

———————————

①今　原作"令",據稿本、渝本改。

廢百耳。"又言："了了於胸中，而身至其地反憒憒焉，則見聞與傳聞異辭者之不可勝數也。"彼蓋深有感於地理之非實測不能徵信矣。嘉慶間，濟寧許雲嶠（鴻磐）著有方輿紀要考證，辨正顧氏之舛漏頗多。凌次仲稱許之，惜其書已佚。①

　　景范之書，實爲極有別裁之軍事地理學，而其價值在以歷史事實爲根據。其著述本意，蓋將以爲民族光復之用。自序所言，深有隱痛焉。序中首述顧氏得姓之由，引商頌"韋顧既伐"文而申之曰："後有棄其宗祀、獻符瑞於仇讐之庭者，是則顧之罪人也。"又述其父臨終遺命云："嘗怪我明一統志，先達稱爲善本；然於古今戰守攻取之要，類皆不詳；於山川條列，又復割裂失倫，源流不備。……何怪今之學者，語以封疆形勢，惘惘莫知，一旦出而從政，舉關河天險，委而去之！……及余之身，而四海陸沉，九州騰沸。……嗟乎！園陵宮闕，城郭山河，儼然在望，而十五國之幅員，三百年之圖籍，泯焉淪没，文獻莫徵，能無悼歎乎？余死，汝其志之矣！"右所述著作動機，可知其非徒欲垂空文以自見云爾。蓋其書經始於順治十二三年間，時永曆尚存，閩鄭未滅，仁人志士，密勿奔走謀匡復者所在多有。此書之作，則三年蓄艾之微意也。在今日海陸交通狀況，迥異三百年前，其書自强半

---

① 按，許氏書名當作"方輿考證"。按，清史列傳卷七十二："許鴻磐，字漸逵。……嘗作方輿考證一書。"清儒學案卷一百十二："嘗以顧景范方輿紀要雖能剔明統志之誤，而尚多沿其陋，遂精究各史，歷考古今圖籍，省府縣志，博取精擇，足補顧書之漏而訂其訛，成方輿考證一百卷。"該書有道光二十一年楊氏海源閣所刻總部六卷本；民國初年，濟寧潘復得許氏稿本全秩，即謀鐫刻，至民國二十二年始克完成，今傳於世。

不適於用；然國内戰爭一日未絶跡，則其書之價值，固一日未可抹煞也。

若離卻應用問題，而專就研究方法及著述體裁上評價，則在今日以前之地理書，吾終以此編爲巨擘。若仿其成規而推及軍事以外各方面，斯可爲躊躇滿志之作矣。本書凡例末條言："周官職方兼詳人民、六畜、土宜、地利。……余初撰次歷代鹽鐵、馬政、職貢……等，尋皆散軼。病侵事擾，未遑補綴，其大略僅錯見篇中，以俟他時之審定。要未敢自信爲已成之書也。"據此，知景范所欲撰著，尚不止此。彼卒年僅五十七，晚歲多病，未終其業也。

景范嘗與萬季野、閻百詩、胡朏明、黄子鴻等同參徐健庵在洞庭山所開之大清一統志局事，蓋景范、子鴻屬草最多云。其後乾隆八年，統志始告成，其中一部分實采自方興紀要，對勘可知也。乾隆末，洪稚存著乾隆府廳州縣圖志五十卷，則一統志之節本，稍便繙覽而已。

郡州郡縣之建置，代有革易，名稱棼亂，讀史者深所患苦。有兩書頗便檢閲者：一爲康熙間常熟陳亮工芳績所著歷代地理沿革表四十七卷，一爲道光間武陵楊愚齋丕復所著興地沿革表四十卷。陳書按古以察今，楊書由今以溯古。陳書以朝代爲經，地名爲緯；楊書以地名爲經，朝代爲緯。兩書互勘，治史滋便。陳楊兩氏皆無他種著述。陳之祖父爲顧亭林友，亭林集中有贈亮工詩。其書至道光間始刻出，上距成書時百六十餘年。楊書亦光緒間始刻出，上距成書時三十餘年。而李申耆之歷代地理志韻編今釋二十卷，不用表體，純依韻以編爲類書，尤便檢查。①

鄭漁仲有言："州縣之設，有時而更；山川之形，千古不易。……後之史家，主於州縣；州縣移易，其書遂廢。……以水爲主，……則天下可運諸掌。"地理書如元和郡縣、太平寰宇，以至方輿紀要、一統志等，皆所謂主於州縣者也。以水爲主者，起於酈道元水經注，然其書太騖文采，泛濫於風景古蹟，動多枝辭。且詳於北而略於南，加以距今千載，陵谷改移，即所述北方諸水亦多非其舊。於是清儒頗有欲賡續其業而匡救其失者。最初則有黃梨洲之今水經，惜太簡略，而於塞外諸水亦多舛譌。次則有戴東原之水地記，造端甚大，惜未能成。洪蕊登謂已成七册。今孔葒谷所刻僅一卷，自崑崙之虛至太行山而止。次則有齊次風召南之水道提綱二十八卷，號稱精審。其書以巨川爲綱，以所會衆流爲目，其源流分合，方隅曲折，統以今日水道爲主，不屑屑附會於古義，而沿革同異，亦即互見於其間。以上四庫提要語乾隆間修一統志，次風實總其成。總裁任蘭枝，凡勘定諸纂修所分輯之稿，咸委諸次風。此書即其在志局時所撰，蓋康熙朝所繪內府輿圖，經西士實測，最爲精審，而外間得見者希。次風既有著述之才，而在志局中所睹資料，又足以供其驅使，故爲書特可觀也。其專研究一水源委者，如萬季野之崑崙河源考，阮芸臺之浙江

---

① 稿本注曰："廿六日成。昨日由京返津，未屬稿。今日亦隨意泛覽各書，故所成甚少。"

考⋯⋯等，名著尚多。

　　河防水利，自昔爲國之大政，言地理學者夙措意焉。然著作價值，存乎其人。顧景范方輿紀要凡例云：“河防水利之書，晚近記載尤多，浮雜相仍，鮮裨實用①。”其最有名者，則歸安鄭芷畦元慶之行水金鑑一百七十五卷，是書題傅澤洪撰，蓋芷畦在傅幕府，爲之纂輯，而遂假以名，如萬季野之讀禮通考假名徐氏矣。四庫提要謂：“有明以後，此類著作漸繁。大抵偏舉一隅，專言一水。其綜括古今，臚陳利病，統四瀆分合、運道沿革之故彙輯以成一編者，莫若此書之詳且善。⋯⋯”蓋芷畦與萬九沙、李穆堂、全謝山爲友，其於學所得深也。道光間黎世序有續行水金鑑百五十八卷。董士錫亦有續行水金鑑，詳今略古。②戴東原亦有直隸河渠書百十一卷，蓋趙東潛所草創，而東原爲之增訂。後爲無賴子所盜，易名畿輔安瀾志，刻於聚珍板云。自餘類此之書尚多，其在學術上有永久價值者頗少，不具錄。

　　清儒嗜古成癖，一切學問，皆傾向於考古，地理學亦難逃例外，自然之勢也。故初期所謂地理學家：胡朏明之得名，則以禹貢錐指；閻百詩之得名，則以四書釋地；自餘如亭林、季野，皆各有考古的地理書。雍乾以降，則水經注及漢書地理志實爲研究之焦點。水經注自全趙戴三家用力最深

①鮮　原作“無”，據稿本改。
②稿本無“董士錫亦有續行水金鑑詳今略古”十四字。

外，綜前清一代治此者尚不下二三十家，其人與其書已略見
校勘章；漢地理志之校補注釋亦不下二十家，略見史學章表
志條。今皆不具述。若錢竹汀，若洪稚存，皆於研究郡國沿革
用力最勤。自餘諸名家集中，關於考證古水道或古郡國者，最
少亦各有一二篇，其目不能遍舉。其成書最有價值者，則如江
慎修之春秋地理考實，程春海之國策地名考……等。

　　因研究漢書地理志牽連及於漢書西域傳，是爲由古地
理學進至邊徼及域外地理學之媒介。邊徼地理學之興，蓋
緣滿洲崛起東北，入主中原。康乾兩朝，用兵西陲，闢地萬
里。幅員式廓，既感周知之必需；交通頻繁，復覺研求之有
藉。故東自關外三省，北自內外蒙古，西自青海、新疆、衛
藏，漸爲學者興味所集。域外地理學之興，自晚明西士東
來，始知"九州之外復有九州"，而竺古者猶疑其誕。海禁大
開，交涉多故，漸感於知彼知己之不可以已，於是談瀛之客，
頗出於士大夫間矣。蓋道光中葉以後，地理學之趨嚮一變，
其重心蓋由古而趨今，由內而趨外。

　　以邊徼或域外地理學名其家者，壽陽祁鶴皋韻士、大興
徐星伯松、平定張石洲穆、邵陽魏默深源、光澤何願船秋濤爲
最著。而仁和龔定庵自珍、黟縣俞理初正燮、烏程沈子敦垚、
固始蔣子瀟湘南等①，其疏附先後者也。此數君者，時代略銜
接，相爲師友。而流風所被，繼聲頗多，茲學遂成道光間顯學。

————

① 蔣　　原作"蒟"，據稿本、渝本改。

　　邊徼地理之研究，大率由好學之謫宦或流寓發其端。如楊大瓢賓之柳邊紀略，爲記述黑龍江事情之創作，蓋其父以罪編置此地，大瓢省侍時記其聞見也。洪北江亦以譴謫成伊犁日記、天山客話等書，實爲言新疆事之嚆矢。此等雖皆非系統的著述，然間接喚起研究興味固不少。祁鶴皋、徐星伯皆夙治邊徼地理，皆因遣戍伊犁而其學大成。鶴皋於乾隆季年在史館創撰蒙古王公表，凡閱八年，成書百二十卷。中國學者對於蒙古事情爲系統的研究，自此始也。嘉慶十年，鶴皋以公罪戍伊犁，則於其間成西陲總統事略十二卷、西域釋地二卷，歸後又成藩部要略十六卷、西陲要略一卷。其云西陲者則新疆，云藩部者則諸部蒙古也。星伯以嘉慶十七年戍伊犁，續補鶴皋之總統事略，即其後進呈，賜名新疆識略者是也。其在戍也，復成新疆賦二卷、西域水道記五卷、漢書西域傳補注二卷；復有元史西北地理考、西夏地理考，未刻。內西域水道記最爲精心結撰之作，蓋自爲記而自釋之，其記以擬水經，其釋則擬酈注也。而李恢垣光廷著漢西域圖考，雖未歷其地，而考證有得者頗多。①

　　張石洲著蒙古游牧記十六卷、北魏地形志十三卷。游牧記蓋與鶴皋之藩部要略相補，要略爲編年史，此則專門地志也。屬稿未竟而卒，何願船補成之。

　　龔定庵著有蒙古圖志，爲圖二十有八，爲表十有八，爲

---

①稿本注曰：“以上廿七日成。又補作三葉餘，見前。”

志十有二，凡三十八篇。其像教志、水地志、臺卡志、字類
表、聲類表、氏族表，及在京氏族表、冊降表、寄爵表、烏梁海
志、青海志等，皆有序文見本集中，蓋深通史裁之作品也。
定庵復有北路安插議、西域置行省議等篇，言新疆事頗中窾
要。同時魏默深亦治西北史地之學，而其精力萃於元史新
編一書①，考證地理蓋其副業云。

　　何願船稍晚出，壽亦最短，然其學精銳無前。所著北徼
彙編六卷②，咸豐間賜名朔方備乘。其書爲聖武述略六，東海
諸部內屬述略、索倫諸部內屬述略、喀爾喀內屬述略、準噶爾蕩平述略、烏
梁海內屬述略、哈薩克內屬述略。爲考二十有四，北徼星度考、北徼界
碑考、北徼條例考、北徼喀倫考、北徼形勢考、俄羅斯館考、俄羅斯學考、雅
克薩城考、尼布楚城考、波羅的等路疆域考、錫伯利等路疆域考、俄羅斯亞
美里加屬地考、北徼城垣考、北徼邑居考、艮維窩集考、庫葉附近諸島考、
北徼山脈考、艮維諸水考、色楞格河源流考、額爾齊斯河源流考、北徼水道
考、北徼教門考、北徼方物考、烏孫部族考。爲傳六，漢魏北徼諸國傳、
周齊隋唐北徼諸國傳、遼金元北徼諸國傳、元代北徼諸王傳、歷代北徼用
兵將帥傳、國朝北徼用兵將帥傳。爲紀事始末二，俄羅斯互市始末、土

---

①元史新編　原作“新元史”，稿本同，據魏氏原書書名改。
②原於“編”後衍“八十”二字。按，張之洞書目答問：“北徼彙編六
　　卷。……此書稿本浩繁，凡八十卷，咸豐間進呈，賜名朔方備乘，旋毀。
　　今琉璃廠市有刻本，止六卷，仍題何名，紀述詳實，非出僞託。保定書局
　　刻有朔方備乘圖說一卷。”清史稿卷四八五：“始著北徼彙編六卷。後復
　　詳訂圖說，起漢晉訖道光，增爲八十卷。文宗垂覽其書，賜名朔方備乘。”
　　黃彭年曰：“朔方備乘八十卷。……北徼彙編六卷，即是書初稿。”據刪。

爾扈特歸附始末。爲記二，俄羅斯進呈書籍記①、俄羅斯叢記。爲考訂諸書十五，辨正諸書五，目多不具舉。爲表七，北徼事蹟表上下、北徼沿革表、北徼地名異同表、俄羅斯境內分部表、北徼世次表、北徼頭目表。而以圖説一卷終焉。其書言蒙古最詳，而尤注重中俄關係。有組織，有別裁，雖今日讀之，尚不失爲一名著也。

同光間治西北地理者，有順德李仲約文田，著元祕史注、雙溪集注等，所注專詳地理；有吳縣洪文卿鈞，著元史譯文證補，末附考數篇，皆言地理。大抵道咸以降，西北地理學與元史學相並發展，如驂之有靳，一時風會所趨，士大夫人人樂談，如乾嘉間之競言訓詁音韻焉，而名著亦往往間出。其大部分工作在研究蒙古，而新疆及東三省則其附庸也。

此類邊徼地理之著作，雖由考古引其端，而末流乃不專於考古。蓋緣古典中可憑藉之資料較少，而茲學首倡之人如祁鶴皋、徐星伯輩，所記載又往往得自親歷也。其專以考古邊徼地理名家者，在清季則有丁益甫謙。

益甫以鄉僻窮儒，交游不廣，蓄書不多，而所著蓬萊軒輿地叢書六十九卷，探賾析微，識解實有獨到處。除各史之蠻夷傳咸分別考證外，其餘凡關於邊徼及域外地理之古籍，上自穆天子傳，中逮法顯、玄奘諸行傳②，下迄耶律楚材、丘

---

① 斯　原作“新”，據稿本改。
② 玄　原作“元”，係避清聖祖康熙帝玄燁諱，今予回改。

長春諸游記，外而馬哥波羅游記等①，皆詳細箋釋，成書凡數十種，皆互相鈎稽發明，絕少牴牾。其中不能無誤謬處，自是爲時代及資料所限，不能苛求。可謂釋地之大成，籀古之淵海也已。其學風與益甫略相近而學力亦相埒者，則有錢唐吳祁甫承志，著有唐賈耽記邊州入四夷道里考實五卷。

　　言世界地理者，始於晚明利瑪竇之坤輿圖說②，艾儒略之職方外紀。清初有南懷仁、蔣友仁等之地球全圖。然乾嘉學者視同鄒衍談天，目笑存之而已。嘉慶中，林少穆則徐督兩廣，命人譯四洲志，實爲新地志之嚆矢。鴉片戰役後，則有魏默深海國圖志百卷，徐松龕繼畬瀛環志略十卷③，並時先後成書。魏書道光二十二年成六十卷④，二十七年刻於揚州，咸豐二年續成百卷。徐書作始於道光二十三年，刻成於二十八年。魏書不純屬地理，卷首有籌海篇，卷末有籌夷章條、夷情備采、戰艦、火器條議、器藝、貨

---

①此謂丁氏所撰元代客卿馬哥博羅游記地理考訂與馬哥博羅游記補注改訂二文，均刊地學雜誌，不載蓬萊軒輿地叢書。

②朱校："書名誤。利瑪竇繪製有坤輿萬國全圖一册，乃世界地圖。坤輿圖說係南懷仁所撰。"按，可參前第四講所附明清之際耶穌會教士在中國者及其著述表。

③龕　原作"庵"，稿本同，據清史稿本傳改。

④朱校："海國圖志於道光二十二年完成時，乃五十卷，初刻於揚州；二十四年，增補爲六十卷。"按，魏氏道光二十二年爲本書作叙稱"五十卷"，後六十卷刊印，魏氏將此叙改稱"原叙"，落款仍爲"道光二十有二載歲在壬寅嘉平月，內閣中書邵陽魏源叙於揚州"，只將文內"五十卷"改爲"六十卷"耳。光緒元年，左宗棠重刻海國圖志叙："邵陽魏子默深海國圖志六十卷，成於道光二十二年，續增四十卷，成於咸豐二年，通爲一百卷。"

幣……等篇。中多自述其對外政策，所謂"以夷攻夷"、"以夷款夷"、"師夷長技以制夷"之三大主義。由今觀之，誠幼稚可笑，然其論實支配百年來之人心，直至今日猶未脫離淨盡，則其在歷史上關係，不得謂細也。徐書本自美人雅裨理，又隨時晤泰西人輒探訪，閱五年數十易稿而成，純叙地理，視魏書體裁較整。此兩書在今日誠爲芻狗，然中國士夫之稍有世界地理智識①，實自此始，故略述其著作始末如右。其晚近譯本，不復論列也。

製圖之學，唐代十道圖今已不存，而元朱伯思之圖②，在前代號稱最善，蓋所用者阿拉伯法也。清聖祖委任耶穌會士分省實測，於康熙五十三年成内府輿圖③，爲後此全國地圖所本。乾隆平定準回部及大小金川後，更用新法測量，成西域圖志，益精善矣。詳官書章 然皆屬殿板，民國罕見。道光間，李申耆創製皇朝一統輿圖一卷、歷代地理沿革圖二十二幅。其沿革圖用朱墨套印，尤爲創格，讀史者便焉。同治間，胡文忠林翼撫鄂，著大清一統輿圖三十一卷，凡海岸、山脈、河流、湖澤、道里、城邑、臺站、關塞，無不詳細登錄。其開方之法，則準以緯度，一寸五分爲一方，方爲百里。各行省及外藩皆作專圖，可分可合，實當時空前

①原於"士"後衍一"大"字，據稿本刪。
②朱校："朱伯思，當爲'朱思本'之誤。……繪成輿地圖二卷。"按，錢大昕元史藝文志卷二地理類："朱思本輿地圖二卷。"
③稿本眉批曰："年份尚須細查。"按，清史稿卷二百八十三："康熙間，聖祖命製皇輿全覽圖。……五十八年，圖成。爲全圖一，離合凡三十二幀，別爲分省圖，省各一幀。"

之作也。光緒間，楊星吾_{守敬}著歷代輿地沿革險要圖，因李氏之舊，稍加精密。鄒沅帆_{代鈞}自製中國輿地尺，一華尺等於百萬分米特之三十萬又八千六百四十二。用以繪世界全圖①，凡外圖用英法俄尺者，悉改歸一律，無論何國何地，按圖可得中國里數分率之準焉。此清代製圖學進步之大凡也。②

✳　　✳　　✳　　✳　　✳

✳　　✳　　✳　　✳　　✳

九　譜牒學③

方志，一方之史也；族譜家譜，一族一家之史也；年譜，一人之史也。_{章實齋語意。}三者皆爲國史取材之資，而年譜之效用，時極宏大。蓋歷史之大部分實以少數人之心力創造而成，而社會既産一偉大的天才，其言論行事，恒足以供千百年後輩之感發興奮。然非有詳密之傳記以寫其心影，則感興之力亦不大。此名人年譜之所以可貴也。

年譜蓋興於宋。前此綜記一人行事之著作見於著録者，以東方朔傳、李固別傳等爲最古，具體殆類今之行狀。其有以年經月緯之體行之者，則薛執誼之六一居士年譜、洪興祖之昌黎先生年譜、魯訔之杜甫年譜、吳斗南之陶潛年

---

①用　原脱，據稿本補。
②稿本注曰：＂廿八日成。＂
③譜牒學　民志本同。按，稿本作＂傳記及譜牒學＂，雜誌本、文庫本無＂及＂字。

譜,其最先也。自明以來,作者繼踵,入清而極盛。

第一類,自撰年譜。歐美名士,多爲自傳,蓋以政治家自語其所經歷,文學家自語其所感想,學者自語其治學方法,……令讀者如接其謦欬,而悉其甘苦,觀其變遷進步,尚友之樂,何以加諸?中國古代作者,如司馬遷、東方朔、司馬相如、揚雄、班固、王充、劉知幾等皆有之,而遷、充、知幾之作附於所著書後者,尤能以真性情活面目示吾儕,故永世寶焉。年譜體興,自譜蓋鮮,明以前靡得而指焉。所見者僅有明張文麟自撰端巖年譜。清人自譜之可稱者如下:

孫夏峰先生年譜。夏峰八十七歲時自撰大綱[1],門人湯斌、魏一鰲、趙御衆、耿極編次而爲之注[2],並續成後五年。

毋欺録。朱柏廬(用純)著[3]。此書自記其言論、行事、感想,皆繫以年,實等於自撰年譜也。光緒間金吳瀾彙刻歸顧朱三先生年譜,即以此當朱譜。

魏敏果公年譜。魏環溪(象樞)口授,子學誠等手録。

蒙齋年譜。田山薑(雯)六十歲時自著,子肇麗續成後十年。[4]

---

① 八　原脱,民志本同,據稿本、雜誌本、文庫本補。
② 之　原作"以",民志本同,據稿本、雜誌本、文庫本改。
③ 柏　原作"伯",民志本同,據稿本、雜誌本、文庫本改。
④ 朱校:"此説不確。田譜正編至六十歲,續編至六十七歲,皆其自撰;補編至七十歲卒,爲田肇麗所續,僅三年。"按,田肇麗補年譜識語:"府君六十歲,著年譜成。……庚辰府君奉使袁浦,續乙亥以後,凡六年。辛巳一載在都,又續之。壬午歸里,申春棄世,不肖三年茹苦,苦凼餘生,未及搦管。……將家居兩年事實,補入卷末。"

漁洋山人年譜。王貽上（士禛）自著①，小門生惠棟補注。

漫堂年譜。宋牧仲（犖）自著。

恕谷先生年譜。李恕谷（塨）自爲日譜，五十二歲時命門人馮
　　辰輯之爲年譜，實等自撰也。凡恕谷友已下世者皆附以小傳，
　　則全出辰手。

尹元孚年譜。尹元孚（會一）自著。

瞿木夫自訂年譜。木夫名中溶，錢竹汀女婿。

言舊錄。張月霄（金吾）自撰年譜。

病榻夢痕錄、夢痕餘錄。汪龍莊（輝祖）自撰年譜。本錄記
　　事，餘錄記言。

敝帚齋主人年譜。徐彝舟（鼐）自撰。

退庵自訂年譜。梁茝林（章鉅）自撰。

駱文忠公（秉章）年譜。自撰。②

葵園自定年譜。王益吾（先謙）自撰。

此外自撰年譜有刻本者尚十數家，以其人無足稱，不復
論列。黃梨洲、施愚山皆有自撰譜，已佚。自撰譜譜中主人若果屬
偉大人物，則其價值誠不可量，蓋實寫其所經歷所感想，有

①禛　稿本作“禎”。
②稿本此條入第二類，有浮簽批曰：“駱文忠自訂年譜應移在第一類。”按，
　　民志本即列第二類，置“王壯武公（鑫）年譜”後，署“失著人名氏”；雜誌
　　本、文庫本脱漏。又按，第一類爲自撰年譜，此條依例當作“儒齋自訂年
　　譜。駱儒齋（秉章）自撰”。“文忠”爲謚號，因是書刻於光緒二十一年，
　　故書名如此。

非他人所能及者也。惜以上諸家能饜吾望者尚少。内中最可寶者厥惟恕谷譜①，其記述自己學問用力處，可謂"驚心動魄，一字千金"。彼又交游甚廣，一時學風藉以旁見者不少。其體裁最完整者莫如汪龍莊之夢痕録。惜龍莊學識頗平凡，不足耐人尋味耳。章實齋、邵二雲皆龍莊摯友，若彼二人有此詳細之自叙，豈非快事。葵園譜下半述其刻書編書之經歷頗可觀。月霄、彝舟皆質樸有風趣。木夫譜最可見乾嘉學風印象，且錢竹汀學歷多藉以傳。夏峰譜原文雖簡，得注便詳，明清之交"北學"、"洛學"之形勢見焉。其餘則"自鄶以下"矣。

此外亦有自撰墓誌銘之類者，以吾記憶所及，則屈翁山、張稷若、李恕谷、彭南畇皆有之②。又如汪容甫有自序，則文人發牢騷之言，所裨史料僅矣。其仿馬班例爲詳密的自述附所著書中者甚少。吾憶想所得，惟顧景范讀史方輿紀要序頗近是。

第二類，友生及子弟門人爲其父兄師友所撰年譜③。此類年譜，價值僅下自撰一等，因時近地切，見聞最真也。但有當分別觀之者：其一，先問譜主本人價值如何，若尋常達宦之譜，事等諛墓，固宜覆瓿。其二，譜主人格雖可敬，然豐於所昵，人之恒情，親故之口，慮多溢美。其三，即作譜者力

<hr>

①原於"谷"後衍一"年"字，雜誌本、民志本、文庫本同，據稿本删。
②稿本無"彭南畇"三字。
③及　稿本作"或"。

求忠實①，又當視其學識如何，"相知貴相知心"，雖父師亦未必遂能得之於子弟。以此諸因，此類譜雖極多，可稱者亦殊寥落②，今略舉如下：③

　　　孫文正公（承宗）年譜④。友人孫奇逢著。

　　　鹿江村先生（善繼）年譜。門人陳鋐著⑤。

　　　劉蕺山先生（宗周）年譜。門人董瑒著，子汋錄遺。

　　　漳浦黄先生（道周）年譜。門人莊起儔著。尚有門人洪恩、鄭
　　　亦鄒兩本在前。

　　　申端愍公（佳允）年譜⑥。子涵光著。

　　　申鳧盟（涵光）年譜。弟涵盼著。

　　　顧亭林先生（炎武）年譜。子衍生著。後人續著者尚數家⑦，

---

①譜　原脱，作空格，據稿本、雜誌本、民志本、文庫本補。

②亦　原脱，雜誌本、民志本、文庫本同，據稿本補。

③稿本注曰："右兩葉，六日改作。"按，係指"清人自譜之可稱者如下"至
　此。

④原於"（承宗）"後衍一"公"字，民志本同，據稿本、雜誌本、文庫本刪。

⑤以上兩條，原作"孫文正公（承宗）年譜、鹿江村先生（善繼）年譜，門人陳
　鋐著"，稿本、雜誌本、民志本、文庫本作"孫文正公（承宗）年譜、鹿江村
　先生（善繼）年譜，友人孫奇峰著"。按，孫譜原署"男銓編輯，容城後學
　孫奇峰訂正"；鹿譜原名鹿忠節公年譜，署"門人涿州陳鋐編"。據此分
　作兩條。

⑥佳允　原作"允佳"，稿本、雜誌本、民志本、文庫本同。按，光緒五年刻
　畿輔叢書本該譜末附申涵煜、申涵光、申涵盼述云"公諱佳允，字孔嘉"，
　據乙。該譜撰者當是申氏三子，非涵光一人也。又按，"允"字係避清世
　宗雍正帝胤禛諱。

⑦著　原脱，雜誌本、民志本、文庫本同，據稿本補。

見第三類。

李二曲先生(顒)年譜。門人王心敬著。

魏石生先生(裔介)年譜。子荔彤著。

顏習齋先生(元)年譜。門人李塨①、王源合著。以習齋自撰
日譜爲底本。

湯文正公(斌)年譜。門人王廷燦著。

查他山先生(慎行)年譜。外曾孫陳敬璋著。

陸稼書先生(隴其)年譜。子宸徵②、子婿李鉉合著。

施愚山先生(閏章)年譜。曾孫念曾著③。

全謝山先生(祖望)年譜。門人董秉純著。

汪雙池先生(紱)年譜。門人余龍光著④。

戴東原先生(震)年譜。門人段玉裁著。

阮尚書(元)年譜。子長生著。⑤

孫淵如先生(星衍)年譜。友人張紹南著⑥。

---

①塨　原作"琭",據稿本、雜誌本、民志本、文庫本改。

②眉批曰:"是其子否?"按,原書署"男宸徵"。

③曾孫　雜誌本、民志本、文庫本同;稿本作"子",眉批曰:"是子否?"

④余　原作"金",雜誌本、民志本、文庫本同,據稿本改。

⑤稿本無此條。按,著者"長生",民志本同,雜誌本、文庫本作"福"。又
按,阮氏譜實作雷塘盦主弟子記,八卷。其卷一卷二署"烏程弟子張鑑
謹録",卷三卷四署"男常生續編",卷五卷六署"男福續編",卷七署"男
孔厚續編",卷八署"小門生柳興恩續編",常生即長生,阮元長子;福,阮
元三子;孔厚,阮元四子。

⑥友人　雜誌本、民志本、文庫本同,稿本作"門人"。按,原書作"同里"。

洪北江先生(亮吉)年譜①。門人呂培著。

弇山畢公(沅)年譜。門人史善長著。

方植之(東樹)年譜②。從弟宗誠著。

吳山夫(玉搢)年譜。友人丁晏著③。

養一子(李兆洛)年譜。門人蔣彤著。

陳碩甫先生(奐)年譜。門人管慶祺、戴望著。

阿文成公(桂)年譜。孫那彥成、門人王昶同著。

曾文正公(國藩)年譜。門人李瀚章、黎庶昌等著。

左文襄公(宗棠)年譜。湘潭羅正鈞著。④

羅忠節公(澤南)年譜。失著人名氏⑤。

王壯武公(鑫)年譜⑥。湘潭羅正鈞著⑦。

丁文誠公(寶楨)年譜⑧。門人唐炯著。

劉武慎公(長佑)年譜⑨。友人鄧輔綸⑩、王政慈同著。⑪

---

①北江　稿本作"稚存"。

②樹　原作"澍"，民志本同，據稿本、雜誌本、文庫本改。

③稿本浮簽批曰："康熙時人，吳山夫年譜應移在第三類；丁晏，咸豐時人。"

④稿本、雜誌本、民志本、文庫本無此條。

⑤失著人名氏　原脫，據稿本、雜誌本、文庫本補。

⑥鑫　原作"鑫"，稿本、雜誌本、民志本、文庫本同，據羅氏原文改。

⑦湘潭羅正鈞著　稿本、雜誌本、民志本、文庫本作"失著人姓氏"。

⑧寶　原作"葆"，稿本、雜誌本、民志本、文庫本同，據唐氏原文改。

⑨佑　原作"祐"，稿本、雜誌本、民志本、文庫本同，據鄧氏、王氏原文改。

⑩鄧　原作"鄭"，民志本同，據雜誌本、文庫本改。

⑪稿本無此條。又，稿本注曰："五日成。四時就寢，幾達旦矣。"

右所列,除他山、愚山兩譜時代稍後外①,其餘皆作譜人直接奉手於譜主聞見最親切者。然價值亦有等差②。最上乘者應推蕺山、習齋、東原三譜,次則雙池、養一兩譜,蓋皆出於其最得意門生之手,能深知其學也。蕺山譜記譜主學行外,尤多晚明時局史料。自餘諸學者之譜,亦皆有相當價值,然須改造者已不少③,若亭林譜即其例也。諸大學者中,如胡朏明、惠定宇、江慎修、李穆堂、錢竹汀、段茂堂、王石臞伯申父子、焦里堂、莊方耕、劉申受、魏默深、陳蘭甫、俞蔭甫、孫仲容④……皆無當時人所撰年譜,亦未聞有謀補作者,甚可惜也。

　　學者之譜,可以觀一時代思想,事功家之譜,可以觀一代事變,其重要相等。阿文成譜爲卷三十有四⑤,可謂空前絕後之大譜。其中繁蕪處當不少,吾未見。但作史料讀固甚佳也。曾文正公譜十二卷⑥,亦稱巨製。餘如陶文毅、林文忠、郭筠仙、李文忠等似尚未有譜(?)⑦,頗可惜。

---

①稿本無"愚山兩"三字。

②等差　原作"差等",雜誌本、民志本、文庫本同,據稿本乙。

③然　原脱,雜誌本、民志本、文庫本同,據稿本補。　已　原作"亦",民志本同,據稿本、雜誌本、文庫本改。

④孫仲容　原脱,據稿本、雜誌本、民志本、文庫本補。

⑤成　原作"誠",民志本同,據稿本、雜誌本、文庫本改。

⑥稿本無"公"字。

⑦稿本、雜誌本於"李文忠"前有"左文襄"三字。按,左氏譜已補入前第二類之下,故民志本、文庫本、合集本删去。

篇幅極長之行狀事略等，往往詳記狀主事蹟之年月，雖不用譜體，其效力亦幾與譜等。如<u>王白田</u>之子<u>箴聽</u>所作<u>先府君行述</u>、<u>洪初堂榜</u>所作<u>戴東原先生行狀</u>、<u>焦里堂</u>之子<u>廷琥</u>所作<u>先府君事略</u>、<u>王石臞</u>爲其父<u>文蕭公安國</u>所作<u>先府君行狀</u>……之類，名篇頗多，後此作譜者可取材焉。

第三類，後人補作或改作昔賢年譜。此乃當時未有譜而後人補作，或雖有譜而未完善，後人踵而改作者。此類作品，其一，必譜主爲有價值的人物，得作譜者之信仰，故無下駟濫竽之病。其二，時代已隔，無愛憎成心，故溢美較少，此其所長也；雖然，亦以時代相隔之故，資料散失或錯誤，極難得絕對的真相，此其所短也。爲極勤苦極忠實的考證，務求所研究之對象得徹底了解，此實<u>清</u>儒學風最長處；而此類補作或改作之年譜，最能充分表現此精神，故在著作界足占一位置焉。今將此類作品分兩項論列如下：

（甲）清人或今人補作或改作<u>清代</u>名人年譜[①]：以卒於<u>清代</u>者爲限，以譜主年代先後爲次。

　　<u>張蒼水</u>（<u>煌言</u>）年譜。<u>咸豐</u>間<u>趙之謙</u>著。舊有一譜題<u>全謝山</u>著，趙氏辨其僞，別撰此本。

　　<u>黃梨洲</u>（<u>宗羲</u>）年譜。（一）<u>同治</u>間<u>梨洲</u>七世孫<u>炳垕</u>著[②]；（二）<u>薛鳳昌</u>著。

---

①代　原作"人"，<u>民志</u>本同，據<u>稿</u>本、<u>雜誌</u>本、<u>文庫</u>本改。
②炳垕　原作"垕炳"，<u>稿</u>本、<u>雜誌</u>本、<u>文庫</u>本同，據<u>黃</u>氏原書署名改。按，<u>民志</u>本作"屋炳"。

顧亭林(炎武)年譜。(一)吳映奎著;(二)車持謙著①;(三)胡虔著;(四)徐松著;(五)周中孚著;(六)張穆著。此譜最初本爲亭林子衍生作,吳氏因之,車氏又因吳氏。徐氏未見諸本,孤意創作,已寫定,未刻。張氏乃綜合車徐兩本,再加釐訂,道光二十三年著成。胡氏本見張本自序,周氏本見其所著鄭堂札記②,想皆已佚。

王船山(夫之)年譜。(一)劉毓崧著;(二)王之春著。劉本同治乙丑年成,前無所承,創作至難,故名之曰初稿③,而自序稱其未備者有七。之春爲船山八世從孫,據家譜及他書以正劉本之譌而補其闕,書成於光緒十八年壬辰。

朱舜水(之瑜)年譜。今人梁啓超著④。

吳梅村(偉業)年譜。道光間顧師軾著。

傅青主(山)年譜。(一)張廷鑑著,闕存;(二)同治間曹樹穀著,佚⑤;(三)宣統間丁寶銓著。

徐俟齋(枋)年譜,萬年少(壽祺)年譜。俱今人羅振玉著。

閻古古(爾梅)年譜。(一)道光間魯一同著;(二)今人張慰西著⑥。

---

①持　原作"守",稿本、雜誌本、民志本、文庫本同,據車氏原書署名改。
②所著鄭堂札記　稿本作"外孫戴望所作行狀"。
③之　原脱,雜誌本、民志本、文庫本同,據稿本補。
④今人　原脱,文庫本同,據稿本、雜誌本、民志本補。
⑤佚　原脱,雜誌本、民志本、文庫本同,據稿本補。
⑥慰　原作"蔚",稿本、雜誌本、民志本、文庫本同,據柳詒徵張慰西先生別傳改。

冒巢民(襄)年譜。今人冒廣生著①。

陳乾初(確)年譜②。嘉慶間吳騫著。

張楊園(履祥)年譜。蘇惇元著。

閻潛丘(若璩)年譜③。道光間張穆著。

戴南山(名世)年譜。道光間戴鈞衡著(?)。此譜爲戴作抑徐
　　宗亮作,待考。

章實齋(學誠)年譜。今人胡適著。日本人内藤虎次郎創作,
　　胡氏訂正擴大之。

黄蕘圃(丕烈)年譜。光緒間江標著。

龔定庵(自珍)年譜。(一)吳昌綬著;(二)宣統間黄守恒著。④

徐星伯(松)年譜。光緒間繆荃孫著。

　(乙)清人或今人補作或改作漢至明名人年表或年譜:以
譜主年代先後爲次。

賈生(誼)年表。汪中著。見述學⑤。

董子(仲舒)年表。蘇輿著。附所著春秋繁露義證卷首⑥。

---

①今人　原脱,據稿本、雜誌本、民志本、文庫本補。

②稿本無"確"字。眉批曰:"乾初名偶忘,一查便得。"

③丘　原作"邱",係避孔子名諱,今予回改。

④稿本此條列第二類"養一子(李兆洛)年譜"之後,署名作"友人吳昌綬
　著"。按,龔氏卒於道光二十一年,而吳氏生於同治七年,是不得稱"友
　人"也。

⑤見述學　原脱,雜誌本、民志本、文庫本同,據稿本補。

⑥附所著春秋繁露義證卷首　原脱,雜誌本、民志本、文庫本同,據稿本
　補。

太史公(司馬遷)繫年要略。王國維著。

劉更生(向)年譜。(一)梅毓著;(二)柳興恩著①。

許君(慎)年表。陶方琦著。

鄭康成(玄)年譜。(一)沈可培著;(二)洪頤煊著;(三)陳鱣
　　著;(四)袁鈞著;(五)丁晏著;(六)鄭珍著。王鳴盛蛾術編有
　　高密遺事三卷②,中亦有年表。

鄭司農(玄)蔡中郎(邕)年譜合表。林春溥著。

孔北海(融)年譜。繆荃孫著。

諸葛武侯(亮)年譜。(一)張澍著;(二)楊希閔著。

陳思王(曹植)年譜。丁晏著。

王右軍(羲之)年譜。(一)吳潯著;(二)魯一同著。

陶靖節(潛)年譜。(一)丁晏著;(二)陶澍著;(三)梁啓超著。
　　陶譜舊有宋人吳斗南、王質兩家;丁作似自創,陶作名曰年譜
　　考異,訂正舊説,加詳。梁作又加訂正。

庾子山(信)年譜。倪璠著。附見所注本集③。

魏文貞公(徵)年譜。王先恭著。

慈恩法師(玄奘)年譜。梁啓超著。僅成略本。

王子安(勃)年譜。姚大榮著。

張曲江(九齡)年譜。溫汝适著。附見所注本集。

---

①恩　原作"思",雜誌本、民志本、文庫本同,據稿本改。

②三卷　原作"卷三",據稿本、雜誌本、民志本、文庫本乙。

③附見所注本集　原脱,雜誌本、民志本、文庫本同,後張曲江、王摩詰、白
　香山、玉溪生四年譜同,皆據稿本補。

李鄴侯(泌)年譜。楊希閔著。

王摩詰(維)年譜。趙殿成著。附見所注本集。

陸宣公(贄)年譜。(一)丁晏著;(二)楊希閔著。

白香山(居易)年譜。汪立名著①。附見所注本集。白譜舊有
　　宋陳振孫本,汪氏改作。

玉溪生(李商隱)年譜。(一)朱鶴齡著;(二)馮浩著;俱附見所
　　注本集。(三)張采田著,名曰會箋,單行②。

韓忠獻公(琦)年譜。楊希閔著。

歐陽文忠公(修)年譜。華孳亨著③。

司馬温公(光)年譜。(一)顧棟高著;(二)陳弘謀著④。

王荊公(安石)年譜。(一)顧棟高著;(二)蔡上翔著。

東坡先生(蘇軾)年譜。(一)邵長蘅著;(二)查慎行著。蘇譜
　　舊有南宋施元之、宿父子,王宗稷三家,及傅藻紀年録⑤。邵
　　作重訂王譜。查作爲年表式。⑥

---

①汪　原作"江",據稿本、雜誌本、民志本、文庫本改。

②單行　原脱,雜誌本、民志本、文庫本同,據稿本補。

③亨　原作"享",稿本、民志本、文庫本同,據雜誌本改。按,昭代叢書本
　　增訂歐陽文忠公年譜署名作"無錫華孳亨韋軒著",華氏輯華氏傳芳集、
　　華氏文獻表,自序署名皆作"亨";文獻表列第二十四世諱號作"孳亨字
　　子弘",著述有"詩經旨言、增訂歐陽文忠公年譜、韋軒初稿、乾隆壬戌宗
　　譜十一集、傳芳六集"。

④弘　原作"宏",係避清高宗乾隆帝弘曆諱,今予回改。

⑤紀　原作"編",雜誌本、民志本、文庫本同,據傅氏原書書名改。

⑥自"(一)邵長蘅著"至"爲年表式",稿本作"(一)查慎行著,爲年表式,附
　　見所注本集;(二)邵長蘅重訂宋王宗稷舊譜"。

蘇文定公(轍)年譜。龔煦春著。

黄文節公(庭堅)年譜。徐名世刪補。黄譜舊有南宋末山谷諸孫營所撰,徐氏刪補之。

二程(顥、頤)年譜。池生春著。

米海岳(芾)年譜。翁方綱著。

稷山段氏二妙(克己、成己)年譜。孫德謙著。

元遺山(好問)年譜。(一)翁方綱著;(二)凌廷堪著;(三)施國祁著;(四)李光廷著①。

岳忠武王(飛)年譜。梁玉繩著。忠武孫珂金陀編有簡譜②,梁氏補之。③

洪文惠公(适)年譜④、洪文敏公(邁)年譜⑤。俱錢大昕著⑥。

李忠定公(綱)年譜。楊希閔著。

朱子(熹)年譜附考異。王懋竑著。朱譜舊有其門人李公晦所著⑦。明嘉靖間,李默改竄之,全失其舊。康熙初有洪璟刪補李默本,亦不佳,王氏作此訂正之。

陸子(九淵)年譜。李紱著。陸譜舊有其門人袁燮、傅子雲所

_____

①廷　原作“庭”,稿本、雜誌本、民志本、文庫本同,據李氏原書署名改。

②忠　原作“岳”,民志本同,據稿本、雜誌本、文庫本改。

③此條原在下一條之後,稿本眉批曰:“互易。”據乙。

④⑤公　原脱,雜誌本、民志本、文庫本同,據稿本補。

⑥俱錢大昕著　稿本、民志本同,雜誌本、文庫本作“(一)錢大昕著。(二)洪汝奎著”。

⑦其　原脱,雜誌本、民志本、文庫本同,據稿本補。

著。其後附刻全集之末，删汰失真，<u>李氏</u>作此訂正之。

<u>陸放翁</u>(<u>游</u>)年譜。(一)<u>趙翼</u>著;(二)<u>錢大昕</u>著。

<u>深寧先生</u>(<u>王應麟</u>)年譜。(一)<u>錢大昕</u>著;(二)<u>張大昌</u>著;(三)<u>陳僅之</u>著。①

<u>謝皋羽</u>(<u>翱</u>)年譜。<u>徐沁</u>著。

<u>王文成公</u>(<u>守仁</u>)年譜。(一)<u>毛奇齡</u>著;(二)<u>楊希閔</u>著。<u>王</u>譜舊有其門人<u>錢德洪</u>所著，後經<u>李贄</u>竄亂，<u>毛楊</u>皆訂正之，但亦未見佳。

<u>弇州山人</u>(<u>王世貞</u>)年譜②。<u>錢大昕</u>著。

<u>歸震川</u>(<u>有光</u>)年譜。(一)<u>汪琬</u>著，已佚;(二)<u>孫守中</u>著。

<u>戚少保</u>(<u>繼光</u>)年譜。<u>戚祚國</u>著。

<u>楊升庵</u>(<u>慎</u>)年譜。<u>簡紹芳</u>著。

<u>左忠毅公</u>(<u>光斗</u>)年譜。<u>馬其昶</u>著。

<u>徐霞客</u>(<u>弘祖</u>)年譜③。<u>丁文江</u>著。

右兩項數十種，實<u>清</u>代年譜學之中堅。大抵甲項幾無種不佳，乙項之佳者亦十而六七。此類之譜，作之實難，蓋作者之去譜主，近則百數十年，遠乃動逾千歲。非如第二類之譜，由門人子弟纂撰者，得以親炙其言行，熟悉其時日。資料少既苦其枯渴，苦其罣漏;資料多又苦其漫漶，苦其牴牾。加以知人論世，非灼有見其時代背景，則不能察其人在

①稿本、雜誌本、民志本、文庫本無"(三)陳僅之著"五字。

②王　原作"正"，據稿本、雜誌本、民志本、文庫本改。

③弘　原作"宏"，係避<u>清高宗乾隆帝弘曆</u>諱，今予回改。

歷史上所占地位爲何等;然由今視昔,影象本已朦朧不真,據今日之環境及思想以推論昔人,尤最易陷於時代錯誤。是故欲爲一名人作一佳譜,必對於其人著作之全部,專就學者或文學家言。別方面,則又有別當注意之資料。貫穴鈎稽,盡得其精神與其脈絡。不寧惟是①,凡與其人有關係之人之著作中直接間接語及其人者②,悉當留意③。不寧惟是,其時之朝政及社會狀況,無一可以忽視。故作一二萬言之譜,往往須翻書至百數十種,其主要之書,往往須翻至數十遍。資料既集,又當視其裁斷之識與駕馭之技術何如,蓋茲事若斯之難也。吾嘗試著一二譜,故深知其甘苦,然終未能得滿意之作。吾常謂初入手治史學者,最好擇歷史上自己所敬仰之人爲作一譜,可以磨鍊忍耐性,可以學得蒐集資料、運用資料之法。優爲此者厥惟清儒,前代蓋莫能及。

　　上列諸譜中,其最佳者:如王白田之朱子年譜,彼終身僅著此一書,而此一書已足令彼不朽,朱子之人格及其學術真相皆具焉。李穆堂之陸譜,價值亦略相埒也。如顧震滄之溫公譜,其意欲使不讀溫公集之人,讀此已能了解溫公人物真相之全部④,在諸譜中實爲一創格。震滄意謂有附集之譜,有單行之譜。附集者備讀集時參考,故宜簡明,單行者備不讀集人得有常

----

①惟　原作"爲",民志本同,據稿本、雜誌本、文庫本改。
②間接　原脫,雜誌本、民志本、文庫本同,據稿本補。
③當　原作"富",民志本同,據稿本、雜誌本、文庫本改。
④已　原作"亦",民志本同,據稿本、雜誌本、文庫本改。

識,故宜詳盡。再以與彼所著荆公譜合讀,則當時全盤政局,若指諸掌矣。如蔡元鳳之荆公譜,雖體裁極拙劣,而見識絶倫①。如陶雲汀之淵明譜考異,張孟劬之玉溪譜會箋,最注意於譜主之身世,觀其孕育於此種環境中之文藝價值何如②。如張石洲之顧閻兩譜,劉伯山之船山譜,羅叔藴之徐萬兩譜③……等,於譜主所履之地位、所接之人等,考核精密,細大不遺。如翁覃溪、李恢垣之遺山譜,孫益庵之二妙譜,資料本極缺乏,而搜羅結果乃極豐富,如丁儉卿之陳思譜,魯通甫之右軍譜,姚儷桓之子安譜,於譜主之特性及其隱衷,昭然若揭。如胡適之之實齋譜,不惟能擷譜主學術之綱要,吾尚嫌其未盡。並及其時代思潮。凡此諸作,皆近代學術界一盛飾也。

　　第四類,純考證的遠古哲人年表。此類性質,與前三類皆不同。不重在知其人,因其人爲人所共知。而重在知其確實之年代。故不作直行之詳贍年譜,而惟作旁行斜上之簡明年表。然而考證辨析,有時亦甚辭費焉。列其作品如下:

　　周公年表。牟庭著④。

　　孔子年表。(一)江永孔子年譜,黄定宜爲之注;(二)狄子奇孔子編年;(三)胡培翬校注、宋胡仔之孔子編年;(四)崔述洙泗考信録;(五)魏源孔子編年;(六)林春溥孔子師弟年表。

---

①識　原作"譯",民志本同,據稿本、雜誌本、文庫本改。
②價值　原脱,雜誌本、民志本、文庫本同,據稿本補。
③藴　稿本作"言"。按,羅氏字叔藴,又字叔言。
④稿本無"牟庭著"三字。

卜子年譜。陳玉澍著。

墨子年表。(一)孫詒讓墨子年表;(二)梁啓超墨子年代考。

孟子年表。(一)黃本驥孟子年譜;(二)汪椿孟子編年;(三)任
　啓運孟子考略;(四)周廣業孟子四考;(五)曹之升孟子年譜;
　(六)任兆麟孟子時事略;(七)狄子奇孟子編年;(八)崔述孟子
　事實錄;(九)魏源孟子編年;(十)林春溥孟子時事年表。

荀子年表。(一)汪中荀卿子通論附年表;(二)胡元儀郇卿
　別傳。①

以上諸作,皆考證甚勤。夫非有問題,則不必考證。問題取
決於紙上資料,恐終於“以後息者爲勝”耳。雖然,經過若干
人嚴密之考證,最少固可以解決問題之一部分也。至如墨
孟荀等生卒年既無法確定,則欲編成具體的年表,總屬徒勞。

＊　　　＊　　　＊　　　＊　　　＊

　族姓之譜,六朝、唐極盛,宋後寖微,然此實重要史料之
一:例如欲考族制組織法,欲考各時代各地方婚姻平均年
齡、平均壽數,欲考父母兩系遺傳,欲考男女產生比例,欲考
出生率與死亡率比較……等等無數問題,恐除族譜家譜外,
更無他途可以得資料。我國鄉鄉家家皆有譜,實可謂史界
瓌寶②,將來有國立大圖書館,能盡集天下之家譜俾學者分
科研究,實不朽之盛業也。

---

①原於此下有“董生年表。蘇輿著。在蘇著春秋繁露義證內”一條,已見
　前第三類(乙),并據稿本、雜誌本、民志本、文庫本刪。
②瓌　原作“壞”,民志本同,據稿本、雜誌本、文庫本改。

　　清代當承平時，諸姓之譜，恒聘學者爲之修訂，學者亦喜自訂其家之譜，觀各名家集中殆無一不有"某氏族譜序"等文，可見也。吾嘗欲悉薈萃此項文比而觀之，則某地某姓有佳譜，蓋可得崖略。惜今未能，故亦不克詳論也。①

----

①稿本注曰："六日成。二時寢。"

第十六講　清代學者整理舊學之總成績(四)

——曆算學及其他科學　樂曲學①　金石學②

十　曆算學及其他科學

曆算學在清學界占極重要位置,不容不予説明③。然吾屬稿至此乃極惶悚極忸怩! 蓋吾於此學絶無所知,萬不敢強作解事,而本書體例,又不許我自藏其拙。吾惟竭吾才以求盡吾介紹之責。吾深知其必無當也。吾望世之通此學者不以我爲不可教,切切實實指斥其漏闕謬誤之點,俾他日得以校改自贖云爾。

曆算學在中國發達蓋甚早:六朝唐以來,學校以之課

---

① 樂曲學　稿本作“地理學”。按,“地理學”已移入上一講。
② 金石學　原脱,民志本同,據稿本補。按,稿本第十二節原題“金石學及古物學”,惜僅存金石學文字數段,後竟未成。
③ 不予　原作“予不”,民志本同,據稿本、文庫本乙。

士,科舉以之取士,學者於其理與法,殆童而習焉。宋元兩朝,名家輩出,斯學稱盛。明代,心宗與文士交鬨,凡百實學,悉見鄙夷,及其末葉,始生反動。入清,則學尚專門,萬流駢進,曆算一科,舊學新知,迭相摩盪,其所樹立乃斐然矣。計自明末迄清末,斯學演進,略分六期[①]:

第一期:明萬曆中葉迄清順治初葉約三十年間,耶穌會士齎歐洲新法東來,中國少數學者以極懇摯極虛心的態度歡迎之,極忠實以從事翻譯。同時舊派反抗頗烈,新派以不屈不撓之精神戰勝之。其代表人物則爲李涼庵之藻、徐玄扈光啓等[②]。

第二期:清順治中葉迄乾隆初葉約八十年間,將所輸入之新法盡量消化,徹底理會,更進一步,融會貫通之,以求本國斯學之獨立。其代表人物爲王寅旭錫闡、梅定九文鼎等。

第三期:乾隆中葉以後迄嘉慶末約三四十年間,因求學問獨立之結果,許多重要古算書皆復活,好古有識之學者,爲之悉心整理校注。其代表人物則戴東

---

① 六　原作"五",稿本、民志本同,據後所列期數改。按,以下文字爲後改寫。原蓋作"五期",稿本殘留三期被墨筆塗抹勾勒刪去之文字,可考任公思考之過程,玆錄如下:"一、西法輸入期,代表人物爲徐光啓、李之藻等;二、西法消化及會通期,代表人物爲王錫闡、梅文鼎等;三、古學復活期,代表人物爲戴震、焦循等。"

② 玄扈　原作"元扈","玄"字係避清聖祖康熙帝玄燁諱,今予回改。本講後文同,不另出校。

原震、錢竹汀大昕、焦里堂循等。

第四期：嘉慶、道光、咸豐三朝約四五十年間，因古算書整理就緒之結果，引起許多創造發明，完成學問獨立之業。其代表人物則汪孝嬰萊、李四香銳、董方立祐誠、羅茗香士琳等。

第五期：同治初迄光緒中葉約三十年間，近代新法再輸入，忠實翻譯之業不讓晚明。其代表人物爲李壬叔善蘭、華若汀蘅芳等。

第六期：光緒末迄今日，以過去歷史推之，應爲第二次消化會通發展獨立之期。然而……

今吾將略述前五期之史蹟。惟有一語先須聲明者：曆與算本相倚也，而三百年來斯學之興，則假塗於曆而歸宿於算。故吾所論述，在前兩期曆算並重，後三期則詳算而略曆焉。

晚明因天官失職，多年沿用之大統曆，屢發見測算上之舛誤，至萬曆末而朱載堉、邢雲路先後抗言改曆之必要①。我國向以觀象授時爲國之大政，故朱邢之論忽惹起朝野注意，曆議大喧鬧，而間接博得西歐科學之輸入。初，歐洲自“宗教革命”告成之後，羅馬舊教團中一部分人爲挽回頹勢起見，發生自覺，於是有耶穌會之創設。會士皆當時科學智識最豐富之人，而其手段在發展勢力於歐洲以外。於是利

---

① 載　原作“世”，稿本、民志本同，據明史諸王列傳改。按，朱載堉爲明太祖九世孫鄭王朱厚烷世子，萬曆二十三年邢氏上進曆書疏，次年邢氏上議正曆元奏疏，請修大統曆。

瑪竇、龐迪我、熊三拔……等先後來華，實當明萬曆天啓時①。中國人從之游且崇信其學者頗多，而李凉庵、徐玄扈爲稱首。及改曆議起，有周子愚者方爲"五官正"，欽天監屬官。上書請召龐熊等譯西籍。萬曆四十年前後，凉庵與邢雲路同以修曆被徵至京師，雲路以己意損益古法，而凉庵專宗西術，新舊之爭自此。崇禎二年，凉庵與玄扈同拜督修新法之命。越二年，凉庵卒。又二年，玄扈亦以病辭，薦李長德天經自代。天經一遵成規，矻矻事翻譯，十年如一日，有名之崇禎曆書百二十六卷，半由玄扈手訂，半由長德續成也。凉庵、玄扈深知曆學當以算學爲基礎，當未總曆事以前，已先譯算書。玄扈首譯歐几里得之幾何原本六卷②，歐人名著之入中國，此其第一。幾何原本之成書，在玄扈任曆事前二十三年。自序謂"由顯入微，從疑得信，不用爲用，衆用所基，真可謂萬象之形囿，百家之學海"，蓋承認歐人學問之有價值，實自兹始也。玄扈又自爲勾股義一卷；凉庵亦以半著半譯的體裁爲同文算指十卷、圜容較義一卷。以上諸書，皆爲當時言西算者所宗。

　　玄扈總曆事時，反對蜂起，最著者爲魏文魁、冷守忠；玄扈與李長德先後痛駁之，其焰始衰。崇禎新曆經十餘年製器實測之結果，泐爲定本，將次頒行，而遭甲申之變，遂閣

---

① 當　原作"爲"，民志本同，據稿本改。
② 几　原作"兀"，民志本同，據稿本改。

置。入清，以歐人湯若望掌欽天監，始因晚明已成之業而頒之。順康之交，尚有楊光先者，純挾排外的意氣詆諆新法①，著一書名曰不得已書。其後卒取湯若望之位而代之，旋以推步失實黜革。自是閧議始息矣。

玄扈於崇禎四年上疏曰：“欲求超勝，必須會通；會通之前，先須譒譯。……譒譯既有端緒②，然後令深知法意者參詳考定。……”明史本傳 當時研治此學之步驟如此③。玄扈既逝，旋遭喪亂，未能依原定計畫進行。王寅旭引此疏而論之曰：“……文定（玄扈謚）之意④，原欲因西法以求進也。文定既逝，繼其事者（案指李天經等）僅能終翻譯之緒⑤，未遑及會通之法，甚至矜其師説，齮齕異己。……今西法盛行，向之異議者亦詘而不復爭矣。然以西法有驗於今可也，如謂爲不易之法無事求進不可也。……”曆説一 蓋李徐之業，得半而止，未逮其志，所謂“會通以求超勝”，蓋有俟於後起。而毅然以此自任者，則王寅旭、梅定九其人也。

阮芸臺著疇人傳⑥，清儒之部，以王梅爲冠首，且論之曰：“王氏精而核，梅氏博而大，各造其極，難可軒輊。”諒哉言矣。寅旭自幼嗜測天，晴霽之夜，輒登屋臥鴟吻間，仰察

---

①挾　原作“狹”，民志本同，據稿本改。
②譒　原作“繙”，據稿本、民志本改。
③治　原作“究”，民志本同，據稿本改。
④⑤（　）　原脱，據稿本、民志本補。
⑥芸　原作“雲”，據稿本改。

星象,竟夕不寐。每遇日月蝕,輒以新舊諸法所推時日杪刻所蝕多寡實測之,數十年未嘗一次放過。結果乃自爲曉庵新法六卷①,其自序既力斥魏文魁、陳壤、冷守忠輩之專己守殘,推獎利徐新法,然又謂西法有不知法意者五,當辨者十,其書則會通若干事、考正若干事、表明若干事、增葺若干事。其論治學方法,謂:"……當順天以求合,不當爲合以驗天。法所以差,固必有致差之故;法所脗合,猶恐有偶合之嫌。"曆策②又云:"其合其違,雖可預信,而分杪遠近之細,必屢經實測而後得知。合則審其偶合與確合,違則求其理違與數違,不敢苟焉以自欺而已。"推步交朔序又云:"……學之愈久而愈知其不及,入之愈深而愈知其難窮。……若僅能握觚而即以創法自命,師心任目③,撰爲鹵莽之術以測天④,約略一合,傲然自足,胸無古人,其庸妄不學未嘗艱苦可知矣。"測日小記序讀此,可知寅旭之學其趨重客觀的考察爲何如,又可知此派曆算學其影響於清代學風者爲何如也。⑤

　　定九年輩,稍後寅旭,而其學最淵博,其傳亦最光大。

---

①庵　原作"奄",據稿本改。
②策　原作"測",稿本、民志本同,據清儒學案卷三十一改。
③師　原作"順",民志本同,據稿本改。
④以測天　原脱,稿本、民志本同,據清儒學案卷三十一補。
⑤稿本注曰:"以上四葉十二日改作,廢去舊稿二葉半。"按,係指自"第一期"至此。

所著勿庵曆算全書①,分四大部:法原部八種,法數部一種,曆學部十五種;算學部六種,都凡三十種七十五卷;此外關於研究古曆法之書尚十三種八十七卷。其書内容價值,非吾所敢妄評,顧吾以爲定九對於斯學之貢獻,最少亦有如下數點:

一、曆學脱離占驗迷信而超然獨立於真正科學基礎之上,自利徐始啓其緒,至定九乃確定。

二、曆學之歷史的研究,——對於諸法爲純客觀的比較批評,自定九始。

三、知曆學非單純的技術而必須以數學爲基礎,將明末學者學曆之興味移到學算方面,自定九始。

四、因治西算而印證以古籍,知吾國亦有固有之算學,因極力提倡以求學問之獨立,黄梨洲首倡此論,定九與彼不謀而合。

五、其所著述,除發表自己創見外,更取前人艱深之學理,演爲平易淺近之小册,以力求斯學之普及,此事爲大學者之所難能,而定九優爲之。

王梅流風所被,學者雲起:江蘇則有潘次耕耒、陳泗源厚耀、惠天牧士奇、孫滋九蘭、顧震滄棟高、莊元仲亨陽、顧君源長發、屠蕘洲文漪、丁維烈等;安徽則有方位伯中通、浦選正珠父子,江慎修永、余嗇齋熙,及定九之弟和仲文鼐、爾素文鼏,定九

之孫玉汝_{毅成}等；浙江則有徐圃臣_發、吳任臣_{志伊}、龔武仕_土燕、陳言揚_訐、王宋賢_{元啓}等；江西則有揭子宣_暄、毛心易_{乾乾}等；湖北則有劉允恭_{湘煃}等；河南則有孔林宗_{興泰}、杜端甫_{知耕}等；山東則有薛儀甫_{鳳祚}等；福建則有李晉卿_{光地}、耜卿_{光坡}兄弟等。其學風大率宗王梅。而清聖祖亦篤嗜此學，其御定曆象考成、御製數理精蘊，巍然巨帙，爲斯學增重，則陳泗源、李晉卿等參與最多云。

　　黃梨洲年輩略先於王梅，然既以曆學聞，有著述數種。梨洲亦信服利、徐新法之一人，然謂此法乃我國所固有①。嘗曰：“周公、商高之術，中原失傳而被纂於西人②，試按其言以求之，汶陽之田可歸也。”其言雖不脫自大之習，然喚起國人之自覺心亦不少。王梅所企之“會通以求超勝”，其動機半亦由此。而清聖祖以西人借根方授梅玉汝，告以西人名此書爲“阿爾熱八達”，譯言東來法，命玉汝推其所自，玉汝因考定爲出於“天元一”，自是學者益知我國固有之算學，未可輕視矣。雖然③，古算書散佚殆盡④，其存者亦傳刻譌漏不可卒讀，無以爲研究之資。其搜輯整理之，則在四庫館開館之後，而董其役者實爲戴東原。⑤

---

①稿本無“國”字。
②纂　原作“篡”，據稿本、民志本改。
③雖然　原脫，作空格，據稿本、民志本補。
④古算　原作“大算學”，民志本同，據稿本改。
⑤稿本注曰：“右一條，十一日校改。”按，係指自“黃梨洲年輩”至此。

東原受學於江慎修,而尤服膺其曆算。慎修篤信西法,
往往並其短而護之,東原亦時所不免。看錢竹汀與東原論歲實
書。自其中年,即已成原象、曆問、古曆考①、策算、勾股割圜
記等書,爲斯學極有價值之作品。及入四庫館,則子部天文
算學類之提要,殆全出其手。而用力最勤者,則在輯校下列
各種算書:

一、周髀算經。漢趙爽注,北周甄鸞重述,唐李淳風釋。此書舊
　　有津逮祕書中刻本②,然譌脱甚多。東原據永樂大典詳校,補
　　脱字百四十七,正誤字百十三,删衍字十八,補圖二,自是此書
　　始可讀。

二、九章算術。晉劉徽注,唐李淳風釋,宋李籍音義③。此書明
　　時已佚,東原從永樂大典輯成九卷。此書後經李雲門(潢)作細
　　草圖説九卷,東原所謂舛錯不可通者一一疏解之。

三、孫子算經。不著撰人名氏。舊有甄鸞、李淳風注,皆亡。東
　　原從大典中輯出正文。

四、海島算經。晉劉徽撰,唐李淳風注,久佚。從大典輯出。

五、五曹算經。不著撰人名氏。刻本久佚,汲古閣有影鈔宋
　　本,訛舛不能成讀。舊有甄鸞、韓延、李淳風諸家注,已不
　　見。惟經文散在大典各條下。東原補綴鈎稽,輯爲五卷,極
　　費苦心。

六、五經算術。北周甄鸞撰,唐李淳風注。此書久無傳本,惟散

①古曆　原作"曆古",民志本同,據稿本乙。
②中　原脱,民志本同,據稿本補。
③籍　原作"藉",稿本、民志本同,據宋史藝文志改。

見大典中，割裂失次。東原循其義例，以各經之叙推之，輯成完書。

七、夏侯陽算經。著者時代無考。舊有甄鸞、韓延注。傳本久佚，惟大典有之，然割裂分附九章算術之下，紊其端緒。幸原序原目尚存①。東原悉心尋繹排比，還其舊觀②，爲三卷十二門。

八、張丘建算經③。著者年代無考。有甄李注及劉孝孫細草④。此書舊有汲古閣影鈔宋槧，然譌舛不少，東原校正之。又爲補五圖⑤，蓋原書所無，而其理非圖不明也。

九、輯古算經。唐王孝通撰並自注。舊尚有李淳風注，已佚。此書亦毛氏藏本，東原校定，附加圖説。此書後經李雲門作考注，以九章釋之；張古餘作細草，以天元釋之；皆多所發明⑥。

十、數術記遺。舊題漢徐岳撰，周甄鸞注。東原亦校定之，但辨爲唐以後偽書。⑦

以上所列，不過校勘幾部舊書，宜若與學界大勢無甚關係。雖然，此諸書者久已埋没塵壒中，學者幾不復知吾國自有此學，即有志研究者，亦幾譯書外無所憑藉。自戴校諸書既成，官局以聚珍板印行，而曲阜孔氏復彙刻爲算經十書，其移易國人觀聽者甚大。善夫阮文達之言曰："九數爲六藝之

---

①原序原目　原作"原書目"，民志本同，據稿本改。

②其　原作"有"，據稿本、民志本改。

③丘　原作"邱"，係避孔子名諱，今予回改。

④有　原脱，民志本同，據稿本改。

⑤又　原作"及"，民志本同，據稿本改。

⑥所　原脱，民志本同，據稿本補。

⑦稿本注曰："五月七日成。二時睡。明日入京，暫閣筆。"

一,古之小學也。……後世言數者,或雜以太一、三式①、占候、卦氣之説,由是儒林實學下與方技同科,可慨已!戴庶常……網羅算氏,綴輯遺經,以紹前哲,用遺來學。蓋自有戴氏,天下學者乃不敢輕言算數,而其道始尊,功豈在宣城(梅氏)下哉?"疇人傳四十二 讀阮氏此論,可以知戴氏在斯學之位置矣。

　　東原雖遍校古算經,然其自著曆算書,則仍宗西法;其專以提倡中法聞者則推錢竹汀。竹汀著元史朔閏表②、三統術衍、算術問答等書③。羅茗香推之甚至,謂"宣城猶遜彼一籌",續疇人傳四十九 其言或稍過。雖然,自戴錢二君以經學大師篤嗜曆算,乾嘉以降,曆算遂成經生副業,而專門算家,亦

①式　原脱,民志本同,據阮氏原文補。
②"元史朔閏表"當作"宋遼金元四史朔閏考"。今本署名作"嘉定錢大昕撰,胞侄侗增補"。按,阮福宋遼金元四史朔閏考序:"錢竹汀先生邃於史學,精於推步,仿遼史二考之例,著四史朔閏考,未成。元和李君尚之爲之增補,錢孝廉同人又博稽群籍及碑版文字以續成之。"錢東垣宋遼金元四史朔閏考跋:"宋遼金元四史,甲子不殊,閏朔互易,先世父宮詹公采之正史暨稗官野史,證以金石各刻并名人詩文集,撰四史閏朔考,將及成書,遽捐館舍。弟子李尚之先生精於疇人之學,假鈔後時爲增補,共得五十八條。去年夏,梟使李許齋先生屬秦君照實校刊,照實轉屬予年弟同人,將正雜諸史覆加編次,乃博稽載籍,參互考訂……計所增者一千三百十八條。同人卒後,東垣補增及以前後朔推得者又一百二十六條,是書已燦然大備矣。"
③術　原作"經",民志本同,據稿本改。　問答　原作"答問",稿本、民志本同,據錢氏原書書名乙。

隨之而出，其影響豈不鉅哉？

　　前所列戴校算經十書，皆唐代用以課士者。然數學實至宋元而極盛，其最有價值之著述則爲下列三家四種：

　　一、宋秦道古_{九韶}數學九章十八卷。

　　二、元李仁卿_冶測圓海鏡附細草十二卷、益古演段三卷。

　　三、元朱漢卿_{世傑}四元玉鑑三卷。

秦李兩家所創爲兩派之"立天元一術"，朱氏所創爲"四元術"，"天元"、"四元"兩術，則嘉道以後學者所覃精積慮，階是以求超勝於西人者也。四書中惟測圓海鏡舊有傳本，而已逸其細草，餘三書則皆久佚。東原在四庫館，從永樂大典中輯録九章、演段，及海鏡之細草，三書始稍具面目，然精心讐校，實所未遑，故研習猶不易焉。東原校海鏡，多肊删誤解，尹菊圃（錫瓚）曾指斥之。數學九章，自錢竹汀極力提倡，秦敦夫_恩復刻之，而顧千里_{廣圻}爲之詳校；其後沈俠侯_{欽裴}及其弟子宋冕之_{景昌}復據顧本精校，訂正譌舛數十處，爲之札記，自是道古之書始可讀。海鏡及演段，鮑渌飲_{廷博}刻之，而李四香_鋭爲之詳校，自是仁卿之書始可讀。獨四元玉鑑，四庫既不著録，阮文達作疇人傳時且未之見。以傳中無朱世傑知之。文達晚乃得其鈔本，傳鈔寄四香，四香大喜，爲作細草，未就而没。文達恫之，曰："李君細草不成，遂無能讀是書者矣。"揅經室集李鋭傳。道光中，羅茗香始爲精校，並補作細草，自是漢卿之書亦人人可讀，與秦李書等。此四書校注之業，其影響於後此算學之發展，視戴校諸書爲尤鉅。大抵天元學（即秦李學）大顯於嘉慶中葉①，而四元學（即朱學）復活於道光之初②。
二學明而中國算學獨立之利器具矣。

乾嘉以後治算之人約可分三類：

第一類，臺官：臺官者，奉職於欽天監者也。歷代臺官，
率多下駟。然臺中資料多，儀器備，苟得其人，則發明亦較
易爲力。乾隆中則有監正明靜庵安圖（蒙古人）創割圜密率捷
法③，舉世宗之。詳下 其弟子夏官正官名、張良亭肱最能傳其
學。同時，監副博繪亭啓（滿洲人）能解勾股形中所容方邊④、
圓徑、垂綫三事，創法六十。道光初，監正方慎莽履亨亦績學
有著述⑤。同時，博士（欽天監博士）陳靜莽杰最精比例⑥，著算
法大成二十卷，最便初學。

第二類，經師：經師者，初非欲以算學名家，因治經或治
史有待於學算，因以算爲其副業者也。此派起於黃梨洲、惠
天牧，而盛於錢竹汀、戴東原，其稍後則焦里堂、阮芸臺。若
顧震滄、程易疇、凌次仲、孔巽軒、錢溉亭、許周生、姚秋農、
程春海、李申耆、俞理初……輩皆其人也。自餘考證家，殆
無一人不有算學上常識，殆一時風尚然矣。此輩經生——
除戴焦孔外——大率藉算以解經史，於算學本身無甚發明。

---

①②（）　原脱，據稿本、民志本補。
③庵　原作“奄”，據稿本、民志本改。　　（）　原脱，據稿本、民志本補。
④（）　原脱，據稿本、民志本補。
⑤亨　原作“亭”，民志本同，據稿本改。
⑥（）　原脱，據稿本、民志本補。　　莽　原作“弇”，民志本同，據稿本改。

雖然，後此斯學大家，多出諸經師之門，如李尚之之學於竹汀，羅茗香之學於芸臺，其最著者也。

第三類，專門算學家：專門算學家，自王梅以後，中絶者垂百年，至嘉慶間始復活，道咸間乃極盛。復活初期之主要人物，則江都焦里堂、元和李四香、歙汪孝嬰萊也，時號爲談天三友。三人始終共學，有所得則相告語，有所疑則相詰難。而其公共得力之處，則在讀秦李書而知“立天元一”爲算家至精之術。四香校釋測圓海鏡、益古演段，爲仁卿之學撥開雲霧。又與里堂幾度討論，知秦道古之九章爲“大衍求一”中之又一派天元，秦書價值亦大明。里堂著天元一釋、開方通釋等書，最能以淺顯之文闡天元奧旨。孝嬰則姿性英鋭，最喜攻堅，必古人所未言者乃言之。三人中，焦尚經師副業，而汪李則專家也。焦之評汪李曰：“尚之四香善言古人所已言，而闡發得其眞；孝嬰善言古人所未言，而引申得其間。”兩家學風可見矣。學風異而能合作，故於斯學貢獻特多焉。而陽城張古餘敦仁、上元談階平泰，皆四香學友，於天元有所發明，四香弟子順德黎見山應南盡傳其師之學，且續成其書[1]；里堂子虎玉廷琥亦治演段，能名家。嘉慶間專門家最著者略如此。

道光初葉，秀水朱雲陸鴻[2]、陽湖董方立祐誠，在京師以

---

[1] 書　原作“成”，民志本同，據稿本改。按，渝本作“業”。
[2] 朱雲陸　原作“李雲麓”，稿本、民志本作“朱雲麓”，據清史稿本傳改。

學算相友善。方立最絕特，所發明割圜連比例率，實斯界不刊之作，見下惜早夭未能盡其才。而甘泉羅茗香士琳、烏程徐君青有壬、仁和項梅侶名達皆老壽，道咸間稱祭酒焉①。茗香爲阮芸臺弟子，早歲已通天元，中歲得四元玉鑑，嗜之如性命，竭十二年之力，爲之校，爲之注，爲之演細草二十四卷，復與同縣學友易蓉湖之瀚爲之釋例②。四元復見天日，自茗香始也。後此李壬叔譯代數之書，始知四元即我國之代數，而其祕實啓自茗香。君青縋幽鑿險，學風酷似汪孝嬰、董方立，發明測圜密率、橢圓求周術、對數表簡法等，見下亦嘗爲四元步細草，聞茗香治此乃中輟。梅侶與黎見山游，因接李四香之緒。著述甚富，今傳者僅勾股六術一編。嘗曰：“守中西成法，搬衍較量，疇人子弟優爲之。所貴學數者，謂能推見本原，融會以通其變③，竟古人未竟之緒，發古人未發之藏耳。”晚年每謂古法無所用，不甚涉獵，而專意於平弧三角云。後此算家力求向上一步以從事發明，得梅侶暗示之力爲多。三君之外，則元和沈俠侯欽裴之校九章，烏程陳靜庵杰之爲緝古細草，皆能有所樹立者。

　　道光末迄咸同之交，則錢塘戴鄂士煦④、錢塘夏紫笙鸞翔、南海鄒特夫伯奇、海寧李壬叔善蘭，爲斯學重鎮。鄂士學

---

①酒　原作“祖”，民志本同，據稿本改。
②瀚　原作“潮”，民志本同，據稿本改。
③融會以通其變　原脫，稿本、民志本同，據黎應南下學庵勾股六術序補。
④鄂　原作“諤”，稿本、民志本同，據綴術釋戴署名改。

早成，年輩稍後於<u>羅茗香</u>、<u>項梅侶</u>，<u>羅項</u>折節與爲忘年交①。所著求表捷術，英人<u>艾約瑟</u>譯之刊<u>英倫算學公會雜誌</u>，彼都學者歎爲絕業。我國近人著述之有<u>歐</u>譯，自<u>戴</u>書始也。<u>紫笙</u>爲<u>梅侶</u>高弟，盡傳其學。<u>特夫</u>崛起嶺嶠，而精銳無前，又善製器，諸名家皆斂手相推焉。<u>壬叔</u>早慧而老壽，自其弱冠時，已窮天元、四元之祕，斐然述作。中年以後，盡瘁譯事，世共推爲第二之<u>徐文定</u>②。遂以結<u>有清</u>一代算學之局。當是時，<u>江浙</u>間斯學極盛，<u>金山顧尚之</u>_{觀光}、<u>長洲馬遠林</u>_釗、<u>嘉定時清甫</u>_{曰淳}③、<u>興化劉融齋</u>_{熙載}、<u>烏程凌厚堂</u>_堃、<u>張南坪</u>_{福僖}④、<u>南匯張嘯山</u>_{文虎}，與<u>徐項戴李</u>諸君先後作枹鼓應焉。<u>江西</u>亦有<u>南豐吳子登</u>_{嘉善}，造詣不讓時賢。而異軍特起有聲色者，莫如<u>湖南</u>、<u>廣東</u>兩省。<u>湖南</u>自<u>新化鄒叔績</u>_{漢勛}首倡此學⑤，<u>長沙丁果臣</u>_{取忠}繼之。<u>果臣</u>弟子有<u>湘陰左壬叟</u>_潛，<u>文襄</u>從子也；<u>湘鄉曾栗諴</u>_{紀鴻}，<u>文正</u>子也；咸以貴介嗜學，能名其家。<u>徐君青</u>之爲<u>廣東</u>鹽運使也，語人曰："<u>廣東</u>無知算者！"或以告<u>番禺梁南溟</u>_{漢鵬}⑥，<u>南溟</u>爲難題難之，<u>徐</u>不能答。<u>嘉應吳石華</u>學算於<u>南溟</u>，遂盡傳其學。已而出<u>鄒特夫</u>，所造或爲<u>江左</u>諸師

---

①與　原作"以"，<u>民志</u>本同，據稿本改。
②之　原脫，<u>民志</u>本同，據稿本補。
③曰　原作"白"，<u>民志</u>本同，據稿本改。
④僖　原作"禧"，<u>民志</u>本同，據稿本改。
⑤鄒　原作"鄭"，<u>民志</u>本同，據稿本改。
⑥梁　原作"黎"，據稿本、<u>民志</u>本改。

所不及云。①

　　清季承學之士，喜言西學爲中國所固有，其言多牽强傅會，徒長籠統囂張之習，識者病焉。然近世矯其弊者，又曾不許人稍言會通，必欲擯祖國於未開之蠻民，謂其一無學問然後爲快。嘻！抑亦甚矣！人智不甚相遠，苟積學焉，理無不可相及。頑固老輩之蔑視外國，與輕薄少年之蔑視本國，其誤謬正相等。質而言之，蔽在不學而已。他勿具論，即如算術中之天元、四元，苟稍涉斯學之樊者，寧能强詞斥之謂爲無學問上之價值，又寧能謂此學非我所自有？清聖祖述西士之言，謂借根爲東來法。英人偉烈亞力，與李壬叔同事譯業者也，深通中國語言文字，能讀古書。其所著數學啓蒙第二卷有開諸乘方捷法一條，綴以按語云：“無論若干乘方，且無論帶縱不帶縱，俱以一法通之，故曰捷法。此法在中土爲古法，在西土爲新法。上下數千年，東西數萬里，所造之法若合符節。信乎此心此理同也！”夫偉力是否讕言，但用天元一試布算焉，立可決矣。竺舊之儒，必謂西法剿竊自我，如梨洲所謂“汶陽之田可復歸”，誠爲夸而無當。然心同理同之説，雖好自貶者亦豈能否認耶？是故如魏文魁、楊光先之流未嘗學問，徒爭意氣②，吾輩固當引爲大戒。乃若四香、茗香、壬叔諸賢，真所謂“舊學商量加邃密，新知涵養轉深沉”③，蓋於舊學所入愈深，乃益以促其自

────────────────────

①稿本注曰：“以上四葉，十四日改補。”按，係指自“東原校海鏡”至此。
②徒　原作“徙”，據稿本、民志本改。
③知　原作“如”，民志本同，據稿本改。

覺之心,增其自壯之氣,而完其獨立發明之業。則温故不足以妨知新抑甚明矣;而最損人神智者,實則在"隨人脚跟,學人言語"、不務力學、專逐時談之習耳。世之君子,宜何擇焉?

清代算學,順康間僅消化西法,乾隆初僅雜釋經典。其確能獨立有所發明者,實自乾隆中葉後,而嘉道咸同間爲盛①。推厥所由,則皆天元、四元兩術之復活有以牖之。徐文定所謂"會通以求超勝",蓋實現於百餘年後矣。今刺舉其發明之可紀者如下:②

一、明靜庵安圖之割圜密率捷法。梅玉汝赤水遺珍,載有西士杜德美用連比例演周徑密率及求正弦正矢之法,惟所以立法之原,則祕而不宣,致汪孝嬰疑其數爲偶合③。靜庵積思三十年,創爲此法與解。用連比例術,以半徑爲一率,設弧共分爲二率,二率自乘,一率除之,得三率;以二率與三率相乘,一率除之,得四率;由是推之,三率自乘,一率除之,得五率;……雖至億萬率胥如是。羅茗香評之曰:"西法之妙,莫捷於對數。對數之用,莫便於八綫。……考對數之由來,亦起於連比例,又安知當日立八綫表時不暗用此法推算耶?"

二、孔顨軒之三乘方以上開方捷法及割圜四例④。顨軒

---

① 間　原脱,民志本同,據稿本補。
② 稿本注曰:"十二日成。四時寢。昨日晚車始歸,昨夜未屬稿,今日亦頗爲客所矂,然並所改舊稿已成十葉矣。"
③ 致　原作"至",據稿本、民志本改。
④ 顨　原作"巽",後文他處同,民志本同,據稿本改。按,説文解字丌部:"顨,巽也。"

爲戴東原高第弟子①，研究秦李之書，精通天元。梅定九著少廣拾遺，云三乘方以上不能爲圖。羿軒獨抒新意，取冪積變爲方根，使諸乘皆可作平方觀，製諸乘方廉隅圖，俾學者知方廣稠疊所由生。又立割圜四例，其說在明氏捷法未顯之先，而問與暗合。所著書名少廣正負術內外篇六卷。

三、**李四香之方程新術草**。因梅氏未見古九章，其所著方程論囿於西學，致悖直除之旨，乃尋究古義，探索本根②，變通簡捷，以成新術。**辨天元與借根之異同**。梅玉汝言借根即天元，大致固不謬。**四香更辨析天元之相消，有減無加，與借根方之兩邊加減微異**。**發明開方正負定律**。梅氏言開方，專宗同文算指西鏡錄之西法，初不知立方以上無不帶縱之方。故所著少廣拾遺立開一乘方以至開十二乘方法，枝枝節節，窒礙難通。四香讀秦道古書，闡明超步退商、正負加減、借一爲隅諸法③，爲開方說三卷。

四、**黎見山應南之求勾股率捷法**。見山，四香弟子。此捷法乃推闡天元通分而成。任設奇偶兩數，各自乘，相併爲弦，相減爲勾或爲股，副以兩數相乘，倍之爲股或爲勾。若任設大小兩奇數或偶數，各自乘，則相併半之爲勾或爲股，其兩數相乘即爲股或爲勾。所得勾股弦皆無零數。

五④、**汪孝嬰之發明天元一正負開方之可知不可知**。四

---

① 第　原脫，民志本同，據稿本補。
② 探　原作"採"，民志本同，據稿本改。
③ 隅　原作"陽"，民志本同，據稿本改。
④ 五　原作"四"，據稿本、民志本改。

香發明正負開方定律，少廣之學大明。孝嬰讀秦李書，知有不可知之數，乃自二乘方以下推之，得九十五條。其説與四香似立異，故當時有汪李齮齕之謠，焦里堂既辨之矣。四香後讀其書而爲之跋，括爲三例以證明之。謂：隅實同名者不可知[①]，隅實異名而從廉正負不雜者可知；隅實異名而從廉正負相雜，其從翻而與隅同名者可知，否則不可知。又謂己所言"一答與不止一答"[②]，與汪言之"可知不可知"義實相通云。

六、董方立之發明割圜連比例術。此亦因杜德美之圜徑求周術，語焉不詳，欲更創通法，使弦矢與弧可以徑求。時明靜庵之密率捷法未傳於世，方立覃思獨創，與明氏同歸而殊塗。蓋以圜容十八觚之術引伸類長[③]，求其累積實兼差分之列衰，商功之堆垛，而會通以盡勾股之變。自謂奇偶相生，出於自然，得此術而方圓之率通云。

七、徐君青之發明屢乘屢除的對數。對數表傳自西人[④]，云以屢次開方而得其數。君青以屢除屢乘法御之[⑤]，得數巧合，而省力百倍。研究測圜密率。以屢乘屢除法遞求正負諸差，而加減相併，便得所求。發明橢圜求周術[⑥]。橢圜求周無法可馭，借平圜周求之則有三術，項梅侶、戴鄂士各立一

---

① 隅　原作"偶"，後兩處同，民志本同，據稿本改。
② 謂　原作"請"，民志本同，據稿本改。
③ 伸　原作"仲"，據稿本、民志本改。
④ 對　原作"謝"，據稿本、民志本改。
⑤ "屢除"之"屢"字原脱，民志本同，據稿本補。
⑥ 橢　原作"開"，據稿本改。

術①，君青以橢周爲圜周，求其徑以求周，即爲橢圜之周②，最直捷。李壬叔謂其駕過西人遠甚。**發明造各表簡法**。君青以對數表等爲用最大，惜創造之初，取徑紆回，布算繁賾，不示人以簡易之方，如八綫對數表③，至今無人知其立表之根。因讀四元玉鑑究心於垛積招差之法，推諸割圜諸術，無所不通。蓋垛積者遞加數也，招差者連比例也，合二術以施之割圜，六通四闢，而簡易之法生焉。乃集杜德美、董方立、項梅侶、戴鄂士、李壬叔諸家之説而折衷之，簡益求簡，凡立五術。

八、**戴鄂士之發明對數簡法**。其術在捨開方而求假設數。復有續編，專明對數根之理。徐君青爲之序，謂與李壬叔對數探原同爲不朽之業。**發明外切密率**。此亦割圜率中之一種。自杜董遞啓割圜之秘，項梅侶、李壬叔皆有所增益。惜杜氏有弦矢術而無切割術，李氏有其術而分母分子之源未經解釋。鄂士謂弦矢與切割本可互爲比例，……以比例所得之率數乘除法乘除弧背，其求得之數必仍爲比例所得之切割。乃本此意以立術。**發明假數測圓**。專以負算闡對數，發前人未發之藴。

九、**鄒特夫之發明乘方捷術**。此亦研究對數之書。隱括董方立、戴鄂士之説，立開方四術。其於訥白爾表，以連比例乘除法逐開一無量數乘方以求之，又立求對數較四術以求之，亦用連比例一以貫之，立術最爲簡易。蓋與徐君青④、李壬叔之

---

① 鄂　原作"諤"，後文他處與稿本、民志本俱同，據綴術釋戴署名改。按，稿本"九鄒特夫之發明乘方捷術"條作"鄂"。
② 周　原作"用"，民志本同，據稿本改。
③ 對　原脱，稿本、民志本同，據徐氏造各表簡法補。
④ 與　原作"以"，民志本同，據稿本改。

術操數各殊，惟與夏紫笙略近①，而更爲精密云。**創造對數尺**。因對數表而變通之爲算器，畫數於兩尺②，相併而伸縮之，使原有兩數相對，而今有數即對所求數③。**補古格術**。格術之名及其術之概略，僅見於宋沈括夢溪筆談，後人讀之亦莫能解。特夫知其即光學之理，更爲布算以明之。以算學釋物理，自特夫始。

十、**李壬叔之以尖錐馭對數**。壬叔以尖錐立術，既著方圓闡幽、弧矢啓祕二書，復爲對數探源，亦以尖錐截積起算，先明其理，次詳其法。自序云："……有對數萬，求其逐一相對之正數④，則爲連比例萬率，其理夫人而知之也；有正數萬，求其逐一相對之對數⑤，則雖歐羅巴造表之人，僅能得其數未能知其理也。間嘗深思得之，歎其精微玄妙，且用以造表，較西人簡易萬倍。然後知言數者不可不先得夫理也。"壬叔著此書在早年⑥，其後與西士共譯各書，益自信。乃著對數尖錐變法釋，謂己所用爲正法，西人所用乃變法，而其根則同云。**推衍垛積術**。謂垛積爲少廣一支，西人代數微分中所有級數，大半皆是。近人惟汪孝嬰、董方立頗知其理，而法數未備，因特闡明之。

---

① 與　原脱，民志本同，據稿本補。
② 於　原作"以"，民志本同，據稿本改。
③ 今　原作"令"，民志本同，據稿本改。
④ 正　原作"對"，民志本同，據稿本改。
⑤ 自"則爲連比例"至"相對之對數"，原脱，民志本同，據稿本補。
⑥ 此　原脱，民志本同，據稿本補。

十一、**顧尚之之和較相求對數八術**。批評杜董項戴及西人數學啓蒙中之諸新術，以爲皆未盡其理。乃別爲變通，任意設數，立六術以御之，得數皆合，復立還原四術。卒乃推衍之爲和較相求之八術。

十二、**夏紫笙之創曲綫新術**。其書名致曲術：曰平圓，曰橢圓，曰拋物綫，曰雙曲綫，曰擺綫①，曰對數曲綫，曰螺綫，凡七類。皆於杜德美、項梅侶、戴鄂士、徐君青、羅密士(美人②，著代微積拾級者)諸術外，自定新術，參互並列，法密理精。復有致曲圖解説明之。**創乘方捷術③**。以開各類乘方通爲一術④，可並求平方根數十位，不論益積翻積，俱爲坦途。其書名少廣縋鑿。

以上所舉⑤，不過在三部疇人傳中阮元著初編，羅士琳續，諸可寶再續。臨時撏撦。我之學力，本不配討論此學，其中漏略錯誤，定當不少⑥。但即循此以觀大略，已可見此學在清代發達進步之程度爲何如⑦。以李四香汪明董等推術之業視王梅⑧；以李四香羅張古餘等校書補草之功視錢戴；以徐戴鄂士

①擺　原作"一"，民志本同，據稿本改。
②美　原作"英"，稿本、民志本同，原書署"米利堅羅密士撰，英國偉烈亞力口譯，海寧李善蘭筆述"，據改。
③乘　原作"垂"，民志本同，據稿本改。
④一　原作"擺"，民志本同，據稿本改。
⑤以　原脱，據稿本、民志本補。
⑥原於"定"後衍一"以"字，據稿本删。按，民志本作"定皆不少"。
⑦達　原作"展"，據稿本改。按，此字民志本脱。
⑧術　原作"算"，民志本同，據稿本改。

鄒李壬叔等會通發明之績視王梅李四香汪，真有"積薪後來居上"之感。其後承以第二期西學之輸入——即所謂十九世紀新科學者，而當時國中學者所造，與彼相校，亦未遑多讓。中國人對於科學之嗜好性及理解能力，亦何遽出歐人下耶？

　　吾叙述至此，忽有別的小感觸①，請附帶一言：清代算學家多不壽，實吾學界一大不幸也。內中惟梅定九壽八十九②，李壬叔壽七十，二老巋然綰一代終始，差足慰情。自餘若焦里堂僅五十八，戴鄂士僅五十六，王寅旭、戴東原皆僅五十五，鄒特夫僅五十一，鄒叔績僅四十九，馬遠林僅四十八，汪孝嬰僅四十六，李四香、夏紫笙皆僅四十五，尤促者，熊韜之僅三十九，孔頵軒僅三十五，董方立僅三十三，左壬叟、曾栗誠卒年未詳，大抵皆不逾四十。嗚呼！豈茲事耗精太甚易損天年耶？何見奪之速且多也！夫使頵軒、方立輩有定九之壽③，則所以嘉惠學界者宜何如哉？吾又感覺算學頗恃天才，故有早歲便能成家者。又洪楊之亂，學者多殉，而算家尤衆。徐君青以封疆江蘇巡撫死綏，固宜矣；乃若羅茗香、馬遠林劍④、鄒叔績、戴鄂士、顧尚之、凌厚堂堃、張南坪福僖⑤，皆先後及

───────────

①原於"忽"前衍一"惟"字，民志本同，據稿本刪。
②惟　原脱，民志本同，據稿本補。
③之　原脱，民志本同，據稿本補。
④劍　原脱，民志本同，據稿本補。
⑤僖　原作"禧"，民志本同，據稿本改。

難。其餘諸家遺著投灰燼者且不少。嗚呼！喪亂之爲文化厄，有如是也！

道光末葉，英人艾約瑟、偉烈亞力先後東來。約瑟與張南坪、張嘯山文虎、顧尚之最善，約爲算友。偉烈則納交於李壬叔，相與續利徐之緒，首譯幾何原本後九卷，次譯美人羅密士之代微積拾級①，次譯英人侯失勒約翰之談天。其後壬叔又因南坪等識艾約瑟，與之共譯英人胡威立之重學，又與韋廉臣共譯某氏之植物學。十九世紀歐洲科學之輸入，自壬叔始也。亂事既定，曾文正設製造局於上海，中附屬譯書之科，以官力提倡之。時壬叔已老，在總理衙門爲章京，不能親譯事。則華若汀蘅芳繼之，與英人傅蘭雅共譯爲多，所譯有英人華里司之代數術、微積溯原，海麻士之三角數理等。此外則徐虎臣建寅、趙仲涵元益等皆有所譯述，然精審不逮李華云。

晚清李華譯述之業，其忠實與辛勤不讓晚明之徐李，而所發生之影響則似遠遜。李徐譯業，直接產生王梅，能全部消化其所譯受，更進而求本國學問之獨立，因以引起三百年間斯學之發達。李華譯書時，老輩專精斯學者已成家數，譯本不過供其參考品，不復能大有所進益，而後輩則浮騖者多，不復專精斯詣。故求如王梅其人者，直至今日，蓋無聞焉。豈惟今日，恐更遲之若干年亦猶是也。夫吾並非望舉

①人　原作“之”，據稿本、民志本改。

國人皆爲算學家也,算學爲最古之學,新發明甚難,不如他種科學之饒有發展餘地,學子不甚嗜之①,亦無足怪。雖然,算學爲一切自然科學之基礎,欲治科學,非於算有相當素養不能爲功,昭昭然也。然環觀今之青年,在學校中對於此科之興味何衰落一至此甚也! 學之數年,恐其所得素養比諸門外漢如我者所勝無幾也! 反不如百餘年前專讀"綫裝書"之老經生猶知以此學爲重也! 嗚呼! 此非一門學術興廢之小問題,實全部學風盛衰之大問題也。厭繁重而怠探索,功課爲機械的授受,不復刻入以求心得,惟喜擷拾時趨的游談以自欺欺世。如此,則凡百學術皆不能喚起真摯之興味,豈惟算學? 結果非將學問向上之路全付榛蕪焉不止也! 嗚呼! 今之青年,有聞乾嘉道間諸先輩之學風而知奮者耶?

　　鄒特夫晚年有論算家新法一篇,其言曰:"自董方立以後,諸家極思生巧,出於前人之外,如華嚴樓閣,彈指即現,實抉算理之奧奁。然恐後之學者,不復循途守轍,而遽趨捷法,則得之易而失之亦易②,是可憂也。"吾涉讀及此而若有感於余心焉。昔人欲通曉一學也甚難,而所成就常實:無組織完善之著書,無簡易之教授法,欲學者須從亂石犖犖、亂草蓬蓬中自覓新路而自闢之,故學焉者十人,其九人者恒一無所獲,廢然而返。

---

①子　原作"者",民志本同,據稿本改。
②而　原脱,民志本同,據稿本補。

即其一人有所獲者,亦已費無量精力於無用之地,此其所爲失也。雖然,不入之則已,既入則極深研究,其發明往往超拔凡近,此其所爲得也。今人欲通曉一學也甚易,而所成就常虛:教科書及教授法,凡所以助長理解者惟恐不至,而取徑惟恐不捷,中智之士,按部就班,畢業一課即了解一課,畢業一書即了解一書①,人人可操券而獲也。然與其書與其師暌別不一二年,所學如夢矣②。即不爾,而所得亦至膚末③,罕復能以自立。說者謂今之教育,只能舉全社會而"平庸化"④,而傑出天才乃汩沒摧抑而日漸滅,不其然耶? 夫今日不能舉教育法而盡返之於曩昔,不待言也。然特夫所謂"邃趨捷法,得之易而失之亦易"者,斯誠教育界不可忽視之一問題⑤。如何而能使青年於易知易⑥,從中仍閱歷甘苦而求所學實有諸己,不可不熟思而折衷之也。吾有感於諸先輩之刻苦堅忍以完成學問獨立之業,故附其說於此。

---

①了　原作"人",據稿本、民志本改。

②如　原作"知",民志本同,據稿本改。

③原於"膚"後衍一"淺"字,民志本同,據稿本刪。按,稿本原作"淺末",又於"淺"字右側書一"膚"字;渝本復衍一"微"字,作"膚淺微末"。

④舉　原作"攀",民志本同,據稿本改。　　而　原脫,民志本同,據稿本補。

⑤一　原脫,民志本同,據稿本補。

⑥使　原作"便",民志本同,據稿本改。

　　＊　　　＊　　　＊　　　＊　　　＊

　　＊　　　＊　　　＊　　　＊　　　＊

　　吾今當以敘述曆算學之餘，簡帶敘其他科學。各種科學不惟不能各占一專章，並不能合而成一專章，而惟以曆算學附庸之資格於此帶敘焉，吾學界之恥也。然吾儕史家之職，不能增飾歷史實狀之所本無，吾惟寫其實以待國人之自勘而已。

　　清儒頗能用科學精神以治學，此無論何人所不能否認也。雖然，其精力什九費於考證古典，勉譽之亦只能謂所研究者爲人文科學中之一小部分，其去全體之人文科學已甚遠。若自然科學之部，則欲勉舉一人一書，且覺困難。無已，姑舉下列一二以充數。

　　物理學及工藝學方面，有宋長庚應星天工開物十八卷。長庚，江西奉新人，卒於清初順康間，其書則成於明崇禎十二年①。書之內容如下：

　　　卷一　乃粒　論農產品、農事、農器等。
　　　卷二　乃服　論蠶事、製絲、紡織及織具、緞錦、棉花
　　　　　　　　　之種植紡織、麻布、製裘、製氈等。
　　　卷三　彰施　論染料之産出採取及製造等②。
　　　卷四　粹精　論農產品製成糧食之法。
　　　卷五　作鹹　論各種鹽產及製鹽法。

————————

①成　原作“或”，民志本同，據稿本改。
②取　原作“用”，民志本同，據稿本改。

卷六　　甘嗜　　論種蔗、製糖及蜂蜜。

卷七　　陶埏　　論造瓦、造磚、造陶器、造瓷器諸法。

卷八　　冶鑄　　論鑄造鐘、鼎、釜①、像、砲、鏡、錢諸法。

卷九　　舟車　　論各式舟車及其造法。

卷十　　錘鍛　　論冶鐵及各種鐵器造法，附冶銅。

卷十一　　燔石　　論石類之化煉②，內含石灰、蠣灰、煤炭③、礬、硫黄、砒石等。

卷十二　　膏液　　論油品及製法。

卷十三　　殺青　　論紙料及製法。

卷十四　　五金　　論金、銀、銅、鐵、錫、鉛各礦之產地、采法、化分法等。

卷十五　　佳兵　　論矢、弩、干、火藥、火器各種製造法。

卷十六　　丹青　　論朱墨等顏色之產地及造法。

卷十七　　麴蘗　　論造酒。

卷十八　　珠玉　　論珠、玉、寶石、水晶、瑪瑙等之產地及磨治法。

觀此目録，可以知本書所研究之對象爲何。長庚自序云："世有聰明博物者，稠人推焉④，乃棗梨之花未賞⑤，而臆度楚萍；釜

---

①釜　原作"斧"，民志本同，據稿本改。
②論　原作"燔"，民志本同，據稿本改。
③炭　原作"灰"，民志本同，據宋氏原文改。按，稿本缺此字。
④推　原作"稚"，民志本同，據稿本改。
⑤賞　原作"實"，民志本同，據稿本改。

鸞之範鮮經①，而侈談莒鼎。畫工好圖鬼魅而惡犬馬，即鄭僑晉華，豈足爲烈哉?"彼蓋深鄙乎空談考古之輩，而凡所言皆以目驗爲歸也。丁在君文江論之曰："三百年前言工業天産之書如此其詳且明者，世界之中，無與比倫。"有此書洵足爲學界增重矣。

　　方密之著通雅，其中已多言物理。復有餘稿，其子位伯中通分類編之，名曰物理小識，凡十二卷，内分天、曆、風雷雨暘、地、占候、人身、醫藥、飲食、衣服、金石、器用、草木、鳥獸、鬼神方術、異事，凡十五類。所言雖不免間雜臆測或迷信，不如長庚之摭實。然其中亦頗多妙悟，與今世科學家言暗合②。例如卷一之論"氣映差"，論"轉光"，論"隔聲"，……等類皆是。要之此等書在三百年前，不得謂非一奇著也。

　　明清之交，學者對於自然界之考索，本已有動機。雍乾以降，古典學大興，魁儒之聰明才力盡爲所奪，甚可惜也。然皖南江戴一派，好言名物，與自然科學差相接近。程易疇瑶田著通藝録③，有考工創物小記、溝洫疆理小記、九穀考、釋草小記、釋蟲小記等，惜偏於考古，於實用稍遠矣；郝蘭皋懿行自言好窮物理，著有蜂衙小記、燕子春秋等，吾未見其書，不知内容如何。

　　明末曆算學輸入，各種器藝亦副之以來，如火器圖説、

---

①鸞　原作"灣"，民志本同，稿本同，據天工開物自序改。
②家　原脱，民志本同，據稿本補。
③瑶　原作"瑞"，民志本同，據稿本改。

奇器圖説、儀象志、遠鏡説……等或著或譯之書亦不下十餘種。後此治曆算者，率有感於“欲善其事先利其器”，故測候之儀，首所注意，亦因端而時及他器。梅定九所創製則有勿庵揆日器、勿庵側望儀①、勿庵仰觀儀、勿庵渾蓋新儀、勿庵月道儀等；戴東原亦因西人龍尾車法作贏旋車②，因西人引重法作自轉車，又親製璿璣玉衡——觀天器；李申耆自製測天繪圖之器，亦有數種。凡此皆曆算學副産品也。而最爲傑出者，則莫如歙縣鄭浣香復光之鏡鏡詅癡一書。

　　浣香之書，蓋以所自創獲之光學智識，而説明製望遠顯微諸鏡之法也。據張石洲序知其書成於道光十五年以前，其自序云“時逾十稔然後成稿”，則知屬稿在道光初年矣。時距鴉片戰役前且二十年，歐洲學士未有至中國者，譯書更無論。浣香所見西籍，僅有明末清初譯本之遠鏡説、儀象志、人身説概等三數種。然其書所言純屬科學精微之理，其體裁組織亦純爲科學的。今將原書四大部分各子目表列如下：

　　　第一部　　明原。原注云：鏡以鏡物，不明物理，不可以得鏡理。物之理，鏡之原也。作明原。

　　　　一原色，二原光，三原影，四原線，五原目，六原鏡。

　　　第二部　　類鏡。原注云：鏡之製各有其材，鏡之能各呈其用，以類別也。不詳厥類，不能究其歸。作類鏡。

────────────

①側　原作“測”，民志本同，據稿本改。
②旋　原作“族”，民志本同，據稿本改。

一鏡資，二鏡質，三鏡色，四鏡形。

第三部　　釋圓。原注云[1]：鏡多變者，惟凹與凸。察其形，則凹在圓外，凸在圓內。天之大以圓成化，鏡之理以圓而神。作釋圓[2]。

一圓理，二圓凸，三圓凹，四圓疊，五圓率。

第四部　　述作。原注云：知者創物，巧者述之，儒者事也；民可使由，不可使知，匠者事也。匠者之事[3]，有師承焉，姑備所聞。儒者之事，有神會焉，特詳其義。作述作。

一作照景鏡，二作眼鏡，三作顯微鏡，四作取火鏡，五作地鐙鏡，六作諸葛鐙鏡，七作取影鏡，八作放字鏡[4]，九作柱鏡，十作萬花筩鏡，十一作透光鏡，十二作視日鏡，十三作測日食鏡，十四作測量高遠儀鏡，十五作遠鏡。

全書體例，每篇皆列舉公例若干條，理難明者則爲之解，有異說者則系以論，表象或布算則演以圖。全書爲圖一百二十八[5]。大抵采用西人舊說舊法者什之二三，自創者什之七八。書中凡采舊說必注明。其原光公例十八條，采舊說者三；原目公例十二條，采舊說者四。餘類推。吾不解科學，不能言其與現代西人之述作比較何如。顧吾所不憚昌明者：百年以前之光學書，如此書者，非獨中國所僅見，恐在全世界中亦占一位置。

----

①注　原脱，民志本同，據稿本補。

②原於“作”前衍一“姑”字，民志本同，據稿本刪。

③匠者之事　原脱，民志本同，據稿本補。

④按，鄭氏原書此後有“作三棱鏡”、“作多寶鏡”兩條，任公鈔漏。

⑤稿本“一”“二”“八”三字空格，眉批曰：“查其總數。”

浣香所以能爲此者,良由其於算學造詣極深,見張序而又好爲深沉之思。見自序張石洲言"浣香雅善製器,而測天之儀,脈水之車,尤切民用",則其藝事之多能又可知矣。以前宋後鄭之學,而不見推於士林,疇人傳中無鄭名。嘻!"藝成而下"之觀念毒人深矣。

鄒特夫亦以明算通光學。所著格術補,因沈存中括夢溪筆談中一條,知宋代算家有此術,因窮思眇慮,布精算以闡其理。鄭浣香亦因讀夢溪筆談而有悟①,但鄒決非襲鄭。可謂好學深思,心知其意。特夫又自製攝影器,觀其圖說,以較現代日出日精之新器,誠樸僿可笑。然在五十年前無所承而獨創,又豈可不謂豪傑之士耶?粵人復有梁南溟漢鵬者在特夫前,陳蘭甫稱其"好言物性,金木百工之事莫不窮究,尤善製火藥,以所製者發鳥鎗,鉛丸較英吉利火藥所及加遠"云。②

醫學方面,中國所傳舊學,本爲非科學的。清醫最負盛名者,如徐洄溪大椿③、葉天士桂,著述皆甚多,不具舉。惟有一人不可不特筆重記者,曰王勳臣清任,蓋道光間直隸玉田人,所著書曰醫林改錯。其自序曰:"……嘗閱古人臟腑論及所繪之圖,立言處處自相矛盾。……本源一錯,萬慮皆失。……著書不明臟腑,豈非癡人說夢,治病不明臟腑,何

---

①浣　原作"沉",據稿本、民志本改。

②稿本注曰:"以上兩葉,十四日補作。"按,係指自"明末曆算學輸入"至此。

③洄　原作"泗",民志本同,據稿本改。

異盲子夜行。……”勳臣有惕於此，務欲實驗以正其失。然當時無解剖學，無從着手。彼當三十歲時，游灤州某鎮，值小兒瘟疹，死者甚多，率皆淺殯。彼乃不避污穢，就露臟之屍細視之，經三十餘具，略得大概，其後遇有剮刑之犯①，輒往迫視。前後訪驗四十二年，乃據所實睹繪成臟腑全圖而爲之記②。附以腦髓說，謂靈機記性不在心而在腦；氣血合脈說，斥三焦脈訣等之無稽，誠中國醫界極大膽之革命論。其人之求學，亦饒有科學的精神。惜乎舉世言醫者莫之宗也。

吾帶叙科學③，而供吾論列之資料僅此，吾閣筆且愧且悲焉。雖然，細思之，未足爲愧，未足爲悲。西方科學之勃興，亦不過近百年間事耳，吾乾嘉諸老未能有人焉於此間分一席，抑何足深病。惟自今以往仍保持此現狀，斯乃真可愧真可悲耳。嗚呼！此非前輩之責而後起者之責也④。後起者若能率由前輩治古典學所用之科學精神，而移其方向於人文自然各界，又安見所收穫之不如歐美？雖然，非貴乎知之，實貴乎行之。若如今日之揭科學旗幟以嚇人者，加減乘

---

① 後　原脱，作空格，據稿本、民志本補。　剮　原作“副”，民志本同，據稿本改。按，渝本作“瞿”。

② 原於“睹”後衍一“者”字、“繪”後衍一“圖”字，民志本同，據稿本刪。

③ 帶叙　原作“叙帶”，民志本同，據稿本乙。

④ 起　原脱，民志本同，據稿本補。

除之未嫻[1],普通生理心理之未學,惟開口罵"綫裝書",閉口笑"玄學鬼",狺狺於通衢以自鳴得意。顧亭林有言:"昔之清談談老莊,今之清談談孔孟。"吾得易其語曰:"今之清談談科學!"夫科學而至於爲清談之具,則中國乃真自絶於科學矣。此余之所以悁悁而悲也。[2]

*　*　*　*　*

*　*　*　*　*

十一　樂曲學

昔之言學者,多以律、曆並舉。律蓋言樂之律吕也。其所以並舉之故,雖支離不足取;吾爲叙述便利起見,姑於述曆算後次論焉。可紀者少,等於附庸而已。

但吾仍有須鄭重聲明者:吾之無樂曲學常識,一如其於曆算。吾絶無批評諸家得失之能力,且所叙述亦恐不能得其要領,希海内明治斯學者有以教之。

中國音樂,發達甚早,言"六藝"者兩説,周官大司徒之禮、樂、射、御、書、數,漢書藝文志之詩、書、禮、樂、易、春秋。樂皆與居一焉。儒家尤以之爲教育主要工具,以是招墨氏之非議。惜無樂譜專書,其傳易墜。漢魏以降,古樂寖亡,以至於盡。

---

①加　原作"如",據稿本、民志本改。

②稿本注曰:"十三日成。二時半睡。"

累代遞興之新樂，亦復閱時輒佚。而俗樂大抵出伶工之惰力的雜奏，漫以投里耳之好，故樂每況而愈下。樂之研究，漸惹起一部分學者之注意，固宜然矣。①

清儒所治樂學，分兩方面：一曰古樂之研究，二曰近代曲劇之研究。其關於古代者復分兩方面：一曰雅樂之研究，二曰燕樂之研究。關於近代者亦分兩方面：一曰曲調之研究，二曰劇本之研究。

清儒好古，尤好談經，諸經與樂事有連者極多，故研究古樂成爲經生副業，固其所也。清初自詡知樂者首爲毛西河，著有竟山樂録——一名古樂復興録、聖諭樂本解説、皇言定聲録等書；而李恕谷從之游，著有學樂録以申其説；此四書者可稱爲毛氏一家之學。西河自稱得明寧王權家所藏唐樂笛色譜，因據之以推得古代之七調九聲。謂"自春秋迄明，千年長夜，一旦盡舉而振豁之"，其自負可謂至極。然所謂寧王之笛色譜，始終未嘗出以示人，其有無且不可知②，其是否唐樂更不可知。西河人格不足以見信於世，故全謝山攻其僞妄，蓋有以自取矣。然其對於荒誕支離的舊説掃蕩廓清之功，固不可泯滅。彼力斥前人之以五行附會樂理。略云："樂之有五聲，亦言其聲有五種耳；其名曰宮曰商，亦就其聲之不

———————

①稿本注曰："十四日稿。是日作應酬雜文二篇，又改稿七八葉，故所成僅此。二時半寢。"

②可　原脱，民志本同，據稿本補。

同而强名之作表識耳。自説者推原元本，妄求縣歷①，……至有分配五行、五時、五土、五色，……而究與聲律絕不相關，此何爲也。……故凡爲樂書，多畫一元、兩儀、五行、十二辰、六十四卦、三百六十五度之圖，斐然成文，而又暢爲之説，以引證諸黃鐘太簇陰陽生死上下順逆增減，以及時氣卦位曆數之學鑿鑿配合者，則其書必可廢。……"彼力斥前人之摹揣古樂器以圖復古。略云："嘗牽合古尺，考覈舊琯②，呼工師截竹，裁設管器，及裁竟而樂殊不然。然後知遷固以後，京房、鄭玄③、張華、荀勖……及近代之韓尚書、鄭恭王輩，凡言鑄鐘、均絃、造器、算數，皆欺人之學，不足道也。"此皆一掃塵霾，獨闢畦徑。其所自立論之價值如何，吾不能妄評，凌次仲謂西河全屬武斷；陳蘭甫謂西河論樂最謬，七聲十二律茫然不知。但其革命的精神則甚可師也。清初尚有胡彥昇著樂律表微，凌次仲謂其只知唱崑山調及推崇朱子。

初期漢學家之樂學的著作，最有名者爲江慎修之律吕新論二卷，律吕闡微十一卷。慎修長於算，故以算理解樂律，多能匡正宋明人之失。然樂律應否以算理解釋，實爲先決問題。慎修雖用力甚勤，然其截斷衆流之識，恐反出西河下也。書中附會河圖、五行、納音、節氣諸陋習亦不免④。惟新論卷末論聲音流變、論俗樂可求雅樂、論樂器不必泥古諸條，似

---

① 妄　原作"忘"，民志本同，據稿本改。
② 覈　原作"覆"，民志本同，據稿本改。
③ 玄　原作"元"，係避清聖祖康熙帝玄燁諱，今予回改。
④ 節氣　原作"氣節"，民志本同，據稿本乙。

有卓見。闡微言<u>唐</u><u>宋</u>燕樂之當研究，實爲<u>凌次仲</u>示其塗徑。<u>戴東原</u>亦有論樂律之篇，大致不出<u>慎修</u>見解。

　　<u>清</u>儒最能明樂學條貫者，前有<u>凌次仲</u>，後有<u>陳蘭甫</u>，而介其間者有<u>徐新田</u>_{養原}。<u>次仲</u>之書曰<u>燕樂考原</u>六卷。燕樂者，<u>唐</u>代音樂最主要之部分也。<u>唐</u><u>天寶</u>十三載，分樂爲三部：先王之樂爲雅樂，前世新聲爲清樂，合胡部者爲燕樂。_{沈括夢溪筆談語}而燕樂最貴，奏技者皆坐堂上。_{白香山立部伎詩自注云：“太常選坐部伎無性識者退入立部伎，又選立部伎絶無性識者退入雅樂部。”}立部伎即掌清樂者也[1]，雅樂又在其下。清樂者，<u>梁</u><u>陳</u>舊樂也；燕樂者，<u>周</u><u>隋</u>舊樂也。本書卷六語<u>唐</u>承<u>周</u><u>隋</u>之統，以其舊樂爲主，而以<u>西域</u>諸國樂損益之，故其燕樂集樂之大成。<u>次仲</u>以爲：“世儒有志古樂而不考之於燕樂，無異扣槃捫籥”，_{自序語}故專爲此書研究之。卷一爲總論，考燕樂之來歷，説明其選聲製譜之概略；卷二至卷五分論燕樂二十八調；宮、商、角、羽各七調，各自爲卷。卷六爲後論，凡十三章；<u>燕樂二十八調説上中下</u>、<u>字譜即五聲二變説上下</u>、<u>述琴</u>、<u>述笛</u>、<u>宮調之辨不在起調畢曲説</u>、<u>徵調説</u>、<u>燕樂以夾鐘爲律本説</u>、<u>明人九宮十三調説</u>、<u>南北曲説</u>、<u>聲不可配律説</u>。附以<u>燕樂表</u>終焉。其書之要點大略如下：吾之學力，實不配作提要。所摘有誤略，望讀者指正。

　　一、燕樂之原，出於<u>龜兹</u><u>蘇祇婆</u>之琵琶。琵琶四絃，爲宮、商、角、羽四聲，_{無徵聲}。每聲七調，故有二十八調。

───────────

[1]立部伎　原作“立伎部”，稿本、<u>民志</u>本同，據前文乙。

二、燕樂之調，本以字譜即上、工、尺等爲主，與漢書律曆
　　志所言律呂之長短分寸，渺不相涉。鄭譯、沈括輩
　　將二者牽合爲一，乃欺人之談。

三、今之字譜，即古之宮商。——上字爲宮，尺字爲商，
　　工字爲角，合字爲徵，四字爲羽，一字爲變宮，凡字
　　爲變徵。此明朱載堉説，次仲略修改之。古樂用五聲二
　　變而成音，猶今樂用七字譜而成調，即此可以沿而
　　上溯，不必旁求。

四、樂志等向稱唐人八十四調，其實祇是二十八調，因
　　琵琶四絃每絃七調故也。然宋乾興以來所用僅十
　　一調，今則僅用七調而已。

五、今之南曲，即唐清樂之遺；今之北曲，即唐燕樂之
　　遺。疑燕樂完全失傳者誤也。

其自序謂："廷堪於斯事初亦未解，若涉大水者有年，然後稽
之於典籍，證之以器數，一旦始有所悟入。"其與阮伯元書
云："推步學自西人之後，有實測可憑，譬之鳥道羊腸，繩行
懸度，苟不憚辛苦，無不可至者。若樂律諸書，雖言之成理，
及深求其故①，皆如海上三神山，但望見焉，風引之則又遠
矣。何者？一實有其境，一虛構其理也。吾書成，庶東海揚
塵，徒步可到矣。"總之昔之言樂者，皆支離於樂外，次仲則
剖析於樂中。其剖析所得成績如何，雖非吾儕門外漢所能

———————————

①及　原作"乃"，民志本同，據稿本改。

妄談，若其研究方法，確爲後人開一新路，則吾敢斷言也。次仲之鄉先輩程易疇有聲律小記一卷、琴音記續篇一卷，似無甚新發明①。惟其論中聲一條，陳蘭甫極稱之。

　　次仲復有晉泰始笛律匡謬一卷。其自序云："樂學之不明，由算數之説汩之也。黃鐘之數，史記漢書皆云十七萬七千一百四十七②。不知此數於何而施用？將以爲黃鐘之長耶？恐九寸之管，非鍼芒刀刃不足以容之！將以爲黃鐘之實耶？恐徑九分之中空③，非野馬塵埃不足以受之！……然則律度之乘除損益④，果足以深信耶？畫鬼易，畫人難，言樂者每恃此爲藏身之固。……陳之以虛數則爛然，驗之以實事則茫然者，比比皆是矣。……晉泰始末荀勖製笛律，乃以絲聲之律度爲竹聲之律度，悉毀前人舊作，而樂學益晦。……今爲匡謬一卷。嗟乎！所匡者寧獨荀公哉？"荀律果謬與否，所匡果不謬與否，別一問題。然次仲對於舊樂學摧陷廓清之勇猛可見矣⑤。

　　年輩稍後於次仲者有徐新田養原，著有荀勖笛律圖注、管色考、律呂臆説等書。新田似未見次仲書，故無一字之徵引辨難。其笛律圖注，尊宗荀勖，與次仲正反。其管色考，

---

①新　　原脱，民志本同，據稿本補。
②七千　　原作"一千"，稿本、民志本同，據凌氏原文改。
③空　　原脱，稿本、民志本同，據凌氏原文補。
④之乘除　　原作"乘除之"，稿本、民志本同，據凌氏原文乙。
⑤廓　　原作"廊"，民志本同，據稿本改。

專論字譜,矯正元明人之誤,與次仲全同而加詳。其律吕臆説,亦一掃五行卦氣等等糾纏之説,專剖析於樂中,與次仲孰優劣,非吾所能言也。其言五聲變爲七音,爲樂學一進步,七音乃律而非聲,其變乃全體改易,非於本音之外漫加二音;舊説謂變宮、變徵乃就舊有五聲加上。言雅樂非於俗樂之外别有一聲節①,言雅樂之亡,由於圖譜失傳,不關律吕;言三代之樂不亡於秦而亡於魏晉;言當因俗樂管色以推求古樂;皆自有見地者。

　　陳蘭甫所著曰聲律通考十卷。蘭甫著書動機,蓋因讀次仲書而起,而駁正其説亦最多。蓋他書無駁之價值,而於凌書所未安則不容不駁也。卷九之末自注云:“此書於燕樂考原之説駁難最多,非掎摭前人也。余於凌次仲實資其先路之導,其精要之説,固已采録之。至其持論偏宕,則不可不辯;其紛紜舛錯讀之而不可解者,尤不能不爲訂正。九原可作,當以爲諍友焉。”今略摘凌陳異點如下:

　　一、凌氏掊擊荀勖笛律,陳氏極推重之。陳似未見凌之笛律匡謬,亦未見徐氏之笛律圖注。然凌氏匡謬之説,已有一部分散見燕樂考原中,陳所反駁甚當也。徐著極精密,使陳見之,或更有助。説明荀氏十二笛,每笛三調之制及其作用②。

　　二、凌氏不信有八十四調,謂鄭譯創此説以欺人;陳氏

———————————

① 外别　原作“别外”,民志本同,據稿本乙。
② 每笛　原脱,民志本同,據稿本補。

考證八十四調爲梁隋所有[①]，不始鄭譯。據隋書萬寶常傳及舊五代史音樂志等書。並説明其可能。

三、凌氏以工尺等字譜分隸宮商等，陳氏承認之。但陳謂此惟今樂爲然耳，宋人則以工尺配律呂，非以代宮商。

四、凌氏以蘇祇婆琵琶爲標準樂器，陳氏謂有研究古樂器之必要。其言曰："聲隨器異，由今之器，豈能寄古之聲？試取今日之二絃、梆子以唱崑腔[②]，聞者必爲掩耳，而況以今器寄古聲乎？"

蘭甫東塾集中有復曹葛民書一篇，最能説明其述作之旨。今節録如下：間引本書説或他人説注其難解者。

　　……澧爲此書，所以復古也。復古者迂儒常談，澧豈效之？良以樂不可不復古也。……鼓吹也，戲劇也，小曲也，其號爲雅音者琴師之琴也，此則今所謂樂也，何爲宮商而不知也，何爲律呂而更不知也。啓超案，徐新田雅樂論云："今之琴有聲無節。"先不成其爲樂矣，何論雅俗？嗚呼！樂者六藝之一，而可以輕褻淪亡若此哉？……近數十年，惟凌次仲奮然欲通此學，自謂以今樂通古樂。澧求其書讀之，信多善者。然以爲今之字譜即宋之字

---

①調　原作"個"，民志本同，據稿本改。
②梆　原作"綁"，民志本同，據稿本改。

譜,宋之字譜出於隋鄭譯所演龜兹琵琶。如其言,則由今樂而上溯之,通於西域之樂耳,何由而通中國之古樂也? 又況今之字譜非宋之字譜,宋之字譜又非出於鄭譯,古籍具存,明明不可假借者乎①? 澧因凌氏書,考之經疏史志子書,凡言聲律者,排比勾稽,以成此編。……將使學者由今之字譜而識七聲之名,又由七聲有相隔有相連而識十二律之位;識十二律,而古之十二宮八十四調可識也。啓超案,蘭甫弟子殷康保校聲律通考竣,而撮其要點爲跋云:"五音宮、商、角、徵、羽,即今所謂上、尺、工、六、五也;加變宮②、變徵爲七音,即今所謂一、凡也。七音得七律,宮與商之間有一律,商與角之間有一律③,角與變徵之間有一律,徵與羽之間有一律,羽與變宮之間有一律,是爲十二律也。十二律者,高下一定者也;七音者,旋轉無定者也④。十二律各爲宮,則各有商、角、徵、羽,是爲十二宮也⑤。十二宮各爲一均;每一均轉七調,則八十四調也⑥。……"此段最能將全書提綱挈領,故録以爲注。又由十二律四清聲而識宋人十六字譜,識十六字譜而唐宋二十八調可識也。 然此猶紙上空言也,無其器何以定

---

①明明　原脱一"明"字,民志本同,據稿本補。　假借者　原作"借假",民志本同,據稿本改。

②變宮　原作"宮變",民志本同,據稿本乙。

③商與角之間有一律　八字原脱,稿本、民志本同,據陳氏原文補。

④旋　原作"施",民志本同,據稿本改。

⑤也　原脱,據稿本、民志本補。

⑥原於"也"後衍一"也"字,據稿本、民志本删。

其聲，無其度何以製其器。屬有天幸，宋書、晉書皆有
荀勖笛，而阮文達公摹刻鐘鼎款識有荀勖尺①，二者不
期而並存於世！夫然後考之史籍，隋以前歷代律尺皆
以荀勖尺爲比；金元明承用宋樂，宋樂修改王朴樂；而
王朴律尺又以荀勖尺爲比。有荀勖尺，而自漢至明樂
聲高下皆可識也。然而荀勖尺易製也，荀勖笛難知也。
宋書、晉書所載荀勖笛制，文義深晦，自來讀者不能解。
澧窮日夜之力，苦思冥悟而後解之，而後仿製之，於是
世間乃有古樂器。又讀朱子儀禮經傳通解，有唐開元
鹿鳴關雎十二詩譜，以今之字譜譯之②，於是世間乃有
古樂章。……遍考古書所載樂器，從未有細及分釐如
荀勖笛制者；遍考古書所載樂章，從未有兼注音律如十
二詩譜者③。古莫古於此，詳亦莫詳於此。授之工人，
截竹可造；付之伶人，按譜可歌；而古樂復出於今之世
矣。……象州鄭小谷見此書，歎曰："有用之書也。"又
曰："君著此書辛苦，我讀此書亦辛苦。"嗟乎！辛苦著
書，吾所樂也；有辛苦讀之者，吾願足矣。若其有用，則
吾不及見矣。其在數十年後乎？其在數百年後乎？

吾認此書之著作爲我學術界一大事，故不避繁重，詳錄

---

①識　原作"式"，民志本同，據稿本改。
②譯　原作"釋"，民志本同，據稿本改。
③原於"注"後衍一"意"字，民志本同，據稿本刪。

此函。讀之,則書之內容大概可識矣。吾以爲今所當問者只有兩點:一、蘭甫所解荀勗笛制是否無誤? 二、朱子所傳開元十二詩譜是否可信? 蘭甫又言:"即謂十二詩譜不出開元而爲宋人所依託,然自宋至今,亦不可謂不古。較之毛大可所稱明代之唐譜,不可同年而語矣。"若誠無誤也,可信也,則所謂古樂復出於今世者,真可拭目而待也。由蘭甫之書以復活漢晉以來不絕如縷之古樂,由次仲之書以復活唐代融會中西之燕樂,此點,蘭甫絕對承認次仲書之價值,蘭甫書亦有可以補其未備者。則二千年音樂流變,可以知其概以求隅反,天下快事寧有過此! 夫今日音樂之必當改造,識者類能言之矣。然改造從何處下手耶? 最熱心斯道者,亦不過取某國某名家之譜,隨己之所嗜,拉雜輸入一二云爾。改造音樂必須輸進歐樂以爲師資,吾儕固絕對承認。雖然,尤當統籌全局,先自立一基礎,然後對於外來品爲有計畫的選擇容納。而所謂基礎者,不能不求諸在我。非挾有排外之成見也,音樂爲國民性之表現,而國民性各各不同,非可强此就彼。今試取某國音樂全部移植於我國,且勿論其宜不宜,而先當問其受不受。不受,則雖有良計畫,費大苦心,終於失敗而已,譬之擷鄰圃之穠葩,綴我園之老幹,縱極絢爛,越宿而萎矣。何也? 無內發的生命,雖美非吾有也。今國中注意此問題者,蓋極寥寥。然以吾所知一二先覺,其所見與所憂未嘗不與吾同,蓋亦嘗旁皇求索,欲根據本國國民性爲音樂樹一新生命,因而發育之,容納歐樂以自榮衛。然而現行俗樂墮落一至此甚,無可爲憑藉，欲覓歷史上遺影，而不識何途之從，哀哉耗矣！次仲、蘭甫之書，以門外漢如我者，於其價值如何誠不敢置一辭；然吾頗信其能示吾儕以前途一綫光明，若能得一國立音樂學校，資力稍充，設備稍完，聚若干有音樂學素養之人，分出一部分精力，循此兩書所示之塗徑以努力試驗，或從此遂可以知我國數千年之音樂爲何物，而於其間發見出國民音樂生命未殨之卵焉，未可知也。嗚呼！吾之願望，何日償也？蘭甫先生蓋言：“其在數十年後乎？其在數百年後乎？”

　　＊　　　＊　　　＊　　　＊　　　＊

　　次仲燕樂考原之中四卷，詳列琵琶四絃每絃所衍生之各七調，臚舉其調名。上自郊祀樂章，下至院本雜劇，網羅無遺，因此引起後人研究劇曲之興味焉。

　　初，康熙末葉，王奕清撰曲譜十四卷，呂士雄撰南詞定律十三卷。清儒研究曲本之書，蓋莫先於此。乾隆七年，莊親王奉敕編律呂正義後編，既卒業，更命周祥鈺、徐興華等分纂九宮大成南北詞譜八十一卷，十一年刊行之。曲學於是大備。江鄭堂漢學師承記稱：凌次仲早年應某達官之招[①]，在揚州校勘詞曲譜，得脩脯自給，次仲精於南北曲能分別宮調自此。疑次仲曾參與九宮譜事也，待續考。後此葉懷庭堂著納書楹曲譜[②]，稱極精審，度曲者宗之。有戴長庚著律話，吾未見其書，且未審爲

---

①早　原作“是”，民志本同，據稿本改。
②著　原脱，民志本同，據稿本補。

何時人。蘭甫聲律通考屢引其説，蓋亦旁及曲律云。

　　以經生研究戲曲者，首推焦里堂。著有劇説六卷，雖屬未經組織之筆記，然所收資料極豐富，可助治此學者之趣味。吾鄉梁章冉延枏著曲話五卷，不論音律，專論曲文，文學上有價值之書也。而陳蘭甫亦有唐宋歌詞新譜，則取唐宋詞曲原譜已佚而調名與今曲本所用相符①、字句亦合者，注以曲譜之音拍而歌之②。其自序有言：“物之相變，必有所因，雖不盡同，必不盡異。……詩失既求諸詞，詞失亦求諸曲，其事一也。……”讀此可見此老雅人深致，惜其書已不傳。

　　最近則王靜安國維治曲學，最有條貫，著有戲曲考原、曲録、宋元戲曲史等書③。曲學將來能成爲專門之學，則靜安當爲不祧祖矣。又有吳梅顧曲塵談，頗能道出此中三昧④。而楊時百宗稷專言琴學，著琴粹、琴話、琴譜、琴學隨筆、琴餘漫録、琴鏡等書，凡二十四卷。琴學是否如徐新田所詆“不成其爲樂”，吾不敢言。若琴學有相當價值，時百之書，亦當不朽矣。⑤

---

①“今曲本”之“曲”原脱，民志本同，據稿本補。

②音　原作“意”，民志本同，據稿本改。

③曲史　原作“史曲”，民志本同，據稿本乙。

④自“又有”至“三昧”，原脱，民志本同，據稿本補。

⑤稿本注曰：“十五日成。此題如此繁重，夙所未習，一日之力能成此，頗自喜也。二時就寢。明日入京，須一來復乃歸。暫閣筆。”

＊　　＊　　＊　　＊　　＊

＊　　＊　　＊　　＊　　＊

十二　金石學①

　　金石學爲清學重要成績之一。其發展次第，可分三期：第一期爲石刻學，第二期爲金文學，第三期爲骨甲文學。其附庸焉者，尚有古錢學、鉩印學、瓦當學、古玉學、方簡學，以及史前史後之各種古物學等。

　　關於此學之著述，亦可分三大類：一曰賞鑒的著述，二曰簿録的著述，三曰考證的著述。賞鑒的著述，以審美爲目的，以精爲貴。簿録的著述，以保存掌故爲目的，研究其出土所在地，覈正其年代，迻寫其文字款識等，以備爲貴。考證的著述，則目的不在其物之本身，而借爲研究某種學術之工具，以適爲貴。

　　自史記秦紀備載泰山、琅邪、會稽諸刻石文，是爲石學之始。許氏説文序云：“郡國往往於山川得鼎彝，其銘即前代之古文。”蓋其書中之古籀文等，多采自遠古銅器款識，是爲金學之始。六朝間，酈氏水經注、魏氏魏書地形志，多記碑版所在。金石學與史學的關係，始漸爲學者所認識。

　　至宋，則歐陽修集古録、趙明誠金石録、洪适隸釋隸續、

―――――――――――――

①此節原脱，據稿本補。

王象之輿地碑記目、陳思寶刻叢編等，金石專書之濫觴也，
然大抵詳於石而略於金。而呂大防考古圖、薛尚功王順伯
鐘鼎款識、王俅嘯堂集古録及官書之宣和博古圖等，則以金
器及其他古物爲專門。元明以降，尊道賤器，斯學寖替。著
述稍足稱者，惟陶宗儀古刻叢鈔、都穆金薤琳琅、趙崡石墨
鐫華等僅稱焉。清以前金石學形勢大略如此。

　　清代石刻之學，倡自顧亭林、朱竹垞，而大成於錢竹汀、
王蘭泉、孫淵如等。①

---

①稿本注曰：“廿八日稿。明日入京，暫停。”

附

緒　言①

　　此稿爲吾近著中國近三百年學術史之一部分，在清華
學校授課隨授隨編者。全書約四十餘萬言，此居其四之一。
凡分十八章：

　　　　一，經學。　　二，小學及音韻學。　　三，校注先秦諸
　　　子及其他古籍。　　四，辨僞書。　　五，輯佚書。
　　　六，史學。　　七，方志學。　　八，譜牒學。　　九，曆算
　　　學及自然科學。　　十，地理學。　　十一，政書。　　十
　　　二，音樂學。　　十三，金石學。　　十四，佛學。　　十
　　　五，編類書。　　十六，刻叢書及目錄學。　　十七，筆

①此篇原爲第十三至十五講在東方雜誌第二十一卷第十二、十三、十五至
　十八號刊載時之引言，原無題目；後結集爲清代學者整理舊學之總成
　績，收入東方文庫續編單行，冠以“緒言”二字，茲據文庫本編錄。按，此
　篇手稿今存，無異文。

　　記及文集。　　十八，官書。

每章所占篇幅不等，多者二三萬言，少者三四千言。分類殊不正確，但取清儒所注意努力之學科略比而次之云爾。

　　本篇之目的，在將近三百年學問算一算總賬。學問之好與否，有用與否，另一問題，吾但求所記述能適如其分際，斯史家之職責盡。猶畫像者能肖所畫之形貌與神氣，斯畫家之職責盡，像之妍媸，則聽諸觀者之評判而已。

　　內容組織，自當如標題所云，以清代學者所整理之成績爲主。但吾爲讀者便利起見，每章——或一章中更分子目者，必先略述此學過去之歷史，其在明末清初形勢何如，使讀者得了然於清儒對於此學所努力者在某幾點，其努力所得結果有何等價值。每章之末，又附以己見，說明此學尚有某幾點應行整理而爲清儒所未見到或未暇及者，吾箇人所認爲整理應采之方法亦間論焉。雖曰述史，或亦青年欲求國學常識者之一津逮也。

　　所論述既涉多方面，一人智慮，勢所不周，況譾陋如吾，而又迫於校課，隨編隨講者哉？自各科專門家視之，其罅漏紕謬指不勝指，蓋斷然矣。吾深自知自愧，不願輕率成書以誤學者，故將此部分之初稿先分期登諸東方雜誌中以就正海內通人。有愛我者，斥其譌謬，訂其闕遺，或賜函見教，或發表於本誌通信欄，俾得於成書時悉遵校改以求完善。幸甚幸甚！

　　　　　　　　十三年五月七日，著者白。